Russische Märchen

RUSSISCHE MÄRCHEN

Die schönsten Märchen aus den Sammlungen von
Alexander Nikolajewitsch Afanassjew und
August von Löwis of Menar

Mit Illustrationen von
Iwan Jakowlewitsch Bilibin

NIKOL
VERLAG

Die Märchen sind folgenden Quellen entnommen:

Alexander Nikolajewitsch Afanassjew, *Russische Volksmärchen*. Übertragen von Anna Meyer. Verlag Dr. Rud. Ludwig, Wien 1910.

Russische Volksmärchen. Übertragen von August von Löwis of Menar. Verlag Eugen Diederichs, Jena 1927.

Die Orthografie und Interpunktion wurden behutsam den Regeln der neuen deutschen Rechtschreibung angepasst.

FSC
www.fsc.org
MIX
Papier | Fördert gute Waldnutzung
FSC® C083411

3. Auflage 2026

Satz und Layout: Nikol Verlag, Hamburg
Umschlaggestaltung: Nele Schütz Design unter Verwendung von Shutterstock/Anastasia Mazeina
Druck und Bindung: CPI Moravia Books s.r.o.
Printed in the Czech Republic

ISBN: 978-3-86820-760-6

@ info@nikol-verlag.de
www.nikol-verlag.de

Inhalt

Das Federchen vom hellen Falken Finist

Es lebten einmal ein alter Mann und eine alte Frau, die hatten drei Töchter. Die Jüngste war so schön, dass man es weder im Märchen erzählen, noch mit der Feder beschreiben kann. Einmal wollte der Alte in die Stadt auf den Jahrmarkt fahren und sprach:

»Meine lieben Töchter, sagt mir, was braucht ihr? Ich kaufe euch alles auf dem Jahrmarkt.«

Die Älteste bat: »Väterchen, kauf mir ein neues Kleid.«

Die zweite bat: »Väterchen, bitte, kauf mir ein Umhängtuch.«

Die Jüngste sagte: »Kauf mir ein rotes Blümelein.«

Der Alte lachte über seine jüngste Tochter und sprach:

»Du dummes Kind, was machst du mit dem roten Blümchen? Was kann es dir nützen? Ich kaufe dir lieber schöne Kleider!«

Was er auch sagte, er konnte es ihr nicht ausreden, sie wollte nur ganz allein das rote Blümelein. Der Alte fuhr auf den Jahrmarkt, kaufte der einen das Kleid, der zweiten das Tuch, aber das rote Blümelein konnte er in der ganzen Stadt nicht finden. Gerade als er heimkehren wollte, begegnete ihm ein fremdes altes Männchen, das trug ein rotes Blümchen in der Hand.

»Alterchen, verkauf mir die Blume!«

»Die Blume ist nicht käuflich, es ist eine Zauberblume und du musst geloben, dass deine jüngste Tochter meinen Sohn, den hellen Falken Finist, heiratet; dann bekommst du sie umsonst.«

Der Alte überlegte: »Nehme ich das Blümlein nicht, so wird meine Tochter traurig sein. Nehme ich es, so muss sie gar Gott weiß wen heiraten!«

Er sann und sann und nahm endlich das Blümchen doch.

»Was für ein Unglück ist dabei«, dachte er, »wenn der Freier später kommt und schlecht ist, kann man noch immer nein sagen.«

Zu Hause gab der Vater der ältesten Tochter das Kleid, der zweiten das Tuch und der jüngsten das Blümchen und sprach:

»Nicht lieb ist mir das Biümelein, gar nicht lieb.« Dann flüsterte er ihr ins Ohr: »Es ist ein Zauberblümchen, es war nicht käuflich zu bekommen, ich erhielt es von einem fremden alten Männchen, unter der Bedingung, dich seinem Sohne, dem hellen Falken Finist, zur Frau zu geben.«

»Sei nicht traurig, Väterchen«, antwortete die Tochter, »er ist so gut und freundlich, als heller Falke fliegt er durch die Luft und kaum berührt er die feuchte Erde, so wird ein kühner Jüngling aus ihm.«

»Ja kennst du ihn am Ende schon?«

»Ich kenne ihn schon, Väterchen; am vergangenen Sonntag war er in der Messe, sah mich immer an. Ich sprach auch mit ihm. Er liebt mich, Väterchen.«

Der Alte schüttelte seinen Kopf, sah seine Tochter durchdringend an, machte das Kreuz über sie und sprach:

И. БИЛИБИНЪ

»Geh in dein Kämmerchen, mein liebes Töchterchen. Es ist Schlafenszeit. Der Morgen ist klüger als der Abend, da werden wir überlegen.«

Das Mädchen sperrte sich in ihrem Kämmerchen ein, setzte das Blümelein ins Wasser, öffnete das Fenster und blickte in die blaue Ferne. Sie sah nicht von woher, aber plötzlich erschien der helle Falke Finist mit dem bunten Gefieder, er flatterte durch das Fensterlein, schlug auf den Fußboden auf und wurde ein Jüngling.

Das Mädchen erschrak; als er aber mit ihr zu sprechen begann, da wurde ihr unsagbar wohl und fröhlich ums Herz. Bis zum Morgen sprachen sie zusammen, ich weiß nicht was, ich weiß nur, dass Finist, der helle Falke mit dem bunten Gefieder, sie küsste, als es hell wurde und sprach:

»Jede Nacht, wenn du das rote Blümelein stellst in dein Fensterlein, flieg ich zu dir herein, du Liebste mein! Hier hast du ein Federchen aus meinem Flügel. Brauchst du was immer für Putz, so geh vors Haus hinaus und schwenk das Federchen nach rechts, dann erscheint gleich alles, was dein Herz begehrt.«

Er küsste sie noch einmal, verwandelte sich in einen hellen Falken und flog fort in den dunklen Wald. Das Mädchen sah ihrem Erwählten nach, schloss das Fenster und legte sich schlafen.

Seit jener Nacht stellte sie jeden Abend das rote Blümelein ins offene Fenster und der wackere Jüngling, Finist, der helle Falke, kam geflogen.

So wurde es Sonntag. Die älteren Schwestern schmückten sich zum Kirchgange und sagten zu der Jüngsten:

»Welches Kleid wirst du anziehen? Du hast ja nichts Neues.«

»Das macht nichts, ich bete zu Hause«, gab die Jüngste zur Antwort.

И. БИЛИБИНЪ

Die Schwestern gingen zur Kirche, während die Jüngste in ihrem schmutzigen Kleide am Fenster saß und zusah, wie das rechtgläubige Volk in Gottes Kirche zog. Sie wartete eine Weile, trat dann vors Haus und winkte mit der bunten Feder nach rechts.

Da erschien plötzlich ein kristallner Wagen vor ihr, mit Pferden und Dienerschaft und Kleidern und allerhand Schmuck aus teuren Edelsteinen.

In einer Minute war das schöne Mädchen angezogen, saß im Wagen und fuhr in die Kirche. Das Volk sah nach der Schönen und staunte.

»Sicher kommt da eine Zarewna gefahren!«, sprachen die Leute untereinander.

Vor dem Schlussgesang verließ das schöne Mädchen die Kirche und fuhr wieder heim.

Als das rechtgläubige Volk herauskam und nach ihr ausschaute, da war sie lange fort, da war es zu spät und ihre Spur verweht.

Kaum heimgekehrt, winkte sie mit der Feder nach links und sofort kamen die Diener wieder, kleideten sie aus und verschwanden mit Wagen und Pferden.

Sie setzte sich ans Fenster wie vordem, als wäre nichts geschehen, als hätte sie stets nur zugesehen, wie andere Leute zur Kirche gehen.

Die Schwestern kamen heim und erzählten:

»Schwesterchen, eine Schönheit war in der Kirche, einfach eine Pracht. Man könnte sie im Märchen nicht beschreiben, mit der Feder nicht schildern. Sie muss eine Zarewna aus fremdem Land gewesen sein, so üppig und prächtig war sie gekleidet.«

Am nächsten und am dritten Sonntage täuschte das schöne Mädchen das rechtgläubige Volk, ihre Schwestern und ihre Eltern wieder. Das letzte Mal vergaß sie aber eine diamantene Nadel aus ihrem Zopfe zu nehmen und als die älteren Schwestern aus der Kirche kamen und der Jüngsten von der schönen Zarewna erzählen wollten, da blitzte ihnen aus den Haaren der Schwester wie Feuer die Brillantnadel entgegen.

»Ach Schwesterchen, was hast du da?«, schrien die Mädchen, »gerade so eine Nadel hatte heute die Zarewna in ihrem Zopfe. Woher hast du sie?«

»Ach!«, rief das schöne Mädchen und lief in ihr Kämmerchen. Des Fragens, des Ratens, des Flüsterns war kein Ende, aber die Jüngste schwieg und lachte insgeheim. Die älteren Schwestern lauerten ihr aber auf, horchten nachts an ihrer Kammertür, bis sie einmal ein Gespräch mit Finist, dem hellen Falken, belauschten und am Morgen mit ihren eigenen Augen sahen, wie er aus ihrem Fenster in den dunkeln Wald entflog.

Schlecht waren die älteren Schwestern.

Sie beschlossen, des Abends Messer ins Fenster zu stecken, damit Finist, der helle Falke, seine bunten Flügelein daran verletze.

Wie gedacht, so getan. Die Jüngste ahnte nichts, stellte ihr rotes Blümelein ins Fenster, legte sich in ihr Bett und schlief fest ein.

Finist, der Falke, flog zum Fenster herein und zerschnitt sich das linke Füßchen. Das schöne Mädchen wusste es nicht, sie schlief so süß und ruhig. Zornig flog der Falke zum Himmel auf, fort in den dunkeln Wald.

Am Morgen erwachte das schöne Kind, sah nach allen Seiten, es war schon hell und der wackere Jüngling nicht da. Wie sie an das Fenster trat, sah sie da kreuzweis gesteckt scharfe Messer und rotes Blut tropfte von ihnen auf das Blümelein herab.

Viele bittere Tränen weinte da das Mädchen, und sie verbrachte viele schlaflose Nächte am Fenster ihres Kämmerleins. Oftmals schwenkte sie die Feder – aber umsonst. Finist, der helle Falke, kam nicht geflogen und schickte seine Diener auch

nicht. Mit Tränen in den Augen ging sie endlich zu ihrem Vater und bat ihn um seinen Segen.

»Geh, wohin du willst!«, sagte er.

Sie ließ drei Paar eiserne Stiefel machen, drei eiserne Wanderstäbe, drei eiserne Kappen und drei eiserne geweihte Brote. Ein Paar Schuhe zog sie an, eine Kappe stülpte sie auf, einen Stab nahm sie zur Hand und so zog sie nach jener Seite fort, nach welcher der Falke stets entflogen war. Sie wanderte durch den dichten Wald, über Wurzeln und Bäche, über Stock und Stein, bis die eisernen Schuhe durchgetreten waren, die Mütze vertragen, das Brot verzehrt und der Stock zerbrochen, aber das schöne Mädchen wanderte noch immer weiter und weiter und der Wald wurde immer schwärzer und dichter. Plötzlich sah sie vor sich ein eisernes Hüttchen stehen, auf Hühnerfüßen, und sich drehen.

Das Mädchen sprach:

»Hüttchen, Hüttchen, sieh mir ins Angesicht und kehr dem Wald den Rücken zu.«

Das Hüttchen wandte sich zu ihr, da trat sie ein und fand Baba Jaga darin, von einem Eck ins andere gestreckt, die Lippen auf dem Ofen, die Nase an der Decke.

»Pfui, pfui, früher habe ich von Russen niemals etwas gesehen, noch je von ihnen gehört, und jetzt streift einer durch die weite Welt, erscheint vor meinen Augen, drängt sich mir vor die Nase. Wohin geht der Weg, schönes Mädchen? Gehst du zum Vergnügen oder aus Pflicht?«

»Mütterchen, Finist, der helle Falke mit dem bunten Gefieder, war bei mir. Meine Schwestern haben ihm Böses angetan. Jetzt suche ich Finist, den hellen Falken.«

»Weit musst du da noch gehen, Kind, noch durch dreimal neun Lande. Finist, der helle Falke mit dem bunten Gefieder, wohnt im fünfzigsten Reich, in der achtzigsten Herrschaft und freit eben um eine Zarewna.«

Baba Jaga gab dem Mädchen zu essen und zu trinken, was sie gerade hatte, und brachte es zur Ruhe. Am nächsten Morgen, als der Tag kaum graute, weckte die Alte das schöne Kind, gab ihm ein kostbares Geschenk, – einen goldenen Hammer und zehn brillantene Nägelein und sagte:

»Kommst du ans blaue Meer, so wird die Braut von Finist, dem hellen Falken, gerade am Ufer spazieren gehen. Nimm dein Hämmerlein und schlage auf die Nägelein, sobald sie dich sieht. Sie wird beides dir abkaufen wollen. Du aber, schönes Mädchen, nimm nichts dafür an, verlange nur, Finist, den Falken, sehen zu dürfen. Jetzt geh mit Gott zu meiner zweiten Schwester.«

Das schöne Mädchen ging wieder weiter durch den dunklen Wald, immer weiter und weiter und der Wald wurde immer schwärzer und dichter. Die Wipfel reichten bis zum Himmel. Das zweite Paar Schuhe war durchgetreten, die zweite Mütze vertragen, das zweite Brot aufgezehrt, die zweite Krücke zerbrochen, da sah das Mädchen ein Hüttchen stehen, auf Hühnerfüßen, und sich drehen.

»Hüttchen, Hüttchen, sieh mir ins Angesicht und kehre dem Wald den Rücken. Ich will hinein, um Brot bitten.«

Das Hüttchen machte halt, den Rücken zum Wald. Das Mädchen trat ein, da lag Baba Jaga von einem Eck bis zum andern, die Lippen über dem Ofen, die Nase an der Decke.

»Pfui, pfui, pfui! Ich habe bis jetzt noch nie von einem Russen etwas gesehen, etwas gehört, und jetzt streift gar ein Russe durch die weite Welt. Schönes Mädchen, wohin geht der Weg?«

»Mütterchen, ich suche Finist, den Falken.«

»Der will eben heiraten, heute ist sein Polterabend«, sagte Baba Jaga. Sie gab dem Mädchen zu essen und zu trinken und legte es schlafen. Am nächsten Morgen, da es gerade hell wurde, weckte sie das Mädchen und gab ihm ein goldenes Schüsselchen und brillantne Kügelchen.

»Kommst du ans blaue Meer«, schärfte die Alte dem Mädchen ein, »dann lass die Kügelchen auf dem Schüsselchen rollen. Die Braut von Finist, dem Falken, wird zu dir treten, um Schüsselchen und Kügelchen dir abzukaufen. Nimm du nichts an dafür, bitte nur, Finist, den hellen Falken mit dem bunten Gefieder, sehen zu dürfen. Jetzt geh mit Gott zu meiner ältesten Schwester.«

Wieder ging das schöne Mädchen durch den finstern Wald, immer weiter und weiter, und der Wald wurde dunkler und dichter. Das dritte Paar Schuhe war vertreten, die dritte Mütze vertragen, das dritte Brot verzehrt, der dritte Stock zerbrochen, da sah sie ein eisernes Hüttchen stehen, auf Hühnerfüßen, und sich drehen.

»Hüttchen, Hüttchen, sieh mir ins Angesicht und kehr dem Wald den Rücken. Ich will hineinsteigen, um Brot bitten.«

Die Hütte drehte sich um und blieb stehen. Baba Jaga lag wieder von einem Eck zum anderen, die Lippen über dem Ofen, die Nase an der Decke.

»Pfui, pfui, pfui, früher habe ich von Russen niemals etwas gesehen und nie etwas gehört, und jetzt geht einer in der weiten Welt einher. Schönes Mädchen, wohin führt der Weg?«

»Mütterchen, ich suche Finist, den hellen Falken.«

»Ach, schönes Mädchen, schon hat er die Zarewna geheiratet! Da hast du mein schnelles Pferd, steig auf und reite zu ihm mit Gott.«

Das Mädchen stieg auf und ritt fort und der Wald wurde lichter, immer lichter.

Da lag plötzlich das blaue Meer vor ihr, breit und lang, und in der Ferne glühten wie Feuer die goldenen Spitzen weißsteinerner Türme.

»Das ist wohl Finist, des hellen Falken, Reich!«, dachte das Mädchen, setzte sich auf einen Sandhaufen und klopfte mit ihrem Hämmerchen auf die brillantnen Nägelchen. Auf einmal sah sie die Zarewna am Ufer mit ihren Ammen und Wärterinnen und treuen Dienerinnen spazieren gehen.

Bald begann die Zarewna den Hammer und die Nägel zu begehren.

»Zarewna, lass mich nur einmal Finist, den hellen Falken, sehen, dann will ich beides umsonst dir geben!«

»Finist, der helle Falke, schläft jetzt gerade und hat befohlen, niemand zu ihm zu lassen; aber gib mir nur den schönen Hammer und die Nägelein, dann will ich ihn dir zeigen.«

Sie nahm Hammer und Nägelein, lief ins Schloss, versteckte eine Zaubernadel im Kleide von Finist, dem hellen Falken, damit er fest schlafe und lange nicht erwache, dann ließ sie von ihren Dienerinnen das schöne Mädchen in das Schloss führen zu ihrem Mann, dem hellen Falken.

Sie selber ging spazieren.

Lange bemühte sich das Mädchen, lange weinte es über seinem Liebsten und konnte ihn nicht erwecken.

Als die Zarewna genug spazieren gegangen war, kehrte sie ins Schloss zurück, jagte das schöne Mädchen fort und zog die Nadel aus dem Kleide Finists. Der helle Falke erwachte.

»Ach, wie lange habe ich geschlafen!«, sagte er. »Es war jemand hier, weinte und klagte über mir, aber ich konnte die Augen nicht aufmachen, so schwer waren sie mir!«

»Das war ein Traum«, antwortete die Zarewna. »Niemand war hier.«

Am nächsten Tage saß das Mädchen wieder am Ufer des blauen Meeres und spielte mit den brillantenen Kügelchen im goldenen Schüsselchen. Da kam die Zarewna auf ihrem Spaziergange vorbei, sah sie und bat:

»Verkauf mir das!«

»Lass mich Finist, den hellen Falken, sehen, dann will ich es umsonst dir geben!«

Die Zarewna willigte ein und steckte wieder eine Nadel in das Gewand von Finist, dem hellen Falken. Wieder weinte das schöne Mädchen bitterlich über seinem Liebsten und konnte ihn nicht erwecken.

Am dritten Tage saß sie am Ufer des blauen Meeres so traurig und wehmütig und fütterte ihr Pferd mit glühenden Kohlen.

Die Zarewna sah, wie das Pferd Feuer fraß und fing an mit ihr zu unterhandeln.

»Lass mich nur Finist, den hellen Falken, sehen, dann will ich es umsonst dir geben!«

Die Zarewna war einverstanden, lief ins Schloss und sprach:

»Finist, heller Falke, lass dir den Kopf absuchen.«

Sie machte sich an die Arbeit und steckte ihm eine Nadel zwischen die Haare; da fiel er gleich in schweren Schlaf. Jetzt sandte sie ihre Dienerinnen nach dem schönen Mädchen. Das kam seinen Liebsten aufzuwecken, umarmte ihn und küsste ihn und weinte, weinte bitterlich, doch er wachte nicht auf. Sie

strich mit ihrer Hand durch seine Haare, da fiel zufällig die Zaubernadel heraus.

Finist, der helle Falke, erwachte, sah das schöne Mädchen und freute sich sehr.

Sie erzählte ihm, wie alles gewesen war, von den bösen neidischen Schwestern und von ihrer Wanderschaft und dem Tauschhandel mit der Zarewna.

Da liebte er sie noch mehr als vorher, küsste sie auf den süßen Mund und ließ ohne Säumen Bojaren und Fürsten und alle Leute von Rang zusammenkommen. Er fragte sie:

»Was meint ihr? Mit welcher Frau soll ich weiterleben? Mit ihr, die mich verkaufte, oder mit ihr, die mich erkaufte?«

Alle Bojaren, Fürsten und Leute von Rang entschieden einstimmig, dass er die nehmen sollte, die ihn erkaufte, aber die, welche ihn verkauft hatte, sollte er vor dem Tore aufhängen und erschießen. So tat auch Finist, der helle Falke mit dem bunten Gefieder.

Der Traum

Es war einmal ein Kaufmann, der hatte zwei Söhne, Dmitri und Iwan. Eines Abends, als der Vater ihnen seinen Segen für die Nacht erteilte, sagte er:

»Kinder, erzählt mir morgen früh, was euch heute Nacht träumen wird. Wenn ihr mir aber eure Träume verheimlicht, lasse ich euch töten!«

Am nächsten Morgen kam der ältere Sohn und sagte:

»Väterchen, mir träumte, Bruder Iwan flog mit zwölf Adlern durch die Luft, auch starb dein Lieblingsschaf.«

»Und du, Wanja, was hast du geträumt?«

»Ich sage es nicht«, antwortete Iwan.

Wie sehr der Vater ihm zuredete, Iwan blieb verstockt. Er wiederholte nur immer trotz aller Ermahnungen:

»Ich sage es nicht, ich sage es nicht.«

Der Kaufmann wurde zornig, rief seine Diener und befahl ihnen, den ungehorsamen Sohn zu ergreifen, ihn nackt auszuziehen und an eine Säule auf der Landstraße zu binden.

Die Diener ergriffen Iwan und banden ihn, wie ihnen befohlen war, ganz fest, nackt an eine Säule. Da ging es dem wackern Jünglinge schlecht. Die Sonne brannte auf ihn herab, die Mücken stachen, Hunger und Durst quälten ihn. Da kam zufällig ein junger Zarewitsch des Weges geritten, der sah den Kaufmannssohn, erbarmte sich seiner und ließ ihn befreien. Er gab ihm Kleider, nahm ihn mit auf sein Schloss und fragte ihn dort: »Wer hat dich an die Säule gebunden?«

»Mein Vater, er zürnte mir so sehr.«

»Was hattest du denn verschuldet?«

»Ich wollte ihm nicht erzählen, was mir geträumt hatte.«

»Ach, wie dumm ist dein Vater, dich für diese Kleinigkeit so hart zu strafen. Was hat dir denn geträumt?«

»Ich sage es nicht, Zarewitsch.«

»Was heißt das, ich rettete dich vom Tode und du entgegnest mir so? Sag es mir gleich oder es geht dir schlecht!«

»Ich sagte es meinem Vater nicht und sage es dir auch nicht.«

Da ergriffen auf des Zarewitsch Befehl die Soldaten sogleich den Kaufmannssohn und steckten ihn in den Gefängnisturm.

So verging ein Jahr, da wollte der Zarewitsch heiraten und ritt weit fort in ein fernes Land, um dort Elena, die Wunderschöne, zu freien. Der Zarewitsch hatte eine Schwester, die ging bald nach seiner Abreise zufällig vor dem Gefängnisse spazieren. Iwan, der Kaufmannssohn, sah sie von seinem Fensterchen aus und rief mit lauter Stimme:

»Hab Erbarmen, Zarewna, lass mich heraus, vielleicht bin ich zu etwas nütze. Ich weiß, dass der Zarewitsch um Elena, die Wunderschöne, freien ging, ohne mich wird ihm das aber nicht gelingen. Er wird höchstens seinen Kopf verlieren. Vielleicht hast du selbst gehört, wie schlau sie ist und wie viele Freier sie schon zugrunde gerichtet hat.«

»Kannst du dem Zarewitsch helfen?«

»Ich könnte es, aber dem Falken sind die Flügel gebunden!«

Da gab die Zarewna sofort Befehl, ihn aus dem Gefängnisse zu befreien.

Iwan, der Kaufmannssohn, sammelte sogleich Gefährten, bis ihrer zwölf beisammen waren. Die sahen einander gleich wie leibliche Brüder. Sie waren gleich an Wuchs, an Stimme und Haar. Sie zogen gleiche Kaftans an, die waren nach einem

Schnitte gemacht, sie stiegen auf gute Pferde und ritten von dannen. Sie ritten ein, zwei, drei Tage lang. Am vierten kamen sie in einen dunklen Wald, da hörten sie lautes Geschrei.

»Halt, Brüder«, sagte Iwan, »wartet ein bisschen, ich gehe dem Lärme nach.«

Er sprang vom Pferde und lief in den Wald, da sah er auf einer Lichtung drei alte Männer, die einander sehr beschimpften.

»Seid gegrüßt, ihr Alten, warum streitet ihr?«

»Ach, junger Mann, wir erhielten als Erbe von unserem Vater drei Wunderdinge. Eine unsichtbar machende Mütze, einen selbst fliegenden Teppich und Meilenstiefel. Wir streiten jetzt schon siebzig Jahre und können die Sachen nicht unter uns verteilen!«

»Wollt ihr, dass ich sie teile?«

»Sei so gut!«

Iwan, der Kaufmannssohn, nahm seinen Bogen, legte drei Pfeile ein und schoss sie nach verschiedenen Richtungen ab. Dem einen der Alten befahl er sodann, nach rechts zu laufen, dem zweiten nach links und den letzten schickte er geradeaus.

»Wer von euch zuerst einen der Pfeile wiederbringt, erhält die Mütze, der zweite den Teppich, der dritte die Stiefel.«

Die Alten liefen nach den Pfeilen. Iwan, der Kaufmannssohn, nahm die drei Wunderdinge und kehrte zu seinen Gefährten zurück.

»Brüder, steigt ab, lasst eure Pferde laufen und setzt euch mit mir auf diesen selbst fliegenden Teppich.«

Sie taten es schnell und flogen in das ferne Reich zu Elena, der Wunderschönen. Sie flogen bis zur Hauptstadt hin, machten vor dem Schlagbaume halt und zogen aus, den Zarewitsch aufzusuchen. So kamen sie vor sein Haus.

»Was wollt ihr?«, fragte er.

»Nimm uns wackere Burschen in deinen Dienst. Wir werden für dich sorgen und dir treuen Herzens dienen.«

Der Zarewitsch nahm sie auf. Er schickte den einen in die Küche, den anderen in den Stall und so fort. Gerade an diesem Tage schmückte der Zarewitsch sich festlich und ritt zu Elena, der Wunderschönen. Sie empfing ihn freundlich, bewirtete ihn mit vielerlei Essen und teuern Getränken und fragte ihn dann:

»Sag die Wahrheit, Zarewitsch, weshalb kamst du zu mir?«

»Elena, du Wunderschöne, ich kam, um dich zu fragen, ob du mich heiraten willst?«

»Ja, ich bin einverstanden, nur musst du zuerst drei Aufgaben lösen. Gelingt dir das, so werde ich deine Frau. Wenn nicht, so mache dich bereit, zu sterben.«

»Stell mir deine Aufgaben.«

»Morgen habe ich etwas, ich sag dir nicht was, errate du das und bring herbei, was gleich dem Unbekannten sei!«

Der Zarewitsch kehrte in sein Haus zurück mit großem Kummer und Sorgen. Iwan, der Kaufmannssohn, fragte ihn:

»Zarewitsch, warum bist du traurig? Hat dich Elena, die Wunderschöne, gekränkt? Teil mir deinen Kummer mit, dann wird es dir leichter ums Herz werden.«

»Elena, die Wunderschöne, stellte mir eine Aufgabe, die kein Weiser auf der Welt lösen kann«, sagte der Zarewitsch und erzählte das Rätsel.

»Nun, das ist noch kein großes Unglück. Bete zu Gott und leg dich schlafen. Der Morgen ist klüger als der Abend, da wollen wir die Sache überlegen.«

Der Zarewitsch ging schlafen und Iwan, der Kaufmannssohn, setzte die unsichtbar machende Mütze auf, zog die Meilenstiefel an und marsch ins Schloss zu Elena, der Wunderschönen.

Er ging geradenwegs in ihr Schlafzimmer und lauschte; da gab sie gerade ihrer liebsten Dienerin einen Auftrag:

»Nimm dieses kostbare Zeug und bring es dem Schuster. Er soll mir einen Schuh für meinen Fuß daraus machen, aber so schnell wie möglich.«

Die Dienerin lief, wie es ihr befohlen war, zum Schuster und Iwan ging hinter ihr drein. Der Meister begann sofort die Arbeit, nähte einen Schuh und stellte ihn ans Fenster. Da nahm der Kaufmannssohn vorsichtig den Schuh und steckte ihn in seine Tasche. Der arme Schuster lief beunruhigt hin und her, denn die Arbeit war vor seiner Nase verschwunden. Er suchte und suchte, durchstöberte alle Ecken und Winkel, aber vergebens.

»Welch ein Wunder!«, dachte er, »treibt der Teufel sein Spiel mit mir?«

Er konnte sich nicht helfen, sondern musste wieder zur Nadel greifen und einen zweiten Schuh nähen, den brachte er Elena, der Wunderschönen.

»Oh, du Saumseliger«, sagte sie, »wie viel Zeit brauchst du zu einem Schuh!«

Sie setzte sich an ihren Arbeitstisch und nähte den Schuh mit Gold aus, verzierte ihn mit großen Perlen und befestigte Edelsteine daran. Iwan war aber auch dabei, nahm seinen Schuh aus der Tasche und machte das Gleiche wie sie. Was für ein Steinchen sie nahm, er wählte ein Gleiches, wo sie eine Perle hinnähte, tat er es auch. Als Elena, die Wunderschöne, ihre Arbeit beendet hatte, lächelte sie und sprach:

»Das kann man dem Zarewitsch morgen zeigen!«

»Warte«, dachte Iwan, »es steht noch nicht fest, wer schlauer als der andere ist.«

Er kehrte heim und legte sich schlafen. Zur Morgenandacht stand er auf, weckte den Zarewitsch, gab ihm den Schuh und sagte:

»Reit hin zu Elena, der Wunderschönen, und gib ihr dies, denn das ist ihre erste Aufgabe.«

Der Zarewitsch wusch und schmückte sich und ritt eilends zu seiner Braut. Es waren viele Gäste bei ihr versammelt, alle Zimmer waren voll mit Bojaren, großen Herren und Ratsleuten. Als der Zarewitsch ankam, spielte sogleich die Musik, die Gäste sprangen von ihren Sitzen auf und die Soldaten standen »Habt acht«.

Elena, die Wunderschöne, brachte ihren mit Edelsteinen und Perlen geschmückten und verzierten Schuh, schaute den Zarewitsch an und lachte.

Der sagte aber zu ihr:

»Schön ist der Schuh; solange man aber keine zwei hat, ist er zu nichts nütze. Ich sehe, ich muss dir einen zweiten schenken.«

Bei diesen Worten nahm er seinen Schuh aus der Tasche und stellte ihn auf den Tisch.

Da klatschten die Gäste alle in die Hände und riefen wie aus einem Munde:

»Ha, der Zarewitsch ist wert, unsere Herrin, Elena, die Wunderschöne, zu heiraten!«

»Das werden wir erst sehen«, antwortete sie. »Er muss erst die zweite Aufgabe lösen.«

Spät am Abend kam der Zarewitsch heim, noch trauriger wie den Tag vorher.

»Zarewitsch, hör auf dich zu grämen«, sagte Iwan, »bete zu Gott und leg dich schlafen. Der Morgen ist klüger als der Abend.«

Er brachte seinen Herrn zu Bett, setzte seine unsichtbar machende Mütze auf und lief mit den Meilenstiefeln ins Schloss zu Elena, der Wunderschönen. Die gab gerade ihrer liebsten Dienerin den Befehl:

»Geh rasch auf den Geflügelhof und bring mir eine Ente.«

Die Dienerin lief auf den Geflügelhof und Iwan hinter ihr her. Die Dienerin packte eine Ente und er einen Enterich; dann kehrten beide wieder zu Elena, der Wunderschönen, zurück.

Elena, die Wunderschöne, setzte sich an ihr Arbeitstischchen, nahm die Ente, schmückte ihre Flügel mit Bändern und ihren Schopf mit Brillanten. Iwan, der Kaufmannssohn, sah zu und machte dasselbe mit dem Enterich.

Am nächsten Tage waren wieder Gäste bei Elena, der Wunderschönen, und wieder spielte Musik. Sie ließ ihre Ente los und fragte:

»Errietest du meine Aufgabe, Zarewitsch?«

»Ja, Elena, du Wunderschöne! Da hast du ein Gleiches zu deiner Ente«, sagte er und ließ den Enterich frei.

Da schrien alle Bojaren einstimmig:

»Ha, wackerer Zarewitsch, du bist würdig, Elena, die Wunderschöne, zu freien!«

»Wartet, erst muss er die dritte Aufgabe lösen.«

Am Abend kehrte der Zarewitsch so traurig heim, dass er nicht einmal reden wollte.

»Gräm dich nicht, Zarewitsch, leg dich lieber schlafen, der Morgen ist klüger als der Abend«, sagte Iwan, der Kaufmannssohn.

Er setzte schnell seine Kappe auf, zog die Stiefel an und lief ins Schloss. Elena, die Wunderschöne, war gerade im Begriff, ans blaue Meer zu fahren. Sie stieg in ihren Wagen und fuhr in vollem Galopp davon, aber Iwan blieb keinen Schritt hinter ihr zurück. Elena, die Wunderschöne, kam ans Meer und rief ihr Großväterchen an. Sogleich wogten die Wellen und aus dem Wasser stieg der alte Großvater auf. Sein Haupthaar war Silber, sein Bart war Gold. Er kam ans Ufer und sprach:

»Sei gegrüßt, Enkelkind! Ich habe dich lange nicht gesehen. Such mir meinen Kopf ab.«

Er legte ihn auf ihre Knie und schlief süß ein. Elena suchte ihrem Großvater den Kopf ab und Iwan sah ihr über die Schulter. Als der Alte fest eingeschlafen war, riss ihm Elena drei silberne Haare aus, aber Iwan fasste nicht drei, sondern gleich ein ganzes Büschel Haare und zog es aus. Der Großvater erwachte und schrie:

»Bist du verrückt geworden! Das tut ja weh!«

»Verzeih, Großväterchen. Ich kämmte dich so lange nicht. Die Haare sind alle verwirrt.«

Der Großvater beruhigte sich und schnarchte bald wieder. Elena, die Wunderschöne, riss ihm drei goldene Haare aus, aber Iwan fasste ihn am Barte, dass ihm beinahe der ganze in der Hand blieb.

Da schrie der Großvater furchtbar auf, sprang in die Höhe und warf sich ins Meer.

»Jetzt ist der Zarewitsch verloren«, dachte Elena, »solche Haare kann er nicht herbeischaffen.«

Am nächsten Tage versammelten sich die Gäste wieder bei Elena, der Wunderschönen, auch der Zarewitsch kam und sie zeigte ihm drei goldene und drei silberne Haare und fragte:

»Sahst du schon solch ein Wunder?«

»Da fandest du etwas Rechtes, um damit zu prahlen! Wenn du willst, schenke ich dir ganze Büschel davon.«

Er nahm ein ganzes Bündel silberner und goldener Haare aus der Tasche und gab sie ihr. Elena, die Wunderschöne, wurde zornig, lief in ihr Schlafzimmer, um in ihrem Zauberbuche nachzusehen, ob der Zarewitsch allein alles erraten – oder ob ihm jemand geholfen habe.

Sie sah, dass nicht er der Schlaue war, sondern sein Diener Iwan, der Kaufmannssohn. Sie kehrte zu ihren Gästen zurück und bat den Zarewitsch:

»Schick mir deinen liebsten Diener.«

»Ich habe zwölf.«

»Schick mir den, der Iwan heißt.«

»Sie heißen alle Iwan.«

»Gut, dann sollen alle kommen«, sagte sie und dachte: »Ich finde den Schuldigen auch ohne dich heraus.«

Der Zarewitsch gab Befehl und sofort kamen die zwölf wackeren Burschen. Sie waren alle gleich von Angesicht, gleich von Wuchs, gleich von Stimme und Haar.

»Wer ist der Erste unter euch?«, fragte Elena, die Wunderschöne.

Da schrien alle zugleich:

»Ich bin der Erste, ich!«

»Nun, so einfach erfahre ich es nicht«, dachte sie.

Sie ließ elf einfache Becher bringen und den goldenen, aus dem sie selbst zu trinken pflegte. Sie füllte alle Becher mit teuerm Weine an und bewirtete die zwölf Burschen. Da nahm keiner einen einfachen Becher, sondern alle wollten den goldenen haben, rissen ihn einer dem andern weg, machten Lärm und verschütteten den Wein.

Elena, die Wunderschöne, sah ihren Plan misslingen und befahl, den Burschen zu essen und zu trinken zu geben und ihnen ein Nachtlager im Schlosse zu bereiten. Als nachts alle fest schliefen, schlich sie mit ihrem Zauberbuche zu ihnen, um mit seiner Hilfe den Schuldigen zu erkennen. Sie sah in ihr Buch und fand den Kaufmannssohn sofort heraus, da schnitt sie ihm mit ihrer Schere das Haar von den Schläfen ab.

»An diesem Zeichen erkenne ich ihn morgen sicher und lasse ihn töten.«

In aller Frühe erwachte Iwan, der Kaufmannssohn, und fuhr mit der Hand nach dem Kopfe – da waren seine Haare kahl geschoren. Er sprang vom Bett auf und weckte seine Gefährten.

»Genug geschlafen! Unheil droht, nehmt Scheren und schneidet euch an den Schläfen die Haare ab.«

Etwa eine Stunde später rief Elena, die Wunderschöne, die zwölfe vor sich, um den Schuldigen herauszusuchen. Aber welch ein Wunder! Alle hatten kahle Schläfen. Da warf sie zornig ihr Zauberbuch in den Ofen. Sie hatte keine Ausflüchte mehr und musste den Zarewitsch heiraten. Die Hochzeit währte fröhlich drei Tage lang. Das Volk trank ohne Unterlass. Drei Tage standen Wirtshäuser und Garküchen offen und jeder konnte so viel essen und trinken, als er wollte.

Als die Feste vorbei waren, reiste der Zarewitsch mit seiner jungen Frau in sein Reich zurück und schickte die zwölf wackeren Burschen voraus. Sie gingen vor die Stadt hinaus, breiteten ihren Zauberteppich aus und flogen und flogen bis in den dichten Wald, wo sie ihre guten Pferde verlassen hatten. Kaum waren sie von ihrem Teppich herabgestiegen, kam einer der drei Greise mit seinem Pfeile gelaufen. Iwan, der Kaufmannssohn, gab ihm die unsichtbar machende Mütze. Da kam der zweite Alte, der erhielt den Teppich und als der dritte kam, erhielt er die Meilenstiefel. Iwan sagte zu seinen Gefährten:

»Brüder, sattelt die Pferde, wir müssen wieder weiter.«

Sie fingen ihre Pferde ein, sattelten sie und ritten in ihr Vaterland zu der Zarewna zurück, die fragte hocherfreut nach ihrem Bruder, ob er geheiratet habe und ob er bald heimkehre.

»Wie soll ich euch für diesen Dienst belohnen?«

Iwan, der Kaufmannssohn, antwortete:

»Setz mich in das Gefängnis an meinen alten Platz.«

So sehr die Zarewna ihm abredete, er bestand auf seinem Willen; da ergriffen ihn die Soldaten und führten ihn ins Gefängnis.

Nach einem Monat kamen der Zarewitsch und seine junge Frau an und wurden prächtig empfangen. Musik spielte,

Kanonen krachten, Glocken läuteten und so viel Volk war zusammengelaufen, dass man auf ihren Köpfen hätte spazieren gehen können. Bojaren und Leute von Rang kamen, den Zarewitsch zu begrüßen, er aber schaute ringsum und fragte:

»Wo ist Iwan, mein treuer Diener?«

»Er sitzt im Gefängnis.«

»Wieso, wer wagte es, ihn einzusperren?«

»Du selbst, Bruder«, sagte die Zarewna, »warst zornig auf ihn und befahlst, ihn in strenger Haft zu halten. Erinnerst du dich, wie du ihn nach einem Traume fragtest, den er nicht erzählen wollte?«

»Ist er das wirklich?«

»Ja, ich ließ ihn nur für einige Zeit frei.«

Der Zarewitsch befahl, dass man ihm Iwan, den Kaufmannssohn, vorführe; er fiel ihm um den Hals und bat ihn, allen Zorn zu vergessen.

»Weißt du, Zarewitsch«, sagte Iwan, »mir war bekannt, was dir geschehen würde, ich hatte alles geträumt und deshalb erzählte ich dir meinen Traum nicht.«

Der Zarewitsch machte ihn zum General, schenkte ihm reiche Güter und behielt ihn bei Hof. Iwan, der Kaufmannssohn, ließ seinen Vater und älteren Bruder kommen und sie lebten herrlich und in Freuden.

Der Ritter ohne Beine und der Ritter ohne Augen

In einem Land in einem Reich lebten ein Zar und eine Zarin. Die hatten einen Sohn, Iwan Zarewitsch, und dieser hatte einen Wärter, der hieß Katoma Djadka, dubowaja Schapka[1]. Als der Zar und die Zarin sehr alt geworden waren, erkrankten sie beide, und da sie fühlten, dass sie nicht mehr gesund werden konnten, beriefen sie Iwan Zarewitsch zu sich und sagten zu ihm:

»Wenn wir sterben, so folge immer Katomas Ratschlägen und achte ihn hoch, dann wirst du glücklich werden – tust du es aber nicht, so gehst du zugrunde wie eine Fliege!«

Am nächsten Tage starben der Zar und die Zarin. Iwan Zarewitsch begrub seine Eltern und beherzigte ihre Lehren und beratschlagte stets mit Katoma, ehe er etwas unternahm. Über kurz oder lang war der Zarewitsch erwachsen und wollte heiraten. Er sagte deshalb zu Katoma:

»Es ist langweilig, so allein zu leben; ich will heiraten!«

»Zarewitsch, ja, du bist in den Jahren, in denen man an eine Braut denkt. Geh in den großen Saal, dort sind die Bilder aller Zaren- und Königstöchter gesammelt. Betrachte sie dir gut und wähle dir eine aus, und die dir gefällt, die sollst du heiraten.«

1 K. der Wärter mit der hölzernen Kappe.

Iwan Zarewitsch ging in den großen Saal, sah die Bilder an und seinem Sinne gefiel Anna, die Wunderschöne, die Königstochter.

Sie war so schön wie keine zweite Prinzessin auf der Welt. Unter ihrem Bilde stand geschrieben: »Wer ihr ein Rätsel aufgeben kann, das sie nicht lösen kann, der wird ihr Mann! Wessen Rätsel sie lösen wird, der stirbt!«

Iwan Zarewitsch las diese Inschrift und wurde traurig. Er ging zu Katoma und sagte:

»Ich war im großen Saale und suchte mir zur Braut Anna, die Wunderschöne, aus. Ich weiß nur nicht, ob ich sie freien kann.«

»Ja, Zarewitsch, schwer wäre es für dich, müsstest du allein zu ihr reisen. Du würdest sie nie freien! Nimm mich aber mit und tue, was ich dir sage, dann kann es gehen.«

Da bat Iwan Zarewitsch Katoma, mit ihm zu reisen und gab sein Ehrenwort, ihm zu gehorchen in Leid und Freud.

Sie machten sich auf den Weg zu Anna, der Wunderschönen, der Königstochter, reisten ein Jahr, ein zweites und ein drittes und kamen durch viele Länder. Iwan Zarewitsch sagte:

»Wir reiten nun so lange, sind nahe an dem Reiche von Anna, der Wunderschönen, und wissen noch immer kein Rätsel für sie!«

»Wir haben noch Zeit, uns eines auszudenken.«

Sie ritten weiter, da sah Katoma ein Beutelchen auf dem Wege liegen und sprach:

»Iwan Zarewitsch, da hast du dein Rätsel für die Königstochter. Gib ihr das Rätsel zu lösen auf:

»›Wir ritten unseres Weges, da lag Gutes, wir nahmen es in Gutem und legten unser Gutes hinein.‹ – Das errät sie ihr Leben lang nicht! Jedes andere Rätsel löst sie gleich auf, sie braucht dazu nur in ihrem Zauberbuche nachsehen und dann lässt sie dir den Kopf abschlagen.«

Endlich kamen der Zarewitsch und Katoma zu einem hohen Schlosse, da wohnte die wunderschöne Königstochter. Sie stand gerade auf ihrem Balkon und schickte ihnen Boten entgegen, um zu erfahren, woher sie kämen und was sie wollten.

Iwan Zarewitsch antwortete: »Ich komme aus meinem fernen Reiche, um Anna, die Wunderschöne, die Königstochter, zu freien.«

Das meldete man ihr und sie befahl, den Zarewitsch in das Schloss zu führen, er sollte ihr dort vor allen beratenden Fürsten und Bojaren ein Rätsel aufgeben: »Ich habe geschworen«, sagte sie, »den zu heiraten, der mir ein Rätsel aufgibt, das ich nicht auflösen kann. Errate ich es aber, so muss der sterben, der es mir aufgab.«

»Schöne Königstochter, höre mein Rätsel an«, sagte Zarewitsch Iwan. »Wir ritten unsere Straße, da lag Gutes am Wege. Wir nahmen es im Guten und legten unser Gutes hinein.«

Anna, die Wunderschöne, nahm ihr Zauberbuch und begann es nach Rätseln durchzusehen. Sie sah das ganze Buch durch – doch vergebens. Da entschieden die Fürsten und Bojaren, dass sie den Zarewitsch heiraten müsse. Darüber war die Königstochter gar nicht froh, sie musste aber trotzdem Vorbereitungen für ihre Hochzeit treffen.

Heimlich dachte sie aber immer nach: »Wie könnte ich die Zeit hinziehen und meinen Bräutigam loswerden?« Sie beschloss, ihn durch schwere Arbeiten zu ermüden. Einmal rief sie Iwan Zarewitsch zu sich und sprach:

»Lieber Iwan Zarewitsch, erwählter Gatte, wir müssen zur Hochzeit rüsten, erweise mir daher einen kleinen Dienst. In meinem Reiche an der und der Stelle steht eine große, eiserne Säule. Bring sie in die Hofküche und spalte sie in kleine Scheite für den Koch als Brennholz.«

»Um Gottes willen, Königstochter! Bin ich hierhergekommen, um Brennholz zu hacken? Ist das ein Amt für mich? Ich habe dazu meinen Diener!«

Er rief sogleich Katoma und befahl ihm, die eiserne Säule in die Küche zu schaffen und sie in kleine Scheite zu hacken, als Brennholz für den Koch. Katoma ging sogleich hin, packte die Säule mit beiden Händen, brachte sie in die Hofküche und spaltete sie in kleine Stücke. Vier eiserne Scheite aber nahm er und steckte sie in seine Tasche: »Später kann ich sie vielleicht brauchen.«

Am nächsten Tage sprach die Königstochter:

»Lieber Zarewitsch, erwählter Gatte! Morgen werden wir getraut. Ich fahre im Wagen zur Kirche und dir wird ein stolzer Hengst vorgeführt werden. Den musst du dir beizeiten zureiten.«

»Ich selbst soll das Pferd zureiten? Dazu habe ich meinen Diener!«

Iwan Zarewitsch rief Katoma und sprach: »Geh in den Stall, befiel den Knechten, das Ross herauszuführen. Reit es zu, ich will morgen darauf in die Kirche reiten.«

Katoma durchschaute die Hinterlist der Königstochter, ging, ohne zu zaudern, in den Stall und befahl den Knechten, das Pferd herauszuführen. Zwölf Knechte sperrten zwölf Schlösser auf, öffneten zwölf Türen und führten das Zauberross an zwölf Ketten heraus. Katoma trat zu ihm und kaum hatte er sich hinaufgeschwungen, so hob sich das Ross hoch in die Luft, höher als im Wald die Bäume stehen, niederer als die Wolken wehen. Katoma saß aber fest, mit einer Hand hielt er sich an der Mähne fest, mit der anderen holte er ein eisernes Scheit aus seiner Tasche und schlug damit das Ross zwischen den Ohren. Das Scheit zerbrach, da nahm er ein zweites, dann ein drittes und als auch dieses brach und er zum vierten griff, da war das Pferd so ermattet, dass es nicht weiter Widerstand leistete, sondern mit menschlicher Stimme sprach:

»Väterchen Katoma, lass mich noch lebendig zur Erde hinab und was du willst, soll nach deinem Wunsche geschehen. Befiehl nur!«

»Höre zu, elendes Tier«, erwiderte Katoma, »morgen wird Iwan Zarewitsch auf dir zur Trauung reiten. Pass auf! Wenn dich die Knechte in den weiten Hof führen und er an dich herantritt, seine Hand auf dich legt, so steh still, zuck mit keinem Ohre. Steigt er auf, so sink bis über die Hufe in die Erde ein und geh unter ihm dahin, mit schwerem Schritte, als trügest du eine ungeheure Last.«

Das Pferd sank halb tot zur Erde hernieder. Katoma ergriff es beim Schweif warf es den Stallknechten hin und sagte:

»He, Kutscher und Knechte, führt das elende Tier in den Stall!«

Der nächste Tag kam heran und damit die Stunde, in die Kirche zu reiten. Für die Königstochter stand ein Wagen bereit, aber dem Zarewitsch brachte man das Zauberross. Von allen Seiten war das Volk in unzählbarer Menge zusammengelaufen.

Bräutigam und Braut traten aus dem weißsteinernen Palaste heraus und die Königstochter bestieg den Wagen. Sie wartete auf das, was mit Iwan Zarewitsch geschehen würde. Sie glaubte, das Ross würde ihn mit seinen Locken dem Winde entgegentragen. Sie vermeinte schon seine Knochen über das weite Feld zerstreut zu sehen.

Iwan Zarewitsch trat an das Pferd heran, legte ihm seine Hand auf den Rücken, setzte den Fuß in den Bügel, da stand das Zauberross auch schon wie angemauert und zuckte mit keinem Ohr. Der Zarewitsch stieg auf und der Hengst sank tief in die Erde ein. Man nahm ihm seine zwölf Ketten ab, da schritt er schweren, gleichmäßigen Schrittes voran und der Schweiß lief in Strömen von ihm herab.

»Das ist ein Held, das ist Kraft!«, sagte das Volk von Iwan Zarewitsch.

Braut und Bräutigam wurden getraut und traten Hand in Hand aus der Kirche. Die Königstochter wollte noch einmal des Gatten Kraft erproben und drückte seine Hand. Sie drückte so stark, dass er es nicht ertragen konnte. Das Blut stieg ihm zu Kopfe, die Augen traten aus ihren Höhlen.

»So ein Held bist du!«, dachte sie, »prächtig hat mich dein Katoma getäuscht, aber das bleibt euch nicht geschenkt.«

Anna, die Wunderschöne, die Königstochter, lebte mit ihrem von Gott gesandten Gatten, wie es einer Frau geziemte, sie hörte stets liebevoll auf seine Worte, aber trotzdem dachte sie nur darüber nach, wie sie Katoma verderben könnte, denn sie wusste, dass sie mit dem Zarewitsch allein leicht fertigwerden könnte. Aber wie viele Verleumdungen sie auch ersann und vorbrachte, Iwan Zarewitsch glaubte ihr nichts, sondern hielt zu Katoma. Als ein Jahr vergangen war, sagte er zu seiner Frau:

»Liebes Weib, wunderschöne Königstochter, ich möchte mit dir in mein Land reisen!«

»Ja bitte, reisen wir, ich möchte seit Langem dein Reich sehen.«

Sie machten sich auf den Weg und Katoma saß hinter dem Kutscher. Wie sie so dahin fuhren und fuhren, schlief Iwan Zarewitsch ein. Plötzlich begann ihn Anna, die wunderschöne Königstochter, zu wecken und klagte:

»Hör doch, Zarewitsch, du schläfst immerzu und merkst nichts! Katoma gehorcht mir gar nicht. Er lenkt die Pferde absichtlich über Stock und Stein, in Graben hinein, als wollte er uns umbringen. Ich sprach freundlich zu ihm, aber er lacht mich nur aus. Ich will nicht weiterleben, wenn du ihn nicht strafst.« Im Halbschlafe wurde Iwan Zarewitsch sehr zornig auf Katoma und sagte zu der Königstochter:

»Mach mit ihm, was du willst.«

Da befahl die Königstochter sogleich ihren Dienern, Katoma die Beine abzuschlagen. Er ergab sich seinen Peinigern und dachte: »Muss ich leiden, so mag der Zarewitsch auch erfahren, was Kummer ist.«

Man schlug ihm die Beine ab. Die Königstochter sah umher und bemerkte einen hohen Baumstamm am Wegesrande. Da befahl sie ihren Dienern, Katoma darauf zu setzen. Den Zarewitsch aber ließ sie, an einem Stricke angebunden, hinter dem Wagen herlaufen und so kehrte sie in ihr Königreich zurück. Katoma saß auf seinem Stamme und weinte bittere Tränen:

»Lebwohl, Iwan Zarewitsch, vergiss mich nicht!«

Iwan Zarewitsch lief in Sprüngen hinter dem Wagen her; er wusste wohl, dass er einen Fehler begangen hatte, es war aber nichts mehr zu machen.

Als Anna, die Wunderschöne, wieder in ihrem Königreiche angelangt war, musste der Zarewitsch die Kühe hüten. Jeden Morgen zog er mit ihnen ins Freie und abends trieb er sie in den königlichen Hof zurück, da saß dann die Königstochter auf dem Balkon und prüfte, ob die Kühe alle beisammen wären. Der Zarewitsch musste sie zählen und in den Stall treiben, der letzten aber einen Kuss unter den Schwanz geben. Die Kuh wusste das schon, blieb deshalb am Tore stehen und hob den Schwanz.

Katoma saß auf dem Stamm tagelang, ohne zu essen oder zu trinken. Er konnte nicht herabsteigen, da dachte er Hungers sterben zu müssen.

In der Nähe war ein dichter Wald und dort lebte ein blinder, sehr starker Ritter. Dieser Ritter witterte die Tiere, die vorbeiliefen, er jagte ihnen nach und fing sie ein, gleichgültig ob es ein Hase war, ein Fuchs oder ein Bär, das war dann sein Mittagsbraten. Der Ritter konnte nämlich so schnell laufen, dass ihm kein springendes Tier entkam. Eines Tages schlich ein Fuchs vorüber, das hörte der Ritter und jagte ihm nach. Der Fuchs lief bis zu dem Baumstamm, auf dem Katoma saß, und machte dort kehrt. In der Eile der Verfolgung stieß der Blinde mit der Stirne derart an den Stamm an, dass er ihn mit der Wurzel ausriss. Katoma fiel zur Erde und fragte: »Wer bist du?«

»Ich – bin der blinde Ritter, ich lebe bald dreißig Jahre hier im Walde und nähre mich davon, dass ich dann und wann ein Tier einfange und am Feuer brate, sonst wäre ich längst verhungert!«

»Bist du wirklich von Kind auf blind?«

»Nein, mich hat Anna, die Wunderschöne, die Königstochter, geblendet.«

»Bruder«, sagte Katoma, »ich verlor auch durch sie meine Beine; sie ließ mir beide abschlagen.«

Die Ritter beschlossen beisammen zu bleiben und einander zu helfen. Der Blinde sagte zu Katoma:

»Setz dich auf meinen Rücken und weise mir den Weg. Ich will dir mit meinen Füßen dienen, dien du mir mit deinen Augen.«

Der Blinde hob Katoma auf und der ohne Beine schrie: »Rechts, links, geradeaus!«

So lebten sie eine Zeit lang im Walde und fingen sich Hasen, Füchse und Bären zu ihrer Nahrung. Einmal sagte Katoma:

»Sollen wir ewig ganz einsam hier leben? Ich hörte, in der Stadt lebe ein reicher Kaufmann mit seiner Tochter. Die, heißt es, ist ganz unbeschreiblich mildtätig gegen Arme und Krüppel. Jedem gibt sie eigenhändig Almosen. Bruder, entführen wir sie! Sie soll bei uns als unsere Hausfrau wohnen.«

Der Blinde nahm ein Wägelchen, setzte den ohne Beine hinein und zog ihn zur Stadt, gerade bis vor das Haus des Kaufmanns. Die Tochter sah aus dem Fenster und sprang sogleich auf, um ihnen ein Almosen zu bringen. Sie trat zu Katoma und sagte:

»Nimm hin, um Gottes willen!«

Er nahm ihre Gabe, ergriff dabei ihre Hand, zog sie in den Wagen und rief es dem Blinden zu; der lief so schnell davon, dass keine Pferde ihn einholen konnten. Der Kaufmann versuchte umsonst die beiden Ritter einzuholen, es war ganz unmöglich.

Die Ritter brachten die Kaufmannstochter in ihre Waldhütte und sprachen: »Bleibe bei uns als unsere Schwester, sei unsere Hausfrau. Wir Armen haben niemand, der unser Essen kocht, unsere Wäsche wäscht. Gott wird dich deshalb nicht verlassen.«

Da blieb die Kaufmannstochter bei ihnen, die Ritter ehrten und liebten sie wie eine leibliche Schwester. Zuweilen gingen sie auf die Jagd und dann blieb die Schwester allein zu Hause. Sie versah die Wirtschaft, kochte das Essen und wusch die Wäsche. Da kam einmal Baba Jaga[2] mit dem Knochenbein zu der Hütte herein und sog dem schönen Mädchen die Brust aus. So oft die Ritter auf der Jagd waren, kam Baba Jaga wieder. Über kurz oder lang war die schöne Kaufmannstochter mager und kränkelte. Der Blinde sah es nicht, aber Katoma merkte, dass etwas nicht in Ordnung wäre. Er sagte es seinem Gefährten und beide fragten die Schwester nach der Ursache. Baba Jaga hatte ihr aber streng verboten, etwas zu erzählen. Sie fürchtete sich deshalb lange, ihnen ihren Kummer anzuvertrauen. Endlich überredeten sie die Brüder dennoch und sie erzählte alles.

---

2 Alte Hexe, siehe Band I.

»Jedes Mal, wenn ihr auf die Jagd geht, erscheint in der Hütte ein uraltes Weib. Sie hat ein böses Gesicht und lange graue Haare. Sie lässt sich von mir den Kopf absuchen und saugt meine weiße Brust aus.«

»Ah«, sagte der Blinde, »das ist Baba Jaga, warte nur, mit der muss man auf ihre eigene Art umgehen! Morgen jagen wir nicht. Wir wollen versuchen sie zu Hause anzutreffen und zu fangen.«

Am Morgen des nächsten Tages gingen die beiden nicht auf die Jagd.

»Kriech unter die Bank«, sagte der Blinde zu Katoma, »und sitz still. Ich gehe auf den Hof und warte unter dem Fenster. Du, Schwesterchen, setz dich hierher. Kommt Baba Jaga, so flicht, während du ihr den Kopf absuchst, vorsichtig einen Teil ihrer Haare und hänge den Zopf dann zum Fenster hinaus. Ich werde sie bei ihren grauen Zotteln packen.«

Wie gesagt, so getan. Der Blinde packte Baba Jaga bei ihrem grauen Zopfe und schrie:

»He, Katoma, steig hervor und halte das böse Weib, bis ich in die Hütte komme.«

Baba Jaga hörte das, wollte den Kopf heben und aufspringen, aber das ging nicht, sie riss und zerrte, doch das nützte alles nichts.

Katoma kam unter der Bank hervorgekrochen und wälzte sich auf sie wie ein steinerner Berg. Er würgte sie, dass ihr Hören und Sehen verging[3]. Der Blinde sprang zur Hütte herein und sagte:

»Wir müssen einen großen Scheiterhaufen machen, die Alte verbrennen und ihre Asche in alle Winde verstreuen.«

Baba Jaga begann zu flehen:

---

3 Dass ihr der Himmel klein wie ein Schaffell erschien.

»Väterchen, Täubchen, vergebt mir ... was ihr wollt, tue ich für euch!«

»Gut, alte Hexe«, sagten die Ritter, »zeige uns den Brunnen mit heilendem und belebendem Wasser.«

»Schlagt mich nur nicht, dann zeige ich ihn euch gleich.«

Jetzt stieg Katoma auf des Blinden Rücken und dieser nahm Baba Jaga an den Zöpfen. So führte sie die beiden in den dichtesten Wald bis zu einem Brunnen und sagte:

»Hier ist heilendes, belebendes Wasser.«

»Gib acht, Katoma, mach keinen Fehler, betrügt sie uns diesmal, können wir es unser Leben lang nicht mehr gutmachen.«

Katoma brach von einem Baume ein grünes Zweiglein und warf es in den Brunnen. Das Ästchen war noch nicht bis zum Wasser gefallen, da loderte es schon in Flammen auf.

»Ah, du wolltest schon wieder betrügen!«

Die Ritter trafen Anstalt, Baba Jaga in den Feuerbrunnen zu werfen, doch sie flehte noch mehr wie vorher und schwur einen großen Eid, sie wolle nicht mehr betrügen.

»Wahr und wahrhaftig, ich zeige euch gutes Wasser!«

Die Ritter waren bereit, es noch einmal zu probieren, und Baba Jaga führte sie zu einem anderen Brunnen. Katoma brach ein dürres Zweiglein von einem Baume und warf es in den Brunnen. Das Ästchen war noch nicht bis zum Wasser gefallen, als es Schößlinge trieb, grünte und blühte.

»Dieses Wasser ist gut«, sagte Katoma. Der Blinde wusch seine Augen und wurde sofort sehend. Er ließ den Krüppel in das Wasser hinab und gleich wuchsen ihm Beine. Da freuten sich beide sehr und sprachen untereinander:

»Da wir gesund sind, werden wir alles wiedererlangen, was unser war, nur müssen wir zuerst mit Baba Jaga abrechnen. Wenn wir ihr jetzt verzeihen, werden wir nichts Gutes davon haben, denn ihr ganzes Leben lang sinnt sie dann Böses wider uns.«

Sie kehrten zum Feuerbrunnen zurück und warfen Baba Jaga hinein. Da verbrannte sie.

Katoma heiratete nun die Kaufmannstochter und alle drei zogen in das Königreich Annas, der Wunderschönen, um Iwan Zarewitsch zu erlösen. Sie gingen zur Hauptstadt, da begegnete er ihnen mit seiner Kuhherde.

»Halt, Hirt«, sprach Katoma, »wohin treibst du das Vieh?«

»In den Königshof. Die Königstochter zählt jeden Tag nach, ob alle Kühe heimkehren.«

»Hirt, zieh meine Kleider an, ich will deine anziehen und die Kühe heimtreiben.«

»Nein, Bruder, das geht nicht. Wenn die Königstochter das merkt, geht es mir schlecht.«

»Fürchte dich nicht, es geschieht dir nichts! Katoma bürgt dir dafür.«

Iwan Zarewitsch seufzte.

»Ach, guter Mann, lebte der noch, weidete ich hier keine Kühe.«

Da gab Katoma sich zu erkennen. Der Zarewitsch umarmte ihn innig und weinte bitterlich.

»Ich hoffte nicht mehr, dich wiederzusehen!«

Sie tauschten die Kleider und Katoma trieb die Kühe in den königlichen Hof. Anna, die Wunderschöne, trat auf den Balkon und zählte die Tiere, dann befahl sie, alle in den Stall zu treiben. Alle Kühe gingen in den Stall, nur die letzte blieb stehen und sträubte den Schwanz.

Katoma sprang auf sie los und rief:

»Elendes Tier, auf was wartest du hier?«

Er packte und riss sie so stark am Schwanze, dass ihm das ganze Fell in der Hand blieb. Die Königstochter sah das und rief laut:

»Was macht der elende Hirt? Ergreift ihn und bringt ihn zu mir!«

Die Diener ergriffen Katoma und schleppten ihn ins Schloss. Katoma ließ es geschehen, ohne zu widerstreben, und vertraute auf seine Kraft. Man brachte ihn zur Königstochter, die sah ihn an und fragte:

»Wer bist du?«

»Ich bin Katoma, dem du einst die Beine abschlagen und den du dann auf einem Baumstamm aussetzen ließest.«

Da dachte die Königstochter:

»Wenn er sogar seine Beine wiedererlangen konnte, ist gegen ihn nicht aufzukommen«, und sie bat ihn und den Zarewitsch um Verzeihung. Sie bereute ihre Sünden und schwor einen Eid, Iwan Zarewitsch ewig zu lieben und ihm in allem zu gehorchen. Iwan Zarewitsch vergab ihr und fortan lebten sie in Frieden und Eintracht. Der einst blinde Ritter blieb bei ihnen, aber Katoma reiste mit seiner Frau zu dem reichen Kaufmann und zog in sein Haus.

Schwesterchen Alenuschka und Brüderchen Iwanuschka

Es waren einmal ein Zar und eine Zarin, die hatten einen Sohn und eine Tochter. Der Sohn hieß Iwanuschka und die Tochter Alenuschka.

Da starben der Zar und die Zarin und die Kinder blieben allein zurück. Da wanderten sie in die weite Welt.

Sie gingen, gingen und gingen, da kamen sie an einen Teich, an dem weidete eine Herde Kühe.

»Ich will trinken«, sagte Iwanuschka.

»Trink nicht, Brüderchen, sonst wirst du ein Kalb«, sagte Alenuschka.

Er gehorchte und sie gingen weiter, da kamen sie an einen Fluss, da weidete eine Herde Pferde am Ufer.

»Ach, Schwesterlein, wenn du wüsstest, wie durstig ich bin!«

»Trink nicht, Brüderlein, sonst wirst du ein Füllen.«

Iwanuschka gehorchte und sie gingen immer weiter, da sahen sie einen See, an dem eine Herde Schafe entlangzog.

»Ach, Schwesterchen, ich bin entsetzlich durstig.«

»Trink nicht, Brüderchen, sonst wirst du ein Lämmchen.«

Iwanuschka gehorchte und sie gingen weiter, da sahen sie einen Bach, daneben weideten Schweine.

»Ach, Schwesterchen, ich trinke, ich bin so schrecklich durstig.«

»Trink nicht, Brüderchen, sonst wirst du ein Ferkel.«

Iwanuschka gehorchte wieder und sie gingen immer, immer weiter, da sahen sie an einem Wasser eine Herde Ziegen.

»Ach, Schwesterchen, ich trinke.«

»Trink nicht, sonst wirst du ein Böckchen.«

Er hielt es aber nicht mehr aus, gehorchte der Schwester nicht, trank und wurde ein Böcklein, das sprang vor Alenuschka einher und rief: »Mäh! mäh!«

Alenuschka band ihm ihren seidenen Gürtel um den Hals führte ihn daran und weinte dabei bitterlich.

Das Böcklein lief und sprang voran, einmal lief es in des Zaren Garten. Da wurde es gesehen und gleich meldete man es dem Zaren.

»Eure Majestät, im Garten läuft ein Böcklein umher, ein wunderschönes Mädchen führt es an einem Band.«

Der Zar befahl, dass man das Mädchen nach seiner Herkunft frage.

Da fragte man sie nach ihrem Namen.

»Das war so«, sagte Alenuschka. »Es waren einmal ein Zar und eine Zarin, die starben, da blieben wir Kinder zurück. Ich, die Zarewna, und mein Brüderlein, der Zarewitsch. Er hielt sich nicht zurück, trank Zauberwasser und wurde ein Ziegenböcklein.«

Die Leute meldeten das dem Zaren. Der rief Alenuschka heran und fragte sie nach allem. Sie gefiel ihm so gut, dass er sie heiraten wollte.

Bald fand die Hochzeit statt und das Böckchen blieb bei ihnen, ging mit ihnen im Garten spazieren und aß und trank an ihrem Tische.

Als einmal der Zar auf die Jagd zog, kam eine Zauberin und verhexte Alenuschka, da wurde sie krank, mager und blass und zugleich wurde alles im Zarenschloss auch traurig und matt. Die Blumen welkten, die Bäume verdorrten, das Gras verblich.

Als der Zar zurückkam, fragte er die Zarin:

»Bist du gar krank?«

»Ja«, sagte sie.

Am nächsten Tage ging der Zar wieder auf die Jagd. Alenuschka lag krank, da kam die Zauberin zu ihr und fragte:

»Willst du, dass ich dich heile? Wenn es dämmert, geh ans Meer und trinke dort von dem Wasser.«

Die Zarin ging bei beginnender Dämmerung ans Meer, da wartete schon die Zauberin, ergriff Alenuschka, band ihr einen Stein um den Hals und warf sie ins Meer.

Alenuschka sank bis auf den Grund und das Böcklein, das mitgelaufen war, weinte bitter, bitterlich.

Die Zauberin nahm der Zarin Gestalt an und kehrte in das Schloss zurück.

Der Zar kam heim und war froh, dass die Zarin wieder gesund war.

И. БИЛИБИНЪ. 1901.

Sie setzten sich zum Essen zu Tisch, da fragte der Zar: »Wo ist das Böcklein?«

»Wir brauchen es nicht«, sagte die Zauberin. »Ich gab Befehl, es nicht hereinzulassen, es riecht nach dem Stall.«

Kaum war der Zar am nächsten Tag auf die Jagd geritten, da quälte und schlug die Zauberin das Böcklein und drohte ihm:

»Wenn der Zar wiederkommt, dann bitte ich ihn, dass er dich schlachten lässt.«

Als der Zar zurückkam, quälte sie ihn und bat:

»Lass doch endlich das Böcklein abschlachten. Es ist mir so lästig, so widerwärtig geworden.«

Dem Zaren tat das Böcklein leid, aber sie quälte ihn und bat fortwährend, sodass er endlich einwilligte und erlaubte, dass man es schlachte.

Was war da zu machen! Das Böcklein sah, wie man das Messer für ihn wetzte und weinte; da lief es zum Zaren und bat:

»Zar, lass mich ans Meer gehen, Wasser trinken, mein Därmchen ausspülen.«

Der Zar ließ es laufen.

Das Böcklein sprang ans Meer, stand am Ufer und rief kläglich:

»Alenuschka, Schwesterlein,
Schwimm, o schwimm ans Ufer schnell,
Das Feuerlein brennt gar so hell,
Das Wasser siedet im Kesselchen,
Gewetzt ist schon das Messerchen,
Sie wollen mich abschlachten.«

Sie antwortete ihm:

»Iwanuschka, Brüderlein,
Zur Tiefe zieht mich der schwere Stein,
Der Drache zernagt mein Herzelein.«

Das Böcklein weinte und lief heim. Zu Mittag bat es wieder den Zaren:

»Zar, lass mich ans Meer gehen, Wasser trinken, mein Därmchen ausspülen.«

Der Zar ließ es laufen, da sprang es ans Ufer und schrie kläglich:

»Alenuschka, Schwesterlein,
Schwimm, o schwimm ans Ufer schnell,
Das Feuerlein brennt gar so hell,
Das Wasser siedet im Kesselchen,
Gewetzt ist schon das Messerchen,
Sie wollen mich abschlachten.«

Sie antwortete ihm:

»Iwanuschka, Brüderlein,
Zur Tiefe zieht mich der schwere Stein,
Der Drache zernagt mein Herzelein.«

Das Böcklein weinte und lief nach Hause. Der Zar dachte:

»Was bedeutet das? Warum läuft das Böckchen immer ans Meer?«

Als das Böcklein ein drittes Mal bat: »Zar, lass mich ans Meer laufen, Wasser trinken, mein Därmchen ausspülen«, ließ der Zar es laufen, folgte ihm aber nach und hörte, wie das Böcklein seine Schwester rief:

»Alenuschka, mein Schwesterlein,
Schwimm, o schwimm ans Ufer schnell.
Das Feuerlein brennt gar so hell,
Das Wasser siedet im Kesselchen,
Gewetzt ist schon das Messerchen,
Sie wollen mich abschlachten.«

Sie antwortete ihm:

»Iwanuschka, Brüderlein,
Zur Tiefe zieht mich der schwere Stein,
Der Drache zernagt mein Herzelein.«

Das Böcklein rief noch einmal, da stieg Alenuschka an die Oberfläche des Wassers und kam an das Ufer.

Sogleich ergriff sie der Zar, riss den Stein von ihrem Halse und zog sie ans Land. Er fragte sie, wie all das sich zugetragen habe, und sie erzählte es ihm.

Der Zar freute sich und das Böcklein auch. Es sprang umher und im Garten blühte und grünte alles aufs Neue.

Die Zauberin wurde getötet. Im Hofe errichteten des Zaren Leute einen Scheiterhaufen und sie wurde darauf verbrannt.

Der Zar und die Zarin lebten mit ihrem Böcklein fröhlich und zufrieden wie früher und aßen und tranken an einem Tische.

Geh hin – ich weiß nicht wohin – bring das – ich weiß nicht was

In einem Land war einmal ein König, der war noch unverheiratet und hatte eine ganze Kompanie Schützen, die zogen auf die Jagd, schossen Wild und Vögel und versorgten damit des Königs Tisch. In dieser Kompagnie diente auch ein wackrer Schütze, namens Fedot. Er schoss sehr gut, verfehlte nie sein Ziel, deshalb liebte ihn der König mehr als alle seine Kameraden. Einmal ging Fedot sehr früh, beim ersten Morgengrauen, auf die Jagd. Er ging in den dunklen, dichten Wald und da sah er auf einem Baume eine Turteltaube sitzen. Fedot nahm seine Flinte, zielte, schoss und verwundete die Turteltaube so am Flügel, dass sie vom Baume auf die feuchte Erde fiel. Der Schütze hob sie auf, um sie vollends zu töten und in seine Jagdtasche zu stecken. Da sprach das Täubchen zu ihm:

»Ach, wackrer Schütze! Reiß mir mein Köpfchen nicht ab, trenn mich nicht von der lichten Welt, nimm mich lieber lebend zu dir in dein Haus, setz mich ans Fensterchen und pass auf: Wenn mich der Schlaf überfällt, versetz mir mit der rechten Hand einen Streich, dadurch wirst du dir ein großes Glück verschaffen.«

Der Schütze war sehr erstaunt.

»Was«, dachte er, »äußerlich sieht das Täubchen aus wie ein Vogel, aber es spricht mit einer menschlichen Stimme! Ich habe noch niemals so etwas erlebt ...«

Er trug den Vogel nach Hause, setzte ihn an sein Fensterchen und stellte sich daneben und wartete. Nach kurzer Zeit steckte das Täubchen sein Köpfchen unter den Flügel und schlief ein. Der Schütze hob seine rechte Hand und gab ihm einen leichten Schlag, da fiel das Turteltäubchen auf den Fußboden und verwandelte sich in ein Mädchen, das war so schön, wie man es weder erfinden noch sich ausmalen, sondern nur im Märchen antreffen kann. Eine ähnliche Schönheit gab es auf der ganzen Welt nicht wieder. Sie sprach zu dem wackern Burschen, dem königlichen Schützen:

»Du hast mich erworben, heirate mich, denn du bist der mir bestimmte Mann und ich bin dein von Gott gesandtes Weib.«

Das war ihm recht und er nahm sie zur Frau.

Fedot war glücklich mit ihr und vergaß darüber doch nicht an seinen Dienst.

Jeden Tag beim Morgengrauen, noch ehe es hell war, nahm er seine Flinte, ging in den Wald und schoss verschiedenes Wild für die königliche Küche. Seine Frau sah, dass er stets sehr erschöpft von der Jagd heimkehrte und sprach:

»Höre, Lieber, du tust mir leid, jeden Tag, den Gott gibt, plagst du dich, irrst in Wald und Sumpf umher, kehrst immer müde heim und wir haben gar keinen Nutzen davon. Was ist das für ein Handwerk! Ich wüsste ein anderes, das nicht ohne Nutzen für uns bliebe. Verschaff dir zweimal hundert Rubel, damit wird alles gemacht.«

Fedot ging zu seinen Kameraden und sammelte Geld von ihnen, von diesem einen Rubel, von jenem zwei, bis er endlich zweihundert Rubel beisammen hatte. Die brachte er seiner Frau.

»Geh hin«, sagte sie, »und kauf für das ganze Geld allerlei Seide.«

Der Schütze kaufte für zweihundert Rubel allerlei Seide.

Die nahm sie und sagte:

»Sorg dich nicht, bete zu Gott und leg dich schlafen. Der Morgen ist klüger als der Abend.«

Während der Mann schlief, trat die Frau vor das Haus, schlug ihr Zauberbuch auf und sofort standen zwei junge Männer vor ihr und sprachen:

»Was willst du, was befiehlst du?«

»Nehmt diese Seide und macht daraus in einer Stunde einen Teppich, einen so wunderbaren Teppich, dass man seinesgleichen noch nie vorher auf der Welt gesehen hat. Auf dem Teppich soll das ganze Königreich mit seinen Städten und Dörfern, seinen Flüssen und Seen abgestickt sein.«

Die jungen Männer gingen an die Arbeit und waren nicht in einer Stunde, sondern in zehn Minuten mit dem wunderschönen Teppich fertig. Sie gaben ihn der Frau und waren im Augenblick verschwunden, als ob sie gar nie da gewesen wären. Am Morgen gab sie ihrem Manne den Teppich und sagte:

»Da, trag ihn in die Kaufhalle zum Verkauf, aber gib acht! Nenne selbst keinen Preis, sondern nimm, was man dir anbietet.«

Fedot hängte den Teppich über seinen Arm und ging damit die Reihen der Kaufläden entlang. Ein Kaufmann sah ihn, lief auf ihn zu und sprach:

»Höre, Verehrtester, verkaufst du das?«

»Ja.«

»Was kostet es?«

»Du bist ein Handelsmann, nenne selbst einen Preis!«

Der Kaufmann überlegte hin und her und konnte den Teppich nicht abschätzen, durchaus nicht. Ein zweiter Kaufmann kam herzu, dann ein dritter und vierter ... schließlich sammelte sich eine ganze Menge, sie betrachteten alle den Teppich, bewunderten ihn und konnten ihn doch nicht einschätzen. Währenddessen fuhr gerade der Schlosskommandant bei den Läden der Kaufleute vorüber, er sah die Menge stehen und wollte wissen, was vorging. Er stieg aus seinem Wagen, trat heran und sprach:

»Seid gegrüßt, weitgereiste Kaufleute, wovon ist hier die Rede?«

»Wir können diesen Teppich nicht einschätzen.«

Als der Schlosskommandant den Teppich sah, staunte er selbst.

»Höre, Schütze«, sprach er, »sag mir die reine Wahrheit, woher hast du diesen prächtigen Teppich?«

»Meine Frau hat ihn gemacht.«

»Was verlangst du dafür?«

»Ich weiß seinen Preis selbst nicht, meine Frau trug mir auf, nicht zu handeln. Was man gibt – nehme ich.«

»Nun, da hast du zehntausend.«

Der Schütze nahm das Geld und gab dafür den Teppich her.

Der Schlosskommandant war stets um den König. Er aß und trank an seinem Tische und als die Mittagszeit kam, ging er zum König und nahm den Teppich mit.

»Beliebt es vielleicht Eurer Hoheit, dieses prächtige Ding anzusehen, das ich heute kaufte?«

Der König sah hin und erblickte sein ganzes Königreich auf dem Teppich abgebildet, ihm war, als hielte er es auf seiner Hand.

»Ach«, sagte er, »was ist das für ein Teppich! Noch nie in meinem Leben sah ich solch ein Wunderding. Kommandant, den Teppich gebe ich dir nicht mehr zurück, was willst du dafür?«

Er zog sogleich 25.000 hervor und zahlte sie dem Kommandanten bar in die Hand. Den Teppich hängte er sogleich im Schlosse auf.

»Das macht nichts«, dachte der Kommandant, »ich bestelle mir einen, der noch schöner ist.«

Er suchte gleich des Schützen Hütte auf und trat ein. Kaum hatte er des Schützen Frau gesehen, so hatte er sein Geschäft vergessen. Er wusste nicht mehr, weshalb er gekommen war, denn vor ihm stand eine Schönheit, von der er sein Leben lang seine Augen nicht hätte wegwenden wollen. Er schaute auf das fremde Weib und Gedanke folgte auf Gedanke:

»Seit wann ist es erschaut und erhört, dass ein einfacher Soldat solch einen Schatz besitzt? Obwohl ich den König selbst bediene und General bin, sah ich noch nie solch eine Schönheit!«

Mit Mühe bezwang sich der Kommandant und ungern ging er wieder nach Hause. Von dieser Stunde an war er nicht mehr derselbe. Im Schlafen und im Wachen dachte er nurmehr an die schöne Frau. Sein Essen ließ er stehen, sein Trinken ließ er gehen, stets nur glaubte er sie zu sehen. Der König merkte das und fragte:

»Was ist mit dir geschehen, hast du einen Kummer?«

»Ach, Hoheit, ich sah eines Schützen Frau. Es gibt keine solche Schönheit mehr auf der ganzen Welt. Immer nur denke ich an sie. Ich esse nicht, ich trinke nicht, kein Mittel vermag mich zu heilen.«

Der König bekam Lust, selbst die Frau zu sehen; er ließ seinen Wagen anspannen und fuhr zu des Schützen Hütte. Er trat ein und sah die unbeschreibliche Schönheit! Wer sie sah, alt oder jung, jeder musste sie sofort lieben. Auch den König ergriff sofort Liebesglut und er dachte:

»Weshalb sollte ich ledig bleiben? Weshalb sollte ich nicht dieses schöne Weib freien? Weshalb sollte sie eines Schützen Frau bleiben? Ihr ist es von Geburt bestimmt, eine Königin zu werden!«

Der König kehrte ins Schloss zurück und sagte dem Kommandanten:

»Höre! Lag es in deiner Macht, mir das unbeschreiblich schöne Weib des Schützen zu zeigen, so bringe jetzt auch ihren Mann beiseite. Ich selbst will sie heiraten. Bringst du ihn nicht um, so mach es dir allein zum Vorwurf, wenn du an den Galgen kommst, obwohl du mein treuer Diener bist.«

Der Kommandant ging und war noch trauriger als vorher, denn er wusste nicht, wie er den Schützen fortschaffen sollte. Er ging auf einsamen Wegen, durch Einöden und wüstes Land, da kam ihm Baba Jaga entgegen.

»Halt, Diener des Königs, ich kenne alle deine Gedanken, willst du, dass ich deinem unvermeidlichen Jammer abhelfe?«

»Hilf, Alte, ich zahle dir, was du willst!«

»Dir ist befohlen, Fedot, den Schützen, aus dem Wege zu räumen. Das wäre nicht schwer, denn er ist einfältig, aber seine Frau ist sehr schlau. Wir werden ihr trotzdem eine Aufgabe stellen, die sie nicht so schnell lösen kann. Kehr zum König zurück und sag ihm: Hinter dreimal neun Ländern, im dreimal zehnten Reich ist eine Insel, auf der ist ein Hirsch mit goldenen Hörnern. Der König soll nun fünfzig Matrosen auswählen – die allerschlechtesten, die ärgsten Säufer – er soll auch ein Schiff herrichten lassen, ein altes, faules, das seit dreißig Jahren außer Dienst ist, und soll auf diesem Schiffe Fedot, den Schützen, ausschicken, den Hirsch mit den goldenen Hörnern herbeizuschaffen. Um zu der Insel zu gelangen, muss er nicht mehr – nicht weniger – als drei Jahre lang fahren. Zurück braucht er wieder drei Jahre, das macht zusammen sechs Jahre. Wenn das Schiff aufs Wasser kommt, wird es aber nur einen Monat lang Dienste leisten können, dann untergehen und der Schütze mitsamt den Matrosen wird ertrinken.«

Der Kommandant hörte Baba Jagas Reden alle an, dankte für ihre Lehren und belohnte sie mit Gold, dann lief er zum König und sagte:

»Hoheit, so und so – auf diese Art kann man den Schützen sicher verderben.«

Der König war einverstanden und gab sogleich Befehl, ein altes, faules Schiff zur Abfahrt zu rüsten, es mit Proviant für sechs Jahre und mit fünfzig Matrosen auszustatten. Es sollten aber die schlechtesten Seeleute und ärgsten Säufer sein.

Boten liefen alsbald von Wirtshaus zu Wirtshaus und warben Matrosen an, dass es ein Vergnügen war. Dem einen war ein Auge ausgeschlagen, der andere hatte eine schiefe Nase. Sobald man dem König meldete, dass das Schiff bereit sei, rief er den Schützen und sprach:

»Fedot, du bist ein wackrer Bursche, der Beste meiner Schützen. Erweise mir einen Dienst. – Hinter dreimal neun Landen, im dreimal zehnten Reich, liegt eine Insel; auf der ist ein Hirsch mit goldenen Hörnern. Fang ihn und bring ihn lebendig hierher.«

Der Schütze überlegte, was er antworten sollte, aber der König sagte:

»Denk nach, so viel du willst, aber tust du nicht, was ich verlange, so schlägt mein Schwert deinen Kopf zur Erd.«

Da machte Fedot linksum kehrt und verließ das Schloss. Am Abend kam er sehr traurig nach Hause, er wollte nicht einmal sprechen, aber als seine Frau ihn fragte:

»Mein Liebster, warum bist du so traurig? Bist du in Ungnade gefallen?«

Da erzählte er ihr alles.

»Darüber bist du so traurig?«, fragte sie, »dazu ist da kein Anlass, das ist kein Dienst, das ist ein Dienstchen. Bete zu

Gott und leg dich schlafen, der Morgen ist klüger als der Abend, alles wird getan werden.«

Der Schütze legte sich nieder und schlief ein, aber seine Frau schlug ihr Zauberbuch auf, und da erschienen plötzlich zwei Jünglinge vor ihr.

»Was willst du, was befiehlst du?«

»Geht über dreimal neun Lande, ins dreimal zehnte Reich, fangt auf der Insel den Hirsch mit den goldenen Hörnern und bringt ihn hierher.«

»Wir gehorchen, vor Tagesanbruch wird er hier sein«, sagten die Jünglinge.

Ein Wirbelwind trug sie zu der Insel, dort fingen sie den Hirsch und brachten ihn dem Schützen in seine Hütte.

Eine Stunde vor dem Morgengrauen war das alles gemacht und die beiden Jünglinge waren wieder verschwunden, als wären sie nie da gewesen. Die schöne Schützenfrau weckte ihren Mann früher als sonst und sprach:

»Geh und sieh, der Hirsch mit den goldenen Hörnern spaziert bei dir im Hof einher. Nimm ihn mit auf das Schiff, fahre fünf Tage gerade aus und kehr dann um.«

Der Schütze sperrte den Hirsch in einen dichten, verdeckten Käfig und schaffte ihn auf das Schiff.

»Was ist das?«, fragten die Matrosen.

»Mancherlei Vorräte, der Weg ist lang, was braucht man da nicht alles!«

Als für das Schiff die Stunde der Abfahrt gekommen war, hatte sich viel Volke gesammelt, den Schiffern Lebewohl zu sagen. Auch der König war da, nahm Abschied von Fedot und machte ihn zum Befehlshaber über alle Matrosen.

Fünf Tage schwamm das Schiff auf dem Wasser und man sah schon lange kein Ufer mehr, da ließ Fedot der Schütze ein Fass Wein, das vierzig Eimer fasste, auf Deck bringen.

»Trinkt, Brüder«, sagte er zu den Matrosen, »spart nicht, jedem Mann eine Maß.«

Da waren sie froh, stürzten über das Fass her, zogen Wein ab, bis sie berauscht neben dem Fasse hinfielen und einschliefen.

Der Schütze nahm das Steuerruder und wendete das Schiff wieder zum Ufer zurück. Damit die Matrosen das nicht bemerkten, ließ er sie vom Morgen bis zum Abend Wein trinken. Kaum waren sie aus einem Rausche erwacht, so war ein neues Fass bereit.

»Wollt ihr nicht trinken?«

Am elften Tage war das Schiff wieder zurück im Hafen, hisste die Flagge und schoss aus seinen Kanonen.

Das hörte der König und eilte ans Meer, um zu sehen, was vorging. Er erkannte den Schützen und ging voll Zorn auf ihn zu.

»Wie kannst du es wagen, vor der abgelaufenen Frist heimzukehren!«

»Wohin hätte ich sonst fahren sollen, Hoheit? Mancher Dummkopf irrt zehn Jahre auf dem Meere umher und bringt nichts zustande. Wir aber führten unsern Auftrag aus und blieben statt sechs Jahren nur zehn Tage aus. Wollt ihr nicht den Hirsch mit den goldenen Hörnern ansehen?«

Man brachte sogleich den Käfig vom Schiff und ließ den Hirsch mit den goldenen Hörnern heraus.

Da sah der König, dass Fedot recht hatte, er konnte ihm nichts anhaben und musste ihn nach Hause zurückkehren lassen. Die Matrosen, die mit ihm gereist waren, gab er für die vollen sechs Jahre frei. Niemand sollte sie während der Zeit zum Dienste zwingen dürfen, weil sie ihn jetzt abgedient hätten.

Am nächsten Tag ließ der König den Kommandanten kommen und sprach drohend zu ihm:

»Was fällt dir ein? Willst du mich zum Narren halten? Dein Kopf ist dir wohl nicht viel wert? Mach es, wie du willst, aber finde Mittel und Wege, Fedot den Schützen zu beseitigen.«

»Hoheit, gestattet mir nachzudenken, vielleicht fällt mir etwas ein.«

Der Kommandant ging durch Wüsten und Einöden, da traf er Baba Jaga.

»Halt, Diener des Königs, ich kenne deine Gedanken. Willst du, dass ich dir helfe?«

»Hilf, Mütterchen, der Schütze kam zurück und brachte den Hirsch mit den goldenen Hörnern mit.«

»Ach, ich hörte es schon. Er selbst ist ein einfältiger Mensch, den zu verderben nicht schwerer wäre als eine Prise Tabak zu schnupfen. Aber seine Frau ist sehr schlau. Wir werden ihr trotzdem ein Rätsel aufgeben, das sie nicht so leicht auflösen wird. Geh zum König und sag ihm, er solle den Schützen schicken: dahin, ich weiß nicht wohin – zu holen das – ich weiß nicht was! Das wird er Zeit seines Lebens nicht ausführen können. Entweder man hört nie wieder etwas von ihm oder er kehrt mit leeren Händen zurück.«

Der Kommandant belohnte Baba Jaga mit Gold und lief zum König. Der König hörte ihm zu und ließ sogleich den Schützen rufen.

»Höre, Fedot, du bist ein wackrer Bursche, der Beste meiner Schützen. Du hast mir einen Dienst geleistet, hast mir den Hirsch mit den goldenen Hörnern gebracht, jetzt – geh dahin, ich weiß nicht wohin – und bring mir das, ich weiß nicht was. Aber merk dir, erfüllst du meinen Befehl nicht, so schlägt mein Schwert deinen Kopf zur Erd.«

Der Schütze machte linksum kehrt und verließ das Schloss. Ganz traurig und nachdenklich kam er zu Hause an, und als seine Frau ihn fragte:

»Mein Lieber, was bedrückt dich? Hat dich ein Unglück ereilt?«, da sagte er:

»Ach, ein Unglück schaffte ich mir vom Halse und ein zweites wurde mir aufgeladen. Der König schickt mich: dahin, ich weiß nicht wohin, zu holen das – ich weiß nicht was. Deiner Schönheit wegen trifft mich all das Ungemach.«

»Ja, das ist kein kleiner Dienst! Um hinzugelangen, braucht man neun Jahre und ebenso viele zurück; das macht achtzehn Jahre, und ob man etwas damit erreicht – weiß Gott.«

»Was soll ich machen, was wird geschehn!«

»Bete zu Gott und leg dich schlafen; der Morgen ist klüger als der Abend. Morgen wirst du alles erfahren.«

Der Schütze legte sich schlafen und sein Weib erwartete die Nacht. Sie schlug das Zauberbuch auf und gleich erschienen die zwei Jünglinge vor ihr: »Was willst du, was befiehlst du?«

»Wisst ihr, wie man es zustande bringt: zu kommen dahin – ich weiß nicht wohin, zu holen das – ich weiß nicht was?«

»Nein – das wissen wir nicht.«

Da schlug sie das Buch zu und die Jünglinge verschwanden. Am Morgen weckte die Frau ihren Mann:

»Geh zum König und bitte ihn um Gold für die Reise, denn du musst achtzehn Jahre wandern. Hast du das Gold erhalten, so komm zu mir, Abschied zu nehmen.«

Der Schütze ging zum König und erhielt aus dem Schatz einen ganzen Sack mit Gold, damit kehrte er zu seiner Frau zurück; die gab ihm ein Handtuch und einen Gummiball und sprach:

»Wenn du vor die Stadt kommst, wirf den Ball hin und geh ihm nach, folge ihm, wohin er rollt. Hier hast du noch eine Arbeit von meiner Hand. Wo du auch seist und wann du dich auch wäschst – trockne dein Gesicht stets mit diesem Handtuch ab.«

Der Schütze nahm Abschied von seiner Frau und seinen Gefährten, verneigte sich nach allen vier Seiten und zog fort.

Er warf den Ball vor sich hin und der Ball rollte und sprang – Fedot immer hinterdrein.

Als etwa ein Monat vergangen war, rief der König den Kommandanten und sprach zu ihm:

»Der Schütze ist fortgezogen, um achtzehn Jahre in der weiten Welt zu wandern. Jedermann sieht ein, dass er nicht lebend zurückkehren kann. Achtzehn Jahre sind ja nicht zwei Wochen, was kann da nicht alles unterwegs geschehen? Er hat viel Geld mit, wer weiß, ob ihn nicht Räuber anfallen, ihn ausrauben und grausam töten. Ich kann jetzt sicherlich seine Frau zu mir nehmen. Nimm meinen Wagen, fahr zu der Hütte des Schützen und bring die Frau aufs Schloss.«

Der Kommandant fuhr zu Fedots Hütte, trat ein und sprach:

»Sei gegrüßt, kluge Frau! Der König befiehlt, dass du dich bei Hof vorstellst.«

Sie fuhr mit ihm zu Hofe und der König begrüßte sie mit Freuden, führte sie in den goldenen Palast und sprach:

»Willst du Königin werden, so heirate ich dich.«

»Wer hat je gesehen, wer hat je gehört, dass man des lebenden Mannes Weib begehrt? Ist es auch nur ein einfacher Schütze, so ist er doch mein ehelicher Mann.«

»Kommst du nicht freiwillig, so brauch ich Gewalt.«

Da lachte die schöne Frau, schlug auf den Boden, verwandelte sich in eine Turteltaube und flog davon.

Durch viele Länder und Reiche zog der Schütze und der Ball rollte immer weiter. Kam Fedot an einen Fluss, so spannte sich der Ball zur Brücke, wollte er ruhen, so wurde der Ball zum Federbett. Über kurz oder lang – rasch erzählt man, langsam erlebt man – kam der Schütze zu einem großen, prächtigen Palaste; hier rollte der Ball beim Tore hinein und verschwand. Da dachte der Schütze lange nach und sprach dann:

»Da gehe ich gradenwegs hinein.« Er stieg die Treppe hinauf zu den Wohnräumen; dort traf er drei Mädchen von unbeschreiblicher Schönheit.

»Woher und weshalb kommst du, guter Mann?«

»Ach, schöne Mädchen, ihr lasst mich von meinem langen Marsche nicht ausruhen und fragt schon! Ihr solltet mir erst zu essen und zu trinken geben, mir ein Nachtlager rüsten und dann erst nach Neuigkeiten fragen.«

Da deckten sie sogleich den Tisch, setzten ihn daran, gaben ihm zu essen und zu trinken und bereiteten ihm ein Lager. Der Schütze erwachte am anderen Morgen, stand aus seinem weichen Bett auf, und die schönen Mädchen brachten ihm ein Waschbecken mit einem gestickten Handtuch. Er wusch sich mit dem Quellwasser, aber das Handtuch wies er zurück.

»Ich habe mein eigenes«, sagte er und trocknete sein Gesicht ab. Da fragten die Mädchen:

»Guter Mann, sag an, woher hast du das Tuch?«

»Von meiner Frau«, sagte er.

Sie riefen ihre alte Mutter, die betrachtete das Handtuch und erkannte es sogleich:

»Das hat meine Tochter gemacht«, sagte sie und fragte ihn nach allem aus.

Fedot erzählte, wie er ihre Tochter geheiratet und wie der König ihn ausgesandt hatte: dahin, ich weiß nicht wohin, zu holen das ich weiß nicht was.

»Ach, Schwiegersohn, von diesem Wunder habe selbst ich nichts gehört. Aber warte, vielleicht wissen meine Diener etwas davon.« Die Alte trat auf die Rampe und rief mit lauter Stimme, da liefen und flogen von allen Seiten, man sah gar nicht von woher, Tiere und Vögel herbei.

»Hei, ihr Waldgetiere und Vögel der Luft! Ihr Tiere, die ihr überall hinspringt, ihr Vögel, die ihr überall hinfliegt, wisst ihr, wie man kommt dahin, ich weiß nicht wohin und wie man findet das ich weiß nicht was?«

Tiere und Vögel riefen wie aus einem Munde: »Nein, davon wissen wir nichts.«

Die Alte entließ darauf jedes in seine Heimat, in seinen Wald, seine Höhle, seinen Hain und kehrte selbst in ihr Zimmer zurück.

Sie nahm ihr Zauberbuch und schlug es auf, da erschienen sofort zwei Riesen:

»Was willst du, was befiehlst du?«

»Meine treuen Diener, tragt mich und meinen Schwiegersohn auf den großen Ozean und bleibt gerade in der Mitte stehen, wo er am tiefsten ist.«

Sogleich ergriffen die Riesen wie ein Wirbelwind den Schützen und die alte Frau, trugen sie auf das breite Meer hinaus und blieben gerade über der Mitte stehen, wo es am tiefsten war. Sie standen wie zwei Säulen und hielten dabei den Schützen und die Frau in ihren Händen.

Die Alte rief mit lauter Stimme und alle die Frösche und anderen Meeresbewohner schwammen herzu, dass es nur so wirbelte und das blaue Wasser gar nicht mehr zu sehen war.

»Hei, Fische und Meeresgetier, die ihr bei allen Inseln waret, die ihr überall hinschwimmt, wisst ihr nicht, wie man kommt dahin, ich weiß nicht wohin, zu holen das ich weiß nicht was?«

Alle Fische und Seetiere antworteten einstimmig: »Nein, davon haben wir nichts gehört!«

Da drängte sich plötzlich ein alter Frosch nach vorn. Er war lahm und hatte wohl seit dreißig Jahren im Ruhestande gelebt, der sprach:

»Qua, qua, ich weiß, wo man das Wunder findet.«

»Nun, mein Lieber, dann brauche ich gerade dich«, sagte die Alte, ergriff den Frosch und ließ sich und den Schützen von den Riesen wieder nach Hause tragen.

Sie waren augenblicklich wieder im Schloss, wo die Alte erst den Frosch ausforschte.

»Welches ist der Weg und wie kann mein Schwiegersohn hingelangen?«

Der Frosch antwortete:

»Der Ort ist weit, weit, am Ende der Welt. Ich würde ihn selbst hingeleiten, aber ich bin alt, alt, schleppe kaum meine Beine. In fünfzig Jahren könnte ich nicht hinspringen.«

Da holte die Alte einen Topf und goss ihn voll mit frischer Milch. Sie setzte den Frosch hinein und reichte den Topf ihrem Schwiegersohne.

»Trag hier diesen Topf in deinen Händen, der Frosch darin wird dir den Weg zeigen.«

Der Schütze nahm Abschied von der Alten und ihren Töchtern und machte sich mit dem Frosch auf die Wanderschaft. Er ging und der Frosch zeigte ihm den Weg. Über nah und fern, über kurz oder lang kam er an einen Feuerfluss, an dessen anderem Ufer erhob sich ein hoher Berg mit einer Tür darin.

»Qua, qua«, sagte der Frosch, »lass mich aus dem Topfe heraus, ich muss uns den Weg über den Fluss bereiten.« Der Schütze setzte ihn auf die Erde.

»Nun, wackrer Bursch, setz dich auf meinen Rücken ohne Erbarmen, du erdrückst mich nicht!«

Fedot tat es und drückte den Frosch ganz zu Boden, aber der blies sich auf, blies und blies, bis er so groß wurde wie ein Heuschober. Der Schütze musste nur immer daran denken, sich obenauf zu erhalten. »Wenn ich herabfalle, schlage ich mich tot«, dachte er. Als der Frosch ganz aufgeblasen war, sprang er über den Feuerfluss und wurde wieder klein.

»Jetzt, wackrer Bursche, tritt bei dieser Türe ein, ich warte hier auf dich. Du wirst in eine Höhle gelangen, dort versteck dich gut. Nach einer Weile werden zwei Greise kommen, beobachte ihr Tun und ihre Worte und wenn sie wieder fortgegangen sind, mach ihnen alles nach und sprich dasselbe wie sie.«

Der Schütze ging zum Berge und öffnete die Tür – da stand er vor einer Höhle, die war so dunkel, dass man sich hätte die Augen ausschlagen können. Er kroch auf allen vieren hinein und tastete mit den Händen herum; da fand er ein leeres Schaff, darin versteckte er sich. Es verstrich einige Zeit, da kamen zwei Greise, die riefen:

»He, Schmat-rasum, bring uns unser Essen!«

Sogleich, man sah nicht wie, leuchteten Lichter, klapperten Teller und Schüsseln, standen Weine und Speisen auf dem Tisch. Die alten Männer aßen und tranken und befahlen wieder:

»He, Schmat-rasum, räum alles fort!«

Plötzlich war nichts mehr da, kein Tisch, kein Wein, kein Essen, und alle Lichter erloschen. Der Schütze hörte, wie die Alten fortgingen, kroch aus seinem Versteck hervor und schrie:

»He, Schmat-rasum!«

»Was willst du?«

»Bring mir zu essen!«

Sogleich leuchteten wieder die Lichter und der Tisch war gedeckt. Fedot setzte sich und sagte:

»He, Bruder Schmat-rasum, komm, iss und trink mit mir, allein ist es zu langweilig.«

»Ach, guter Mensch«, antwortete ihm eine Stimme, »woher kommst du? Seit dreißig Jahren diene ich diesen zwei alten Männern ehrlich und treu und kein einziges Mal haben sie mich zum Essen eingeladen.«

Der Schütze schaute und staunte, er sah niemand, aber das Essen verschwand vom Teller, als fegte es ein kleiner Besen hinweg, und die Weinflaschen schenkten allein die Gläser voll und diese waren auf einmal wieder leer. Der Schütze aß und trank und sagte:

»Höre, Schmat-rasum, willst du mir dienen? Mit mir ist es gut zu leben.«

»Weshalb sollte ich nicht? Ich habe das Leben hier schon lange satt und du bist, wie ich sehe, ein guter Mensch.«

»Nun, dann räum alles auf und komm.«

Der Schütze kroch aus der Höhle heraus und sah sich um, da war niemand.

»Schmat-rasum, bist du da?«

»Ja, fürchte dich nicht, ich bleibe bei dir.«

»Das ist recht«, sagte Fedot und setzte sich auf seinen Frosch. Der blies sich auf und sprang über den Feuerfluss.

Der Schütze steckte den Frosch wieder in den Milchtopf und machte sich auf den Rückweg.

Er kam zu seiner Schwiegermutter und bewirtete sie und ihre Töchterchen sehr gut durch seinen neuen Diener. Schmat-rasum versorgte sie so ausgezeichnet, dass die Alte beinahe getanzt hätte, und dem Frosch ließ sie für seine treuen Dienste täglich drei Töpfchen Milch geben. Der Schütze nahm Abschied von seiner Schwiegermutter, um heimzukehren.

Er ging und ging und wurde sehr, sehr müde. Seine raschen Beine wurden matt, seine weißen Hände hingen herab.

»Ach«, sagte er, »Schmat-rasum, könntest du sehen, wie müde ich bin, kaum tragen mich meine Füße mehr!«

»Warum sagtest du mir das nicht schon längst? Ich hätte dich rasch an Ort und Stelle gebracht.«

Sogleich ergriff er Fedot in stürmischem Wirbel und trug ihn so rasch durch die Luft davon, dass Fedot seine Mütze verlor.

»Hei, Schmat-rasum, warte ein wenig, mein Hut fiel herab.«

»Dazu ist es zu spät, Herr! Deine Mütze liegt jetzt fünftausend Werst hinter uns.«

Städte und Dörfer, Flüsse und Wälder flogen nur so an ihren Augen vorbei.

Auf einmal flog der Schütze über das tiefe Meer hin und Schmat-rasum sprach:

»Wenn du willst, so baue ich in dieses Meer ein Häuschen her. Wir können ausruhen und unser Glück machen.«

»Gut«, sagte der Schütze, und da sank er auch schon zum Meere herab. Dort, wo vor einem Augenblick noch Wellen wogten, da ragte ein Inselchen hervor und darauf erstand ein goldenes Häuschen.

Schmat-rasum sprach zu Fedot:

»Setz dich ins Häuschen, ruh dich aus und sieh auf das Meer. Es werden drei Kauffahrteischiffe bei der Insel anlegen, rufe die Kaufleute herein, bewirte sie und tausch mich aus gegen drei Wunderdinge, die sie mitführen. Zur rechten Zeit bin ich bei dir zurück.«

Fedot sah richtig drei Schiffe von Westen herschwimmen. Die Schiffer sahen die Insel und das goldene Hüttchen und sagten:

»Welch ein Wunder! Sooft wir hier vorbeifuhren, sahen wir nur Wasser, und jetzt steht da auf einmal ein goldenes Häuschen. Brüder, lasst uns am Ufer anlegen und sehen, was es ist.«

Die Schiffe legten an und warfen Anker aus. Drei Kaufleute, denen die Schiffe gehörten, stiegen in ein kleines Boot und fuhren ans Land.

»Sei gegrüßt, wackrer Mann!«

»Seid gegrüßt, Kaufherren aus fremden Landen. Lasst euch von mir einladen, spaziert umher, seid fröhlich, ruht euch aus, gerade für vorbeiziehende Schiffer ist das Häuschen hier erbaut.«

Die Kaufleute traten ein und setzten sich auf ein Bänkchen.

»He, Schmat-rasum, bring uns Speise und Trank!«, rief der Schütze und sogleich erschien ein Tisch mit Speisen und Getränken – was die Seele begehrte, war im Augenblick zur Stelle.

Die Kaufleute waren fast stumm vor Staunen.

»Lass uns tauschen«, sagten sie endlich, »gib uns deinen Diener und nimm dafür ein anderes Wunderding.«

»Was für Wunderdinge habt ihr denn?«

»Schau her, dann wirst du es wissen.«

Ein Kaufmann nahm ein kleines Kästchen aus der Tasche, machte es auf und alsobald war über die ganze Insel ein herrlicher Garten ausgebreitet, mit Blumen und Pfaden. Er schloss das Kistchen wieder und sogleich war der Garten verschwunden.

Der zweite Kaufmann zog ein Beil aus seinen Rockfalten und hackte damit: tap, tap! Da kam ein Schiff geschwommen – tap, tap – da schwamm ein zweites Schiff auf dem Wasser. Hundertmal hackte er und hundert Schiffe erschienen mit Segeln, Kanonen und Matrosen. Die Schiffe kreuzten hin und her, die Kanonen schossen und die Matrosen fragten nach den Befehlen des Kaufmannes. Als der genug hatte, steckte er sein Beil ein – und die Schiffe waren verschwunden, als wären sie nie da gewesen.

Der dritte Kaufmann nahm ein Horn und blies, da erschien sofort ein Heer, Fußvolk und Reiterei mit Flinten, Kanonen und Fahnen. Alle Regimenter sandten dem Kaufmanne Bericht und er gab Befehle. Das Heer marschierte, die Musik spielte, die Fahnen flatterten. Als der Kaufmann genug davon hatte, nahm er sein Horn, blies zum andern Ende hinein und es war nicht zu sehen, wohin die Heeresmacht verschwunden war.

»Schön sind eure Wunderdinge, aber mir sind sie nichts nütz«, sagte Fedot. »Heer und Schiffe sind für Zaren, ich aber bin ein einfacher Soldat. Wollt ihr tauschen, so gebt mir für den einen unsichtbaren Diener alle drei Wunderdinge.«

»Wird das nicht zu viel sein?«

»Wie ihr wollt, aber anders tausche ich nicht!«

Die Kaufleute überlegten untereinander: »Zu was dient uns dieser Garten, dieses Heer, diese Kriegsflotte? Es ist besser, wir tauschen. Wenigstens werden wir ohne jegliche Mühe satt und trunken.«

Sie gaben dem Schützen ihre Schätze und sagten:

»He, Schmat-rasum, wir nehmen dich mit uns, wirst du uns treu und ehrlich dienen?«

»Warum nicht, es ist mir ganz gleich, wem ich diene.«

Die Kaufleute kehrten auf ihre Schiffe zurück und ließen alle Schiffsleute bewirten.

»Schmat-rasum, eile dich!«

So tranken sie, bis sie betrunken waren und in tiefen Schlaf verfielen.

Fedot saß in dem goldenen Häuschen und sagte nachdenklich:

»Ach wie schade! Wo ist jetzt mein treuer Diener Schmat-rasum?«

»Ich bin hier, Herr!«

Da war der Schütze sehr froh und sagte:

»Wollen wir nicht jetzt heimkehren?« Kaum hatte er das gesagt, als plötzlich ein Sturm ihn erfasste und in die Luft trug.

Die Kaufleute erwachten und wollten wieder trinken, aber wie sehr sie schrien und befahlen, es meldete sich niemand und niemand bediente sie, nicht einen Groschen hatten sie von ihrem Schreien.

»Ihr Herren, der Lump hat uns betrogen. Der Teufel soll wissen, wo er jetzt ist. Die Insel ist fort und das goldene Häuschen auch.«

Die Kaufleute trauerten und grämten sich, spannten die Segel auf, und jeder fuhr dahin, wohin es ihm beliebte.

Schnell flog der Schütze bis in sein Land und ließ sich am Ufer des blauen Meeres an einer öden Stelle nieder.

»He, Schmat-rasum, könnte man hier kein Schloss bauen?«

»Warum nicht? Gleich wird es fertig sein.«

Augenblicklich war das Schloss fertig und war so herrlich, dass man gar nicht sagen kann, wie. Der Schütze öffnete sein Kästchen und rund um das Schloss entstand ein Garten mit seltenen Blumen und Bäumen. Fedot saß am geöffneten Fenster und bewunderte ihn, als plötzlich eine Turteltaube hereingeflogen kam, die sich in sein junges Weib verwandelte. Sie umarmten und begrüßten einander und begannen zu fragen und zu erzählen.

»Seit du fort gingst von zu Hause, fliege ich als Taube durch Wald und Hain«, sagte die Frau.

Am nächsten Tage trat der König des Morgens auf den Balkon, sah auf das blaue Meer und erblickte am Ufer ein neues Schloss und rund herum einen grünen Garten.

»Welchem Tölpel fiel es ein, ohne meine Erlaubnis auf meinem Grund zu bauen?«

Er schickte Boten aus, die erfuhren, dass dem Schützen das Schloss gehörte, und dass er mit seiner Frau dort lebte. Sie meldeten es dem König, da zürnte dieser noch mehr und sammelte ein Heer, um damit den Garten und das Schloss von Grund auf zu zerstören. Den Schützen und sein Weib wollte er grausam töten lassen.

Der Schütze sah ein großes königliches Heer heranziehen und nahm sein Beil: Tap, tap – da schwamm ein Schiff im Meer. Hundert Hiebe führte er und hundert Schiffe schwammen daher. Darauf nahm Fedot sein Horn und blies einmal, da marschierte Fußvolk auf. Er blies ein zweites Mal, da kam Reiterei. Die Befehlshaber der Truppen und Schiffe eilten herbei und baten um Anordnung.

Fedot ließ den Kampf eröffnen. Die Musik spielte, die Trommeln wirbelten, die Regimenter marschierten. Das Fußvolk schlug des Königs Soldaten und die Reiter verfolgten sie, wobei sie viele gefangen nahmen. Die Schiffe überschütteten die Hauptstadt mit Kugeln. Als der König sah, wie sein Heer davonlief, stürzte er ihm entgegen, um es aufzuhalten – aber umsonst! Keine halbe Stunde verging – da war er selbst erschlagen. Als die Schlacht zu Ende war, versammelte sich das Volk und bat den Schützen, die Herrschaft anzunehmen. Er willigte ein und so wurde er ein König und seine Frau eine Königin.

Der Zauberspiegel

In einem Land in einem Reich lebte ein Kaufmann, der war Witwer. Er hatte einen Sohn und eine Tochter und sein eigener Bruder wohnte auch bei ihm. Einmal wollte der Kaufmann eine Reise in fremde Länder machen, um verschiedene Waren einzukaufen. Sein Sohn sollte ihn begleiten, die Tochter aber zu Hause bleiben. Er rief seinen Bruder zu sich und sagte ihm:

»Lieber Bruder, ich übergebe dir mein ganzes Haus und bitte dich inständig, sieh streng nach meiner Tochter. Lehre sie schreiben und lesen und erziehe sie sittsam!«

Hierauf nahm der Kaufmann Abschied von Bruder und Tochter und machte sich auf den Weg. Die Kaufmannstochter war schon erwachsen und von so unbeschreiblicher Schönheit, dass man auf der ganzen Welt nicht ihresgleichen finden konnte.

Dem Onkel kamen böse Gedanken in den Kopf, die ließen ihm Tag und Nacht keine Ruhe; da drang er schließlich in das Mädchen: »Begehe eine Sünde – oder du wirst deines Lebens nicht mehr froh werden. Sollte ich auch selbst darüber zugrunde gehen – ich würde dich verderben ...«

Einmal ging das Mädchen ins Bad, da war der Onkel hinter ihr her. An der Tür ergriff sie ein Becken mit kochendem Wasser und übergoss ihn vom Kopfe bis zu den Füßen.

Er war drei Wochen krank und als er noch kaum gesund war, erfasste sein Herz ein schrecklicher Hass gegen sie. Er sann nach, wie er den Spott vergelten, die Schmach rächen könnte. Er überlegte lange Zeit und schrieb dann seinem Bruder einen Brief: »Deine Tochter macht schlimme Dinge. Sie treibt sich in fremden Häusern herum, kommt nachts nicht nach Hause und gehorcht mir nicht.« Der Kaufmann erhielt diesen Brief, las ihn und wurde sehr zornig. Er sagte zu seinem Sohn:

»Deine Schwester hat dem ganzen Hause Schande gemacht! Ich will kein Erbarmen mit ihr haben, reise sofort heim, töte die Übeltäterin und bring mir auf dieser Messerspitze ihr Herz. Rechtschaffene Leute sollen nicht lachen über unser Haus!«

Der Sohn nahm das scharfe Messer und reiste heim. In aller Stille kam er in seine Vaterstadt zurück, sagte es niemand, sondern erkundigte sich allseits:

»Wie lebt die und die Kaufmannstochter?«

Einstimmig lobten sie alle. »Still ist sie und bescheiden, gottesfürchtig und gehorsam!« Als er das alles erfahren hatte, ging er zu seinem Schwesterchen. Die freute sich sehr, sprang ihm entgegen, umarmte und küsste ihn.

»Lieber Bruder, was führt dich her, wie geht es unserm Väterchen?«

»Ach liebes Schwesterchen! Freu dich nicht allzu schnell. Nichts Gutes bringt meine Ankunft. Väterchen sandte mich zu dir, er befahl mir, deinen weißen Leib zu zerstücken, dein Herz herauszureißen und es ihm auf dieser Messerspitze zu bringen.«

Die Schwester brach in Tränen aus:

»Mein Gott, weshalb diese Grausamkeit?«

»Deshalb«, sagte der Bruder und erzählte ihr von des Onkels Brief.

»Ach Brüderchen, ich bin ganz unschuldig!«

Der Kaufmannssohn ließ sich erzählen, was und wie alles geschehen war, und sprach:

»Weine nicht, Schwesterchen, ich weiß selbst, dass du unschuldig bist, und obwohl unser Vater befahl, keinerlei Rechtfertigung von dir anzunehmen, will ich dich doch nicht töten. Mach dich lieber auf, geh fort aus dem Vaterhaus, zieh in die weite Welt – Gott wird dich nicht verlassen!«

Die Kaufmannstochter überlegte nicht lange, nahm Abschied von ihrem Bruder und machte sich auf den Weg. Wohin? – Das wusste sie selber nicht. Der Bruder erschlug den Hofhund, nahm sein Herz heraus, spießte es auf das scharfe Messer und brachte es dem Vater.

»So habe ich, aus Kindespflicht, nach deinem Befehl die Schwester getötet«, sagte er und gab ihm das Hundeherz.

»Ei nun, einem Hunde einen Hundetod«, entgegnete der Vater.

War es kurz oder lang? – Das schöne Mädchen irrte in der weiten Welt umher und gelangte endlich in einen sehr dichten Wald. Durch die hohen Bäume sah man den Himmel fast nicht.

In diesem Walde irrte sie umher, bis sie zufällig auf eine weite Wiese kam. Auf dieser Wiese stand ein weißsteinernes Schloss, umgeben von einem eisernen Gitter. »Ich werde in das Schloss gehen«, dachte das Mädchen. »Es gibt nicht nur schlechte Menschen, vielleicht geht es mir dort gut!«

Sie trat ein, doch sie traf keine Menschenseele. Schon wollte sie deshalb umkehren, als zwei starke, mächtige Ritter in den Hof sprengten, die traten ins Schloss und sahen das Mädchen.

»Sei gegrüßt, schönes Mädchen«, sagten sie.

»Seid gegrüßt, ehrbare Ritter«, sagte sie.

»Sieh, Bruder«, sprach der eine zum andern, »wir trauerten, dass niemand uns den Haushalt führe, da sendet uns Gott eine Schwester.« Die Ritter veranlassten die Kaufmannstochter, bei ihnen zu bleiben und nannten sie Schwester. Sie übergaben ihr die Schlüssel und machten sie zur Hausfrau über alles. Dann nahmen sie ihre scharfen Säbel, zückten sie einer gegen des andern Brust und schworen:

»Wagt es einer von uns, die Schwester zu kränken, so soll ihn ohne Erbarmen dies Schwert hier fällen.«

So blieb das schöne Mädchen bei den zwei Rittern. Ihr Vater aber kaufte ausländische Waren, kehrte heim und nahm bald darauf wieder eine Frau. Diese Frau war unbeschreiblich schön und hatte einen Zauberspiegel; wenn sie da hineinschaute, erblickte sie alles, was anderswo vorging. Einmal gingen die Ritter auf die Jagd und befahlen ihrem Schwesterchen:

»Lass niemand zu dir herein, ehe wir wieder heimkommen.« Sie nahmen Abschied und ritten fort. Zu derselben Zeit sah die Kaufmannsfrau in ihren Spiegel, bewunderte ihre Schönheit und sprach:

»Nein, es gibt niemand Schöneren als mich auf dieser Welt.«

Aber der Spiegel gab zur Antwort:

»Du bist schön – zweifellos, aber du hast eine Stieftochter, die lebt bei zwei Rittern im dichten Wald, die ist noch viel schöner als du.«

Diese Rede gefiel der Stiefmutter nicht und sie berief sofort ein böses, altes Weib zu sich.

»Da«, sagte sie zu ihr, »hast du einen Ring, geh in den dichten Wald, dort steht ein weißsteinernes Schloss, dort lebt meine Stieftochter. Begrüße sie und gib ihr diesen Ring! Sag ihr, den schickt dir dein Bruder zur Erinnerung.«

Die Alte nahm den Ring und ging hin, wie ihr befohlen war. Sie kam zu dem weißsteinernen Schloss, da sah das schöne Mädchen die Alte und lief ihr entgegen, um Kunde von ihrer Heimat zu erlangen:

»Sei gegrüßt, Mütterchen, woher führt dich Gott? Sind alle gesund und froh daheim?«

»Sie leben und gedeihen, dein Bruder bat mich zu sehen, wie es dir geht und schickt dir diesen Ring zum Angedenken; hier, schmücke dich damit.« Das Mädchen war so froh, so froh darüber, dass man es gar nicht beschreiben kann. Sie führte die Alte in ihr Zimmer, bewirtete sie mit allerhand Essen und Trinken und trug ihr viele Grüße an ihren Bruder auf.

Nach einer Stunde ging die Alte wieder fort; das Mädchen bewunderte den Ring und steckte ihn an ihren Finger – da fiel sie sogleich tot nieder.

Als die Ritter heimkehrten und den Palast betraten, begrüßte sie die Schwester nicht. Was war das? Sie blickten in ihr Schlafgemach, dort lag sie tot, sprach kein Wörtchen. Die Ritter trauerten, dass die Allerschönste, eh man's geglaubt, der Tod geraubt.

»Wir müssen sie neu kleiden und in einen Sarg legen«, sagten sie, hoben sie auf und bemerkten dabei den Ring an des Mädchens Finger.

»Sollen wir sie wirklich mit diesem Ring begraben? Behalten wir ihn uns lieber als Andenken.«

Kaum hatten sie ihr den Ring abgestreift, so öffnete sie die Augen, seufzte und kehrte zum Leben zurück.

»Was geschah mit dir, Schwesterchen? War jemand bei dir?«

»Es kam eine alte Frau, die ich von zu Hause kenne, die brachte mir diesen Ring.«

»Ach, wie ungehorsam bist du! Wir geboten dir nicht umsonst, in unserer Abwesenheit niemand einzulassen. Nimm dich in Acht und tue es ein zweites Mal nicht wieder.«

Nach einiger Zeit sah die Kaufmannsfrau wieder in ihren Spiegel und erfuhr durch ihn, dass ihre Stieftochter nach wie vor am Leben und schön sei.

Sie rief die Alte, gab ihr ein Band und sprach:

»Geh zu dem weißsteinernen Schlosse, wo meine Stieftochter lebt, und bring ihr das Geschenk, sag, der Bruder schicke es ihr.«

Die Alte traf wieder das schöne Mädchen, kramte hunderterlei Neuigkeiten aus und gab ihr das Band. Das Mädchen war sehr erfreut und schlang das Band um den Hals und in demselben Augenblicke fiel sie tot auf ihr Bett zurück.

Die Ritter kamen von der Jagd zurück und fanden die Schwester tot, sie wollten ihr neue Kleider anlegen, aber kaum hatten sie ihr das Band gelöst, als sie die Augen öffnete, seufzte und zum Leben zurückkehrte.

»Schwesterchen, was war mit dir? War wieder die alte Hexe hier?«

»Ja, die Alte kam, erzählte mir von daheim und brachte dieses Band.«

»Ach, wir baten dich ja schon einmal, lass niemand ein, solange wir fort sind.«

»Verzeiht, liebe Brüder, ich hielt es nicht aus, ich wollte die Nachrichten aus der Heimat hören.«

Als einige Tage vergangen waren, sah die Kaufmannsfrau in den Spiegel und da lebte die Stieftochter noch immer. Sie rief wieder die Alte und sagte:

»Da hast du ein Haar! Geh zur Stieftochter und töte sie damit ganz sicher.«

Die Alte wartete auf den Augenblick, da die Ritter auf der Jagd waren und ging zu dem weißsteinernen Schlosse.

Das schöne Mädchen sah sie vom Fenster, hielt es nicht aus und sprang ihr entgegen: »Sei gegrüßt, Alte, wie geht es dir?«

»Ei, ich lebe, mein Täubchen, wandere durch die Welt, und kam hierher, dich wiederzusehen.«

Das schöne Mädchen führte sie ins Zimmer, bewirtete sie mit mancherlei Speise und Trank, fragte nach allen Verwandten und sandte Grüße an den Bruder.

»Gut«, sprach die Alte, »ich werde die Grüße ausrichten, aber, mein Täubchen, hast du niemand, der dir die Haare ordnet? Lass mich dir Zöpfe flechten.«

»Gerne, Mütterchen!«

Die Alte kämmte sie und flocht ihr einen Zopf, in den sie das Zauberhaar einband.

Kaum war das geschehen, fiel das Mädchen tot hin. Die Alte lachte böse und eilte rasch davon, damit niemand sie antreffe oder erspähe.

Die Ritter kamen zurück und fanden die Schwester tot. Sie betrachteten sie lange, lange, ob nicht etwas Fremdes an ihr wäre, konnten aber nichts finden. Da machten sie einen kristallnen Sarg, so wunderbar schön, wie man es sich weder vorstellen noch ausmalen, nicht einmal im Märchen beschreiben kann. Sie trugen ihn in den Mittelsaal, errichteten darüber einen großen Baldachin aus rotem Samt mit Quasten aus Brillanten und Fransen aus Gold und steckten auf zwölf kristallene Säulen zwölf Lampen.

Sie weinten bittere Tränen und fühlten großes Leid.

»Wozu sollen wir weiterleben auf dieser Erde? Gehen wir hin und töten wir uns.«

Sie umarmten einander zum Abschied, stiegen auf einen hohen Balkon, fassten einander bei der Hand und sprangen hinab. Sie fielen auf spitze Steine und endeten ihr Leben.

Viele, viele Jahre vergingen, da ritt einmal ein Zarewitsch auf die Jagd. Er kam in einen dichten Wald, ließ seine Hunde nach allen Seiten los, sonderte sich von seinen Jägern und ritt allein auf einem verwachsenen Pfade weiter. Wie er so weiterritt, kam er zu einer Lichtung, auf der stand ein weißsteinernes Schloss.

Der Zarewitsch stieg vom Pferde, ging die Treppe hinauf und besah die Zimmer. Überall fand er reiches, kostbares Gerät, aber die Hand der Hausfrau war nicht daran zu sehen. Alles schien seit Langem verlassen, alles lag verödet. In einem Saale stand ein kristallner Sarg und darin lag ein totes Mädchen von unbeschreiblicher Schönheit. Ihre Wangen waren gerötet, auf ihren Lippen lag ein Lächeln, gerade als schliefe sie nur. Der Zarewitsch trat an den Sarg und blieb stehen, als fesselte ihn eine unsichtbare Macht. So stand er vom Morgen bis zum späten Abend, konnte die Augen nicht abwenden. Sein Herz war erregt, die Schönheit des Mädchens hielt ihn fest, die wunderbare, die unerhörte Schönheit, die man auf der ganzen Welt nicht wiederfinden konnte.

Die Jäger suchten ihn im ganzen Walde, bliesen die Hörner und riefen ihn. Der Zarewitsch stand aber vor dem Sarge und hörte nichts. Die Sonne ging unter, die Dämmerung brach an, da erst kam er zu sich, küsste das tote Mädchen und ritt zurück.

»Ach, Hoheit, wo waret Ihr?«, fragten die Jäger.

»Ich jagte einem Wild nach und verirrte mich ein wenig.«

Am nächsten Tag, beim ersten Morgengrauen, zog der Zarewitsch auf die Jagd, sprengte in den Wald, trennte sich von den Jägern und gelangte auf demselben Pfade zu dem weißsteinernen Palaste. Wieder stand er den ganzen Tag vor dem Sarg aus Kristall, wandte die Augen nicht von dem schönen Mädchen und kehrte erst spät am Abend heim. Am dritten und vierten Tage war es ebenso und so verstrich eine ganze Woche.

»Was ist mit unserem Zarewitsch geschehen?«, fragten die Jäger.

»Brüder, wir müssen ihm folgen und erfahren, was vorgeht.«

Der Zarewitsch ritt auf die Jagd, ließ die Hunde los, trennte sich von seinem Gefolge und wandte sich zum weißsteinernen Schlosse. Die Jäger folgten ihm aber sogleich, kamen auch auf die Wiese und ritten in den Schlosshof ein. Sie fanden den kristallnen Sarg, in dem das Mädchen lag, und sahen den Zarewitsch vor ihm stehen.

»Hoheit, umsonst habt Ihr Euch nicht diese ganze Woche im Walde verirrt. Jetzt können auch wir nicht mehr von dannen und bleiben bis zum Abend hier stehen.«

Sie bildeten einen Kreis um den Kristallsarg, betrachteten bewundernd die Schönheit des Mädchens und standen vom Morgen bis zum Abend auf einem Fleck.

Als es ganz dunkel war, sprach der Zarewitsch zu den Jägern:

»Brüder, erweist mir einen großen Dienst! Nehmt den Sarg mit dem toten Mädchen und tragt ihn in mein Schlafzimmer, aber tut es ganz still und heimlich, damit niemand etwas davon erfahre. Ich belohne jeden von euch mit so viel Geld, wie ihr noch niemals geschenkt erhalten habt.«

»Es ist dein Wille, uns zu belohnen, Zarewitsch, wir sind auch ohne Lohn froh, dir dienen zu können«, sagten die Jäger und hoben den Sarg auf. Sie trugen ihn in den Hof und luden ihn auf die Pferde, so wurde er heimlich in des Zaren Schloss, auf des Zarewitsch Schlafzimmer, gebracht.

Seit diesem Tage ging der Zarewitsch nicht mehr auf die Jagd. Er blieb stets zu Hause, verließ sein Zimmer nicht und gestattete niemand, es zu betreten.

»Was ist mit unserm Sohne geschehen?«, dachte die Zarin, »schon seit langer Zeit sitzt er immer zu Hause, verlässt sein Zimmer nicht und lässt niemand ein. Traf ihn ein Kummer oder ein Schmerz? Ist er krank geworden? Ich muss da einmal nachsehen!«

Sie kam zu ihm in sein Schlafzimmer und sah den Kristallsarg. Sie fragte und forschte: »Woher und wieso?« und gab alsogleich den Befehl, das Mädchen zu begraben in der feuchten Mutter Erde, wie es Brauch und Sitte war. Der Zarewitsch weinte und ging in den Garten, um die schönsten Blumen zu pflücken. Er trug sie in sein Zimmer und wollte sie dem Mädchen in ihren blonden Zopf flechten, um ihr das Haupt mit Blumen zu schmücken. Dabei fiel plötzlich das Zauberhaar aus ihrem Zopfe.

Das schöne Mädchen öffnete die Augen, seufzte, erhob sich aus dem Sarg und sagte: »Ach, wie lange habe ich geschlafen!«

Der Zarewitsch war unsagbar froh, nahm sie bei der Hand und führte sie zu Vater und Mutter:

»Gott hat sie mir beschert, ich kann keine einzige Minute ohne sie leben. Väterchen und du, Mütterchen, erlaubt mir, dass ich sie heirate.«

»Heirate sie, lieber Sohn. Wir widersetzen uns Gott nicht und so eine Schönheit findet man auch auf der ganzen Welt nicht wieder!«

Bei einem Zar gibt es keine Hindernisse. Am selben Tage noch wurde ein Ehrenmahl gefeiert und dann war gleich die Hochzeit.

Der Zarewitsch war mit der Kaufmannstochter verheiratet und überglücklich. Nach einiger Zeit wollte sie mit ihm ihren Vater besuchen und der Zarewitsch hatte nichts dagegen. Er nahm Abschied von seinem Vater.

»Gut, meine lieben Kinder, reiset«, sagte der Zar, »du Zarewitsch, geh übers Land, lerne bei dieser Gelegenheit das Reich und die Ordnung überall kennen. Deine Frau soll zu Schiff den geraden Weg nehmen.«

Ein Schiff ward ausgerüstet, Matrosen angeworben und einem General der Befehl über das Ganze gegeben. Die Zarewna bestieg das Schiff und fuhr ins offene Meer hinaus, der Zarewitsch aber reiste auf dem festen Lande. Als der General die wunderschöne Zarewna sah, wurde er begierig auf ihre Schönheit und begann ihr nachzustellen.

»Was sollte ich fürchten?«, dachte er. »Sie ist ja jetzt in meiner Macht; was ich will, das tue ich!«

»Liebe mich«, sagte er zu der Zarewna. »Liebst du mich nicht, werfe ich dich ins Meer!«

Die Zarewna wandte sich ab, gab ihm keine Antwort und weinte nur bitterlich. Ein junger Matrose hatte des Generals Reden gehört und sprach:

»Weine nicht, Zarewna! Wechseln wir die Kleider. Bleib auf dem Deck, ich gehe an deiner Stelle in die Kajüte. Der General kann mich ruhig ins Wasser werfen – ich fürchte mich nicht, ich komme schon zurecht, ich schwimme in den Hafen. – Das Land ist Gott sei Dank jetzt nahe.«

Sie tauschten die Kleider; die Zarewna ging aufs Deck und der Matrose legte sich in ihr Bett. Nachts erschien der General in der Kajüte, packte den Matrosen und warf ihn ins Meer. Der schwamm aber und erreichte gegen Morgen das Ufer.

Das Schiff lief in den Hafen ein und die Matrosen gingen ans Land. Die Zarewna auch, sie lief auf den Markt und kaufte das Gewand eines Koches, das zog sie an und sie verdingte sich in der Küche bei ihrem eigenen Vater. Kurz darauf kam der Zarewitsch gereist.

»Sei gegrüßt, Väterchen«, sagte er zu dem Kaufmann. »Nimm deinen Schwiegersohn gut auf. Ich habe deine Tochter geheiratet!«

»Wo ist sie denn? Sie ist nicht hier.«

Da kam der General hinzu und sagte:

»Hoheit, das war so: Die Zarewna stand auf dem Deck, da erhob sich ein Sturm, alles schwankte, ihr schwindelte, sie fiel ins Meer und ertrank im Augenblick, so geschah das Unglück.«

Der Zarewitsch weinte und trauerte, aber vom Grunde des Meeres kehrt niemand wieder. Es war ihr wohl so bestimmt gewesen. Der Zarewitsch blieb einige Zeit bei seinem Schwiegervater zu Gast und gebot dann seinem Gefolge, die Abreise vorzubereiten. Der Kaufmann gab ein großes Abschiedsmahl für ihn und dazu versammelten sich viele Kaufleute, Bojaren und alle Verwandten. Der Onkel der Zarewna war da, die böse Alte und der General. Man trank und ergötzte sich, da schlug ein Gast vor:

»Hört, werte Herren, immer nur trinken und trinken führt zu nichts Gutem, lasst uns Märchen erzählen.«

»Gut, gut«, schrien sie von allen Seiten. »Wer beginnt?«

Dieser und jener wusste nichts, dem Dritten hatte der Wein das Gedächtnis getrübt. Was war da zu machen?

»Ich habe einen Küchenjungen«, rief da der Verwalter des Kaufmanns, »der viele Länder gesehen und Wunder erlebt hat und ein Meister ist im Erzählen von Geschichten.«

»Er soll kommen!«

Der Kaufmann rief den Küchenjungen und sagte ihm:

»Erheitere meine Gäste.«

Der Küchenjunge, die Zarewna, antwortete:

»Was soll ich erzählen? Ein Märchen oder eine wahre Geschichte?«

»Eine wahre Geschichte!«

»Das kann ich, aber nur unter der Bedingung, dass ich jeden, der mich unterbricht, mit dem Kochlöffel schlagen darf.« Alle waren damit einverstanden und die Zarewna erzählte, was sie selbst erlebt hatte.

»Also, es war einmal eine Kaufmannstochter. Ihr Vater verreiste und übertrug seinem Bruder die Aufsicht über das

Mädchen. Der Onkel verschaute sich in ihre Schönheit und ließ ihr keine Minute Ruhe ...«

Als der Onkel hörte, dass von ihm die Rede ging, sagte er: »Das ist nicht wahr, ihr Herren!«

Da schlug ihn die Zarewna mit dem Löffel auf den Kopf und sagte:

»So, das hältst du nicht für Wahrheit!«

Nun kam die Reihe an die Stiefmutter mit dem Zauberspiegel und an die böse, alte Frau, die zu den Rittern im weißsteinernen Palaste gekommen war, da riefen aber beide wie aus einem Munde: »Was für ein Unsinn, das ist unmöglich.«

Die Zarewna erzählte weiter, wie sie in dem Kristallsarg gelegen hatte, wie der Zarewitsch sie fand und zu neuem Leben erweckt hatte. Sie sprach von ihrer Hochzeit und dass sie auszog, ihren Vater zu besuchen.

Der General ahnte, dass etwas nicht in Ordnung wäre, und wollte von dem Zarewitsch Abschied nehmen.

»Erlaubt mir nach Hause zu gehen, ich habe so starkes Kopfweh.«

»Das macht nichts, bleib nur noch ein wenig.«

Die Zarewna erzählte von dem General und der konnte es nicht aushalten, sondern rief:

»Das ist alles nicht wahr!«

Die Zarewna schlug ihn, warf ihr Küchengewand ab und entdeckte sich dem Zarewitsch.

»Ich bin kein Küchenjunge, ich bin dein eheliches Weib.«

Der Zarewitsch war sehr froh und der Kaufmann auch. Sie umarmten und küssten sie und dann saßen sie zu Gericht.

Die böse alte Frau und der Onkel wurden vor den Toren der Stadt erschossen, die zaubernde Stiefmutter band man an den Schweif eines Hengstes, der trug sie ins freie Feld und zerstreute ihre Knochen über Sträucher und Schluchten. Den General steckte der Zarewitsch ins Gefängnis und verlieh seine Stelle dem Matrosen, der die Zarewna vom Unglück bewahrt hatte.

Von da an lebten der Zarewitsch, seine Frau und ihr Vater noch lange glücklich beisammen.

Die weiße Ente

Ein Fürst hatte einmal eine wunderschöne Fürstin geheiratet. Kaum war er aber verheiratet, so musste er fortziehen, in die weite Ferne. – Was war da zu machen; es ist allbekannt, dass man nicht sein ganzes Leben lang dasitzen und einander umarmen kann.

Die Fürstin weinte sehr und er gebot ihr eindringlich, nie ihren hohen Turm zu verlassen, keine Unterhaltungen aufzusuchen, weder mit bösen Menschen herumzuziehen, noch schlechte Reden anzuhören. Die Fürstin versprach, alles so zu tun, wie er es gebot.

Der Fürst ritt fort. Sie sperrte sich in ihr Zimmer ein und ging nicht heraus. Über kurz oder lang kam aber eine Frau zu ihr, die schien so ehrlich und treuherzig, und die sprach:

»Nicht wahr, du langweilst dich? Wenn du im Garten spazieren gingest, um Gottes Welt zu betrachten, verginge deine Sehnsucht, würde klarer dein Kopf.«

Lange weigerte sich die Fürstin und wollte nicht, endlich aber dachte sie:

»In den Garten zu gehen ist kein Unrecht«, da ging sie. Im Garten floss kristallhelles Quellwasser, da sagte die fremde Frau:

»Nicht wahr, der Tag ist heiß, die Sonne brennt, das Wasser ist kühl und plätschert. Wollen wir hier baden?«

»Nein, nein, ich will nicht.«

Aber dann dachte die Fürstin: »Baden ist keine Sünde«, legte ihre Kleider ab und sprang ins Wasser. Kaum war sie untergetaucht, so schlug die Frau sie auf den Rücken und sprach:

»Schwimm du hin als weiße Ente!«

Da schwamm die Fürstin hin als weißes Entchen. Die Hexe zog sofort die Kleider der Fürstin an, schmückte und schminkte sich und erwartete so den Fürsten. Sowie die Glocken klangen und das Hündchen bellte, lief sie ihm entgegen, fiel ihm um den Hals, küsste und liebkoste ihn. Er freute sich, streckte ihr seine Arme entgegen und durchschaute sie nicht.

Die weiße Ente legte Eier und bekam Kinder, zwei große und ein kleines. Die Kinder wuchsen heran, gingen am Bächlein spazieren, fingen goldene Fischlein, sammelten Stofflappen und nähten sich Röckchen. Sie sprangen am Ufer hin und her, über die Pfützen kreuz und quer.

»Geht nicht fort, Kinder«, sagte die Mutter. Aber die Kinder gehorchten ihr nicht, spielten im Grase, sprangen über Stock und Stein und kamen immer weiter, bis an des Fürsten Hof.

Die Hexe erkannte sogleich der Fürstin Kinder und knirschte mit den Zähnen. Sie rief die Kleinen herbei, gab ihnen zu essen und zu trinken und legte sie schlafen. Dann befahl sie, ein Feuer anzustecken, einen Kessel darüber zu hängen und die Messer zu wetzen.

Die Brüder hatten sich schlafen gelegt, aber der Kleine, den der Älteste vorne in seiner Bluse trug, damit er sich nicht erkälte, der schlief nicht, sondern hörte und sah alles ringsum.

Nachts kam die Hexe an die Türe und fragte:

»Schlaft ihr, Kinderlein, oder nicht?«

Der Kleinste antwortete:

»Wir schlafen nicht, wir schlafen nicht, wir denken daran, dass man uns abschlachten will. Das Feuer brennt, das Wasser siedet im Kesselein, gewetzt sind schon die Messerlein!«

»Sie schlafen nicht!«, dachte die Hexe, ging fort und kam nach einer Weile wieder. »Schlaft ihr, Kinderlein?«, fragte sie.

Der Kleinste antwortete wieder:

»Wir schlafen nicht, wir schlafen nicht, wir denken dran, dass man uns schlachten will. Das Feuer brennt, im Kessel kocht das Wässerlein, gewetzet sind die Messerlein.«

»Das ist ja immer nur dieselbe Stimme«, dachte die Hexe, machte leise die Türe auf und sah, dass beide Brüder fest schliefen, da berührte sie alle mit der Totenhand[4] und da waren sie tot.

---

4 Es besteht der Aberglaube, dass Diebe sich mit einer Totenhand versehen. Wen sie damit berühren, der fällt in einen derart tiefen Schlaf, dass man ihn nicht mehr erwecken kann.

И. БИЛИБИНЪ. 1909.

Am nächsten Morgen rief die Ente ihre Kinder, aber die kamen nicht. Die Ente ahnte Böses, ihr Herz bebte, und sie flog an des Fürsten Hof. Im Schlosshofe, da lagen, weiß wie Tüchelein, kalt wie Eis, die drei Brüderlein still nebeneinander. Die Mutter senkte sich auf sie nieder, deckte sie mit ihren Flügelein und sang mit klagender Stimme:

»Kra, kra, meine Kinderlein,
Kra, kra, meine Lieblinge!
Ich zog euch auf in großer Not.
Mit Tränen sorgte ich für euch.
Ich schlief viel dunkle Nächte nicht,
Aß selbst die guten Bissen nicht.«

»Hast du schon jemals so etwas gehört? Die Ente spricht«, sagte der Fürst.

»Das kommt dir nur so vor. Lass sie fortjagen.«

Man vertrieb die Ente, aber sie kehrte wieder zu den Kindern zurück und klagte:

»Kra, kra, meine Kinderlein,
Kra, kra, meine Lieblinge,
Euch hat die alte Hexe verdorben,
Die alte Hexe, der grausame Drache,
Der grausame Drache, der zauberische,
Sie hat euch den leiblichen Vater genommen,
Den leiblichen Vater, meinen Gemahl,
Sie hat mich ins rasche Bächlein gestoßen,
Da wurd ich ein weißes Entelein,
Und selber lebt sie in Herrlichkeit.«

»Aha«, dachte der Fürst und rief: »Fangt mir diese weiße Ente!«

Alle machten sich an die Verfolgung, aber niemand konnte die weiße Ente fangen; als aber der Fürst ihr nachlief, fiel sie ihm in die Hände. Er nahm sie am Flügel und sprach:

»Steh, weiße Birke, hinter mir, und schönes Mädchen, steh vor mir!«

Da streckte sich eine weiße Birke hinter ihm in die Höhe und ein schönes Mädchen stand vor ihm. In ihr erkannte der Fürst seine junge Frau.

Man fing sofort eine Elster, band ihr zwei Bläschen unter die Flügel und befahl ihr, in dem einen Bläschen Lebenswasser und in dem andern Sprechwasser herbeizuschaffen. Die Elster flog fort und brachte das Wasser. Man besprengte die Kinder mit belebendem Wasser, da sprangen sie auf, mit sprechendem Wasser, da sprachen sie. Jetzt hatte der Fürst eine ganze Familie. Sie lebten beisammen und es ging ihnen gut, das Böse wurde vergessen. Die Hexe band man an einen Pferdeschweif, so wurde sie über das Feld geschleift, hier brach ein Arm und dort ein Bein, dort war ein Graben und hier ein Stein. Der Kopf ward zerschmettert an Strauch und Baum. Die Vögel kamen und fraßen ihr Fleisch, der Wind erhob sich, verwehte die Knochen, es blieb von ihr keine Spur und kein Gedanke zurück.

Zar-Bär

Es waren einmal ein Zar und eine Zarin, die hatten keine Kinder. Einmal ging der Zar auf die Jagd, um Pelztiere und Vögel zu schießen. Es war heiß, deshalb wurde er durstig und wollte Wasser trinken. Er sah auch einen Brunnen in der Nähe, auf den ging er zu und bückte sich, um zu trinken. Da überfiel ihn plötzlich Zar-Bär und packte ihn am Bart.

»Lass mich los!«, bat der Zar.

»Gib mir, was dir daheim fremd ist, dann lasse ich dich los.«

»Was kann mir zu Hause fremd sein?«, dachte der Zar, »ich meine, ich wüsste dort von allem. Ich gebe dir lieber eine Herde Kühe?«, sagte er trotzdem.

»Nein, ich will nicht einmal *zwei* Herden haben.«

»So nimm eine Herde Pferde.«

»Nein, ich will nicht einmal *zwei* – aber gib mir das, was dir zu Hause fremd ist.«

Der Zar willigte endlich ein, machte seinen Bart frei und ritt nach Hause. Als er daheim einzog, hatte seine Frau ihm gerade Zwillinge geschenkt, Iwan Zarewitsch und Maria Zarewna; das war es gewesen, was der Zar zu Hause nicht gekannt hatte. Der Zar schlug die Hände zusammen und weinte bitterlich.

»Weshalb bist du so sehr außer dir?«, fragte die Zarin.

»Wie sollte ich nicht weinen, wenn ich meine leiblichen Kinderchen dem Zar-Bär versprach?«

»Wie ging das zu?«

»Ja das war so«, und der Zar erzählte, was vorgefallen war.

»Wir werden sie ihm eben nicht geben.«

»Oh, das ist unmöglich, da zerstört er das ganze Reich und holt sie am Ende doch.«

Sie überlegten hin und her, was zu machen wäre, und fassten endlich einen Entschluss.

Sie gruben eine tiefe Grube, räumten sie schön ein und verzierten sie wie ein großes Gemach, versahen sie mit allerlei Vorräten zum Essen und Trinken und setzten zuletzt die Kinder hinein. Hierauf machten sie eine Decke über die Grube, bewarfen sie mit Erde und machten alles ganz, ganz glatt.

Bald darauf starben der Zar und die Zarin und die Kinder wuchsen und wuchsen. Endlich kam Zar-Bär, sie zu holen, er sah überall umher – aber niemand war da! Der Hof war ganz verlassen. Er lief und lief umher, durchsuchte das ganze Haus und dachte: »Wer kann mir sagen, wohin die Zarenkinder kamen?«

Siehe, da war ein Meißel in die Wand getrieben.

»Meißel, Meißel«, fragte Zar-Bär, »sag mir, wo die Zarenkinder sind?«

»Zieh mich heraus und wirf mich im Hof auf den Boden; wo ich stecken bleibe, dort grabe nach.«

Zar-Bär packte den Meißel, lief in den Hof und warf ihn zu Boden, da sprang der Meißel und rollte und blieb gerade dort stecken, wo Iwan Zarewitsch und Maria Zarewna verborgen waren. Der Bär wühlte die Erde mit seinen Pfoten auf, zerbrach die Decke der Grube und sprach: »Ah, Iwan Zarewitsch und Maria Zarewna, da seid ihr ja! Ihr wolltet euch vor mir verstecken? Vater und Mutter haben mich betrogen, dafür werde ich euch auffressen.«

»Ach Zar-Bär, friss uns nicht, unser Vater hat viele Hühner, Gänse und noch mancherlei besessen, das kannst du dir ja schmecken lassen«, sagten die Kinder.

»Nun gut, es mag so sein! Setzt euch auf meinen Rücken, ich will euch forttragen als meine Diener.«

Sie stiegen auf seinen Rücken und Zar-Bär trug sie fort über hohe, steile Bergesgipfel bis in die Wolken hinein, wo alles öde und leblos war.

»Wir haben Hunger und Durst«, sagten Iwan Zarewitsch und Maria Zarewna.

»Ich will fortlaufen, Essen und Trinken für euch zu holen. Bleibt einstweilen hier und ruht aus«, sagte der Bär und lief fort.

Der Zarewitsch und die Zarewna standen da und weinten bitterlich. Plötzlich erschien ein Falke, schlug mit den Flügeln und sprach:

»Ach Iwan Zarewitsch und Maria Zarewna, wie kommt ihr hierher?«

Sie erzählten es ihm.

»Weshalb entführt euch der Bär?«

»Wir sollen seine Diener sein.«

»Wollt ihr, dass ich euch davontrage? Setzt euch auf meine Flügelchen.«

Sie taten es und der helle Falke flog mit ihnen auf, höher als Bäume stehen, niederer als Wolken wehen und wollte sie in weite Lande tragen, doch da gerade, da kam Zar-Bär zurück und sah ihn unter den Wolken hinfliegen. Er schlug mit dem Kopfe auf die feuchte Erde, da schlug eine Flamme in die Höhe und versengte dem Falken hoch in der Luft die Flügel. Da ließ der Vogel die Kinder zur Erde niedersinken.

»Ah«, sagte der Bär, »ihr wolltet entfliehen? Dafür werde ich euch bis auf die Knöchelchen auffressen.«

»Friss uns nicht, Zar-Bär, wir werden dir treu dienen.« Der Bär vergab ihnen und trug sie weiter fort, über immer steilere, höhere Berge. Über kurz oder lang sagte Iwan Zarewitsch:

»Ach, ich habe Hunger.«

»Ich auch!«, sagte Maria Zarewna.

Der Bär verbot ihnen streng, irgendwohin vom Platze zu weichen und lief, um Nahrung zu holen.

Da saßen sie auf der Wiese und ließen ihre Tränen fließen. Plötzlich erschien ein Adler vor den Kindern und fragte:

»Iwan Zarewitsch und Maria Zarewna, was führt euch her?«

Sie erzählten es ihm.

»Wollt ihr, dass ich euch forttrage?«

»Ach, wohin denn? Der helle Falke versuchte es auch und konnte es nicht. Du kannst es auch nicht.«

»Der Falke ist ein kleiner Vogel, ich fliege viel höher als er. Setzt euch nur auf meine Flügel.«

Die Kinder taten es und der Adler schlug mit den Flügeln und schwang sich hoch und höher. Da kam gerade der Bär zurück und erblickte den Adler am Himmel. Er schlug mit dem Kopfe auf die feuchte Erde und verbrannte ihm die Flügel. Der Adler ließ Iwan Zarewitsch und Maria Zarewna zur Erde nieder.

»Ah, ihr wolltet wieder entfliehen!«, sagte der Bär, »da fresse ich euch gleich!«

»Bitte, friss uns nicht. Der Adler verführte uns, wir werden dir treu und ehrlich dienen.«

Der Bär verzieh ihnen ein letztes Mal, gab ihnen zu essen und zu trinken und trug sie weiter fort.

Über kurz und lang sagte der Zarewitsch wieder: »Ich bin hungrig.«

»Ich auch«, sagte Maria Zarewna.

Zar-Bär setzte sie nieder und lief nach Nahrung aus.

Da saßen die Kinder im grünen Grase und weinten. Auf einmal stand ein Ochse vor ihnen, schüttelte den Kopf und sprach:

»Iwan Zarewitsch, Maria Zarewna, was führt euch her?«

Sie erzählten es ihm.

»Wollt ihr, dass ich euch forttrage?«

»Was fällt dir ein? Der Falke und der Adler versuchten das vergeblich. Du kannst es schon gar nicht.« Und die Kinder weinten, dass sie vor Tränen kaum ein Wort hervorbringen konnten.

»Die Vögel trugen euch nicht fort, aber ich werde es tun! Setzt euch nur auf meinen Rücken.«

Sie stiegen auf seinen Rücken und er trabte gemächlich davon. Der Bär bemerkte, wie der Zarewitsch und die Zarewna flohen, und machte sich an die Verfolgung.

»Ach, Öchslein«, riefen die Zarenkinder, »der Bär kommt gelaufen!«

»Ist er noch weit?«

»Nein, nahe.«

Gerade als der Bär mit seinen Tatzen zugreifen wollte, hob der Ochse den Schwanz und schlug ihm damit in beide Augen.

Da lief der Bär ans blaue Meer, seine Augen auszuwaschen, und das Öchslein trabte weiter, immer weiter voran.

Zar-Bär wusch seine Augen aus und verfolgte sie wieder.

»Ach, Öchslein, der Bär kommt gelaufen!«

»Ist er noch weit?«

»Ach, nahe.«

Der Bär sprang heran, aber der Ochse schlug ihm wieder in beide Augen. Der Bär musste wieder seine Augen auswaschen, während der Ochse weiterlief. So geschah es noch ein drittes Mal, danach gab der Ochse Iwan Zarewitsch einen Kamm und ein Handtuch und sagte:

»Wenn Zar-Bär uns wieder einholt, wirf ihm den Kamm hin, und kommt er dann noch ein zweites Mal wieder, so schwenke das Tuch.«

Das Öchslein lief immer weiter und weiter. Iwan Zarewitsch sah sich um, da jagte Zar-Bär heran. Schon konnte er sie fast ergreifen, aber der Zarewitsch warf ihm den Kamm entgegen, da wuchs plötzlich ein dichter, wilder Wald empor, durch den kein Vogel fliegen, kein Tier kriechen, kein Mensch gehen, kein Reiter reiten konnte.

Der Bär nagte und nagte mit aller Kraft einen schmalen Pfad durch den Wald und nahm die Verfolgung wieder auf, doch die Zarenkinder waren weit, weit fort. Der Bär holte sie schließlich ein, aber der Zarewitsch, der Umschau hielt, schwenkte ihm das Tuch entgegen und es entstand ein feuriger See, so breit, so breit und seine Wellen schlugen von einem Ende zum andern.

Zar-Bär stand lange am Ufer und kehrte schließlich nach Hause zurück.

Der Ochse lief mit den Kindern noch bis zu einer Wiese, auf der stand ein großes, prächtiges Haus.

»Da habt ihr ein Haus«, sagte er, »lebt ohne Sorgen, aber draußen im Hof errichtet einen Scheiterhaufen, schlachtet mich und verbrennt mich darauf.«

»Ach«, sagten die Zarenkinder, »warum sollten wir dich schlachten? Bleib lieber bei uns, wir werden dich gut pflegen, mit frischem Grase füttern, mit reinem Quellwasser tränken.«

»Nein, verbrennt mich und säet die Asche auf drei Beete. Aus dem ersten wird ein Pferd herausspringen. Aus dem zweiten ein Hund und aus dem dritten wird ein Apfelbaum wachsen. Iwan Zarewitsch, reite auf dem Pferd und geh mit dem Hund auf die Jagd.«

So geschah es.

Einmal hatte Iwan Zarewitsch Lust, auf die Jagd zu gehen. Er nahm Abschied von seiner Schwester, stieg zu Pferd und ritt in den Wald. Da tötete er Gänse und Enten und fing ein lebendiges, junges Wölflein, das brachte er nach Hause. Der Zarewitsch merkte, dass die Jagd ihm glückte, zog wieder aus, schoss allerlei Gevögel und brachte ein junges Bärlein lebendig nach Hause.

Ein drittes Mal zog Iwan Zarewitsch auf die Jagd, aber vergaß diesmal seinen Hund mitzunehmen.

Maria Zarewna ging unterdessen Wäsche waschen. Am anderen Ufer des Feuersees stand ein sechsköpfiger Drache, der verwandelte sich in einen schönen Jüngling als er das schöne Mädchen erblickte und sprach ganz süß zu ihr:

»Sei gegrüßt, schönes Mädchen!«

»Sei gegrüßt, schöner Jüngling!«

»Ich hörte von alten Leuten, dass dieser See früher nicht bestanden habe; wenn eine hohe Brücke über ihn geschlagen wäre, käme ich zu dir und freite um dich.«

»Warte, eine Brücke soll gleich gemacht sein«, antwortete ihm Maria Zarewna und warf das Handtuch hinüber. Es spannte sich im Augenblicke zum Bogen und hing als hohe schöne Brücke über dem See.

Der Drache kam über die Brücke, nahm seine ursprüngliche Gestalt an und sperrte Iwan Zarewitschs Hund ein, dann warf er den Torschlüssel in den See und packte die Zarewna und schleppte sie fort.

Als Iwan Zarewitsch heim kam, war die Schwester fort und der eingesperrte Hund heulte. Da sah er die Brücke über dem See und dachte:

»Gewiss trug ein Drache mein Schwesterchen fort.«

Er zog aus, sie zu suchen, da sah er im freien Felde ein Hüttchen stehen auf Hühnerfüßen und Hundefersen.

»Hüttchen, Hüttchen, sieh mir ins Angesicht und kehr dem Wald den Rücken.«

Die Hütte drehte sich um und Iwan Zarewitsch trat ein, da lag Baba Jaga mit dem Knochenbein, von einem Eck zum andern. Ihre Nase war an der Zimmerdecke festgewachsen.

»Pfui, pfui«, sagte sie, »bis jetzt habe ich von Russen noch nie etwas gehört und jetzt erscheint ein Russe mir vor dem Angesicht, drängt sich mir unter die Nase! Was willst du, Iwan Zarewitsch?«

»Ach könntest du nur meinem Jammer abhelfen!«

»Was ist dein Jammer?«

Er erzählte es ihr.

»Geh nur nach Hause, dort steht ein Apfelbaum, brich drei grüne Zweiglein davon ab, flicht sie zusammen, schlag damit auf das Türschloss, hinter dem der Hund liegt, es zersplittert sofort in tausend Stücke, dann verfolge kühn den Drachen, er kann dir nicht widerstehen.«

Iwan Zarewitsch ging nach Hause, befreite den Hund, da war der so böse, so böse! Iwan Zarewitsch nahm auch den Wolf und den Bären mit und ging auf die Suche nach dem Drachen.

Die Tiere fanden ihn, fielen über ihn her und zerrissen ihn in Stücke.

Iwan Zarewitsch nahm Maria Zarewna wieder zu sich und so lebten sie zufrieden so fort.

Elena die Weise

In der ganz alten Zeit, in einem Land, nicht in unserem Reiche, musste einmal ein Soldat vor einem steinernen Turme Wache stehen. Der Turm war mit einem Schloss verschlossen und einem Siegel versiegelt, und es war in der Nacht. Gerade um Mitternacht hörte der Soldat jemanden aus dem Turme rufen: »He, Soldat!«

»Wer ruft mich?«, fragte der Soldat.

»Ich bin es – der böse Geist!«, antwortete eine Stimme hinter einem vergitterten Fenster. »Dreißig Jahre sitze ich hier, ohne zu essen und zu trinken.«

»Was willst du?«

»Lass mich heraus; wenn du in Not bist, will ich dir helfen. Denk nur an mich, dann komme ich dir zur Hilfe.«

Da riss der Soldat gleich das Siegel ab, zerbrach das Schloss und öffnete die Tür. Der Böse flog aus dem Turme heraus, schwang sich in die Höhe und verschwand schneller als der Blitz.

»Nun«, dachte der Soldat, »da habe ich mir schöne Sachen angefangen. Mein ganzer Dienst ist verdorben. Jetzt werde ich eingesperrt, vor das Kriegsgericht gestellt und muss Spießruten laufen – besser, ich gehe davon, solang es noch Zeit ist.«

Er warf Büchse und Ranzen auf die Erde und ging fort, immer der Nase nach. Er ging einen Tag um den andern, da packte ihn der Hunger. Zu essen und zu trinken hatte er nichts; er setzte sich am Wege nieder, weinte bittere Tränen und dachte:

»Bin ich nicht dumm? Zehn Jahre diente ich dem Zaren, war immer satt und zufrieden, jeden Tag bekam ich drei Pfund Brot und jetzt! Ich lief davon, nur um vor Hunger zu sterben. Ach, böser Geist, an alldem bist du schuld!«

Plötzlich, der Soldat wusste nicht von woher, stand der Böse vor ihm und sagte:

»Guten Tag, Soldat, weshalb jammerst du?«

»Wie sollte ich anders, wenn ich schon den dritten Tag vor Hunger vergehe.«

»Gräm dich nicht, dem kann man abhelfen«, sagte der Böse. Er sprang hierhin und dorthin und brachte allerhand Weine und Speisen herbei, sättigte den Soldaten damit und schlug ihm dann vor:

»Komm mit in mein Haus, dort wirst du ein sehr freies Leben haben. Essen, trinken und faul sein kannst du so viel dein Herz begehrt; nur musst du auf meine Töchter aufpassen, mehr verlange ich nicht von dir.«

Der Soldat war einverstanden. Der Böse nahm ihn beim Arm, erhob sich mit ihm hoch, hoch in die Luft und trug ihn über dreimal neun Lande ins dreimal zehnte Reich in seinen weißsteinernen Palast. Der Böse hatte drei Töchter, die waren wunderschön. Er befahl ihnen, dem Soldaten zu gehorchen und ihm genügend zu essen und zu trinken zu geben. Er selbst flog wieder fort, Schlechtigkeiten zu verüben, denn er war eben der Böse. Er kann nicht an einem Ort bleiben, er streift immer durch die Welt, verführt die Menschen und verleitet sie zur Sünde. Der Soldat blieb bei den schönen Mädchen und führte ein Leben, bei dem man ans Sterben vergessen konnte. Nur eines bekümmerte ihn: Jede Nacht gingen die Mädchen aus dem Hause und er wusste nicht wohin. Wenn er sie danach fragte, so sagten sie es ihm nicht, sondern leugneten alles ab.

»Schon gut«, dachte der Soldat, »ich werde die ganze Nacht wachen, dann werde ich sehen, wohin ihr geht.«

Am Abend ging der Soldat zu Bett und tat, als schliefe er ganz fest ein; aber heimlich wartete er nur auf das, was geschehen würde. Als es Zeit war, schlich er leise zur Schlafkammer der Mädchen und sah durch das Schlüsselloch an der Türe. Die schönen Mädchen nahmen gerade einen Zauberteppich, breiteten ihn auf dem Fußboden aus, schlugen darauf und verwandelten sich in Tauben, flatterten auf und flogen zum Fenster hinaus.

»Was für ein Wunder!«, dachte der Soldat, »das will ich auch probieren.«

Er sprang in das Zimmer, schlug auf den Teppich und verwandelte sich in eine kleine Grasmücke; so flog er zum Fenster hinaus und den Mädchen nach. Die Tauben ließen sich auf einer grünen Wiese nieder und die Grasmücke auch. Der Soldat verbarg sich hinter den Blättern eines Johannisbeerstrauches und von dort schaute er hervor. Es kamen noch viele, viele Tauben geflogen und füllten die ganze Wiese, und in der Mitte von der Wiese stand ein goldener Thron. Nach kurzer Weile erstrahlten Himmel und Erde, und durch die Luft kam ein goldener Wagen geflogen, der war mit sechs feurigen Drachen bespannt; darin saß Elena, die Weise. Die war von so unbeschreiblicher Schönheit, dass man sie sich weder vorstellen, noch erfinden, noch im Märchen schildern kann. Sie stieg aus dem Wagen, setzte sich auf den Thron, rief dann die Tauben der Reihe nach auf und lehrte sie verschiedene Weisheiten. Als der Unterricht zu Ende war, sprang sie in ihren Wagen und fort war sie.

Jetzt erhoben alle Tauben ihre Flügel und flogen davon, jede nach ihrer Seite. Die Grasmücke folgte den drei Schwestern und war zu gleicher Zeit mit ihnen wieder in der Schlafkammer. Die Tauben verwandelten sich auf dem Teppich in Mädchen, die Grasmücke in den Soldaten.

»Woher kommst du?«, fragten ihn die Mädchen.

»Ich war mit euch auf der Wiese, sah die schöne Königstochter auf dem goldenen Thron und hörte, wie sie euch mancherlei Künste lehrte.«

»Nun, es ist dein Glück, dass du heil wieder hier bist, denn diese Königstochter, Elena, die Weise, ist unsere mächtige Gebieterin. Hätte sie ihr Zauberbuch bei sich gehabt, so hätte sie dich sofort erspäht und mit einem harten Tode bedroht. Hüte dich, Soldat! Flieg nicht mehr auf die grüne Wiese! Bewundere nicht mehr die schöne Königstochter, sonst verlierst du deinen stürmischen Kopf.«

Den Soldaten bekümmerte das nicht. Er ließ die Reden an seinen Ohren vorübergleiten und erwartete die nächste Nacht.

Durch den Teppich verwandelte er sich wieder in eine Grasmücke und flog auf die grüne Wiese.

Unter dem Johannisbeerstrauche verborgen, betrachtete er Elena die Weise. Er freute sich über ihre unsagbare Schönheit und dachte:

»Könnte ich ein solches Weib erlangen, so bliebe mir auf dieser Welt nichts zu wünschen übrig. Ich fliege ihr nach und erfahre, wo sie lebt.«

Als Elena die Weise ihren goldenen Thron verließ, ihren Wagen bestieg und durch die Luft in ihren schönen Palast fuhr, flog die Grasmücke hinter ihr drein.

Die Königstochter fuhr in ihr Schloss und Wärterinnen und Ammen eilten ihr entgegen, ergriffen ihre Hände und führten sie ins Schloss.

Die Grasmücke flog in den Garten, wählte einen schönen Baum, der unter dem Fenster des königlichen Schlafzimmers lag, setzte sich auf ein Zweiglein und begann zu singen, so schön und so schmerzlich, dass die Königstochter die ganze Nacht kein Auge zutat, sondern immer nur zuhörte.

Kaum war die rote Sonne aufgegangen, so rief Elena die Weise mit lauter Stimme:

»Dienerinnen und Ammen, lauft in den Garten, das Vöglein zu fangen.«

Wärterinnen und Ammen eilten in den Garten, den Singvogel zu fangen, aber wie hätte den Alten das gelingen können? Die Grasmücke hüpfte von Strauch zu Strauch, von Ast zu Ast, flog nicht weit fort, aber greifen ließ sie sich nicht.

Die Königstochter hielt es nicht aus, lief selbst in den grünen Garten hinaus, um die Grasmücke zu fangen. Sie trat an den Strauch, da rührte sich das Vöglein auf seinem Ästchen nicht, ließ die Flüglein hängen, als hätte es Elena erwartet. Das freute die Königstochter. Sie nahm das Vöglein in ihre Hand, trug es ins Schloss, setzte es in einen goldenen Käfig und hängte den in ihrem Schlafzimmer auf. Der Tag verging, die Sonne sank, Elena flog auf die grüne Wiese, kehrte wieder zurück in ihr Zimmer und legte ihren Schmuck ab. Sie zog sich aus und legte sich schlafen.

Die Grasmücke sah ihren weißen Leib, ihre unbeschreibliche Schönheit und bebte. Sobald die Königstochter eingeschlafen war, verwandelte sich die Grasmücke in eine Fliege, flog aus dem goldenen Käfig heraus, schlug auf den Fußboden und wurde zum wackern jungen Mann.

Er trat an das Bett der Königstochter, sah fort und fort ihre Schönheit an. Er ertrug es nicht länger, sie nur anzusehen, und küsste ihren süßen Mund. Als er merkte, dass sie erwachte, verwandelte er sich schnell wieder in eine Fliege, flog in den Käfig und war wieder eine Grasmücke.

Elena die Weise machte die Augen auf und sah sich um, es war aber niemand da.

»Gewiss träumte ich nur«, dachte sie, drehte sich auf die andere Seite um und schlief wieder ein.

Der Soldat hielt es nicht aus und versuchte es ein zweites und ein drittes Mal.

Die Königstochter hatte aber einen leichten Schlaf und erwachte nach jedem Kusse.

Das dritte Mal verließ sie ihr Bett und sprach:

»Sicherlich ist jemand hier. Ich muss in meinem Zauberbuche nachsehen.«

Sie tat es und wusste sofort, dass in dem goldenen Käfig kein einfacher Vogel, sondern ein junger Soldat saß.

»Ach, du Lümmel!«, schrie Elena die Weise. »Komm aus dem Käfig heraus. Für deine Unaufrichtigkeit zahlst du mit deinem Leben!«

Es war nichts zu machen. Die Grasmücke musste aus dem Käfig herausfliegen, schlug auf dem Fußboden auf und verwandelte sich in einen wackeren Jüngling.

Der Soldat fiel vor der Königstochter auf die Knie und flehte um Vergebung.

»Nein, Bösewicht, für dich gibt es keine Gnade!«, schrie Elena die Weise und rief nach dem Henker mit seinem Richtblock, damit er dem Soldaten den Kopf abschlage.

Sogleich stand ein Riese mit Beil und Richtblock vor ihr, warf den Soldaten zu Boden, drückte sein stürmisches Haupt auf den Block und hob das Richtbeil. Winkte nur die Königstochter, so rollte sein junges Haupt davon.

»Hab Erbarmen, wunderschöne Königstochter«, bat der Soldat mit Tränen, »lass mich ein letztes Lied singen.«

»Sing, aber eile dich.«

Der Soldat stimmte ein Lied an, so traurig und wehmutsvoll, dass Elena die Weise zu weinen begann. Ihr wurde es leid um den jungen Mann und sie sagte zu ihm:

»Ich gebe dir zehn Stunden Zeit; kannst du dich so geschickt verstecken, dass ich dich nicht finden kann, werde ich dein Weib. Gelingt es dir nicht, lass ich dir den Kopf abschlagen.«

Der Soldat ging in den dichten Wald, setzte sich unter einen Strauch, dachte nach und war sehr traurig.

»Ach, böser Geist, deinethalben sterbe ich!«

Sofort stand der Böse vor ihm.

»Soldat, was willst du?«

»Ach«, sagte er, »ich muss sterben, denn wie sollte ich mich vor Elena der Weisen verstecken?«

Der Böse schlug auf die Erde auf und verwandelte sich in einen schillernden Adler.

»Soldat, setz dich auf meinen Rücken, ich trage dich in die Luft.«

Der Soldat tat es und der Adler flog hinauf in die Luft, bis hinter einen schwarzen Wolkenberg.

Fünf Stunden waren vergangen, da nahm Elena die Weise ihr Zauberbuch, schaute nach, sah alles wie auf der flachen Hand und sprach laut:

»Adler, du bist hoch genug geflogen, vor mir verbirgst du dich doch nicht.«

Der Adler ließ sich herab und der Soldat trauerte noch mehr als vorher.

»Was soll ich jetzt tun, wohin soll ich mich verstecken?«

»Warte, ich helfe dir«, sagte der Böse, sprang zu dem Soldaten und schlug ihn auf die Wange. Da wurde er zu einer Stecknadel. Sich selbst verwandelte er in eine Maus, packte die Nadel mit den Zähnen und schlich ins Schloss. Er fand das Zauberbuch und steckte die Nadel hinein.

Als die zweiten fünf Stunden um waren, schlug Elena die Weise ihr Zauberbuch auf. Sie schaute und schaute, aber das Buch zeigte ihr nichts. Da wurde die Königstochter sehr zornig und warf das Buch in den Ofen. Dabei fiel die Nadel aus dem Buche, schlug auf dem Fußboden auf und verwandelte sich in einen wackeren Jüngling.

Elena die Weise nahm ihn bei der Hand und sagte:

»Ich bin klug, aber du bist noch klüger.«

Sie überlegten nicht lange, sondern heirateten und lebten vergnügt miteinander.

Die Zarewna löst Rätsel

Es ist schon lange her, da war einmal ein alter Mann, der hatte drei Söhne. Der jüngste war Iwan der Dummkopf. Damals lebte auch ein Zar, der hatte eine Tochter und die sagte einmal zu ihrem Vater:

»Väterchen, ich will Rätsel auflösen. Wer mir ein Rätsel aufgibt, das ich erraten kann, dem schlagen wir den Kopf ab. Wessen Rätsel aber so schwer ist, dass ich es nicht raten kann, den nehme ich zum Mann.«

Sofort ließ der Zar einen Aufruf durchs ganze Land gehen und es kamen viele Bewerber, aber alle wurden geköpft, denn die Zarewna erriet ihre Rätsel. Iwan Dummkopf sagte zu seinem Vater:

»Väterchen, segne mich, ich gehe zum Zaren, Rätsel aufgeben!«

»Dummkopf, was fällt dir ein? Bessere Leute als du sind dort geköpft worden.«

»Segnest du mich, so gehe ich, segnest du mich nicht, so gehe ich doch«, sagte Iwan.

Da segnete ihn der Vater und der Dummkopf machte sich auf den Weg. Nach einer Weile sah er in einem Kornfeld am Wege ein Pferd stehen, er jagte es mit seiner Peitsche aus dem Felde und sprach dabei: »Das ist ein Rätsel.«

Er ritt weiter, da fand er eine Schlange, packte sie und schlug sie mit seiner Lanze tot. »Das ist ein zweites Rätsel«, dachte er.

Als er zum Zarenhof kam, wurde er vorgelassen und aufgefordert, Rätsel aufzugeben. Da sagte er:

»Auf meiner Reise hierher sah ich Gutes, im Guten war Gutes, da nahm ich mein Gutes und jagte Gutes aus dem Guten.«

Die Zarewna nahm ihr Buch und schaute nach, aber sie fand des Rätsels Lösung nicht und sagte zu ihrem Vater:

»Väterchen, ich habe heute Kopfweh, meine Gedanken sind ganz wirr. Ich werde das Rätsel morgen auflösen.«

Man gab ihr Zeit bis zum nächsten Morgen und Iwan Dummkopf erhielt inzwischen ein Zimmer angewiesen. Da saß er also am Abend und rauchte ein Pfeifchen.

Die Zarewna wählte unter ihren Dienerinnen die verlässlichste aus und schickte sie zu Iwan dem Dummkopf und sagte:

»Geh zu ihm und frag ihn, was für ein Rätsel das war. Versprich ihm Gold und Silber, so viel er für die Auflösung haben will.«

Das Mädchen ging und klopfte an. Iwan Dummkopf öffnete seine Türe, da trat sie ein und fragte nach des Rätsels Lösung und versprach ihm Silber und Gold. Iwan antwortete ihr aber:

»Wozu brauche ich Geld? Ich habe selbst viel. Will die Prinzessin die ganze Nacht bei mir in meinem Zimmer wachend zubringen, dann löse ich ihr das Rätsel auf.«

Die Zarewna war einverstanden und blieb, ohne zu schlafen, die ganze Nacht in seinem Zimmer. Am Morgen sagte ihr Iwan Dummkopf, dass er das Pferd aus dem Kornfeld gejagt hatte.

So löste die Zarewna das erste Rätsel und Iwan gab ein zweites auf:

»Ich reiste zu euch, da sah ich Böses am Wege. Ich nahm Böses, schlug es mit Bösem, da starb Böses durch Böses.«

Die Zarewna nahm wieder ihr Buch, konnte aber das Rätsel nicht lösen. Sie bat aufs Neue um Aufschub bis zum nächsten Morgen und schickte abends ihre Dienerin zu Iwan Dummkopf.

»Versprich ihm wieder Geld.«

»Zu was brauche ich Geld! Ich habe selbst viel«, entgegnete Iwan der Dienerin, »wenn aber die Zarewna die ganze Nacht im Zimmer bei mir warten will, ohne zu schlafen, dann sage ich es ihr.«

Die Zarewna willigte ein und schlief wieder die ganze Nacht nicht, aber am nächsten Morgen löste sie das Rätsel auf.

Das dritte Rätsel gab Iwan Dummkopf nicht so ohne Weiteres auf, sondern ließ erst alle Senatoren zusammenrufen. Dann erst gab er sein Rätsel auf, dessen Kern die Art und Weise war, durch die die Zarewna die ersten zwei erraten hatte.

Die Zarewna erriet es aber wieder nicht und schickte ihre Dienerin ein drittes Mal zu ihm. Sie versprach ihm Silber und Gold und Geleit nach Hause, aber das genügte ihm nicht, sondern die Zarewna musste wieder eine Nacht bei ihm wachen. Als er ihr dann des Rätsels Lösung sagte, konnte sie doch nicht vor allen Leuten sagen, wie sie es erraten hatte, deshalb gab sie zur Antwort:

»Ich weiß es nicht.«

Daraufhin wurden ein fröhliches Fest und eine Hochzeit gefeiert. Iwan Dummkopf nahm die Zarewna zur Frau und sie lebten und gediehen und leben noch heute.

Elend

In einem Dörfchen lebten einmal zwei Bauern, zwei leibliche Brüder; der eine war arm, der andre reich. Der Reiche übersiedelte in die Stadt, baute sich ein großes Haus und wurde Kaufmann. Der Arme hatte manchmal keinen Bissen Brot und seine Kinder, eines kleiner als das andere, weinten und baten um etwas zu essen. Vom Morgen bis zum Abend quälte sich der Bauer ab, wie der Fisch auf dem Eise, aber alles nützte nichts. Einmal sagte er zu seiner Frau:

»Ich gehe in die Stadt meinen Bruder bitten, dass er uns helfe.«

Er kam zum Reichen und bat:

»Ach, Bruder, hilf mir in meinem Elend, meine Frau und die Kinder sitzen zu Hause ohne Brot, sie hungern tagelang.«

»Arbeite diese Woche für mich, dann helfe ich dir.«

Was sollte der Arme tun? Er machte sich also an die Arbeit, kehrte den Hof, striegelte die Pferde, trug Wasser und hackte Holz. Als die Woche um war, gab ihm der Reiche einen Laib Brot.

»Da hast du den Lohn für deine Mühe!«

»Auch dafür danke ich dir«, sagte der Arme, verneigte sich und wollte nach Hause gehen.

»Halt«, sagte da der Reiche, »komm mit deiner Frau morgen zu mir zu Gast. Morgen ist mein Namenstag!«

»Ach, Bruder, wie kann ich das? Du weißt ja, zu dir kommen Kaufleute in Stiefeln und Pelzen und ich trage Bastschuhe und ich gehe im alten grauen Röckchen.«

»Das macht nichts, komm nur. Für dich wird auch noch Platz sein.«

»Gut, Bruder, ich komme.«

Der Arme kam nach Hause, gab seinem Weibe den Laib Brot und sagte:

»Höre, Frau, für morgen sind du und ich zu Gast geladen.«

»Wer hat uns denn eingeladen?«

»Der Bruder, morgen ist sein Namenstag.«

»Nun gut, so gehen wir hin.«

Am nächsten Morgen standen sie auf und gingen in die Stadt. Sie kamen zum Reichen, begrüßten ihn und setzten sich auf die Bank. Bei Tische saßen schon viele angesehene Gäste; alle bewirtete der Hausherr großartig, nur den armen Bruder und seine Frau vergaß er und gab ihnen nichts. Sie saßen nur da und sahen zu, wie die andern tranken und aßen. Als das Mahl vorüber war, kamen die Gäste hinter den Tischen hervor und dankten dem Hausherrn und der Hausfrau. Der Arme stand auch von der Bank auf und verneigte sich tief vor seinem Bruder. Die Gäste zogen nach Hause, betrunken und lustig, sie lärmten und sangen Lieder. Der Arme ging heim mit leerem Bauch.

»Lass uns auch ein Lied singen!«, sagte er zu seiner Frau.

»O du Dummkopf, die andern singen, weil sie gut gegessen und viel getrunken haben. Weshalb willst denn du noch singen?«

»Nun, ich war doch auch beim Bruder zum Namensfeste, ich schäme mich, so still zu gehen. Singe ich, so glauben alle, ich sei auch bewirtet worden.«

»So singe, wenn du willst, ich bin still.«

Der Bauer sang ein Lied und hörte zwei Stimmen; er hielt an und fragte seine Frau:

»Hilfst du mir mit einem dünnen Stimmchen singen?«

»Was fällt dir ein, ich denke gar nicht daran.«

»Also wer denn sonst?«

»Ich weiß nicht«, sagte das Weib, »sing, ich werde aufpassen.«

Er sang wieder, sang allein und man hörte doch zwei Stimmen. Er blieb stehen und fragte:

»Elend, hilfst du mir singen?«

Das Elend antwortete: »Ja, Herr, ich helfe dir!«

»Nun, Elend, gehen wir zusammen weiter!«

»Ja, Herr, ich bleibe jetzt immer bei dir!«

Der Bauer kam nach Hause, aber das Elend rief ihn ins Wirtshaus. Er antwortete:

»Ich habe kein Geld.«

»Ach, Bäuerlein! Wozu brauchst du Geld? Du hast da ja einen Halbpelz an! Wozu denn das? Es wird jetzt bald Sommer, dann trägst du ihn doch nicht. Gehen wir ins Wirtshaus und vertrinken wir ihn ...«

Der Bauer und das Elend zogen ins Wirtshaus und vertranken den Halbpelz. Am nächsten Tage ächzte das Elend, der Kopf tat ihm weh vom Rausch und es lockte den Bauer wieder zum Weintrinken.

»Ich habe kein Geld.«

»Wozu brauchen wir denn Geld? Nimm Schlitten und Wagen – das ist auch genug für uns.«

Es war nichts zu machen, der Bauer entging dem Elend nicht, da nahm er Schlitten und Wagen, zog sie ins Wirtshaus und vertrank sie mit seinem Elend.

Am Morgen ächzte das Elend noch mehr wie früher und verlockte seinen Herrn zum Trinken; da vertrank der Bauer Egge und Pflug. Ein Monat war vergangen, da hatte er alles vertrunken, sogar seine Hütte hatte er dem Nachbar verpfändet und das Geld dafür ins Wirtshaus getragen. Das Elend setzte ihm wieder zu:

»Gehen wir ins Wirtshaus, gehen wir ins Wirtshaus!«

»Nein, Elend, ich habe gar nichts mehr!«

»Wieso? Dein Weib hat zwei Kittel, einen lass ihr, den andern muss man vertrinken.«

Der Bauer nahm den Sarafan, vertrank ihn und dachte:

»Jetzt bin ich ganz blank: kein Haus, kein Gewand, weder für mich noch für meine Frau.«

Am Morgen erwachte das Elend, sah, dass beim Bauer nichts mehr zu holen war, und sagte: »Herr!«

»Was willst du, Elend?«

»Geh zum Nachbar und leih dir ein Paar Ochsen und einen Wagen aus.«

Der Bauer kam zum Nachbar: »Geh, leih mir für eine kurze Zeit einen Wagen und ein Paar Ochsen, ich arbeite dir dafür eine Woche.«

»Wozu brauchst du sie?«

»Um Holz aus dem Walde zu holen!«

»Gut, nimm sie dir, aber lade keine zu große Last auf.«

»O, was denkst du denn, Väterchen«.

Der Bauer nahm die Ochsen, setzte sich mit dem Elend in den Wagen und fuhr ins Feld.

»Kennst du den großen Stein auf diesem Feld?«, fragte das Elend.

»Natürlich.«

»Nun, dann fahre gerade auf ihn zu.«

Sie kamen zu dem Steine und stiegen aus.

Das Elend befahl dem Bauern, den Stein aufzuheben und half ihm bei der Arbeit. Unter dem Steine war eine Grube, die war mit Gold angefüllt.

»Nun, was schaust du?«, sagte das Elend, »lade es schnell auf deinen Wagen.«

Der Bauer machte sich an die Arbeit und schaffte alles Gold bis auf den letzten Dukaten auf seinen Wagen, und als er merkte, dass nichts mehr zurückgeblieben war, sagte er:

»Elend, sieh, ist dort nicht noch etwas Geld?«

»Wo? Ich sehe nichts!«

»Dort in der Ecke glänzt etwas.«

»Nein, ich sehe nichts.«

»Steig in die Grube, dann wirst du es sehen.«

Das Elend stieg in die Grube, und kaum war es darin, so wälzte der Bauer den Stein darüber.

»So wird es besser sein«, sagte der Bauer, »denn wenn ich dich wieder mitnehme, Elend, vertrinkst du mir wieder auch dieses Geld nach und nach.«

Der Bauer fuhr nach Hause und schüttete das Geld in den Keller. Die Ochsen brachte er dem Nachbar zurück. Dann begann er sich einzurichten. Er kaufte einen Wald, führte ein großes Gebäude auf und war zweimal so reich wie sein Bruder. Über kurz oder lang reiste er in die Stadt, um seinen Bruder und dessen Frau zu seinem Namenstage einzuladen.

»Ei, was fällt dir ein?«, sagte der reiche Bruder, »du hast selbst nichts zu essen und feierst Feste?«

»Früher hatte ich nichts zu essen, aber jetzt habe ich nicht weniger wie du. Komm und du wirst es sehen!«

»Gut, ich werde kommen.«

Am nächsten Tage fuhr der Reiche mit seiner Frau zum Namensfeste, da sahen sie, dass der arme Hungerleider ein neues, großes Haus hatte, das war schöner wie manches Kaufmannshaus. Der Bauer bewirtete sie reichlich mit allerlei Speise und Trank.

Da fragte der Reiche seinen Bruder:

»Sag mir doch, wie bist du so reich geworden?«

Der Bauer erzählte ihm die reine Wahrheit, wie sich das Elend an seine Fersen geheftet hatte, wie er mit seinem Elend ins Wirtshaus gezogen war und er all sein Hab und Gut bis auf den letzten Faden vertrunken hatte, bis ihm nur die Seele im Leibe geblieben war; wie ihn das Elend den Schatz im Felde finden ließ und er sich daraufhin von ihm befreit hätte. Der Reiche wurde neidisch und dachte: »Ich fahre ins Feld, hebe den Stein auf und lasse meines Bruders Elend heraus – das soll meinen Bruder ganz zugrunde richten, damit er nicht vor mir mit seinem Reichtum prahlen kann.«

Er ließ seine Frau zurück und fuhr ins Feld zu dem großen Steine. Er wälzte ihn zur Seite und beugte sich vor, um zu sehen, was unter dem Steine wäre. Er hatte kaum den Kopf vorgebeugt, da sprang das Elend heraus und saß ihm alsbald im Nacken.

»Ah«, schrie es, »du wolltest mich hier zugrunde gehen lassen. Nein, ich lasse durchaus nicht ab von dir.«

»Höre, Elend«, sagte der Kaufmann, »ich war es ja gar nicht, der dich hier einsperrte ...«

»Wer denn sonst, wenn nicht du?«

»Mein Bruder, ich kam eigens, um dich herauszulassen.«

»Nein, du lügst, einmal betrogst du mich, aber ein zweites Mal gelingt es dir nicht.«

Fest saß dem reichen Kaufmann das Elend im Nacken. Der Kaufmann brachte es mit nach Hause, da ging die Wirtschaft drunter und drüber. Das Elend begann schon am Morgen den Kaufmann ins Wirtshaus zu locken, Tag um Tag. Viel Gut wurde vertrunken.

»Es ist unerträglich, so zu leben«, dachte der Kaufmann; »jetzt habe ich bald dem Elend genug zu Gefallen getan. Es wäre Zeit, mich von ihm zu befreien, aber wie?«

Er dachte lange nach, bis er es herausbrachte. Er ging in seinen Hof, schnitzte zwei eichene Keile, nahm ein neues Rad und schlug den einen Keil fest von einer Seite in die Nabe. Da kam das Elend.

»Nun, Elend, bist du immer faul? Tust du nie etwas?«

»Was soll ich denn machen?«

»Komm in den Hof, Verstecken spielen!«

Das war dem Elend recht und zuerst versteckte sich der Kaufmann, aber das Elend fand ihn gleich. Nun kam die Reihe an das Elend.

»Mich findest du nicht so schnell, ich verstecke mich in irgendeiner Ritze.«

»Was«, sagte der Kaufmann, »du kannst nicht einmal in dieses Rad kriechen, viel weniger in eine Ritze!«

»In das Rad könnte ich nicht hinein? Schau zu, wie ich mich verstecke!«

Das Elend kroch in das Rad, da nahm der Kaufmann den zweiten Keil, schlug ihn fest zur Nabe hinein und warf das Rad mit dem Elend in den Fluss.

Das Elend ertrank und der Kaufmann lebte wieder wie vorher.

Schemjaks Richtsprüche[5]

Irgendwo in einem Lande lebten einmal zwei Brüder. Der eine war reich und der andere arm.

Einmal kam der arme Bruder zum reichen und bat ihn um ein Pferd, damit er Holz aus dem Walde holen könnte.

Der Reiche lieh ihm ein Pferd, da bat ihn der Arme auch noch um ein Kummet. Darüber wurde der andere unwillig und schlug es ihm ab.

Da beschloss der Arme, dem Pferde das Holz an den Schwanz zu binden und fuhr in den Wald. Er schlug so viel Holz, dass es das Pferd kaum schleppen konnte. Zu Hause machte er das Tor auf, vergaß aber den Querbalken wegzunehmen. Das Pferd sprang drüber weg, riss sich aber den Schwanz dabei ab. Der arme Bruder brachte dem reichen das Pferd ohne Schwanz zurück.

Als der das Tier so sah, nahm er es nicht gleich an, sondern wollte mit dem Armen erst zu dem Richter Schemjak gehen.

Der Arme ging hinter seinem Bruder drein und merkte, dass es schlecht um ihn stünde, dass für ihn das Urteil auf Verbannung lauten würde, denn der Arme ist gezeichnet, weil er nichts geben kann.

Die Brüder kamen zu einem begüterten Bauer, den baten sie um ein Nachtlager.

---

5 Dieses Märchen gehört der Geschichte des XV. Jahrhunderts an. »Schemjakin-ssud« dient zur Bezeichnung eines aus Eigenutz gefällten Urteils. *(Pawlowsky)*

Der Bauer gab dem Reichen gut zu essen und zu trinken, dem Armen aber gab er gar nichts.

Der Arme lag auf dem Ofen und sah zu, wie die anderen zwei unten lustig waren, dabei fiel er herab und erschlug das Kind in der Wiege.

Da beschloss der Bauer, mit den Brüdern zu gehen, um auch eine Klage gegen den Armen vorzubringen.

Sie gingen miteinander. Der Bauer und der reiche Bruder voran, der Arme hinter ihnen drein.

So kamen sie über eine Brücke. Der Arme überlegte, dass er ohnedies bei Gericht nicht mit dem Leben davonkäme und sprang von der Brücke, um sich zu töten. Unter der Brücke aber badete gerade ein Sohn seinen kranken Vater, und der Arme fiel auf den Alten und erschlug ihn.

Da ging der Sohn auch mit zu Gericht, um den Armen zu verklagen.

Der Reiche klagte vor Gericht, dass der arme Bruder seinem Pferde den Schwanz abgerissen habe.

Der Arme hatte einen Stein aufgehoben und in ein Tuch gewickelt und drohte damit hinter dem Rücken des Bruders dem Richter, dabei dachte er:

»Urteilt der Richter gegen mich, schlage ich ihn tot.«

Der Richter glaubte, der Arme biete ihm hundert Rubel für seine Angelegenheit und befahl dem Reichen, dass er dem Armen das Pferd so lange überlassen müsse, bis diesem der Schwanz wieder gewachsen wäre.

Dann kam der Bauer und klagte, dass der Arme sein Kind erschlagen habe.

Der Arme hob wieder drohend denselben Stein gegen den Richter hinter dem Rücken des Bauern.

Der Richter vermutete, neue hundert Rubel für diesen Fall zu bekommen, und befahl dem Bauern, dem Armen seine Frau zu übergeben, bis wieder ein Kind da wäre.

»Dann nimm deine Frau und das Kind zurück.«

Jetzt klagte der Sohn, dass der Arme seinen Vater erschlagen hätte.

Der Arme nahm wieder seinen Stein aus der Tasche und zeigte ihn dem Richter.

Der Richter meinte, er bekomme hundert Rubel für den Spruch und befahl dem Sohn, auf die Brücke zu gehen. »Und du Armer, geh hin, stell dich unter die Brücke; der Sohn soll auf dich springen und dich erschlagen.«

Richter Schemjak sandte seinen Diener zu dem Armen um die dreihundert Rubel.

Der Arme zeigte ihm den Stein und sagte:

»Hätte der Richter nicht für mich entschieden, so hätte ich ihn mit diesem Stein totgeschlagen.«

Da bekreuzte sich der Richter und sagte:

»Gott sei Dank, dass ich für ihn entschieden habe.«

Der arme Bruder ging zum reichen, sich nach dem Urteilsspruche das Pferd ohne Schwanz zu holen, bis der Schwanz nachwachse.

Der Reiche wollte das Pferd nicht hergeben, gab ihm fünf Rubel Geld, drei Viertel Korn und eine Milchziege und schloss für alle Zeit Frieden mit ihm.

Da kam der Arme zum Bauern und wollte dem Urteilsspruche gemäß die Frau haben, damit sie bei ihm bliebe, bis wieder ein Kind da wäre.

Der Bauer machte Frieden mit dem Armen, gab ihm fünfzig Rubel, eine Kuh und ein Kalb, eine Stute mit einem Füllen und vier Viertel Korn und vertrug sich mit ihm fortan.

Der Arme ging zum Sohn, dem er den Vater erschlagen hatte, und hielt ihm den Richtspruch vor, nach welchem der Sohn von der Brücke auf ihn hinabspringen sollte, um ihn totzuschlagen.

Der Sohn überlegte aber:

»Springe ich, so erschlage ich ihn vielleicht nicht und stürze mich nur selbst zu Tode.«

Er machte Frieden mit dem Armen, gab ihm zweihundert Rubel, ein Pferd, fünf Viertel Korn und vertrug sich mit ihm.

Zarewna Frosch

In einem Land, in einem Reich, lebten einmal ein Zar und eine Zarin, die hatten drei Söhne, alle jung, ledig und dabei so kühne Helden, dass es im Märchen nicht zu erzählen, mit der Feder nicht zu beschreiben ist.

Der Jüngste hieß Iwan Zarewitsch.

Da sprach einmal der Zar zu ihnen:

»Meine lieben Kinder, nehmt euch jeder einen Pfeil, spannt eure starken Bogen und schießt nach verschiedenen Richtungen. Wo die Pfeile niederfallen, dort findet ihr eure Bräute.«

Der älteste Sohn schoss und sein Pfeil fiel in eines Bojaren Hof gerade vor dem Turme der Mädchen nieder.

Der zweite Sohn schoss und sein Pfeil flog in eines Kaufmanns Haus und blieb gerade vor der Rampe stecken, da stand ein herziges Mädchen, des Kaufmanns Tochter.

Der jüngste Sohn schoss und sein Pfeil flog in einen trüben Sumpf und ein Quakfrosch erfasste ihn. Da sagte Iwan Zarewitsch:

»Wie kann ich eine Quakuschka zur Frau nehmen, die ist doch nicht meinesgleichen.«

»Nimm sie nur«, antwortete ihm der Zar, »das ist eben dein Los.«

So heirateten die Zarewitsche: Der älteste die Bojarentochter, der zweite die Kaufmannstochter und Zarewitsch Iwan den Quakfrosch.

Der Zar berief seine Söhne und sagte:

»Eure Frauen sollen mir jede zum Frühstück ein weiches, weißes Brot backen.«

Iwan Zarewitsch kehrte traurig in sein Zimmer zurück und ließ den mutigen Kopf tief hängen.

»Qua, Qua, Iwan Zarewitsch, warum bist du so betrübt? Hast du von deinem Vater ein böses Wort gehört?«, fragte ihn Quakuschka.

»Wie sollte ich nicht traurig sein! Mein Väterchen, der Zar befahl, du solltest ihm zum Frühstück ein weiches, weißes Brot backen.«

»Gräm dich nicht, Zarewitsch. Leg dich nur schlafen, der Morgen ist klüger als der Abend.«

Der Zarewitsch legte sich schlafen, da warf der Frosch seine Haut ab und stand als schönes Mädchen da.

Der Frosch war nämlich Wassilissa, die Wunderkluge. Sie trat auf die Rampe vor und schrie mit lauter Stimme:

»Ammen und Wärterinnen, kommt alle herbei! Backt mir ein weiches Brot, wie ich es immer zu Hause bei meinem Väterchen aß!«

И. БИЛИБИНЪ.

И. БИЛИБИНЪ. 1899.

Am nächsten Morgen erwachte Iwan Zarewitsch, da hielt Quakuschka das Brot schon lange bereit und es war so ausgezeichnet, wie man es weder beschreiben noch sich ausmalen, sondern nur im Märchen vorfinden kann. Das Brot war verschiedentlich kunstvoll verziert. Man sah Städte, Türme und Mauern darauf abgebildet.

Der Zar dankte Iwan Zarewitsch für das Brot und gab seinen Söhnen einen neuen Befehl.

»Eure Frauen sollen mir in einer Nacht jede einen Teppich weben.«

Iwan Zarewitsch kam tief betrübt heim und ließ seinen mutigen Kopf tief hängen.

»Qua, Qua, Zarewitsch, weshalb bist du so traurig? Hat dein Vater dir ein hartes Wort gesagt?«

»Wie sollte ich nicht traurig sein? Der Zar, mein Vater, befahl, in einer Nacht einen seidenen Teppich für ihn zu weben.«

»Gräm dich nicht, Iwan Zarewitsch, sondern leg dich zur Ruhe. Der Morgen ist klüger als der Abend.«

Da ging er schlafen, sie aber warf ihre Froschhaut ab und stand sofort als wunderschöne, wunderkluge Wassilissa da.

Sie ging auf die Rampe vor das Haus und rief mit lauter Stimme:

»Ammen und Wärterinnen! Kommt schnell herbei, webt mir einen Teppich, der soll so schön sein, wie derjenige, auf dem ich zu Hause bei meinem Väterchen saß.«

Wie gesagt, so getan. Am Morgen erwachte Iwan Zarewitsch und Quakuschka hatte schon lange den Teppich bereit. Der war so prachtvoll, wie man es sich weder vorstellen noch erfinden, sondern nur im Märchen davon erzählen kann. Der Teppich war kunstvoll gemustert, mit Gold und Silber verziert.

Der Zar dankte Iwan Zarewitsch für seinen Teppich und gab neuerdings einen Befehl. Die drei Zarewitsche sollten mit ihren Frauen zu ihm auf Besuch kommen.

Wieder kehrte Iwan Zarewitsch traurig heim und ließ seinen mutigen Kopf tief hängen.

»Qua, Qua, Iwan Zarewitsch, warum bist du so traurig? Hast du von deinem Vater ein hartes Wort gehört?«

»Wie sollte ich nicht traurig sein? Der Zar, mein Vater, befahl, dass ich mit dir zu Besuch komme; wie kann ich dich den Leuten zeigen!«

»Gräm dich nicht, Zarewitsch, und geh allein voraus zum Zaren, ich komme dir nach. Wenn du Donnergepolter hörst, dann sage:

›Da kommt mein Frosch, meine Quakuschka!‹«

Die älteren Brüder erschienen mit ihren Frauen, die waren prächtig angezogen, standen da und lachten Iwan Zarewitsch aus.

»Bruder, was heißt das, bist du ohne Frau gekommen, oder hast du sie im Tüchlein mitgenommen? Wo hast du nur die Schöne gefunden? Du hast wohl den ganzen Sumpf abgesucht.«

Plötzlich erhob sich ein ungeheures Getöse und Donnern. Das ganze Schloss erzitterte. Die Gäste erschraken sehr, sprangen von ihren Sitzen auf und wussten nicht, was sie tun sollten.

Da sagte Iwan Zarewitsch:

»Fürchtet euch nicht, es kommt nur mein Fröschlein gefahren.«

Vor der Schlossrampe hielt ein vergoldeter Wagen, der war mit sechs Pferden bespannt und Wassilissa die Wunderkluge stieg aus.

Sie war so wunderschön, dass man es weder ausmalen noch erfinden, sondern nur im Märchen davon erzählen kann.

И. БИЛИБИНЪ.

Sie nahm Iwan Zarewitsch bei der Hand und führte ihn zu den Tischen, die mit Speisen besetzt, mit Tüchern gedeckt waren. Die Gäste aßen und tranken und waren fröhlich. Wassilissa die Kluge trank und goss die letzten Tropfen aus ihrem Glase in ihren linken Ärmel, dann aß sie von einem Schwan und steckte die Knöchelchen in ihren rechten Ärmel.

Die Frauen der älteren Brüder sahen ihre Künste und machten ihr alles nach.

Wassilissa die Wunderkluge tanzte nach dem Essen mit Iwan Zarewitsch. Sie winkte dabei mit der linken Hand, da entstand ein See, sie winkte mit der rechten, da schwammen auf dem Wasser weiße Schwäne.

Da staunten der Zar und seine Gäste.

Die älteren Schwiegertöchter tanzten auch und winkten mit der linken Hand, da bespritzten sie alle Gäste, sie winkten mit der rechten Hand, da flogen die Knochen dem Zaren gerade ins Gesicht. Der Zar wurde böse und jagte beide in Ungnade davon.

Unterdessen benützte Iwan Zarewitsch den Augenblick, lief nach Hause, fand die Froschhaut und verbrannte sie am großen Feuer.

Wassilissa kehrte heim und fand ihre Froschhaut nicht. Sie klagte und trauerte und sagte zum Zarewitsch:

»Ach Iwan Zarewitsch, was hast du getan? Hättest du noch ein wenig gewartet, wäre ich auf ewig dein geworden. Jetzt aber leb wohl! Such mich hinter dreimal neun Landen, im dreimal zehnten Reich, beim unsterblichen Koschtschei.«[6]

Sie verwandelte sich in einen Schwan[7] und flog zum Fenster hinaus.

---

6 Zauberer, siehe Band I.

7 Zuweilen auch in einen Kuckuck.

Iwan Zarewitsch weinte bitterlich, betete zu Gott, verneigte sich nach allen vier Seiten und zog aus, immer gerade fort.

Er ging über nah und fern, über kurz und lang, da traf er einen alten Mann.

»Wackerer Bursche, sei gegrüßt«, sagte dieser, »was machst du? Wohin geht der Weg?«

Der Zarewitsch erzählte ihm sein Unglück.

»Ja, Iwan Zarewitsch, weshalb verbranntest du die Froschhaut? Du hattest sie ihr nicht angezogen, du hättest sie ihr nicht wegnehmen dürfen. Wassilissa die Wunderkluge war klüger und weiser als ihr Vater, darüber war er so zornig, dass er sie für drei Jahre in einen Frosch verwandelt hat. Hier hast du einen Knäuel, wohin er rollt, geh ruhig nach.«

Iwan Zarewitsch dankte dem Alten und folgte dem Knäuel. Er ging im freien Feld dahin, da traf er einen Bären.

»Ei«, sagte er, »den will ich töten.«

Da sprach der Bär:

»Erschlag mich nicht, zur rechten Zeit will ich dir nützen.«

Iwan ging weiter, plötzlich sah er einen Enterich fliegen, da zielte er nach ihm, denn er wollte den Vogel schießen.

Da sprach der plötzlich mit menschlicher Stimme:

»Töte mich nicht, Zarewitsch. Ich werde dir noch nützlich sein.«

Iwan ging weiter und ließ ihn leben.

Da lief ein Hase vorbei, den wollte der Zarewitsch wieder schießen, aber der Hase sprach mit menschlicher Stimme:

»Verschone mich, ich will dir später noch nützen.«

Iwan verschonte ihn und ging weiter, bis an das blaue Meer, da sah er im Sande einen Hecht liegen, der war nahe daran, zu verschmachten.

»Ach, Iwan Zarewitsch«, sprach der Hecht, »hab Mitleid mit mir und wirf mich ins Meer.«

Iwan Zarewitsch warf ihn ins Wasser und ging am Ufer weiter. Über kurz oder lang rollte der Knäuel in ein Hüttchen, das stand auf Hühnerfüßen und drehte sich.

Da sprach der Zarewitsch:

»Hüttchen, Hüttchen, steh wie ehedem, wie Mütterchen dich aufgebaut, zu mir mit deinem Angesicht und kehr dem Meere den Rücken.«

Das Hüttchen blieb stehen vor seinem Angesicht und kehrte dem Meere den Rücken zu.

Der Zarewitsch trat ein und sah: Da lag hoch oben auf dem Ofen Baba Jaga mit dem Knochenbein, ihre Nase erreichte die Zimmerdecke, der Schmutz lag bis an die Türe. Sie fletschte mit den Zähnen und schrie:

»Heda, wackerer Bursche, was führt dich zu mir?«

»Ach, du altes Weib, könntest mir wohl vorerst Speise und Trank reichen, mir ein Bad bereiten und dann erst fragen!«

Baba Jaga gab ihm Speise und Trank, heizte ihm ein Bad und der Zarewitsch erzählte ihr, dass er seine Frau, Wassilissa die Wunderkluge suche.[8]

»Ich weiß, die ist jetzt bei dem unsterblichen Koschtschei«, sagte Baba Jaga, »und schwer wiederzuerlangen. Mit Koschtschei wird man nicht so leicht fertig. Sein Tod sitzt in einer Nadel, die Nadel ist in einem Ei, das Ei ist im Hasen, aber der Hase im Koffer, der Koffer steht auf einer hohen Eiche und den Baum hütet Koschtschei wie seinen Augapfel.«

---

8 »Ich weiß«, sagte Baba Jaga, »warte, Wassilissa kommt gleich zu mir geflogen, um mir den Kopf abzusuchen. Wenn du sie siehst, ergreife sie. Wassilissa wird verschiedene Gestalten annehmen, aber du sieh zu, fürchte dich nicht und halte sie fest. Sobald sie sich in eine Spindel verwandelt, brich sie in zwei Stücke, wirf die hinter dich und sprich:
»Eine Spindel warst du, aber jetzt wachse hinter mir als weiße Birke und vor mir stehe du, herzliebes Mädchen.«
»Alles geschah, wie es Jaga vorausgesagt hatte. Iwan Zarewitsch machte alles, was sie ihm befohlen hatte, da wuchs hinter ihm eine Birke und vor ihm stand Wassilissa die Wunderkluge.

И. БИЛИБИН. 1899.

Jaga zeigte dem Zarewitsch, wo der Eichbaum wuchs, und er ging hin. Er wusste aber nicht, wie er den Koffer erlangen sollte. Plötzlich rannte der Bär einher und riss den Baum mit der Wurzel aus. Der Koffer fiel herab und zerbrach, da sprang ein Hase heraus und lief in größter Eile davon, aber ein anderer Hase jagte ihm nach, ereilte ihn, packte und zerriss ihn zu kleinen Stücken.

Aus dem Hasen flog eine Ente empor, hoch, hoch in die Luft, aber ein Enterich stieß ihr nach und kaum hatte er sie erreicht, ließ sie ein Ei fallen – das fiel ins Meer.

Als Iwan Zarewitsch dies große Unglück sah, zerfloss er in Tränen.

Plötzlich schwamm ein Hecht ans Ufer und hielt zwischen seinen Zähnen das Ei. Iwan Zarewitsch nahm es und schlug es auf, da fand er die Nadel.

Koschtschei aber lief ängstlich in seinem Hause hin und her, und als Iwan Zarewitsch der Nadel die Spitze abbrach, fiel Koschtschei um und war tot.

Jetzt ging der Zarewitsch hin und holte Wassilissa die Wunderkluge heim in sein Schloss. Dort lebten sie noch lange und glücklich miteinander.

Der Töpfer

Ein Töpfer fuhr mit seiner Ware des Weges und nickte darüber ein. Der Zar, Iwan Wassiljewitsch, kam in seinem Wagen an ihm vorbei und sagte:

»Frieden auf den Weg.«

Der Töpfer schaute auf:

»Ich danke ergebenst und wünsche dasselbe.«

»Du hast geschlafen!«

»Ja, Herr, traut dem, der Lieder singt, nicht dem, der schläft.«

»Du bist kühn, Töpfer, solche Leute habe ich gern. Kutscher, fahr langsamer! Töpfer, sag an, treibst du dein Gewerbe schon lange?«

»Seit meiner Jugend, und ich bin jetzt in den mittleren Jahren.«

»Kannst du deine Kinder damit erhalten?«

»Ja, und doch pflüge ich nicht und mähe nicht und ernte nicht und kein Frost schadet mir.«

»Schon recht, Töpfer, aber es gibt doch noch Unglück auf der Welt.«

»Ja, ich kenne dreierlei.«

»Was für drei?«

»Das erste ist ein böser Nachbar, das zweite ein böses Weib, das dritte ein schwacher Verstand.«

»Jetzt sag mir, was ist davon das schlimmste Übel?«

»Dem bösen Nachbar kann man entgehen. Dem bösen Weibe auch, wenn man schon genug Kinder hat, aber vom schwachen Verstande kann man nicht loskommen, der bleibt einem immer.«

»Das ist wahr, Töpfer, du bist klug! Hör an, du für mich und ich für dich. Wenn Gänse über Russland hinfliegen, wirst du ihnen ein Federchen ausrupfen, oder wirst du sie in Ruhe fliegen lassen?«

»Passt es mir, lass ich sie fliegen, wie es sich schickt, sonst aber rupfe ich sie ganz kahl.«

»Töpfer, halt dein Pferd ein wenig an! Ich will dein Geschirr ansehen.«

Der Töpfer blieb stehen und legte seine Ware aus.

Der Zar sah sie an und wählte drei Teller aus Ton.

»Kannst du mir solche machen?«

»Wie viele braucht Ihr?«

»Zehn Fuhren.«

»Wie viel Zeit gebt Ihr mir?«

»Einen Monat.«

»Ich kann sie schon in *zwei* Wochen in die Stadt bringen. Ich für dich und du für mich.«

»Danke, Töpfer.«

»Wirst du in der Stadt sein, Herr, wenn ich die Ware bringe?«

»Ja, ich werde beim Kaufmann zu Gast sein.«

Der Zar fuhr in die Stadt und gab Befehl, dass bei allen Gelagen das Geschirr weder aus Silber noch aus Blei, weder aus Kupfer noch aus Holz, sondern immer nur aus Ton sein dürfe.

Der Töpfer führte des Zaren Bestellung aus und brachte seine Ware in die Stadt. Ein Bojar ritt auf dem Markte zum Töpfer hin und sagte zu ihm:

»Gott mit dir, Töpfer.«

»Danke untertänigst.«

»Verkauf mir deine ganze Ware.«

»Unmöglich, sie ist bestellt.«

»Was macht das? Nimm mein Geld dafür. Du tust kein Unrecht, solange du keine Angabe für deine Arbeit bekommen hast. Was verlangst du?«

»Jeden Teller mit Geld angefüllt.«

»Hör auf, Töpfer, das ist zu viel.«

»Nun gut, einen voll Geld, einen umsonst. Willst du?« So wurden sie handelseins.

»Du für mich und ich für dich.«

Sie füllten Teller an und leerten sie wieder aus.

Sie füllten so lange Teller an, bis kein Geld mehr da war, aber Teller gab es noch viele. Der Bojar sah, dass es ihm schlecht ging, und holte neues Geld von zu Hause. Sie häuften weiter Teller an, aber das Geld war bald weg und noch viel Ware vorhanden.

»Was kann man da machen, Töpfer?«

»Weshalb warst du so gierig? Da ist nichts zu machen. Ich achte dich zwar hoch, aber weißt du was? Zieh meinen Wagen ins Schloss, dann gebe ich dir die Ware und außerdem dein Geld zurück.«

Der Bojar wand sich und wand sich – leid war es ihm um sein Geld und um sich selbst. Es war aber nichts zu machen, so kamen sie überein.

Sie spannten das Pferd aus, der Bauer setzte sich in den Wagen und der Bojar zog an.

Der Töpfer sang ein Lied und der Bojar zog ihn immer weiter.

»Bis wohin muss ich dich ziehen?«

»Bis zu diesem Hof, vor jenes Haus.«

Fröhlich sang der Töpfer und stand vor dem Hause hoch auf im Wagen. Der Zar hörte ihn singen und lief auf die Rampe. Da erkannte er den Töpfer.

»Ha, sei willkommen, Töpfer.«

»Danke, Euer Gnaden!«

»Mit was fährst du?«

»Mit der Dummheit.«

»Nun, kluger Töpfer, du hast es verstanden, deine Ware zu verkaufen. Bojar, zieh dein prächtiges Gewand aus und die Stiefel und du, Töpfer, den Kaftan und die Bastschuhe. Zieh dir den Bauernkittel an, Bojar, und du, Töpfer, das Bojarengewand. Du hast deine Ware gut verkauft, Töpfer. Wenig getan und viel erworben. Aber du, Bojar, konntest deinen Rang nicht bewahren! – Nun, Töpfer, kamen Gänse geflogen?«

»Ja.«

»Hast du ihnen ein Federlein ausgerupft oder sie in Ruhe gelassen?«

»Herr, ich habe sie ganz kahl gerupft.«

Das kluge Mädchen

Zwei Brüder fuhren einmal miteinander. Einer von ihnen war arm, der andere reich. Sie hatten jeder ein Pferd, der Arme eine Stute, der Reiche einen Wallach. In der Nacht standen die beiden Pferde nebeneinander, da bekam des Armen Stute ein Füllen, das legte sich unter den Wagen des Reichen nieder.

Am Morgen weckte der Reiche den Armen und sagte:

»Bruder, steh auf, heute Nacht hat mein Wagen ein Füllen bekommen!«

Der Arme stand auf und sagte:

»Wie ist das möglich, dass dein Wagen ein Füllen bekommen hat? Das war meine Stute.«

»Wäre es deine Stute gewesen, so läge das Füllen neben ihr«, gab der Reiche zur Antwort.

So stritten sie lange und gingen endlich vor den Richter. Der Reiche gab dem Richter Geld, der Arme aber konnte sich nur mit Worten verteidigen. Die Sache kam vor den Zaren, der ließ beide Brüder kommen und gab ihnen vier Rätsel auf.

»Was ist das Stärkste und Schnellste auf der Welt?

Was ist das Fetteste?

Was ist das Weichste? Und was ist das Liebste?«

Um die Lösung auf die vier Rätsel zu finden, gab ihnen der König drei Tage Frist.

»Am vierten kommt und bringt mir die Antwort!«

Der Reiche dachte erst lange nach und ging dann zu seiner Gevatterin, sie um Rat zu bitten. Er setzte sich an ihren Tisch; sie bewirtete ihn und fragte:

»Gevatter, warum bist du so traurig?«

»Der Zar hat mir vier Rätsel aufgegeben, die soll ich in drei Tagen auflösen.«

»Sag mir, wie sie heißen?«

»Gevatterin, das erste lautet: Was ist das Stärkste und Schnellste auf der Welt?«

»Das soll ein Rätsel sein? Mein Mann hat eine braune Stute! Gibst du ihr die Peitsche, holt sie einen Hasen ein.«

»Das zweite Rätsel heißt: Was ist das Fetteste auf der Welt?«

»Wir füttern schon das zweite Jahr ein scheckiges Schwein, das ist so fett geworden, dass es nicht mehr aufstehen kann.«

»Das dritte Rätsel fragt: Was ist das Weichste auf der Welt?«

»Natürlich das Federbett; Weicheres gibt es gar nichts.«

»Das vierte Rätsel fragt: Was ist das Allerliebste auf der Welt?«

»Das ist mein Enkelchen Iwanuschka.«

»Ich danke dir, Gevatterin, du hast mir sehr klug geraten. Das werde ich dir nie vergessen.«

Der arme Bruder ging nach Hause und zerfloss in Tränen.

Da kam ihm sein siebenjähriges Töchterchen entgegen, das war alles, was er hatte.

»Väterchen, weshalb weinst und seufzt du?«

»Wie sollte ich nicht weinen und seufzen. Der Zar gab mir vier Rätsel auf, die kann ich mein Leben lang nicht erraten.«

»Sag mir die Rätsel!«

»So heißen sie, mein Töchterchen: Was ist das Stärkste und Schnellste auf der Welt, was ist das Fetteste, was ist das Weichste und was ist das Liebste?«

»Väterchen, geh zum Zaren und sag ihm: Das Schnellste und Stärkste ist der Wind; das Fetteste ist die Erde, denn was auch wächst und lebt, von der Erde hat es gezehrt; weicher als alles andere ist des Menschen Hand, denn, worauf immer man schlafen mag, die Hand schiebt man noch unter den Kopf. Und etwas Lieberes als den Schlaf gibt es nichts.«

Die beiden Brüder, der Arme und der Reiche, kamen zum Zaren.

Er hörte beide an und fragte den Armen:

»Hast du das selbst gefunden oder hat dich jemand das gelehrt?«

»Eure Herrlichkeit, mein siebenjähriges Töchterchen hat mich das gelehrt.«

»Ist deine Tochter so klug, so bring ihr diesen Seidenfaden; bis morgen soll sie mir damit ein gemustertes Handtuch weben.«

Der Bauer nahm den Faden und ging betrübt und traurig heim.

»Welches Unglück!«, sagte er zu seiner Tochter. »Der Zar befiehlt dir, aus diesem Fädchen ein Handtuch zu weben.«

»Gräm dich nicht, Väterchen«, antwortete das Kind, brach ein Zweiglein vom Reisigbesen und gab es ihm.

»Geh zum Zaren, sag ihm, er soll den Meister ausfindig machen, der aus dem Zweiglein einen Webstuhl herstellt, damit ich das Handtuch weben kann.«

Der Bauer meldete das dem Zaren, der gab ihm hundertfünfzig Eier und sagte:

»Gib die deiner Tochter, morgen soll sie mir hundertfünfzig Küchlein bringen.«

Der Bauer ging nach Hause noch trauriger und betrübter wie vorher.

»Ach Töchterchen, ein Unglück wendest du ab und ein neues zieht herauf!«

»Gräm dich nicht, Väterchen«, sagte das Kind, kochte die Eier, machte ein Mittagessen und ein Abendessen damit und schickte ihren Vater zum Zaren.

»Sag ihm, die Hühnchen brauchen Hirse, die in einem Tag gewachsen ist. In einem Tag muss das Feld gepflügt, die Hirse gesäet, geerntet und gemahlen sein. Anderes Futter fressen unsere Küchlein nicht.«

Der Zar hörte das an und sprach:

»Ist deine Tochter so klug, so soll sie morgen vor mir erscheinen. Nicht zu Fuß und nicht zu Pferd, nicht nackt und nicht angezogen, weder mit einem Geschenk noch mit leeren Händen.«

»Ach«, dachte der Bauer, »so listige Rätsel kann meine Tochter nicht lösen; jetzt sind wir ganz verloren!«

»Gräm dich nicht, Väterchen«, sagte sein Töchterchen, »geh zum Jäger und kaufe mir einen lebendigen Hasen und eine lebendige Wachtel.«

Der Vater ging hin und kaufte Hasen und Wachtel.

Am nächsten Morgen legte das Mädchen seine ganze Kleidung ab, wickelte sich in ein Netz, nahm die Wachtel in die Hand, setzte sich auf den Hasen und ritt ins Schloss. Der Zar kam ihr am Tor entgegen.

Sie verneigte sich vor ihm, gab ihm die Wachtel und sagte:

»Zar, da hast du eine kleine Gabe.«

Als der Zar die Hand ausstreckte, ließ sie die Wachtel frei, die flog fort.

»Gut«, sagte der Zar, »was ich befohlen habe, führtest du aus. Jetzt aber sag mir, dein Vater ist arm, wovon lebt ihr?«

»Mein Vater fängt Fische auf trockenem Land, er legt keine Netze im Wasser aus. Ich trage die gefangenen Fische an Angelschnüren nach Haus und koche uns beiden eine Suppe daraus.«

»O, bist du dumm! Seit wann leben Fische auf trockenem Lande? Die schwimmen im Wasser!«

»Bist denn du gescheit? Seit wann bekommen Wagen Füllen? Nicht der Wagen, sondern die Stute hatte das Junge.«

Der Zar befahl, dass man dem armen Bauern das Füllen ausliefere, und nahm sein Töchterchen zu sich.

Als das Kind erwachsen war, heiratete er es, und so wurde es Zarin.

Die versprochenen Kinder

Es waren einmal zwei reiche Kaufleute, der eine lebte in Moskau, der andere in Kiew. Sie reisten oft zusammen, trieben Handel miteinander und waren sehr befreundet. Einmal kam der Kiewer Kaufmann nach Moskau und erzählte seinem Freunde:

»Gott sandte mir eine große Freude, meine Frau schenkte mir einen Sohn.«

»Und ich habe eine Tochter bekommen!«, erwiderte der Moskauer.

»Gib mir die Hand«, sagte der Kiewer. »Ich habe einen Sohn, du eine Tochter. – Was gibt es Besseres als Bräutigam und Braut! Wenn sie herangewachsen sind, sollen sie einander heiraten, beschließen wir es, so werden wir verwandt.«

»Einverstanden – aber die Sache ist nicht so einfach. Gib mir für den Fall, dass dein Sohn von der Braut zurücktritt, zwanzigtausend zum Pfand.«

»Nun, und wenn deine Tochter stirbt?«

»Dann bekommst du dein Geld zurück.«

Der Kiewer Kaufmann zog zwanzigtausend aus seiner Tasche und gab sie dem Moskauer. Der nahm sie, ging nach Hause und sagte seiner Frau: »Weißt du, was ich tat? Ich habe meine Tochter verlobt.«

Die Frau staunte und sprach:

»Hast du deinen Verstand verloren? Sie liegt ja noch in der Wiege.«

»Was schadet das? Ich habe sie trotzdem versprochen. Da sind zwanzigtausend als Pfand.«

So war es! Die Kaufleute lebten jeder in seiner Stadt und sie sahen einander nicht mehr. Es war weit und die Geschäfte hielten sie zu Hause. Die Kinder wuchsen und wuchsen. Der Sohn war schön, aber die Tochter noch schöner. Es vergingen achtzehn Jahre und der Moskauer Kaufmann erhielt keinerlei Kunde von seinem alten Bekannten – da verlobte er seine Tochter mit einem Hauptmann. Zu der Zeit rief der Kiewer Kaufmann seinen Sohn zu sich und sagte zu ihm:

»Fahre nach Moskau, dort ist ein See, in den legte ich eine Schlinge; fing sich darin eine Ente, dann nimm sie mit dir; findest du keine Ente, so bring die Schlinge zurück.«

Der Kaufmannssohn brach auf und reiste nach Moskau. Er reiste und reiste, bis er nur mehr eine Station von Moskau entfernt war. Da musste er über einen Fluss, auf dem lag eine Brücke, die war nur bis zur Hälfte mit Brettern belegt und zur andern Hälfte nicht. Desselben Weges kam auch der Hauptmann gefahren, er stand vor der Brücke und wusste nicht, wie er hinübergelangen sollte. Da sah er den Kaufmannssohn und fragte:

»Wo reist du hin?«

»Nach Moskau.«

»Wozu?«

»Es ist dort ein See, in den hat mein Vater vor achtzehn Jahren eine Schlinge gelegt. Er schickt mich jetzt hin, um nachzusehen, ob sich darin eine Ente fing; ist das geschehen, nehme ich die Ente mit mir, ist sie nicht da, bringe ich die Schlinge zurück.«

»Das ist ein sonderbares Rätsel!«, dachte der Hauptmann. »Wie kann man für achtzehn Jahre eine Schlinge legen, und wenn gerade noch das, wie könnte eine Ente so lange darin bleiben?«

Er dachte sehr, sehr lange darüber nach, erriet aber nichts.

»Wie können wir über diese Brücke kommen?«, fragte er.

»Ich drehe sie um«, sagte der Kaufmannssohn.

Er fuhr bis zur Mitte der Brücke, zog dann die rückwärtigen Bretter nach vorne, legte sie nebeneinander und kam so auf die andere Seite, der Hauptmann mit ihm. Sie kamen in die Stadt, da fragte der Hauptmann den Burschen: »Wo kehrst du ein?«

»In dem Hause, wo der Frühling mit dem Winter vor dem Tor ist.«

Sie nahmen Abschied voneinander und jeder ging seines Weges. Der Kaufmannssohn kehrte bei einer armen Alten ein und der Hauptmann eilte zu seiner Braut.

Er erzählte ihr:

»Ich traf unterwegs einen Kaufmannssohn aus Kiew. Den fragte ich, weshalb er nach Moskau reise, da gab er zur Antwort: ›In Moskau ist ein See. In den legte vor achtzehn Jahren mein Vater eine Schlinge, jetzt sendet er mich hin, um nachzusehen, ob sich darin eine Ente fing. Ist das geschehen, nehme ich die Ente mit mir, ist sie nicht da, bringe ich die Schlinge zurück.‹ Wir mussten zusammen über einen Fluss setzen, da war die Brücke nur bis zur Mitte mit Brettern belegt. Der Bursche wusste trotzdem gleich, wie man übersetzen konnte, indem er die hintern Bretter nach vorne zog.«

»Wo nahm er Quartier?«, fragte die Braut.

»In dem Hause, wo Frühling und Winter vor dem Tore sind.«

Das Mädchen lief in ihr Zimmer, rief ihre Dienerin und sagte: »Nimm einen Topf mit Milch, einen Laib Brot und einen Korb Eier; von der Milch trinke, von dem Brot iss, aus dem Korb nimm ein Ei und iss es. Dann geh in das Haus, wo vor dem Tore Gras mit Heu zusammengebunden ist. Suche den Kaufmannssohn, gib ihm Milch, Brot und Eierkorb und frage ihn: ›Steht das Meer noch gleich hoch wie früher, oder fiel es ab? Ist der Mond voll oder nicht? Sind alle Sterne am Himmel oder fielen welche herab?‹«

Die Dienerin ging zum Kaufmannssohn, gab ihm ihre Geschenke und fragte:

»Steht das Meer noch so hoch wie früher oder fiel es?«

»Es fiel.«

»Ist der Mond voll oder im Abnehmen?«

»Im Abnehmen.«

»Sind noch alle Sterne am Himmel?«

»Nein, einer fehlt.«

Die Dienerin ging nach Hause und berichtete dem Mädchen die Antworten, da sagte es:

»Väterchen, der Bräutigam, den Ihr mir erwählt habt, der gefällt mir nicht. Ich habe einen andern seit langer Zeit, einen, den sein Vater mit Handschlag und Vertrag mir zugesprochen hat.«

Da wurde der rechte Bräutigam geholt, und eine Hochzeit und ein Fest veranstaltet. Dem Hauptmann sagten sie ab. Ich war auf der Hochzeit, trank Honigseim. Er floss mir über den Bart, aber in den Mund kam nichts hinein.

Blendwerk

I.

Es waren einmal ein alter Mann und eine alte Frau, zu denen kam ein Schifferknecht und bat sie um ein Nachtlager.

Der Alte ließ ihn unter der Bedingung ein, dass er ihm die ganze Nacht Geschichten erzähle.

»Gut, ich werde dir etwas erzählen«, antwortete der Bursche.

»Nun, das ist recht.«

Der Alte kletterte mit dem Burschen auf den Ofen. Die Frau saß unten und spann Flachs.

Der Bursche dachte: »Jetzt will ich mir mit ihnen einen Spaß machen.«

Er verwandelte sich in einen Wolf und den Alten in einen Bären und sagte:

»Laufen wir fort.«

Da liefen sie beide ins freie Feld, dort sah der Wolf des Alten Stute weiden und sprach:

»Fressen wir sie auf.«

»Nein, das ist mein Pferd«, sagte der Bär.

»Aber Hunger hast du doch auch!«

Da fraßen sie beide das Pferd auf und liefen weiter, da trafen sie des Alten Weib und der Wolf sagte wieder:

»Fressen wir die Alte.«

»Oho, das ist ja meine Frau«, antwortete der Bär.

»Was fällt dir denn ein!«

Da fraßen sie das alte Weib und liefen den ganzen Sommer miteinander umher, dann kam der Winter.

»Setzen wir uns in eine Höhle«, sagte der Wolf zum Bär. »Du kriech tiefer hinein und ich lege mich vorne hin. Finden uns die Jäger, so werden sie mich zuerst erschießen. Pass auf! Wenn sie mir das Fell abziehen, lauf heraus und spring über meine Haut, dann wirst du wieder ein Mensch.«

Sie lagen in ihrer Höhle, bis die Jäger sie fanden. Die erschossen sogleich den Wolf und zogen ihm das Fell ab.

Da sprang der Bär auf und machte einen Purzelbaum über das Wolfsfell. Dabei flog der Alte kopfüber von dem Ofen auf den Boden herab.

»O weh, o weh, ich habe mir den ganzen Rücken zerschlagen!«, brüllte er.

»Was zum Teufel machst du? Warum fällst du da herunter? Bist du betrunken?«, schrie die Alte.

Da erzählte er, wie er und der Schifferknecht als wilde Tiere umhergelaufen waren. »Er als Wolf und ich als Bär«, sagte er. »Einen Sommer und einen Winter liefen wir umher. Wir fraßen unser Pferd, wir fraßen auch dich.«

Da lachte die Alte unbändig und rief:

»Ei, da hat der Bursche dich schön angeführt.«

II.

In einem Land, in einem Reich lebte einmal ein Matrose, der diente dem Zaren treu und ehrlich und das wussten seine Vorgesetzten auch alle. Einmal bat er um Urlaub, ans Land gehen zu dürfen.

Er zog seinen Leinenkittel an und ging in die Stadt ins Wirtshaus. Er setzte sich an einen Tisch, bestellte Wein und Essen und ließ es sich gut gehen. Er hatte vielleicht für zehn

Rubel verzehrt und hörte noch immer nicht auf, da fragte ihn der Kellner:

»Höre, Matrose, du forderst sehr viel, hast du auch Geld, um zu zahlen?«

»Ach, Bruder, Geld? Wie kannst du daran zweifeln, ich habe so viel, dass die Hühner es nicht aufpicken können.«

Er nahm ein Goldstück aus der Tasche, warf es auf den Tisch und sagte:

»Da hast du!«

Der Kellner nahm das Geld, rechnete alles zusammen, wie es sich gehört und brachte ihm den Rest zurück. Aber der Matrose sagte:

»Was tue ich mit dem Kleingeld? Behalt es dir auf Schnaps.«

Am nächsten Tag bat der Matrose wieder um Urlaub, ging in dasselbe Wirtshaus und verjubelte wieder ein Goldstück. Am dritten Tage wieder und so kam er jeden Tag, zahlte immer mit Goldstücken und schenkte dem Kellner das Kleingeld.

Endlich wurde der Wirt selbst auf ihn aufmerksam und wurde unruhig.

»Was kann das bedeuten? Er scheint ein Matrose zu sein und vergeudet so viel Geld? Er hat einen ganzen Sack Goldstücke hierhergebracht. Sein Gehalt, das weiß man, ist nicht derart, dass man so üppig leben kann. Sicherlich hat er einen Schatz gestohlen, das muss man anzeigen, sonst kann es mir zur Unzeit noch schlecht ergehen, wenn es entdeckt wird, und ich komme gar noch nach Sibirien.«

Der Wirt meldete es dem Offizier und dieser sagte es wieder dem General. Der General ließ den Matrosen kommen und sprach:

»Sag ehrlich, woher hast du das Gold genommen?«

»Solches Gold findet man auf jedem Misthaufen.«

»Was lügst du da?«

»Nein, Exzellenz, ich lüge nicht, sondern der Wirt. Er soll das Gold herzeigen, das er von mir erhalten hat.«

Sogleich brachte man den Sack und machte ihn auf, da waren lauter Knochen drin.

»Aber, Bruder, du zahltest ja mit lauter Gold und jetzt sind das lauter Knochen! Zeige, wie das geschehen konnte!«

Da rief der Matrose plötzlich:

»Ach, Exzellenz, wir müssen sterben!«

Siehe, da strömte bei Türen und Fenstern Wasser herein, stieg immer höher und höher, so dass es ihnen allen bis an die Kehlen ging.

»Himmel, was sollen wir da machen? Wohin sollen wir fliehen?«, fragte der General ängstlich.

»Wenn Ihr nicht ertrinken wollt, Exzellenz«, sagte der Matrose, »dann klettert hinter mir den Rauchfang hinauf.«

Schnell kletterten die beiden bis auf das Dach, da standen sie und schauten umher nach allen Seiten. Die ganze Stadt war überflutet. Das Wasser stand an manchen Stellen so hoch, dass man gar keine Häuser mehr sah, und das Wasser stieg und stieg.

»Bruder, wir werden sicherlich auch hier nicht entrinnen«, sagte der General.

»Ich weiß nicht, was geschehen wird, was sein muss, wird sein.« »Mein Tod ist gekommen«, dachte der General außer sich und begann zu beten.

Plötzlich kam ein Boot dahergeschwommen, blieb an dem Dache hängen und blieb liegen.

»Exzellenz«, sagte der Matrose, »steigen wir schnell in das Boot, vielleicht können wir uns retten, sonst kommt das Wasser hierher.«

Sie stiegen in das Boot und der Wind trieb sie über das Wasser. Sie schwammen einen Tag und noch einen, und am dritten sank das Wasser, und zwar so schnell, dass man nicht begriff, wohin es abfloss. Als rings um sie alles trocken war, stiegen sie aus und fragten die Leute, wie das Land heiße und wo sie wären. Sie waren bis ins dreimal neunte Land ins dreißigste Reich geschwommen.

Das Volk dort war ihnen ganz fremd und unbekannt. Was sollten sie machen und wie sollten sie wieder in ihre Heimat kommen? Sie hatten keinen einzigen Groschen Geld.

Da sagte der Matrose:

»Wir müssen uns als Arbeiter verdingen und Geld verdienen, sonst können wir nicht daran denken heimzukehren.«

»Das ist gut für dich, Bruder, du bist seit jeher ans Arbeiten gewöhnt, aber ich? Du weißt, ich bin ein General und kann nicht arbeiten.«

»Das macht nichts, ich werde eine Arbeit finden, zu der man nichts zu können braucht.«

Sie gingen ins Dorf und vermieteten sich als Hirten.

Die Gemeinde war einverstanden und nahm sie für den ganzen Sommer auf.

Der Matrose war der Hirt und der General der Hüterbub. So hüteten sie bis zum Herbste das Vieh der Gemeinde und sammelten dann von den Bauern das Geld ein. Das teilten sie.

Der Matrose machte zwei gleiche Teile, für sich und den General.

Als der General sah, dass der Matrose sich ihm gleichstellte, war er beleidigt und sagte:

»Wie kannst du nur gleiche Teile machen? Ich bin ja ein General und du nur ein einfacher Matrose.«

»Ja, ich sollte besser drei Teile machen und mir zwei nehmen; für dich ist ein Drittel auch genug, denn ich war eigentlich der Hirte und du nur der Hüterbub.« Da wurde der General zornig und fing an zu schimpfen, der Matrose gab nicht nach, hob schließlich die Hand und stieß den General in die Seite:

»Wacht auf, Exzellenz.«

Der General erwachte. Da war alles wie früher. Er war gar nicht aus seinem Zimmer fort gewesen!

Er wollte aber nicht mehr über den Matrosen zu Gericht sitzen und ließ ihn frei.

Der Wirt ging nach Hause und hatte nichts erreicht.

Vom heiligen Nikolaus

Es war einmal in einer Stadt ein Dieb, der hatte schon viel Schlimmes getan.

Einmal beraubte er einen reichen Mann, das wurde entdeckt und man verfolgte ihn. Lange Zeit lief der Dieb durch den Wald davon, aber endlich kam er an eine freie Steppe, die war vielleicht zehn Werst lang. Da blieb der Dieb stehen und wusste nicht, was er machen sollte.

Lief er über die Steppe, so fingen ihn seine Verfolger gleich ein, denn man sah auf der Steppe alles von Weitem und er hörte, dass seine Verfolger ihm schon nahe waren. Da begann er zu beten:

»Herr, vergib meiner sündigen Seele! Väterchen, heiliger Nikolaus, verbirg mich, dann opfere ich dir eine dicke Wachskerze.«

Plötzlich stand ein älterer Mann vor dem Dieb und fragte:

»Was hast du gesagt?«

Der Dieb antwortete:

»Ich flehte: Väterchen, heiliger Nikolaus, verbirg mich in dieser Öde, und dann versprach ich, ihm eine Kerze zu weihen.« Darauf beichtete der Dieb dem Alten seine Sünde.

Der Alte sagte: »Wenn du willst, krieche in dieses Aas.« Es lag da ein Aas in der Nähe und der Dieb konnte sich nicht helfen und musste in das Aas kriechen, denn er wollte nicht gefangen werden. Er kroch hinein, und im selben Augenblick war der Alte verschwunden, denn es war der heilige Nikolaus selber gewesen.

Die Verfolger kamen, ritten wohl einen halben Werst weit in die Steppe hinein, aber als sie niemand sahen, kehrten sie wieder um. Der Dieb lag mittlerweile im Aas und konnte kaum atmen, des faulen Geruchs wegen. Als die Verfolger verschwunden waren, stieg er heraus und sah wieder jenen Greis in der Nähe stehen und Wachs einsammeln. Der Dieb trat zu ihm und dankte für seine Befreiung. Da fragte der Alte wieder:

»Was hast du dem heiligen Nikolaus versprochen, als du eine Zuflucht suchtest?«

Der Dieb antwortete:

»Ich versprach ihm eine Kerze.«

»So ist es! So übelriechend aber wie dir das Aas erschien, in dem du verborgen lagst, ebenso erschiene dem heiligen Nikolaus deine Kerze! Flehe niemals«, fügte der Alte noch hinzu, »Gott den Herrn und die Heiligen, seine Diener, um schlechter Dinge willen an, denn Gott segnet sie nicht. Gib acht und merk dir meine Worte. Sag es auch den andern, dass sie Gott nicht um Böses bitten!«

Er sagte es und verschwand.

Der Geizhals

Es war einmal ein reicher Kaufmann, der hieß Mark und es gab keinen ärgeren Geizhals als ihn. Einmal ging Mark spazieren, da traf er auf dem Wege einen Bettler, der war ein alter Mann und bat um ein Almosen.

»Gebt, Rechtgläubige, um Christi willen!«

Mark der Reiche ging an dem Bettler vorüber, aber hinter ihm kam ein armer Bauer, der hatte Erbarmen mit dem Alten und gab ihm eine Kopeke. Da schämte sich der Reiche, blieb stehen und sagte zu dem Bauern:

»Höre, Landsmann, leihe mir eine Kopeke, ich will sie dem Armen geben und habe kein kleines Geld.«

Der Bauer gab Mark eine Kopeke und fragte: »Und wann kann ich mir mein Geld wieder holen?«

»Komm morgen zu mir.«

Am nächsten Tag kam der Arme in des Reichen schönen Hof, um seine Kopeke zu holen.

»Ist Mark der Reiche zu Hause?«

»Ja, was willst du?«

»Ich komme wegen meiner Kopeke.«

»Ach, Bruder, komm später wieder, ich habe wirklich kein Kleingeld.«

Der Arme sagte: »Ich komme morgen wieder.« Verneigte sich und ging.

Am nächsten Morgen kam er, da hieß es:

»Ich habe wirklich gar kein Kleingeld, außer du willst auf hundert herausgeben – sonst – komm in zwei Wochen wieder.«

Nach zwei Wochen kam der arme Bauer wieder zu Mark. Als der ihn durch das Fenster kommen sah, sagte er zu seiner Frau:

»Hör, Frau, ich ziehe mich nackt aus und lege mich unter das Heiligenbild. Deck mich mit einem Leintuche zu, setz dich hin und weine, als wäre ich tot. Kommt der Bauer um sein Geld, sag, ich wäre heute gestorben.« Gut, wie es der Reiche befohlen hatte, tat sein Weib. Sie saß da und zerfloss in heißen Tränen, als der Bauer ins Zimmer trat, und fragte ihn:

»Was willst du?«

»Ich komme zu Mark dem Reichen, wegen seiner Schuld«, sagte der Bauer.

»Ach, Bäuerlein, gerade ist er gestorben.«

»Leicht sei ihm das Himmelreich! Erlaub, Frau, dass ich ihm für meine Kopeke einen Dienst erweise und seinen sündigen Leib abwasche.«

Mit diesen Worten ergriff er einen Topf mit siedendem Wasser und brühte Mark damit ab. Mark hielt es kaum aus und zuckte mit den Beinen.

»Zapple so viel wie du willst, aber gib die Kopeke zurück!«, sagte der Arme. Er wusch und schmückte den Kaufmann, wie es sich schickt und sprach zur Frau:

»Geh Frau, kauf einen Sarg und lass Mark in die Kirche tragen, ich werde bei ihm bleiben und Psalter für ihn lesen.«

Da legten sie Mark in den Sarg und trugen ihn in die Kirche und der Bauer las Psalter für ihn.

Die dunkle Nacht brach an und plötzlich ging in der Kirche ein Fenster auf und Diebe stiegen ein. Der Bauer verbarg sich hinter dem Altar.

Die Diebe verteilten Beute untereinander, aber bei der Verteilung blieb ein goldner Säbel übrig, den wollte jeder von ihnen haben. Da sprang der Arme hervor und schrie: »Was streitet ihr lange? Wer von euch diesem Toten den Kopf abschlägt, dem gehört der Säbel!«

Da sprang Mark der Reiche voller Angst auf. Die Diebe erschraken, warfen ihre Schätze nieder und liefen davon.

»Nun, Bäuerlein, lass uns das Geld teilen.«

Sie teilten alles in zwei gleiche Teile und für jeden gab es viel.

»Was ist es mit der Kopeke?«, fragte der Bauer.

»Ach, Bruder, du siehst es ja selbst, ich habe kein Kleingeld.«

So kam es, dass Mark der Reiche die Kopeke nicht zurückzahlte.

Wassili Zarewitsch und Elena die Wunderschöne

In einem Lande, in einem Reiche lebten einmal Zar Iwan und sein Bruder Wassili Zarewitsch. Wassili Zarewitsch hatte immer Unglück. Schließlich war auch der Zar zornig auf ihn geworden und hatte ihn aus dem Hause gejagt. Von da an nannte man ihn Wassili Zarewitsch den Unglücklichen.

Nach und nach wurde er so arm, dass er keine neuen Kleider mehr besaß.

So kam der Ostersonntag heran. Am Vorabend ging alles Volk glückwünschend zum Zaren, der jeden beschenkte mit Geld oder Gut.

Am Karsamstag strich Wassili Zarewitsch durch die Straßen, da traf er ein altes Weib[9], das sagte:

9 Babka golubaja schapka. Ein Weib mit einer blauen Mütze, dies erscheint als ihr ständiger Titel.

»Sei gegrüßt, Wassili Zarewitsch! Warum gehst du so traurig einher? Weshalb lässt du den Kopf hängen?«

»Ach Mütterchen«, antwortete er, »wie könnte ich fröhlich sein! Ostern kommt, jeder hat ein Feiertagsgewand, nur ich, des Zaren Bruder, habe nichts, nicht einmal Fleisch, die Fasten zu brechen.«

»Geh hin zum Zar Iwan«, sagte die Alte, »bitte ihn, dass er dir etwas schenke, irgendetwas wird er dir schon geben.«

Wassili Zarewitsch folgte ihrem Rate und ging zu seinem Bruder.

Zar Iwan sah ihn im Zimmer stehen und fragte ihn:

»Was willst du, Wassili Zarewitsch?«

»Bruder, ich kam zu dir, weil du allen für die Feiertage etwas geschenkt hast, nur mir noch nicht.«

Es waren gerade viele Generale da und in ihrer Gegenwart begann der Zar seinen Bruder zu verspotten und sagte:

»Dummkopf, was soll ich dir nur schenken?«

Dann holte der Zar vierzigmal vierzig Zobelfelle herbei, Gold für Knöpfe und Seide für Knopfschlingen, gab alles dem Bruder und sagte:

»Bruder, da hast du ein Geschenk. Näh mir einen Pelz zur Ostermesse daraus und an jedem Knopfe sei ein Paradiesvogel oder eine ausländische Katze.«

Wassili Zarewitsch dankte, ging fort und weinte. Das Geschenk hatte ihn nicht froh gemacht.

Als er so durch die Straßen ging, traf ihn die Alte und fragte:

»Wassili Zarewitsch, was schenkte dir der Zar?«

»Ach, er gab mir vierzigmal vierzig Zobelfelle und Gold für Knöpfe und Seide für Knopfschlingen, daraus soll ich ihm zur Ostermesse einen Pelz nähen, und an jedem Knopfe sollen Paradiesvögel singen und fremdländische Kater schreien.«

Da sprach die Alte:

»Komm mit mir, Wassili Zarewitsch, und sorg dich nicht und gräm dich nicht.«

Sie machten sich zusammen auf den Weg und über kurz oder lang, über hoch oder nieder kamen sie zum Schloss von Elena der Wunderschönen. Da sagte die Alte:

»Wassili Zarewitsch, bleib vor dem Tore stehen, ich werde hineingehen und drinnen für dich freien.«

Sie trat ins Zimmer zu Elena der Wunderschönen und sagte:

»Mütterchen, Elena du Wunderschöne, ich komme dich zu freien für Wassili Zarewitsch.«

Elena die Wunderschöne fragte:

»Ja wo ist er denn?«

»Wassili Zarewitsch steht vor dem Tore, er traut sich nicht ungebeten einzutreten.«

Elena die Wunderschöne befahl sogleich, den Zarewitsch hereinzuführen. Sie sah ihn an und er gefiel ihr sehr gut.

Sie schickte ihn in ein anderes Zimmer, gab ihm zwei Diener und erklärte ihn zu ihrem Bräutigam.

Die Alte sagte:

»Ach, Mütterchen, Elena, du Wunderschöne, sein Bruder verlangt von ihm, dass er einen Pelz nähe. Er gab ihm dazu vierzigmal vierzig schwarze Zobelfelle, reines Gold für die Knöpfe und grüne Seide für die Knopfschlingen. Zur Osterfrühmesse soll der Pelz fertig sein und auf jedem Knopfe soll ein Paradiesvogel singen oder ein fremdländischer Kater schreien.«

Elena die Wunderschöne hörte das und antwortete der Alten:

»Morgen wird alles fertig sein.«

Die Alte nahm Abschied und ging fort.

Gegen Abend trat Elena die Wunderschöne vor ihr Haus und schrie:

»He, Bruder, heller Falke, flieg für ein Weilchen her zu mir!«

Der helle Falke kam geflogen, schlug auf die Rampe auf und verwandelte sich in einen kühnen Jüngling.

»Sei gegrüßt, Schwesterchen!«

»Sei gegrüßt, Bruder!«

Sie schwatzten und klatschten miteinander und endlich sagte Elena die Wunderschöne zu ihrem Bruder:

»Ich wählte mir einen Bräutigam, Wassili Zarewitsch, näh ihm einen Pelz zur Ostermesse.«

Sie gab ihm die vierzigmal vierzig Zobelfelle, das reine Gold für die Knöpfe und die grüne Seide für die Knopfschlingen und schärfte ihm ein, dass auf den Knöpfen Paradiesvögel singen oder fremdländische Kater schreien müssten, und unbedingt müsste der Pelz rechtzeitig fertig sein.

»Sorg dich nicht, Schwesterlein, zur rechten Zeit wird er fertig sein.«

Wassili Zarewitsch wusste aber gar nicht, dass er am nächsten Morgen den neuen Pelz haben werde.

Kaum erklangen die Osterglocken zur Frühmesse, da kam der Falke geflogen, schlug auf die Rampe auf und verwandelte sich in einen kühnen Jüngling. Die Schwester trat heraus, und er gab ihr den fertigen Pelz. Elena die Wunderschöne dankte ihm für seinen Dienst und schickte den Pelz zu Wassili Zarewitsch, er solle ihn anziehen. Da freute sich der Zarewitsch sehr, schmückte sich und trat ins Zimmer zu Elena der Wunderschönen. Sie ließ gleich die Pferde einspannen, um in die Kirche zu fahren, und gab ihm noch vor der Abfahrt drei Eier.

»Das erste Ei gib dem Protopopen, wenn du den Ostergruß mit ihm tauschst. Das zweite gib deinem Bruder

Iwan und das dritte dem, den du am liebsten hast. Kommst du zur Kirche, so stelle dich vor deinen eigenen Bruder.«

Wassili fuhr zur Kirche und trat, wie ihm befohlen war, vor seinen Bruder hin. Der Zar erkannte ihn nicht und dachte:

»Was ist das für ein Mensch?«

Er schickte seinen General zu ihm, mit dem Auftrage, ihn höflich zu fragen, wer er sei.

Der General ging hin und fragte:

»Der Zar schickt mich, um zu erfahren, ob Ihr ein Zar oder Zarewitsch seid, ein König oder Königssohn oder ein starker, mächtiger Held.«

Er erhielt zur Antwort:

»Ich bin ein Einheimischer.«

Zu Ende der Messe begrüßte Wassili Zarewitsch den Protopopen und gab ihm ein Ei, dann ging er zum Zaren, seinem Bruder, und sprach:

»Christ ist erstanden, Bruder.«

»In Wahrheit erstanden«, gab ihm dieser zur Antwort.

Wassili Zarewitsch gab ihm das zweite Ei und es blieb ihm noch eines.

Als er die Kirche verließ, begegnete ihm Alescha Popowitsch.

»Christ ist erstanden, Wassili Zarewitsch.«

»In Wahrheit erstanden.«

»Gib mir ein Ei!«, bat Alescha Popowitsch.

»Ich habe keins mehr«, sagte Wassili und ging fort zu Elena der Wunderschönen, begrüßte sie und gab ihr das dritte Ei.

Da sagte sie:

»Nun bin ich bereit, dich zu heiraten, Wassili Zarewitsch. Ich dachte nicht, dass du mir ein Ei aufheben würdest. Fahr zu deinem Bruder und lade ihn zu unserer Hochzeit ein.«

Wassili ging zum Bruder, da freute der sich sehr, und als Wassili ihn zu seiner Hochzeit einlud, fragte er ihn:

»Wo nimmst du die Braut her?«

»Elena die Wunderschöne ist meine Braut.«

Man spielte zur Hochzeit auf und Iwan der Zar gab einen Schmaus für alle Welt, dazu waren auch Wassili und seine Frau, Elena die Wunderschöne, eingeladen.

Als es Zeit war, zum Feste zu fahren, rief Elena die Wunderschöne ihren Mann zu sich und sagte:

»Ich bin so schön, dass ich fürchte, man könnte mir dort etwas antun. Fahr lieber allein hin.«

Wassili Zarewitsch kam zum Bruder, da fragte ihn der:

»Warum kommst du ohne deine Frau hierher?«

»Sie ist krank, Bruder.«

Sie tranken kurz oder lang und dann begannen die Gäste zu prahlen. Der eine mit diesem, der andere mit jenem, nur Wassili Zarewitsch schwieg still und prahlte nicht. Da trat sein Bruder zu ihm und fragte:

»Wassili, warum sitzest du da und prahlst gar nicht?«

»Womit sollte ich prahlen?«, gab er zur Antwort.

»Nun, mit deinem schönen Weibe!«

»Bruder, du hast recht, mein Weib ist schön.«

Da kam mit eins Alescha her, Alescha Popowitsch und sagte:

»Gewiss ist sie schön, ich war bei ihr auch ohne dich.«

Da riefen alle Gäste:

»Warst du bei ihr, so geh wieder hin, bade mit ihr und bring uns ihren Ring, dann glauben wir dir. Bringst du den Ring aber nicht, so wirst du gehängt.«

Alescha Popowitsch konnte sich nicht helfen, musste gehen und das machte ihn sehr traurig. Er ging seines Weges, da traf er das alte Weib, das fragte ihn:

»Alescha, warum bist du so traurig?«

И. БИЛИБИНЪ 1900.

И. БИЛИБИНЪ

»Wie könnte ich denn anders? Ich prahlte vor dem Zaren, dass ich bei Elena der Wunderschönen war, und da verlangten alle Gäste, dass ich mit ihr ins Bad ginge und ihren Ring an den Hof zurück mitbringe. Gelingt mir das nicht, so wollen sie mich aufhängen.«

»Gräm dich nicht, sondern komm mit mir«, sagte die Alte. Sie gingen zusammen zum Hause von Elena der Wunderschönen.

Alescha Popowitsch blieb vor dem Tore und die Alte schlich in den Vorhof. Siehe, da lag der Ring auf einer Bank. Elena die Wunderschöne hatte ihn dort vergessen, als sie sich nach dem Schlafen gewaschen hatte.

Die Alte nahm ihn und gab ihn Alescha Popowitsch, dann befahl sie ihm, sich den Kopf am Flusse mit Wasser nass zu machen, als käme er aus dem Bade.

Das tat er auch und ging sodann an den Hof und zeigte allen den Ring.

Darüber war Wassili Zarewitsch sehr zornig. Er ritt gleich nach Hause und verkaufte Elena die Wunderschöne für hundert Rubel an Kaufleute.

Die brachten Elena die Wunderschöne in eine Stadt, wo gerade der alte Zar gestorben war und man einen neuen wählen wollte.

Ein Aufruf war an jedermann ergangen, mit einer Kerze in die Kirche zu gehen. Derjenige sollte Zar werden, dessen Licht zuerst von selbst zu brennen beginne.

Alle versuchten ihr Glück, doch keine Kerze brannte.

Elena die Wunderschöne hörte das und dachte:

»Ich werde auch hingehen und mein Glück versuchen.«

Sie verkleidete sich als Mann, nahm ein Licht und ging in die Kirche.

Kaum war sie eingetreten, so brannte ihre Kerze. Alle freuten sich und übertrugen ihr das Reich.

Sie regierte, vergaß aber nicht Erkundigungen über ihren Mann Wassili Zarewitsch einzuziehen, wo er sei und wie es ihm erginge. Sie erfuhr, dass er sich sehr nach ihr sehne und da sandte sie Boten nach ihm aus.

Als er kam, erzählte er ihr alles, wie es gewesen war.

Elena die Wunderschöne erriet, wer an ihrem Unglück Schuld trug und versöhnte sich mit ihrem Manne. Sie ließ Alescha Popowitsch kommen und er gestand alles ein. Wie die Alte ihm den Ring gegeben und er absichtlich Elena die Wunderschöne verleumdet hatte, weil er mit Wassili den Ostergruß getauscht und der ihm trotzdem das Ei verweigert hatte.

Die Alte wurde gleich gefragt, weshalb sie den Ring gestohlen habe.

»Weil du Elena, du Wunderschöne«, sagte sie, »mir versprochen hattest, mich drei Jahre lang zu erhalten, es aber nicht getan hast.«

Alescha Popowitsch und die Alte wurden erschossen.

Elena die Wunderschöne übertrug Wassili Zarewitsch das Reich und sie lebten fortan froh und glücklich.

Der beinlose und der blinde Held

Irgendwo in einem Zarenreich, in einem fernen Reich, lebte einst ein grimmer Zar, berühmt in allen Ländern, gefürchtet von allen Königen und Königssöhnen. Der Zar gedachte zu heiraten und ließ diese Kundmachung in alle Städte und Dörfer ergehn: Wer ihm eine Braut fände, strahlender als die Sonne, leuchtender als der Mond und weißer denn Schnee, den wolle er belohnen mit unermesslichem Reichtum.

Das Gerücht davon drang durch das ganze Reich; vom Geringsten bis zum Höchsten besprachen und beredeten sie's alle, aber nicht einer erbot sich, solch eine Schönheit aufzufinden. Nicht weit vom Zarenpalast stand eine große Bierbrauerei. Einmal geschah es, dass sich Arbeitervolk zusammenfand und darüber sprach, wie viel Geld man da wohl vom Zaren erhalten könnte, aber wo solch eine Braut hernehmen! »Ja, Brüder!«, sagte einer der Bauern mit Namen Nikita Koltoma, »ohne mich wird niemand dem Zaren die Braut verschaffen; nehm ich's aber auf mich, find ich sie gewiss!« – »Was prahlst du, Dummkopf! Wie willst du in Teufels Namen diese Tat vollbringen? Es gibt vornehme und reiche Leute genug, für uns ist das nichts, und selbst jene kneifen den Schwanz zwischen die Beine! Nicht einmal im Traum wird dir's gelingen, geschweige denn in Wirklichkeit.« – »Denkt, was ihr wollt, ich verlass mich auf mich selbst; hab ich gesagt, ich bringe sie, so bring ich sie auch!« – »Ach, Nikita, prahle nicht! Weißt selbst, unser Zar ist mächtig; für leeres Gewäsch lässt er dich hängen.« – »Glaub nicht, dass er mich hängt, sondern mich reich beschenkt!« Sofort hinterbrachte man dieses Gerede dem Zaren; er ward froh und befahl, Nikita vor sein Angesicht zu führen. Soldaten eilten hin, ergriffen Nikita Koltoma und schleppten ihn in den Palast; die Kameraden aber schrien hinter ihm her: »Nun, Bruder, hast du's erreicht? Glaubst du, du kannst mit dem Zaren spaßen? Jetzt geh und verantworte dich.«

Nikita wurde in die hohen Gemächer geführt, und der grimme Zar sprach zu ihm: »Du rühmst dich, Nikita, dass du mir eine Braut, strahlender als die Sonne, leuchtender als der Mond und weißer denn Schnee erlangen kannst?« – »Ich kann's, Eure Majestät!« – »Gut, Bruder! Führst du's aus, so belohn ich dich mit unermesslichen Schätzen und mache dich zum ersten Minister; hast du aber gelogen, so lass ich dich's büßen, leg dir den Kopf zu deinen Füßen.« – »Zu Befehl, Eure Majestät! Erlaubt mir aber, vorher einen Monat lang in Saus und Braus zu leben.« Der Zar war's zufrieden und gab Nikita ein offenes Schreiben mit seiner Unterschrift, damit man ihn in allen Kneipen und Garküchen unentgeltlich mit Speise und Trank bewirte. Nikita Koltoma ging in die Hauptstadt zechen. In welche Kneipe er auch kam, er zeigte nur das Schreiben vor und sofort brachte man ihm alles, was die Seele begehrt. Er feierte einen Tag, den zweiten und den dritten, er feierte eine Woche, die zweite und die dritte; bald war die Zeit herum, er musste zum Zaren. Nikita nahm Abschied von seinen Freunden, kam in den Palast und bat den Zaren, ihm zwölf kühne Burschen zusammenzusuchen, von gleichem Wuchs, mit gleichem Haar, mit gleicher Stimme, und ferner dreizehn weißleinene, goldverzierte Zelte anfertigen zu lassen. Beim Zaren ist alles rasch bereit: Im Augenblick waren die Burschen beisammen und die Zelte angefertigt. »So, Eure Majestät!«, sagte Nikita, »jetzt macht Euch auf und lasst uns auf die Brautsuche reiten.« Sie sattelten ihre stattlichen Rosse und luden die Zelte auf; dann wurde das Gebet um glückhafte Reise gesprochen, den Bewohnern der Stadt Lebewohl gesagt, aufgesessen und fortgesprengt, dass der Staub in Säulen aufwirbelte!

Sie ritten einen Tag und zwei und drei, da stand auf freiem Felde eine Schmiede. Nikita sagte: »Reitet ihr mit Gott geradeaus, ich aber laufe derweil in die Schmiede und rauch ein Pfeifchen an.« Er trat in die Schmiede ein; dort schmiedeten fünfzehn Gesellen das Eisen und ließen die Hämmer sausen. »Gott helf euch, Brüder!« – »Dank dir, guter Gesell!« – »Macht mir einen Stab von fünfzehn Pud.« – »Wir wollen ihn gern machen, aber wer wird das Eisen umdrehen? Fünfzehn Pud sind keine Kleinigkeit!« – »Macht nichts, Brüder! Schlagt ihr nur mit den Hämmern zu, ich werde es schon umdrehen.« Die Schmiede machten sich an die Arbeit und hämmerten einen Stab von fünfzehn Pud zurecht. Nikita ergriff ihn und ging auf das Feld hinaus, warf ihn fünfzehn Faden in die Höh und hielt den Arm unter. Der eiserne Stab fiel ihm auf die Hand, aber der Heldenkraft war er nicht gewachsen und brach in zwei Stücke. Nikita Koltoma bezahlte die Schmiede für ihre Mühe, warf ihnen den Stab zu, ritt davon und holte seine Gefährten ein.

Dann ritten sie noch drei Tage, und wieder stand auf freiem Felde eine Schmiede. »Reitet voran, ich gehe noch in die Schmiede«, sagte Nikita. Er trat ein, dort schmiedeten aber fünfundzwanzig Gesellen das Eisen und ließen die Hämmer sausen. »Gott helf euch, Kinder!« – »Dank dir, guter Gesell!« – »Schmiedet mir einen Stab von fünfundzwanzig Pud.« – »Schmieden ist nicht schwer, aber wo ist der starke Mann, der so viel Eisen umdrehen kann?« – »Ich selbst werd es umdrehen.« Er nahm fünfundzwanzig Pud Eisen, machte es rotglühend und wendete es auf dem Amboss um, die Schmiede aber schlugen mit den Hämmern zu. Sie machten einen Stab von fünfundzwanzig Pud. Nikita ergriff ihn, ging hinaus auf das Feld, warf ihn fünfundzwanzig Faden in die Höhe und hielt seinen Arm unter. Der Stab schlug auf die Heldenhand auf und brach entzwei. »Nein, er taugt nichts!«, sagte Nikita, bezahlte die Arbeit, setzte sich auf sein Ross und ritt davon. Er holte seine Gefährten ein.

Sie ritten einen Tag, zwei und drei, und wieder stand auf freiem Felde eine Schmiede. Nikita sagte zu seinen Gefährten: »Reitet voraus; ich geh in die Schmiede, rauch ein Pfeifchen an.« Er tritt hinein; dort aber martern fünfzig Schmiede einen alten Mann: Auf dem Amboss liegt ein grauhaariger Alter, zehn Gesellen halten ihn mit Zangen am Bart, vierzig aber dreschen mit Hämmern auf ihn ein. »Brüder, erbarmt euch!«, schrie der Alte aus vollem Hals, »lasst mir mein Leben!« – »Gott helf euch!«, sagte Nikita. »Dank dir, guter Gesell!«, antworteten die Schmiede. »Wofür martert ihr den Alten?« – »Dafür, weil er uns allen je einen Rubel schuldig ist und ihn nicht hergibt; wie sollten wir ihn da nicht schlagen?« – »Der Arme!«, dachte Nikita, »wegen fünfzig Rubel muss er solch eine Strafe leiden.« Und er sprach zu den Schmieden: »Hört, Brüder, ich werde für ihn zahlen, lasst den Alten frei!« – »Wie du willst, guter Gesell! Uns ist es gleich, von wem wir's erhalten, wenn das Geld nur bezahlt wird.« Nikita Koltoma zog fünfzig Rubel hervor; die Schmiede nahmen das Geld, und kaum hatten sie den Alten aus den eisernen Zangen gelassen, als er im selben Augenblick aus den Augen verschwunden war. Nikita schaute sich um: »Wo mag er geblieben sein?« – »Ja, such du ihn jetzt nur!«, sagten die Schmiede, »er ist doch ein Zauberer!« Nikita hieß sie einen eisernen Stab von fünfzig Pud schmieden; dann nahm er ihn, warf ihn fünfzig Faden in die Höhe und hielt seinen Arm unter: Der Stab hielt es aus, brach nicht. »Dieser da taugt mir!«, sagte Nikita und ritt davon, seine Gefährten einzuholen. Plötzlich hörte er hinter sich eine Stimme: »Nikita Koltoma, halt an!« Er wandte sich um und sah, der Alte, den er von der Strafe freigekauft hatte, lief ihm nach. »Dank dir, guter Gesell, dass du mich aus böser Qual befreit hast«, sagte der Alte; »wisse, dass ich genau dreißig Jahre dieses Leid erdulden musste. Da hast du zum Andenken ein Geschenk: Nimm es an, es wird dir von Nutzen sein.« Und er gab ihm eine Tarnkappe. »Setzt du sie auf – kann keiner dich sehen!« Nikita nahm die Tarnkappe, bedankte sich beim Alten und sprengte davon. Er holte seine Gefährten ein und sie ritten gemeinsam weiter.

War es lang nachher oder kurz, nah oder fern? – Sie ritten an einen Palast heran. Rundherum war dieser Palast von einer hohen eisernen Umzäunung umgeben: Weder gab's eine Möglichkeit, in den Hof zu gelangen, noch für wackere Burschen hineinzureiten. Sprach der grimme Zar: »Na, Bruder Nikita! hier kommen wir ja nicht weiter.« Antwortete Nikita Koltoma: »Wie sollte da kein Eingang sein, Eure Majestät! Das ganze Weltall will ich durchwandern, um Euch die Braut zu finden. Diese Umzäunung ist für uns kein Hindernis. Heran, Kinder! Zerbrecht die Gitter, macht ein Tor in den weiten Hof.« Die kühnen Burschen stiegen von den Rossen und machten sich an die Arbeit, aber wie sie's auch versuchten, sie konnten die Einfriedigung nicht durchbrechen: Sie stand und rührte sich nicht. »He, Brüder«, sagte Nikita, »ihr schwimmt alle nur im Flachen, auf euch ist für mich kein Verlass, ich werde selbst drangehen müssen.« Nikita sprang von seinem Ross, trat an die Umzäunung heran, packte mit den Heldenarmen das Gitter, rüttelte einmal – und schleuderte den ganzen Zaun zu Boden. Der grimme Zar und die wackeren Burschen ritten hinein in den weiten Hof, und dort auf grüner Wiese richteten sie ihre weißleinenen, goldverzierten Zelte auf. Sie aßen, was Gott ihnen beschert hatte, legten sich zur Ruhe und fielen ermüdet in tiefen Schlaf. Alle hatten ihre Zelte, nur für Nikita Koltoma war keines da. Er suchte sich drei durchlöcherte Matten aus Bast, machte sich ein Hüttchen daraus, legte sich auf die nackte Erde und wachte, erwartete, was kommen würde.

Als die Morgenröte emporstieg, erwachte in ihrem Frauengemach die Zarentochter Helene, die Wunderschöne, sah zum Fensterchen hinaus und erblickte auf der grünen Wiese dreizehn weißleinene Zelte, mit goldenen Blumen bestickt, aber vor ihnen allen stand ein Hüttchen, aus Bastmatten errichtet. »Was ist denn das?«, dachte die Zarentochter, »von wo sind diese Gäste hergeritten? Schau, auch das eiserne Gitter ist zerbrochen!« In großen Zorn geriet Helene, die Wunderschöne, rief einen riesenstarken Helden zu sich und befahl: »Setz dich sogleich auf ein Ross, reit zu diesen Zelten und gib allen jenen Ungehorsamen den bitteren Tod; die Leichen wirf über die Umzäunung, die Zelte aber bring mir her.« Der riesenstarke Held sattelte sein treues Ross, wappnete sich mit der Kriegerrüstung und sprengte auf die ungerufenen Gäste zu. Nikita Koltoma erspähte ihn und rief ihn an: »Wer kommt da geritten?« – »Wer bist denn du, Flegel, dass du mich anrufst?« Diese Worte behagten Nikita nicht wohl, er sprang aus seinem Hüttchen hervor, packte den Helden am Bein und zerrte ihn vom Pferd auf die feuchte Erde; schwang den eisernen Stab von fünfzig Pud, gab ihm einen derben Schlag und sagte: »Jetzt geh zu deiner Zarentochter zurück und melde ihr, sie möge nicht lange den Hochmut herauskehren und ihre Kriegsscharen nicht unnütz verschwenden, sondern die Gattin unseres grimmen Zaren werden.« Der Held sprengte zurück, froh, dass Nikita ihn lebend hatte laufen lassen! Er ritt zum Palast und berichtete der Zarentochter: »Auf Euren Hof sind ungeheuer starke Leute gekommen, sie werben um Euch für ihren grimmen Zaren und befahlen mir zu melden, Ihr möget Euch nicht hochmütig zeigen und Eure Kriegsheere nicht unnütz verschwenden, sondern jenem Zaren als Gattin folgen.« Als Helene, die Wunderschöne, so kecke Rede hörte, war sie empört darüber, rief alle ihre riesenstarken Helden zusammen und befahl ihnen: »Ihr getreuen Diener! Sammelt ein unermessliches Heer, zerstört die weißleinenen Zelte und schlagt die ungerufenen Gäste zusammen, dass nicht ein Stäubchen von ihnen übrig bleibt.« Die riesenstarken Helden bedachten sich nicht lange; sie riefen ein zahlloses Heer auf den Plan, setzten sich auf ihre Heldenrosse und sprengten wider die weißleinenen Zelte mit goldenem Zierrat an. Kaum aber waren sie bis zum Hüttchen aus Bastmatten gelangt, so sprang Nikita Koltoma hervor, packte seinen eisernen Stab von fünfzig Pud und fing an, nach allen Seiten einzuhauen; in kurzer Zeit erschlug er das ganze Heer und alle riesenstarken Helden, nur einen einzigen ließ er am Leben. »Reit hin zu der Zarewna Helene, der Wunderschönen, und sag ihr, dass sie ihre Krieger nicht länger verschwenden solle; mit Heerscharen sind wir nicht zu schrecken! Bisher hab ich allein wider euch gekämpft; was aber wird aus eurem Zarenreich werden, wenn meine Gefährten erwachen? Keinen Stein werden wir auf dem anderen lassen und alles dem Erdboden gleichmachen!« Der Held kehrte zur Zarentochter zurück und berichtete, dass das Heer erschlagen sei und keine Macht genüge, um solche Recken zu überwinden. Helene, die Wunderschöne, schickte aus und ließ den grimmen Zaren in den Palast bitten, befahl aber gleich, einen wohlgehärteten Pfeil anzufertigen; selbst ging sie hinaus, die Gäste freundlich und ehrenvoll zu empfangen. Die Zarentochter ging ihnen entgegen, hinter ihr aber trugen fünfzig Mann den Bogen und den Pfeil. Nikita Koltoma erblickte den Heldenbogen und erriet sofort, dass sie mit diesem Pfeile bewirtet werden sollten. Er setzte die Tarnkappe auf, sprang hinzu, spannte den Bogen und zielte auf die Gemächer der Zarentochter – im Augenblick schoss er das ganze obere Stockwerk herunter!

Es blieb nichts anderes übrig: Helene, die Wunderschöne, nahm den grimmen Zaren bei der Hand, führte ihn in die weißsteinernen Gemächer und setzte ihn an die eichenen Tische vor die gemusterten Tücher; sie tranken und aßen und waren froh. Im Palast war alles herrlich eingerichtet: Die ganze Welt kannst du durchwandern, einen so schönen findest du nicht wieder! Nach dem Essen fragte Nikita den grimmen Zar: »Gefällt Eurer Majestät die Braut, oder sollen wir eine andere suchen?« – »Nein, Nikita, wir wollen nicht ins Blaue hinein weiterreiten; eine schönere als diese gibt es auf der ganzen Welt nicht!« – »Nun, so heiratet, jetzt ist sie in unseren Händen. Aber seht Euch vor, Euer Majestät, und seid auf Eurer Hut: Die ersten drei Nächte wird sie Eure Stärke erproben, wird ihre Hand auf Euch legen und mit Riesenkraft drücken, Ihr werdet es ganz gewiss nicht ertragen können! Darum geht danach sogleich aus der Kammer, ich aber werd an Eurer Stelle zurückkommen und sie rasch bändigen.«

Und so machten sie sich zur Hochzeit bereit. Bei den Zaren wird weder Met gebraut noch Schnaps gebrannt, alles ist schon bereit. Die Hochzeit wurde gefeiert und der grimme Zar ging mit Helenen, der Wunderschönen, zur Ruh. Er legte sich auf das weiche Bett und stellte sich, als ob er schlafen wolle. Helene, die Wunderschöne, legte ihm die Hand auf die Brust und fragte: »Ist meine Hand wohl schwer?« – »So schwer, wie eine Feder auf dem Wasser!«, antwortete der grimme Zar; aber kaum konnte er dabei Atem holen, so stark drückte sie ihm die Brust zusammen. »Wart einmal, Helene, du Wunderschöne, ich habe ja vergessen, einen Befehl für morgen zu erteilen, da muss ich jetzt gehn.« Er trat zur Schlafkammer hinaus, an der Tür aber stand Nikita: »Na, Bruder! Du hast wahr gesprochen, fast hätte sie mich ganz erdrückt.« – »Macht nichts, Eure Majestät! Bleibt hier stehn, ich werde die Sache schon richten.« Nikita sprach's, ging zur Zarentochter, legte sich auf das Bett und fing an zu schnarchen. Helene, die Wunderschöne, dachte, dass der grimme Zar zurückgekommen sei, legte ihre Hand auf ihn und drückte und drückte, aber ohne Erfolg! Sie legte beide Hände auf und drückte noch stärker als vorher. Da packte sie Nikita Koltoma wie im Schlaf, und als er sie auf den Boden warf, krachten alle Gemächer! Die Zarin erhob sich, legte sich still nieder und schlief ein. Dann stand Nikita auf, ging zum Zaren hinaus und sagte: »So, jetzt geht nur dreist hinein, bis zur nächsten Nacht wird sich nichts ereignen!« Auf solche Weise überstand der Zar mit Nikita Koltomas Hilfe die ersten drei Nächte, und dann lebte er mit der Zarewna Helene, der Wunderschönen, wie es Mann und Frau ziemt.

Einige Zeit danach erfuhr Helene, die Wunderschöne, dass der grimme Zar sie durch Betrug gewonnen habe und seine Stärke nicht so groß sei und dass die Leute über sie spotteten: »Nikita hat mit der Zarentochter drei Nächte geschlafen.« Sie geriet in furchtbaren Zorn und brütete in ihrem Herzen grausame Rache. Der Zar aber gedachte, in sein Reich zu fahren, und sprach zu Helenen der Wunderschönen: »Lange genug haben wir hier gelebt, es ist Zeit, heimzukehren; mach dich zur Reise fertig.« Sie schickten sich an, übers Meer zu fahren, beluden das Schiff mit viel kostbarem Gut, gingen an Bord und fuhren ab. Sie schwammen einen Tag, den zweiten und den dritten. Der Zar war heiter und konnte sich nicht genug freuen, dass er die Zarentochter, strahlender als die Sonne, leuchtender als der Mond und weißer denn Schnee zu sich heimführte. Helene, die Wunderschöne, aber dachte nur den einen Gedanken, wie sie den Schimpf heimzahlen solle.

Und zu der Zeit befiel Nikita der Heldenschlaf, und er schlief zwölf Tage und zwölf Nächte. Als die Zarin das sah, rief sie sogleich ihre getreuen Diener und befahl ihnen, dem Helden die Beine bis zu den Knien abzuhauen, ihn dann in ein Boot zu legen und ins offene Meer treiben zu lassen. Auf der Stelle hieben jene vor ihren Augen dem schlafenden Nikita die Beine bis zu den Knien ab, legten ihn in ein Boot und ließen ihn auf das offene Meer treiben. Am dreizehnten Tage erwachte der arme Nikita, schaute um sich, sah das Wasser ringsum und sich selbst ohne Beine daliegen, das Schiff aber war spurlos verschwunden.

Unterdessen fuhr das Schiff weiter und weiter und gelangte endlich in den Hafen. Kanonenschüsse erdröhnten, die Stadtbewohner liefen zusammen, und die Kaufleute und Bojaren begrüßten den Zaren mit Salz und Brot und wünschten Glück zur rechtmäßigen Ehe. Der Zar fing an, Feste zu feiern und Gäste zu laden, aber an Nikita zu denken hatte er vergessen. Nicht lange jedoch sollte er sein Vergnügen haben; bald nahm ihm Helene, die Wunderschöne, das Zarenreich ab, herrschte über alles selbst und zwang ihn, die Schweine zu hüten. Aber auch damit gab sich das Herz der Zarentochter nicht zufrieden: Sie befahl, überall Nachforschung zu halten, ob nicht irgendwo Verwandte von Nikita Koltoma nachgeblieben seien. Wenn sich einer fände, sollte er in den Palast geschafft werden. Die Häscher sprengten davon, suchten überall und fanden den leiblichen Bruder Nikitas, Timofej Koltoma. Sie packten ihn und schleppten ihn in den Palast. Die Zarentochter Helene, die Wunderschöne, befahl, ihm die Augen auszustechen und ihn dann zur Stadt hinauszujagen. Sofort geschah es, sie führten ihn zur Stadt hinaus und ließen ihn auf freiem Felde stehn.

Der Blinde schleppte sich tastend fort; er ging weiter und weiter, kam an das Meer, machte noch ein, zwei Schritte und fühlte das Wasser unter seinen Füßen; er blieb auf einer Stelle stehn, konnte nicht vor- und nicht rückwärts und fürchtete sich weiterzugehen! In diesem Augenblick trieb das Boot Nikitas an das Ufer. Nikita erblickte einen Menschen, ward froh und rief ihn an: »He, guter Gesell, hilf mir hinaus auf festen Boden!« Der Blinde antwortete: »Gern würd ich dir helfen, kann's aber nicht; ich bin ohne Augen, kann gar nichts sehen.« – »Woher bist du denn und wie heißt du?« – »Ich bin Timofej Koltoma; die neue Zarin Helene, die Wunderschöne, hat mir die Augen ausgestochen und mich aus dem Reich hinausgejagt.« – »Ach, dann bist du mein leiblicher Bruder; ich bin Nikita Koltoma. Geh, lieber Timofej, dorthin zur rechten Hand, dort wächst eine hohe Eiche; reiß sie aus, schleppe sie her und wirf sie vom Ufer ins Wasser, ich werde auf ihr hinauskriechen zu dir.« Timofej Koltoma wandte sich nach rechts, machte ein paar Schritte, stieß auf eine hohe alte Eiche, umfasste sie mit beiden Armen und riss sie mit einem Ruck samt den Wurzeln aus; er schleppte die Eiche heran und warf sie ins Wasser. Sie kam mit dem einen Ende auf dem Lande zu liegen, mit dem andern aber reichte sie bis zum Boot. Nikita kroch, so gut es ging, an das Ufer, sie küssten einander und er fragte: »Wie geht es denn jetzt unserem grimmen Zaren?« – »Ach, Bruder!«, antwortete Timofej Koltoma, »unser grimmer Zar sitzt tief im Unglück; er hütet Schweine auf dem Felde, jeden Morgen bekommt er ein Pfund Brot, einen Krug Wasser und drei Hiebe auf den Rücken.«

Dann fingen die Brüder an zu beraten, wie sie das Leben fristen und wovon sie sich nähren sollten. Nikita sagte: »Höre, Bruder, meinen Rat. Du wirst mich tragen, weil ich ohne Beine bin; ich aber werde auf dir sitzen und dir sagen, wohin du gehen sollst.« – »Schon recht, mag es nach deinem Willen geschehen! Und wenn wir auch beide Krüppel sind, zu zweien sind wir so gut wie ein Gesunder.« Nikita Koltoma setzte sich dem Bruder auf die Schultern und wies ihm den Weg; Timofej ging weiter und weiter und kam in den finsteren Wald. In diesem Walde aber stand die Hütte der Baba-Jaga. Die Brüder gingen hinein. Keine Seele war darin. »Nun, Bruder«, sagte Nikita, »taste mal im Ofen nach, ob nichts zu essen da ist.« Timofej kroch in den Ofen, zog mancherlei Speisen hervor und stellte sie auf den Tisch, und dann fingen sie an einzuhauen und aßen vor Hunger alles auf. Dann sah sich Nikita in der Hütte um, erblickte auf dem Fensterbrett eine kleine Pfeife, ergriff sie, steckte sie zwischen die Lippen und fing an zu pfeifen. Welch ein Wunder begab sich da! Der blinde Bruder fing an zu tanzen, die Hütte tanzte, der Tisch und die Bänke und das Geschirr, alles tanzte, und die Töpfe gingen dabei in Scherben! »Genug, Nikita! Hör auf zu pfeifen«, bat der Blinde, »meine Kraft reicht nicht mehr.« Nikita hörte auf zu pfeifen, und im Augenblick wurde alles still.

Plötzlich öffnete sich die Türe, die Baba-Jaga trat ein und schrie mit lauter Stimme: »Ach, ihr obdachlosen Strolche! Bisher ist kein Vogel hierher geflogen und kein Tier hier durchgerannt, ihr aber seid eingedrungen, habt alles aufgegessen und alle Töpfe zerschlagen. Schon gut, jetzt werd ich mit euch abrechnen!« Nikita antwortete: »Halt's Maul, altes Luder! Wir verstehen selber abzurechnen. He, Bruder Timofej, halt sie mal, die Hexe – aber fest!« Timofej packte die Baba-Jaga mit beiden Händen und drückte sie gewaltig zusammen, Nikita aber fasste sie bei den Haaren und zerrte sie in der Hütte herum. »Väterchen, schlagt nicht!«, bat die Baba-Jaga, »ich werd euch noch Nutzen bringen: Alles, was ihr wollt, will ich euch verschaffen.« – »Dann sag, Alte, kannst du uns das heilende und belebende Wasser verschaffen? Kannst du's, so lass ich dich am Leben, wenn nicht, musst du eines grausamen Todes sterben.« Die Baba-Jaga war einverstanden und führte sie zu zwei Quellen. »Hier ist das heilende und dort das belebende

Wasser!« Nikita Koltoma schöpfte vom heilenden Wasser und begoss sich damit: Sofort wuchsen ihm die Beine; sie waren ganz gesund, aber noch bewegten sie sich nicht. Er schöpfte vom belebenden Wasser, benetzte die Beine und ward ihrer Herr. Ebenso ging es Timofej Koltoma: Er bestrich seine Augenhöhlen mit dem heilenden Wasser, da kamen die Augen hervor und waren ganz unversehrt, aber sehen konnten sie noch nichts; dann bestrich er sie mit dem belebenden Wasser und konnte sehen, besser denn je zuvor. Die Brüder dankten der Alten, ließen sie heimkehren und gingen, den Zar aus dem Elend zu befreien.

Sie kamen in die Hauptstadt und sahen den grimmen Zaren dicht vor dem Palast die Schweine hüten. Nikita Koltoma fing an zu pfeifen und der Hirte und die Schweine begannen zu tanzen! Helene die Wunderschöne, erblickte dies vom Fenster aus, geriet in Zorn und befahl, sofort ein Bündel Ruten zu bringen und den Hirten und die Musikanten durchzuprügeln. Die Wächter liefen hinzu, packten sie und führten sie in den Palast, um sie mit Hieben zu bewirten. Als aber Nikita Koltoma in den Palast zu der Zarin kam, wollte er nicht länger fackeln; er packte sie bei den weißen Armen und sprach: »Erkennst du mich wohl, Helene, du Wunderschöne? Ich bin ja Nikita Koltoma. Jetzt, grimmer Zar, ist sie in deiner Gewalt, was du willst, wird geschehen!« Der Zar befahl, sie zu erschießen, Nikita jedoch machte er zu seinem ersten Minister, ehrte ihn stets und folgte ihm in allen Stücken.

Das Märchen von der Tiermilch

Irgendwo in einem Zarenreich, nicht in unserem Reich, lebte einst ein gewaltiger Zar, ein mächtiger König, der hatte zwei Kinder: einen Sohn, Iwan-Zarewitsch, und eine Tochter, Helene, die Wunderschöne. Eines Tages erschien in seinem Reich der Bär Eisenfell und fing an die Untertanen zu fressen. Und während er die Leute fraß, zerbrach sich der Zar den Kopf darüber, wie er wohl seine Kinder retten könne. Er befahl, eine hohe Säule zu erbauen, setzte Iwan-Zarewitsch und Helene, die Wunderschöne, dort hinauf und ließ ihnen Vorräte auf fünf Jahre hinschaffen. Der Bär fraß alle Menschen auf, lief in den Zarenpalast und machte sich voll Ärger daran, einen Rutenbesen zu benagen. »Nage nicht an mir, du Bär Eisenfell!«, sagte der Rutenbesen, »sondern geh lieber aufs Feld, dort wirst du eine Säule erblicken, und auf dieser Säule sitzen Iwan-Zarewitsch und Helene, die Wunderschöne!« Der Bär lief hin und begann sofort an der Säule zu rütteln. Iwan-Zarewitsch erschrak und warf ihm Essen hinunter, der Bär fraß sich voll und legte sich schlafen. Doch während er so in festem Schlafe lag, liefen Iwan-Zarewitsch und Helene, die Wunderschöne, fort, ohne sich umzusehen. Am Wege sahen sie ein Ross stehen und riefen: »Ross, Ross, rette uns!« Kaum aber hatten sie sich aufgesetzt, so holte sie der Bär ein. Das Ross zerriss er in Stücke, doch die Zarenkinder nahm er in den Rachen und trug sie zu der Säule zurück. Wieder gaben sie ihm Essen, und er fraß sich voll und schlief wieder ein. Während er in festem Schlafe lag, liefen Iwan-Zarewitsch und Helene, die Wunderschöne, fort, ohne sich umzusehen. Da sahen sie Gänse auf dem Wege gehn und riefen: »Gänse, Gänse, rettet uns!« Sie setzten sich auf die Gänse und flogen davon, aber der Bär erwachte, versengte die Gänse mit lodernden Flammen und brachte die Zarenkinder zu der Säule zurück. Sie gaben ihm wieder zu essen, und er fraß sich voll und schlief wieder ein. Während er in tiefem Schlafe lag, liefen Iwan-Zarewitsch und Helene, die Wunderschöne, fort, ohne sich umzusehen. Auf dem Wege aber stand ein dreijähriger Stier. »Stierchen, Stierchen, rette uns: Der Bär Eisenfell jagt hinter uns her!« – »Setzt euch nur auf; du aber, Iwan-Zarewitsch, setz dich mit dem Rücken nach vorn, und wenn du den Bären erblickst, so sag es mir.« Als dann der Bär sie erreichte, schiss der Stier ihn an und verkleisterte ihm die Augen. Dreimal holte der Bär sie ein und dreimal verkleisterte ihm der Stier die Augen. Doch als sie über einen Fluss setzen mussten, rannte der Bär hinter ihnen her und ertrank.

Hernach wollten die Zarenkinder essen; sprach der Stier zu ihnen: »Schlachtet mich und esst mich auf, aber sammelt meine Knochen und schlagt auf sie drauf, dann wird aus ihnen das Bäuerlein Faustgroß herauskommen, der Däumling mit dem ellenlangen Bart. Es wird alles tun, was ihr wollt.« Die Zeit verging, den Stier hatten sie aufgegessen und wurden wieder hungrig; sie schlugen leicht auf die Knochen, und das Bäuerlein Faustgroß kam hervor. Darauf gerieten sie in einen Wald, und in diesem Wald stand ein Haus, es war aber ein Räuberhaus. Faustgroß schlug die Räuber und den Hauptmann tot und warf sie in eine Kammer; er befahl aber der Zarentochter, niemals dort hineinzugehen. Sie hielt es jedoch vor Neugierde nicht aus, schaute hinein und verliebte sich in den

Kopf des Anführers. Sie bat Iwan-Zarewitsch, ihr das Wasser des Lebens und des Todes zu verschaffen. Kaum hatte er ihr diesen Wunsch erfüllt, als sie den Hauptmann lebendig machte und mit ihm verabredete, Iwan-Zarewitsch umzubringen. Zuerst beschlossen sie, ihn nach Wolfsmilch auszuschicken. Iwan-Zarewitsch ging mit dem Bäuerlein Faustgroß fort, und sie fanden endlich eine Wölfin. »Gib uns deine Milch!«, sprachen sie zu ihr. Sie ließ ihnen ihre Milch und bat sie, auch ihr Junges mitzunehmen, weil es bloß scheißt und pisst, unnütz Brot nur frisst. Sie nahmen die Milch und das Wölflein mit und kehrten um; die Milch gaben sie Helenen, der Wunderschönen, das Wölflein aber behielten sie für sich. So war es also nicht gelungen, den Bruder zu verderben; da schickte ihn die Schwester nach Bärenmilch, und Iwan-Zarewitsch ging mit dem Bäuerlein Faustgroß fort, um Bärenmilch zu holen. Sie fanden eine Bärin und sprachen zu ihr: »Gib uns deine Milch!« Sie ließ ihnen ihre Milch und bat sie, auch ihr Junges mitzunehmen, weil es bloß scheißt und pisst, unnütz Brot nur frisst. Da nahmen sie die Milch und das Bärchen mit und kehrten um; die Milch gaben sie Helenen, der Wunderschönen, das Bärchen aber behielten sie für sich. Also auch auf diese Art hatten sie nicht vermocht, Iwan-Zarewitsch umzubringen; da schickten sie ihn nach Löwenmilch, und er ging mit dem Bäuerlein Faustgroß fort. Sie fanden eine Löwin und erhielten ihre Milch; sie bat, auch ihr Junges mitzunehmen, weil es bloß scheißt und pisst, unnütz Brot nur frisst. Dann kehrten sie zu Helenen, der Wunderschönen, zurück, gaben ihr die Milch und behielten das Löwenjunge für sich.

Jetzt sahen der Räuberhauptmann und Helene, die Wunderschöne, dass sie auch auf diese Weise Iwan-Zarewitsch nicht verderben konnten, und schickten ihn nun aus, Eier des Feuervogels zu holen. Iwan-Zarewitsch machte sich mit dem Bäuerlein Faustgroß auf; sie fanden den Feuervogel und wollten ihm seine Eier fortnehmen, er geriet aber in Zorn und verschluckte das Bäuerlein Faustgroß; Iwan-Zarewitsch ging ohne Eier nach Hause. Er kam zur Schwester Helene, der Wunderschönen, und erzählte ihr, dass er die Eier nicht habe erlangen können und dass der Feuervogel das Bäuerlein Faustgroß verschlungen habe. Da freuten sich Helene, die Wunderschöne, und der Hauptmann und meinten, dass Iwan-Zarewitsch ohne den Faustgroß nichts würde ausrichten können; und sie befahlen ihn zu töten. Iwan-Zarewitsch aber hatte das mit angehört und bat sich aus, vor dem Tode noch einmal baden zu dürfen. Da ließ Helene, die Wunderschöne, die Badstube heizen und Iwan-Zarewitsch ging hinein. Die Schwester schickte aber zu ihm und ließ ihm sagen, er solle sich beeilen. Doch Iwan-Zarewitsch gehorchte ihr nicht und wusch sich ohne jede Eile. Plötzlich kamen das Wölfchen, das Bärchen und das Löwchen zu ihm gelaufen und sagten ihm, dass das Bäuerlein Faustgroß sich vor dem Feuervogel gerettet habe und gleich hierherkäme. Iwan-Zarewitsch befahl den Tieren, sich auf die Schwelle zu legen und wusch sich ruhig weiter. Helene, die Wunderschöne, schickte wieder zu ihm und ließ ihm sagen, er solle sich beeilen, und käme er nicht gleich, so würde sie ihn selbst holen. Iwan-Zarewitsch gehorchte ihr aber nicht und kam nicht aus der Badstube heraus. Helene, die Wunderschöne, wartete und wartete, konnte sich jedoch nicht länger gedulden und ging mit dem Hauptmann hin, um zu sehen, was der Bruder dort treibe. Sie kam hin und sah, dass er sich wusch und ihrem Befehl nicht gehorchte; sie ward zornig und gab ihm eine Backpfeife. Hast du nicht gesehen! war das Bäuerlein Faustgroß da und befahl dem Wölfchen, dem Bärchen und dem Löwchen, den Räuberhauptmann in Stücke zu reißen; Helene, die Wunderschöne, aber band er nackt an einen Baum, damit ihr Leib von Mücken und Fliegen zerfressen würde; dann machte er sich mit Iwan-Zarewitsch auf und wanderte über Weg und Steg. Und als sie einen großen Palast erblickten, sprach das Bäuerlein Faustgroß: »Willst du nicht heiraten, Iwan-Zarewitsch? Hier in diesem Hause wohnt eine Heldenjungfrau; sie sucht einen starken Burschen, der sie zu überwinden vermag.« Sie gingen auf das Haus zu. Kurz davor setzte sich Iwan-Zarewitsch auf ein Pferd und das Bäuerlein Faustgroß hinter ihn, und sie forderten die Heldenjungfrau zum Kampf heraus. Sie schlugen und schlugen sich, und die Heldenjungfrau traf Iwan-Zarewitsch auf die Brust; fast wäre er gefallen, aber Faustgroß hielt ihn fest. Dann traf jedoch Iwan-Zarewitsch die Heldenjungfrau mit der Lanze, und die Jungfrau stürzte sogleich vom Pferde. Als Iwan-Zarewitsch sie aus dem Sattel geworfen hatte, sprach sie zu ihm: »Nun kannst du mich zur Frau nehmen, Iwan-Zarewitsch!«

Rasch wird das Märchen erzählt, langsam die Tat getan. Iwan-Zarewitsch vermählte sich mit der Heldenjungfrau. Das Bäuerlein Faustgroß sagte aber zu ihm: »Hör mich an, Iwan-Zarewitsch: Wird dir in der ersten Nacht schlecht zumute, so komm zu mir heraus, ich werde dir beistehn.« Iwan-Zarewitsch legte sich mit der Heldenjungfrau schlafen. Plötzlich legte sie ihm die Hand auf die Brust, und ihm ward schlecht zumute; da bat er, hinausgehen zu dürfen. Und als er hinausgegangen war, rief er das Bäuerlein Faustgroß und erzählte ihm, dass die Heldenjungfrau ihn ersticken wolle. Das Bäuerlein Faustgroß ging zur Heldenjungfrau hinein, fing an sie zu prügeln und sprach dazu: »Ehre deinen Mann!« Und von der Zeit ab lebten sie glücklich und in Frieden.

Danach bat die Heldenjungfrau Iwan-Zarewitsch, er möge Helene, die Wunderschöne, losbinden und sie bei sich wohnen lassen. Da schickte er sogleich hin und ließ sie losbinden und zu ihm führen. Lange lebte Helene, die Wunderschöne, bei ihm. Eines Tages aber sprach sie zu Iwan-Zarewitsch: »Bruder, lass mich dich lausen!« Und sie begann ihn zu lausen und steckte ihm einen Todeszahn in den Kopf, davon kam Iwan-Zarewitsch das Sterben an. Das Löwchen sah, dass Iwan-Zarewitsch im Sterben lag, und zog ihm den Todeszahn heraus; da kam Iwan-Zarewitsch wieder zu sich, aber das Löwchen lag im Sterben. Nun zog das Bärchen dem Löwchen den Zahn heraus und das Löwchen kam zu sich, aber das Bärchen begann zu sterben. Der Fuchs sah es sterben und zog ihm den Todeszahn heraus, aber da er schlauer war als sie alle, so warf er ihn sofort auf eine Pfanne, wovon der Zahn in Stücke sprang. Dafür ließ Iwan-Zarewitsch Helene, die Wunderschöne, an den Schweif eines starken Rosses binden und auf dem freien Felde zu Tode schleifen.

Ich bin dort gewesen,
Met hab ich getrunken;
Übern Schnurrbart floss er mir,
In den Mund nicht kam er mir.

Sturmheld Iwan Kuhsohn

Irgendwo in einem Zarenreich, in einem fernen Reich, lebte einst ein König mit seiner Königin. Sie hatten keine Kinder, aber waren doch schon an die zehn Jahre verheiratet. Da sandte der König an alle Zaren, in alle Städte, zu allen Völkern, allen geringen Leuten die Botschaft: »Wer vermag die Königin zu heilen, auf dass sie schwanger werde?« Die Fürsten und Bojaren kamen zusammen, reiche Kaufleute und Bauern; der König speiste sie, bis sie satt waren, tränkte sie, bis sie trunken waren, und begann sie dann auszufragen. Niemand weiß ein Mittel, niemand wagt zu sagen, wodurch die Königin schwanger werden könne; nur ein Bauernsohn fand den Mut. Der König gab ihm eine ganze Handvoll Goldstücke und bestimmte als Frist drei Tage. Der Bauernsohn hatte sich zwar gemeldet, aber was er sagen sollte, das war ihm nicht einmal im Traum eingefallen; er ging zur Stadt hinaus und dachte gewaltig nach. Da begegnete ihm ein altes Mütterchen und fragte: »Sag an, Bauernsohn, worüber grübelst du?« Er antwortete: »Schweig, alte Hutzel, ärgere mich nicht!« Sie lief ihm aber nach, vertrat ihm den Weg und sagte: »Vertrau mir nur an, welche Sorge dich drückt: Ich bin alt geworden, weiß alles.« Da besann er sich: Wozu hab ich sie beschimpft? Vielleicht weiß sie doch etwas. »Hör einmal, Großmütterchen, ich hab dem König versprochen zu sagen, wodurch die Königin schwanger werden könne, aber weiß es selber nicht.« – »So, so! Ich weiß es aber. Geh zum König und sag ihm, dass man drei seidene Netze flechten solle; im Meer, unter dem Schlossfenster, da wohnt ein Hecht mit goldenen Flossen und schwimmt immer vor dem Palast herum. Wenn der König ihn fängt und zubereiten lässt, und die Königin ihn isst, so wird sie ein Kind gebären.« Der Bauernsohn fuhr selber zum Fang auf das Meer, warf drei seidene Netze aus, aber der Hecht sprang in die Höh und zerriss alle drei Netze. Ein zweites Mal warf er aus und wieder zerrissen sie. Der Bauernsohn nahm seinen Gürtel ab und vom Hals das seidene Tuch, band die Netze zusammen, warf sie ein drittes Mal aus – und fing den Hecht mit den goldenen Flossen. Da ward er unsagbar froh und brachte ihn dem König. Der König befahl, den Hecht zu waschen, auszunehmen, zu braten und der Königin vorzusetzen. Die Köche reinigten den Hecht und wuschen ihn und gossen das Spülwasser zum Fenster hinaus; eine Kuh kam vorbei und leckte es auf. Als die Köche den Hecht gebraten hatten, eilte die Dienstmagd-Schwarzhaar hinzu, legte ihn auf eine Schüssel und trug ihn zur Königin, aber unterwegs kostete sie davon. Alle drei brachten am gleichen Tage, zu gleicher Stunde ein Kind zur Welt: die Kuh, die Dienstmagd und die Königin.

Rasch wird das Märchen erzählt, langsam die Tat getan. Nach einiger Zeit kam die Viehmagd vom Viehhof und meldete dem König, dass die Kuh einen Menschen geboren habe. Der König wunderte sich sehr darüber; kaum hatte er diese Nachricht gehört, als man gelaufen kam und ihm erzählte, dass die Dienstmagd-Schwarzhaar einen Knaben geboren habe, der genau wie der Sohn der Kuh aussähe. Und gleich darauf wurde ihm berichtet, dass auch die Königin einen Sohn geboren habe, der dem Kuhsohn auf das Haar gleiche. Wunderbare Knaben waren da geboren! Wie einer in Jahren wächst, wachsen sie in Stunden; wie einer in einem Jahr, sind sie in einer Stunde; wie einer in drei Jahren, sind sie in drei Stunden. Als sie herangewachsen waren, fühlten sie eine ungeheure Heldenkraft in sich. Sie gingen zu ihrem Vater, dem König, und baten sich aus, in der Stadt spazieren zu dürfen, die Leute zu betrachten und sich selbst zu zeigen. Er erlaubte es, befahl ihnen, sich still und ruhig zu benehmen, und gab ihnen Geld mit, so viel sie nur tragen konnten. Da gingen die kühnen Burschen fort. Der eine wurde Iwan-Zarewitsch genannt, der andere Iwan-Magdsohn, der dritte Sturmheld Iwan-Kuhsohn. Sie schlenderten hin und her, kauften aber nichts. Da erblickte Iwan-Zarewitsch kleine gläserne Kugeln und sagte zu den Brüdern: »Lasst uns, Brüder, jeder eine Kugel kaufen und sie in die Höhe werfen: Wer am höchsten wirft, soll der erste unter uns sein.« Die Brüder waren einverstanden; sie losten, wer zuerst werfen solle. Das Los traf Iwan-Zarewitsch. Er warf die Kugel hoch, aber Iwan-Magdsohn noch höher, Sturmheld-Kuhsohn jedoch warf sie so hoch, dass man sie aus den Augen verlor. »Jetzt bin ich der Erste unter euch«, sagte er. Iwan-Zarewitsch geriet darüber in Zorn: »Wie, ein Kuhsohn, und will der erste sein!« Sturmheld erwiderte darauf: »Gott gefällt es wohl, dass ihr mir gehorchen sollt.«

Sie wanderten über Weg und Steg und kamen zum Schwarzen Meer, dort zischte ein Schlangenungeheuer. Iwan-Zarewitsch sagte: »Nun, Brüder, wer dieses Ungeheuer zur Ruhe bringt, soll der Erste unter uns sein!« Die Brüder waren einverstanden und Sturmheld sagte: »Beruhige du es, Iwan-Zarewitsch! Gelingt's dir, sollst du der Erste unter uns sein.« Der Zarensohn begann zu schreien und wollte das Ungeheuer zur Ruhe bringen, es ward aber noch wütender. Dann fing Iwan-Magdsohn an, es zur Ruhe zu bringen, aber auch er brachte nichts zustande, Sturmheld jedoch schrie auf und warf einen Stock ins Wasser – weg war das Ungeheuer, als ob es nie da gewesen wäre! Und wieder sagte er: »Ich bin der Erste unter euch!« Iwan-Zarewitsch aber geriet in Zorn: »Wir wollen dir nicht untertan sein!« – »Nun, so bleibt allein!«, sagte Sturmheld und kehrte in seine Heimat zurück; die beiden Brüder aber gingen weiter, wohin die Augen schauen.

Der König erfuhr, dass Sturmheld allein zurückgekehrt war, und befahl, ihn in den Turm zu werfen. Man gab ihm nichts zu trinken und nichts zu essen drei Tage lang. Der Held schlug mit der Faust an die steinerne Wand und schrie mit gewaltiger Stimme: »Fragt einmal euren König, meinen Pflegevater, warum, weswegen er mir kein Essen geben lässt? Eure Mauern sind für mich keine Mauern und die Gitter keine Gitter; will ich, so zerschlag ich alles mit der Faust!« Sofort wurde dem König dies berichtet; der König ging selbst zu ihm und sagte: »Was prahlst du, Sturmheld?« – »Mein Pflegevater! Warum, weswegen gibst du mir kein Essen, quälst mich drei Tage mit dem Hungertode? Ich weiß keine Schuld, die auf mir liegt.« – »Wo hast du meine Söhne, deine Brüder, gelassen?« Sturmheld-Kuhsohn erzählte ihm, was sich begeben hatte: »Die Brüder leben, sind heil und gesund und gingen weiter, wohin die Augen schauen.« Der König fragte: »Warum bist du nicht mit ihnen gegangen?« – »Weil Iwan-Zarewitsch der Erste sein wollte, obwohl es dem Lose nach mir zukam.« – »Nun gut, ich werde sie zurückrufen lassen.« Sturmheld erwiderte: »Niemand außer mir, wird sie einholen; sie gingen zu jenem Ort im Drachenland, wo aus dem Schwarzen Meer drei Drachen mit sechs, mit neun und mit zwölf Köpfen emporsteigen.« Der König bat ihn darauf gar sehr, und Sturmheld-Kuhsohn machte sich auf die Reise, nahm seine Kampfkeule mit und das Schwert und ging fort.

Rasch wird das Märchen erzählt, langsam die Tat getan. Er ging und ging und ereilte die Brüder nah vom Schwarzen Meer an der Maßholderbrücke. Bei dieser Brücke stand eine Säule, und auf der Säule war geschrieben, dass hier die drei Drachen emporsteigen. »Willkommen, Brüder!« Sie freuten sich und antworteten: »Willkommen, Sturmheld, unser ältester Bruder!« – »Nun, euch ist es, scheint's, nicht nach Geschmack, was dort auf der Säule geschrieben steht?« Sturmheld schaute umher: Nah bei der Brücke stand ein Hüttchen auf Hühnerfüßchen, auf einem Hahnenköpfchen, mit der Stirn zum Wald, mit dem Rücken zu ihnen gekehrt. Da schrie Sturmheld:

»Hüttchen, Hüttchen!
Stelle dich,
Lege dich
Mit dem Rücken zum Wald,
Zu uns mit der Stirn.«

Das Hüttchen drehte sich um, und sie gingen hinein; da stand ein Tisch gedeckt, und auf dem Tisch gab es von allem reichlich: Speisen und Getränke aller Art. In der Ecke stand ein Holzbett, darauf lag ein Daunenpfühl. Sturmheld sagte: »Seht, Brüder, wär ich nicht dabei, hättet ihr nichts von alledem!« Sie setzten sich und aßen und legten sich dann zur Ruhe nieder. Hernach, als Sturmheld sich erhoben hatte, sprach er: »Brüder, in dieser Nacht wird der sechsköpfige Drache emporsteigen; lasst uns losen, wer die Wache halten soll.« Sie warfen das Los und es traf Iwan-Magdsohn. Sturmheld sagte zu ihm: »Gib acht, aus dem Meer wird ein Krüglein herausspringen und vor dir tanzen, schau aber nicht auf das Krüglein, sondern spuck darauf und zerschlag es.« Der Magdsohn ging hin, aber schlief gleich ein. Sturmheld jedoch wusste, dass auf seine Brüder kein Verlass war, und ging selbst ebenfalls hin; er wanderte auf der Brücke umher und klopfte hier und da mit seinem Stöckchen auf. Plötzlich sprang das Krüglein vor ihm hoch und tanzte herum. Sturmheld spuckte darauf und zerschlug es in kleine Stücke. Da schnatterte eine Ente, die Ufer erzitterten, das Meer erbrauste, das Meer wallte auf: da kroch ein seltsames Ungeheuer, der sechsköpfige Drache, heran. Er pfiff und rief mit keckem Pfiff, mit kühnem Ruf:

»Grauchen-Braunchen,
Zauberross!
Sei zur Stell' und zeig dich mir,
Wie das Blatt vorm Grase!«

Das Ross rennt, die Erde zittert, unter den Hufen fliegen die Klumpen wie Heuschober so groß, aus Ohren und Nüstern wallt der Dampf. Der Drache saß auf und ritt auf die Maßholderbrücke, das Ross aber strauchelte unter ihm: »Was stolperst du, du Rabenaas, witterst du Freund oder Feind?« Antwortete das treue Ross: »Es gibt einen Feind für uns: Sturmheld-Kuhsohn.« – »Du lügst, du Rabenaas! Die Krähe hat seine Knochen im Beutel doch nicht hergetragen, wie sollte er selbst hier sein?« – »Ach, du Drache!«, rief da Sturmheld-Kuhsohn, »die Krähe hat meine Knochen nicht hergetragen, sondern ich selbst gehe hier herum.« Der Drache fragte: »Weshalb bist du gekommen? Willst du meine Schwestern freien oder meine Töchter?« – »Nein, Bruder! Im Feld wollen wir uns begegnen, nicht Verwandtschaft pflegen! Lass uns kämpfen!« Sturmheld trat zurück, holte mit der Kampfkeule aus und hieb drei Köpfe dem Untier ab; beim zweiten Male fielen die anderen drei. Den Rumpf zerschnitt er und warf ihn ins Meer; die Köpfe versteckte er unter der Maßholderbrücke, das Ross aber band er zu Füßen des Magdsohnes an, das Schwert aus gutem Stahl legte er ihm zu Häupten; dann ging er in das Hüttchen und legte sich schlafen, als sei nichts geschehen. Iwan-Magdsohn erwachte, erblickte das Ross und ward sehr froh, setzte sich auf, ritt zum Hüttchen und rief: »Sturmheld verbot mir zwar, auf das Krüglein zu schauen, ich aber tat es doch, und da hat mir Gott ein Pferd gegeben!« Jener antwortete: »Dir hat er's gegeben, uns aber erst versprochen!«

In der nächsten Nacht war Iwan-Zarewitsch an der Reihe zu wachen. Sturmheld sagte auch ihm das Gleiche über das Krüglein. Der Zarensohn ging auf der Brücke umher, klopfte hier und da mit dem Stöckchen auf, das Krüglein sprang hervor und begann vor ihm zu tanzen; er schaute lange zu und fiel in festen Schlaf. Sturmheld aber verließ sich nicht auf den Bruder, sondern ging auch hin; er wanderte auf der Brücke umher, klopfte hier und da mit seinem Stöckchen auf, das Krüglein sprang hervor und tanzte herum. Sturmheld spuckte darauf und schlug es in Scherben. Plötzlich schnatterte die Ente, die Ufer erzitterten, das Meer erbrauste, das Meer wallte auf: Da kroch ein seltsames Ungeheuer heran, pfiff und rief mit keckem Pfiff, mit kühnem Ruf:

»Grauchen-Braunchen,
Zauberross!
Sei zur Stell' und zeig dich mir,
Wie das Blatt vorm Grase!«

Das Ross rennt, die Erde zittert, aus Ohren und Nüstern wallt der Dampf in Säulen, aus dem Maule loht die feurige Flamme; es steht vor ihm wie angewurzelt. Das Ungeheuer, der neunköpfige Drache, saß auf, und als er auf die Maßholderbrücke hinaufritt, strauchelte das Ross unter ihm. Der Drache schlug es auf die starken Schenkel. »Was stolperst du, du Rabenaas, witterst du Freund oder Feind?« – »Es gibt einen Feind für uns: Sturmheld-Kuhsohn.« – »Du lügst; seine Knochen hat die Krähe im Beutel doch nicht hergetragen, wie sollte er selbst hier sein!« – »Ach, du verfluchter Drache!«, rief da Sturmheld-Kuhsohn, »ich selbst gehe hier schon das zweite Jahr herum.« – »Nun, wie ist's, Sturmheld, freist du um meine

Schwestern oder meine Töchter?« – »Im Feld wollen wir uns begegnen, nicht Verwandtschaft pflegen! Lass uns kämpfen!« Sturmheld trat zurück, holte mit der Kampfkeule aus, drei Häupter hieb er wie Kohlköpfe ab; zum zweiten Male holte er aus, hieb noch drei Köpfe ab, beim dritten Male fielen die Übrigen. Den Rumpf zerschnitt er und warf ihn ins Schwarze Meer, die Köpfe versteckte er unter der Maßholderbrücke, das Ross band er zu Füßen des Zarensohnes an, das Schwert aber aus gutem Stahl legte er ihm zu Häupten; dann ging er in das Hüttchen und legte sich schlafen, als sei nichts geschehen. Am Morgen erwachte Iwan-Zarewitsch, erblickte das Ross, das noch besser war als das erste; er freute sich, ritt zum Hüttchen und rief: »He, Sturmheld, du verbotest mir zwar, auf das Krüglein zu schauen, Gott aber hat mir ein Ross gegeben, ein besseres als das erste.« Jener antwortete: »Euch hat Gott eins gegeben, mir aber nur versprochen.«

Es nahte die dritte Nacht; Sturmheld rüstete sich zur Wache. Er stellte einen Tisch hin und ein Licht darauf, stach ein Messer in die Wand, hängte ein Handtuch daran, gab den Brüdern ein Spiel Karten und sagte: »Spielt Kinder, vergesst jedoch meiner nicht. Sobald die Kerze zu Ende gebrannt ist, von diesem Handtuch aber Blut auf den Teller tropft, lauft schnell auf die Brücke mir zu Hilfe.« Sturmheld wanderte auf der Brücke umher, klopfte hier und da mit dem Stöckchen auf, das Krüglein sprang hervor und tanzte vor ihm. Sturmheld spuckte darauf und schlug es in kleine Stücke. Plötzlich schnatterte die Ente, die Ufer zitterten, das Meer erbrauste, das Meer wallte auf: Da kroch ein seltsames Ungeheuer heran: der zwölfköpfige Drache. Er pfiff und rief mit keckem Pfiff, mit kühnem Ruf:

»Grauchen-Braunchen,
Zauberross!
Sei zur Stell' und zeig dich mir,
Wie das Blatt vorm Grase!«

Das Ross rennt, die Erde zittert, aus Ohren und Nüstern wallt der Dampf in Säulen, aus dem Maule loht die feurige Flamme; es läuft herbei und steht vor ihm wie angewurzelt. Das Ungeheuer saß auf und machte sich auf den Weg; und als es auf die Brücke ritt, da strauchelte das Ross unter ihm: »Was stolperst du, du Rabenaas, witterst du gar einen Feind?« – »Es gibt einen Feind für uns: Sturmheld-Kuhsohn.« – »Schweig, seine Knochen hat die Krähe im Beutel nicht hergetragen!« – »Du lügst, verfluchter Drache! Ich selbst gehe hier schon das dritte Jahr herum.« – »Nun, wie ist's, Sturmheld, willst du um meine Schwestern oder meine Töchter freien?« – »Im Felde wollen wir uns begegnen, nicht Verwandtschaft pflegen! Lass uns kämpfen!« – »Aha, meine beiden Brüder hast du getötet, da glaubst du auch mich besiegen zu können?!« – »Der Ausgang steht bei Gott! Aber höre, verfluchter Drache, du bist zu Pferd, ich aber bin zu Fuß. Dieses Übereinkommen soll gelten: Den Liegenden trifft kein Schlag.« Sturmheld trat zurück, holte mit der Kampfkeule aus, drei Köpfe schlug er mit einem Hiebe ab; zum zweiten Male trat er zurück, der Drache warf ihn jedoch zu Boden. Der Held rief: »Halt, Ungeheuer! Es war verabredet: Den Liegenden trifft kein Schlag.« Der Drache gab ihm Zeit, aufzustehen; jener erhob sich und drei Häupter flogen ab wie Kohlköpfe. Sie begannen wieder zu kämpfen; viele Stunden mühten sie sich ab, beiden versagte die Kraft, der Drache verlor noch drei Köpfe, dem Helden aber zersprang die Keule. Sturmheld-Kuhsohn zog vom linken Fuß den Stiefel, warf ihn auf das Hüttchen: die Hälfte riss er ein, aber die Brüder schliefen, sie hörten nichts; vom rechten Fuß zog er den Stiefel und warf ihn, dass das Hüttchen barst, aber die Brüder wachten noch immer nicht auf. Sturmheld packte ein Stück der Keule, warf es gegen den Stall, wo die zwei Hengste standen, und brach die Tür entzwei; die Hengste rannten auf die Brücke und warfen den Drachen aus dem Sattel. Da ward der Held froh, eilte hinzu und schlug dem Drachen die letzten drei Köpfe ab; den Rumpf zerschnitt er und warf ihn ins Schwarze Meer, die Köpfe aber versteckte er unter der Maßholderbrücke. Dann führte er die drei Hengste in den Stall, versteckte sich selbst unter der Maßholderbrücke und trocknete das Blut auf der Brücke nicht auf.

Am Morgen erwachten die Brüder; sie sahen: Das Hüttchen ist zusammengefallen, der Teller voll Blut. Sie gingen in den Stall hinein, drei Hengste standen darin; sie wunderten sich, wo ihr ältester Bruder geblieben sein könne, suchten ihn drei Tage lang, aber fanden ihn nicht und sprachen zueinander: »Sicherlich hat einer den andern getötet, ihre Leiber aber sind verschwunden; wir wollen nun heimreiten!« Kaum hatten sie die Pferde gesattelt und sich zum Ritt bereit gemacht, als Sturmheld erwachte und unter der Brücke hervorkam: »Warum verlasst ihr euren Gefährten, Brüder? Ich hab euch vom Tode errettet, ihr aber habt immer nur geschlafen und seid mir nicht zur Hilfe gekommen.« Da fielen sie vor ihm auf die Knie nieder: »Wir sind schuld, Sturmheld, unser großer Bruder!« – »Gott wird euch verzeihen!« Dann flüsterte er, zum Hüttchen gewendet: »Wie du früher warst, sei auch jetzt wieder!« Das Hüttchen stand da wie früher, mit Essen und mit Getränken. »Esst, Brüder, denn ohne mich seid ihr wohl fast verhungert; dann aber lasst uns reiten!« Sie aßen und ritten über Weg und Steg.

Als sie zwei Werst entfernt waren, sagte Sturmheld-Kuhsohn: »Brüder, ich hab im Hüttchen meine Peitsche vergessen; reitet im Schritt, während ich sie schnell hole.« Er kam zum

Hüttchen, stieg vom Ross und ließ es auf die Bannwiesen. »Lauf, treues Ross, bis ich dich rufe!« Sich selbst verwandelte er in eine Fliege, schwirrte ins Hüttchen hinein und setzte sich auf den Ofen. Ein wenig später trat die Baba-Jaga herein und setzte sich vorn in die Ecke; zu ihr kam die junge Schwiegertochter und sprach: »Ach, Mütterchen! Euren Sohn, meinen Mann, hat Sturmheld Iwan-Kuhsohn umgebracht. Aber ich werd ihm diesen Schimpf schon heimzahlen: Will vorauslaufen und ihm einen heißen Tag auf den Hals schicken, mich selbst aber zur grünen Wiese machen; auf dieser Wiese verwandle ich mich in einen Brunnen; in diesem Brunnen wird ein silberner Becher schwimmen; und auch in ein Holzbett werd ich mich verwandeln. Die Brüder werden die Rosse füttern, sich erholen und Wasser trinken wollen; da wird es sie zu Mohnkörnchen zerreißen!« Die Schwiegermutter antwortete: »So haben die Bösewichter es auch verdient!« Die zweite Schwiegertochter kam hinzu und sprach: »Ach, Mütterchen! Euren Sohn, meinen Mann, hat Sturmheld Iwan-Kuhsohn umgebracht. Aber ich werd ihm diesen Schimpf schon heimzahlen: Will vorauslaufen, mich in einen wundervollen Garten verwandeln; über den Zaun werden Früchte herabhängen; saftige, duftende! Ein jeder wird pflücken wollen, was ihm behagt; doch da wird es sie zu Mohnkörnchen zerreißen.« Antwortete ihr die Schwiegermutter: »Auch du hast es klug erdacht.« Die dritte, jüngste Schwiegertochter kam hinzu und sprach: »Ach, Mütterchen! Sturmheld Iwan-Kuhsohn hat Euren Sohn, meinen Mann, umgebracht. Aber ich werd ihm diesen Schimpf schon heimzahlen: Will mich in ein altes Hüttchen verwandeln; sie werden übernachten wollen, und sowie sie ins Hüttchen hineingehen werden, wird es sie zu Mohnkörnchen zerreißen.« – »Nun, meine lieben Schwiegertöchter! Und wenn ihr sie nicht vernichtet, so werd ich morgen selbst voranlaufen, mich in ein Schwein verwandeln und alle drei verschlingen.« Sturmheld saß auf dem Ofen, hörte, was sie sprachen, und flog hinaus auf den Weg: Er warf sich auf die Erde und ward alsbald zum Heldenjüngling; er pfiff und rief mit keckem Pfiff, mit kühnem Ruf:

»Grauchen-Braunchen,
Zauberross!
Sei zur Stell' und zeig dich mir,
Wie das Blatt vorm Grase!«

Das Ross rennt, die Erde zittert. Sturmheld saß auf und ritt davon; er band eine Bastfaser an sein Stöckchen, eilte seinen Gefährten nach und sagte zu ihnen: »Seht, Brüder, das Peitschchen, ohne welches ich nicht leben kann!« – »He, Bruder, um welchen Quark du dich kümmerst! In der Stadt hätten wir ein neues kaufen können.«

Sie ritten über die Steppe und durch Täler; der Tag war heiß, nicht zum Aushalten, und der Durst quälte sie. Da kamen sie an eine grüne Wiese mit saftigem Gras, und auf dem Grase stand ein hölzernes Bett. »Bruder Sturmheld, lass uns die Pferde auf der Wiese weiden und uns selbst auf dem Bett ausruhen; da ist auch ein Brunnen, vom kalten Wasser lass uns trinken!« Doch Sturmheld antwortete seinen Brüdern: »Der Brunnen steht einsam in der Steppe, niemand schöpft und trinkt aus ihm.« Er sprang von seinem treuen Ross und fing an den Brunnen zu hauen und zu schlagen: Blut floss in Strömen; sofort ward das Wetter trübe, die Hitze wich, und der Durst verschwand. »Seht, Brüder, welch dickes Wasser! Blut mag es wohl scheinen.«

Sie ritten weiter. War es lang darauf, war es kurz – da kamen sie an einem wundervollen Garten vorüber. Iwan-Zarewitsch sagte zum ältesten Bruder: »Erlaube uns, ein Äpfelchen zu pflücken.« – »He, Brüder, der Garten steht einsam in der Steppe, vielleicht sind die Äpfel alt und faul; isst man sie, so befällt einen eine Krankheit. Erst werd ich hingehn und nachschauen!« Er ging in den Garten, fing an zu hauen und zu schlagen, hieb alle Bäume bis auf den letzten ab. Die Brüder jedoch wurden zornig auf ihn, weil er nicht nach ihrem Willen tat.

Sie ritten über Weg und Steg, die dunkle Nacht umfing sie; an einer Hütte langten sie an. »Bruder Sturmheld! Schau, der Regen fällt, lass uns in der Hütte nächtigen.« – »Ach, Brüder! Besser lasst uns Zelte aufschlagen und auf freiem Felde nächtigen als in dieser Hütte. Sie ist alt, und wenn wir hineingehn, stürzt sie zusammen und erdrückt uns. Ich will aber absteigen und hineinschauen.« Er trat in die Hütte und fing an zu hauen, Blut spritzte empor! »Da seht ihr nun selber, was für eine Hütte das ist: Durch und durch ist sie faul! Lasst uns weiterreiten.« Die Brüder murrten vor sich hin, ließen es aber nicht merken, dass sie sich ärgerten. Sie ritten weiter; da teilte sich der Weg. Sturmheld sagte: »Brüder, lasst uns den linken Weg nehmen!« Jene antworteten: »Reit, wohin du willst, wir folgen dir aber nicht.« Und sie ritten nach rechts, Sturmheld jedoch nach links.

Sturmheld kam zu einem Dorf, und in diesem Dorf arbeiteten zwölf Schmiede. Da rief und pfiff er mit keckem Pfiff, mit kühnem Ruf: »Schmiede, Schmiede, kommt alle herbei!« Die Schmiede hörten es, alle zwölf eilten zu ihm: »Was willst du?« – »Zieht rings um die Schmiede eine eiserne Wand!« Sie gehorchten und vollbrachten es im Nu. »Schmiedet, Schmiede, zwölf eiserne Ruten und glüht die Zangen zu roter Glut! Ein Schwein wird zu euch gelaufen kommen und sagen: ›Schmiede, Schmiede! Gebt mir den Schuldigen heraus; gebt ihr mir den Schuldigen nicht, so werd ich euch alle samt der Schmiede verschlingen!‹ Ihr aber sagt: ›Ach, Mütterchen Schwein, nimm uns diesen Dummkopf nur fort, er fällt uns schon lange zur Last. Steck nur die Zunge zur Schmiede herein, dann setzen wir ihn dir schon drauf.« Kaum hatte Sturmheld ihnen diesen Befehl erteilt, da war das Riesenschwein schon da und rief laut: »Schmiede, Schmiede, gebt mir den Schuldigen heraus!« Die Schmiede antworteten alle zugleich: »Mütterchen Schwein, nimm uns diesen Dummkopf nur fort, er fällt uns schon lange zur Last. Steck nur die Zunge zur Schmiede herein, dann setzen wir ihn dir schon drauf!« Das Schwein war dumm und gutgläubig, streckte die Zunge einen ganzen Klafter weit heraus; Sturmheld packte es an der Zunge mit heißen Zangen und schrie den Schmieden zu: »Nehmt die eisernen Ruten, haut zu aus Leibeskräften!« Sie schlugen so lange drauflos, bis die Rippen bloßlagen. »Und nun«, sagte Sturmheld, »haltet einmal das Schwein und lasst mich ihm den Rest geben!« Er packte eine eiserne Rute, und wie er zuschlug, waren alle Rippen entzwei. Da begann das Schwein zu flehen: »Sturmheld, lass meiner armen Seele Zeit zu bereuen!« Sturmheld erwiderte: »Warum hast du meine Brüder verschlungen?« – »Deine Brüder geb ich dir gleich wieder zurück.« Er packte das Schwein an den Ohren; es erbrach sich, und beide Brüder sprangen mit ihren Rossen hervor. Da hob Sturmheld das Schwein empor und schleuderte es mit mächtigem Schwung auf die feuchte Erde; das Schwein barst in Stücke und ward zu einem unreinen Geist. Sturmheld sprach zu seinen Brüdern: »Seht ihr nun, Dummköpfe, wo ihr hingeraten seid?« Sie fielen auf die Knie: »Wir sind schuld, Sturmheld-Kuhsohn!« – »Jetzt lasst uns unseres Weges reiten; auf Hindernisse werden wir nicht mehr stoßen.«

Sie kamen in ein Zarenreich, zum indischen König und schlugen auf seinen Bannwiesen ihre Zelte auf. Der König erwachte am Morgen, schaute durch sein Fernrohr, erblickte die Zelte und rief seinen ersten Minister zu sich. »Geh hin, Bruder! Nimm dir ein Pferd aus dem Stall, reit auf die Bannwiesen und bringe in Erfahrung, was für Flegel angekommen sind und ohne meine Erlaubnis Zelte aufgeschlagen und Feuer angezündet haben auf meinen Bannwiesen.« Der Minister ritt hin und fragte: »Was seid ihr für Leute, Zaren oder Zarensöhne, Könige oder Königssöhne oder großmächtige Helden?« Antwortete Sturmheld-Kuhsohn: »Wir sind großmächtige Helden und gekommen, um die Königstochter zu freien. Melde deinem König, er möge seine Tochter Iwan-Zarewitsch zum Ehegemahl geben; gibt er aber seine Tochter nicht, soll er ein Heer aussenden.« Der König fragte seine Tochter, ob sie wohl Iwan-Zarewitsch folgen wolle. »Nein, Väterchen, ich will ihn nicht zum Mann; schick ein Heer aus.«

Gleich wurden die Hörner geblasen, die Trommeln gerührt, das Heer sammelte sich und marschierte auf die Bannwiesen; so groß war es, dass Iwan-Zarewitsch und Iwan-Magdsohn erschraken. Unterdessen kochte Sturmheld-Kuhsohn eine dünne Grütze zum Frühmahl und rührte sie mit dem Kochlöffel um; er ging dann hinaus, und sowie er mit dem Löffel ausholte und zuschlug, lag die Hälfte des Heeres am Boden; er kehrte zurück, rührte die Grütze wieder um, ging abermals hinaus, schlug zu, und die zweite Hälfte des Heeres lag auf dem Platz; nur einen Einäugigen ließ er übrig und noch einen Blinden. »Meldet dem König«, sagte er, »dass er seine Tochter Marja, das Königskind, dem Iwan-Zarewitsch zur Frau geben möge; tut er es nicht, soll er ein Heer aussenden und selbst hinausreiten.« Der Einäugige und der Blinde kamen zu ihrem König und sagten: »Herr! Sturmheld befahl, dir zu melden, dass du deine Tochter Iwan-Zarewitsch zur Frau geben sollst; er war sehr zornig, hat uns alle mit dem Kochlöffel zu Boden geschlagen.« Der König ging auf seine Tochter zu und sprach: »Mein liebes Kind! Nimm Iwan-Zarewitsch zum Mann.« Die Tochter antwortete: »Es bleibt nichts übrig, ich werd ihn nehmen müssen. Befiehl, Väterchen, dass man ihm einen Wagen schickt.« Der König sandte sofort einen Wagen, selbst stand er am Tor und wartete. Iwan-Zarewitsch kam mit seinen beiden Brüdern. Der König empfing sie mit Musik und Paukenschall, höflich und freundlich, und setzte sie an die Eichentische, bedeckt mit gemusterten Tüchern, beladen mit süßen Speisen und mit Honiggetränken. Da flüsterte Sturmheld Iwan-Zarewitsch zu: »Gib acht, Iwan-Zarewitsch, die Königstochter wird zu dir treten und bitten: Erlaube mir, auf ein Stündchen hinauszugehn! Du aber antworte: Geh, auch für zwei!«

Nachdem die Königstochter eine Weile gesessen hatte, kam sie zum Zarensohn und sagte: »Gestatte mir, Iwan-Zarewitsch, in das andere Zimmer zu gehen, mich umzukleiden.« Iwan-Zarewitsch erlaubte es; sie ging aus dem Zimmer hinaus, Sturmheld aber hinter ihr mit leisem Schritt. Die Königstochter warf sich auf die Treppe, verwandelte sich in ein Täubchen und flog hinaus zum Meer. Sturmheld warf sich zur Erde, verwandelte sich in einen Falken und flog hinter ihr drein. Die Königstochter erreichte das Meer, warf sich auf die Erde, verwandelte sich zur schönen Jungfrau und sprach: »Großväterchen, Großväterchen, goldenes Köpfchen, silbernes Bärtchen! Lass mich mit dir reden!« Großväterchen reckte sich aus dem blauen Meer empor: »Was brauchst du, mein Enkelchen?« – »Iwan-Zarewitsch freit um mich; ich wollte seine Frau nicht werden, aber nun ist unser ganzes Heer erschlagen. Gib mir, Großväterchen, von deinem Kopf drei Haare, die werd ich dem Zarensohn vorweisen: Errate nun, Iwan-Zarewitsch, aus welcher Wurzel wuchs dieses Gras?« Großväterchen gab ihr drei Haare; sie warf sich auf die Erde, verwandelte sich in ein Täubchen und flog heim. Dann aber warf sich Sturmheld zur Erde, verwandelte sich in eine ebensolche Jungfrau und sprach: »Großväterchen, Großväterchen! Komm noch einmal hervor und rede mit mir: Ich hab vergessen, dir noch ein Wort zu sagen.« Kaum hatte Großväterchen seinen Kopf aus dem Wasser emporgereckt, als Sturmheld ihn packte und ihm den Kopf abriss. Dann warf er sich zur Erde, verwandelte sich in einen Adler und flog zum Palast, schneller als die Königstochter. Er rief den Zarensohn auf den Flur hinaus. »Hier, Iwan-Zarewitsch, nimm diesen Kopf. Die Königstochter wird vor dich treten, dir drei Haare weisen und sagen: ›Errate nun, Iwan-Zarewitsch, aus welcher Wurzel wuchs dieses Gras?‹ Dann zeige ihr den Kopf.« Die Königstochter trat heran, wies Iwan-Zarewitsch die drei Haare und sagte: »Errate, Zarensohn, aus welcher Wurzel wuchs dieses Gras? Erkennst du sie, folg ich dir als Gattin, wenn nicht – sei nicht zornig auf mich!« Iwan-Zarewitsch aber zog unter dem Rockschoß den Kopf hervor, warf ihn auf den Tisch und sprach: »Da hast du die Wurzel!« Die Königstochter dachte im Stillen bei sich: »Tüchtig sind die Burschen!« Sie bat: »Gestatte mir, Iwan-Zarewitsch, mich im anderen Zimmer umzukleiden.« Der Zarensohn erlaubte es; sie ging hinaus auf die Treppe, warf sich zur Erde nieder, verwandelte sich in ein Täubchen und flog wieder fort zum Meer. Sturmheld packte den Kopf, ging auf den Hof, warf den Kopf gegen die Treppe und sagte dazu: »Wo du früher warst, sei nun wieder!« Der Kopf flog dahin, war eher zur Stelle als die Königstochter und wuchs am Körper an. Die Königstochter hielt am Meer, warf sich zur Erde und verwandelte sich in die schöne Jungfrau: »Großväterchen, Großväterchen, komm hervor, sprich mit mir!« Er reckte sich empor und fragte: »Was brauchst du, Enkelchen?« – »Was? Dein Kopf war nicht dort?« – »Weiß nicht, Enkelchen! Hab tief geschlafen.« – »Nein, Großväterchen, dein Kopf ist dort gewesen.« – »So wird man wohl den Kopf abgerissen haben, als du das letzte Mal hier warst und ein Wörtchen mit mir reden wolltest.« Sie warf sich zur Erde, verwandelte sich in ein Täubchen und flog heim; kleidete sich in ein anderes Gewand, trat ein und setzte sich neben Iwan-Zarewitsch nieder.

Am nächsten Tage fuhren sie zur Trauung, die Ehe zu schließen; als sie zurückgekehrt waren, führte Sturmheld Iwan-Zarewitsch fort, um ihm zu zeigen, wo ihm das Schlafgemach gerüstet worden war, gab ihm drei Ruten, eine eiserne, eine kupferne, eine dritte aber aus Zinn, und sagte: »Willst du am Leben bleiben, so erlaube mir, an deiner Stelle mich zur Königin zu legen.« Der Zarensohn war einverstanden. Der König führte das junge Paar zum Ehebett. Da löste Sturmheld-Kuhsohn den Zarensohn ab, und kaum lag er, so begann er zu schnarchen. Die Königstochter legte den Fuß auf ihn, legte auch den zweiten dazu, dann nahm sie ein Kissen und begann den Helden zu ersticken. Sturmheld aber sprang empor, packte die eiserne Rute und fing an die Königin zu schlagen; schlug sie so lange, bis die Rute zerbrach. Dann nahm er die kupferne, und auch die ging in Stücke; zuletzt schlug er mit der zinnernen. Die Königin begann zu flehen und verschwor sich mit hohen Eiden, nie mehr solche Dinge zu tun. Am Morgen erhob sich Sturmheld und ging zu Iwan-Zarewitsch: »Nun, Bruder, geh hin und sieh, wie deine Frau von mir gezähmt ist; die drei Ruten, die bereit waren, hab ich alle an ihr zerschlagen. Fortan lebt in Frieden, liebt einander und vergesst meiner nicht.«

Oletschka

Irgendwo in einem Zarenreich, in einem fernen Reich, lebten einst ein Zar und eine Zarin, die hatten eine Tochter mit Namen Oletschka. Die Zarin aber starb, und da nahm der Zar eine zweite Frau, doch die war über alle Maßen böse. Sie liebte die Stieftochter nicht und wollte sie um jeden Preis umbringen. Oletschka war sehr schön, die Zarin aber wollte schöner sein als alle. Und eines Tages, als sie sich schmückte, nahm sie ihr geliebtes Spieglein in die Hand und befragte es: »Spieglein, mein teures, sag mir die Wahrheit, verbirg mir nichts: Bin ich in aller Welt die Schönste, die Rosigste und die Weißeste?« Das Spieglein antwortete ihr und sprach: »Schöner als alle in der Welt und rosiger und weißer ist die wunderschöne Olga-Zarewna.« Bauz! warf sie den Spiegel auf den Boden, dass er zerbrach.

Am nächsten Tage setzte sich die Zarin vor ein anderes Spieglein, um sich zu schmücken, und befragte es: »Spieglein, mein teures, sag mir die Wahrheit, verbirg mir nichts: Bin ich in aller Welt die Schönste, die Rosigste und die Weißeste?« Aber auch dieses Spieglein gab ihr zur Antwort: »Schöner als alle in der Welt und rosiger und weißer ist die wunderschöne Olga-Zarewna.« Bauz! warf sie den Spiegel auf den Boden, dass er zerbrach.

Am dritten Tage setzte sich die Zarin wiederum vor ein Spieglein hin und befragte es: »Spieglein, mein teures, sag mir die volle Wahrheit, verbirg mir nichts: Bin ich in aller Welt die Schönste, die Rosigste und die Weißeste?« Das Spieglein antwortete ihr und sprach: »Schöner als alle in der Welt und rosiger und weißer ist die wunderschöne Olga-Zarewna.« Bauz! warf sie auch dieses Spieglein auf den Boden, dass es zerbrach.

Nun hielt's die Zarin aber nicht länger aus und schickte nach einer Hexe. Die Hexe kam und fragte: »Was willst du von mir, Mütterchen-Zarin?« – »Dieses will ich von dir, Großmütterchen: Meine Stieftochter ist mir zuwider geworden, wie könnte man sie wohl aus der Welt schaffen?« – »Ach, Mütterchen, das ist ein schweres Stück! Großes Unheil wird uns vom Zaren kommen, wenn er davon erfährt. Aber es ist nichts zu machen, dir muss geholfen werden. Schicke sie auf das freie Feld spazieren zu fahren und befiehl, sie in den dunklen Wald zu führen und dort zu töten. Damit du aber gewiss weißt, dass sie getötet ist, lass mit ihrem Blut ein Tüchlein tränken und es dir bringen.« Da schickte die Zarin Oletschka mit ihrer Wärterin auf das Feld und befahl dem Kutscher und der Wärterin strengstens, in den dunklen Wald zu fahren, die Stieftochter dort zu töten und ein Tüchlein mit ihrem Blut zu tränken. Und so geschah es.

Sie fuhren lange, lange und kamen in den dunklen Wald. Doch dem Kutscher und der Wärterin tat Oletschka leid, weil sie so sanft und gut war. Was konnten sie aber tun? Wie sollten sie den Jammer abwenden? Sie hatten im Sinn, ein Tier an ihrer Stelle zu töten, aber Tierblut gleicht nicht Menschenblut. Da bedachten sie sich lange und beschlossen, zwei Tauben zu töten und das Tüchlein in Taubenblut zu tränken; denn kein anderes Blut ist Menschenblut so ähnlich wie das der Tauben. Und sie taten so und fingen zwei Tauben; sie töteten sie und benetzten das Tüchlein mit Blut, Oletschka jedoch ließen sie in alle vier Winde ziehen. Dann kehrten sie heim und gaben das Tüchlein der Zarin zurück. Die Zarin aber wurde sehr, sehr froh darüber, dass sie Oletschka getötet hatten. Zu dieser

Zeit war der Zar abwesend, und als er zurückkehrte, sagten sie ihm, dass Oletschka gestorben sei. Der Zar grämte sich, doch damit hatte die Sache ihr Ende.

Im Walde aber weinte Oletschka bitterlich, wanderte umher und stieß auf einen Apfelbaum. Ein Äpfelchen riss sie ab und aß es, legte sich unter den Baum und schlief ein. Am Morgen erwachte sie, erhob sich und wanderte, wohin die Augen schauen. Sie ging und ging über Weg und Steg, war es lang, war es kurz, war es weit, war es nah? Rasch wird das Märchen erzählt, langsam die Tat getan. Da sieht sie ein Hüttchen stehn auf Hühnerbeinchen, auf Hundepfötchen, zum Walde mit dem Gesicht, zu ihr mit dem Rücken. Oletschka rief ihm zu: »Hüttchen, Hüttchen, dreh zu mir das Gesicht, zum Walde den Rücken!« Da wendete sich das Hüttchen um, und sie ging hinein. Dort saß die Baba-Jaga, das Knochenbein, bis zur Decke reichte ihre Nase. Oletschka sprach ihr Gebet, verneigte sich nach allen vier Seiten und sagte dann: »Guten Tag, Großmütterchen!« – »Willkommen, Olga-Zarewna! Kommst du zu mir mit Willen oder wider Willen?« – »Nicht so sehr mit Willen, Großmütterchen, als wider Willen und aus tiefem Kummer.« – »Erzähl mir, Kindchen, deinen Kummer!« Oletschka fing an zu erzählen, wie die arge Stiefmutter sie aus der Welt habe schaffen wollen. »Nun, mein Kindchen, ich hab Mitleid mit dir, aber du kannst bei mir nicht bleiben: Jeden Tag kommt der Drache mit den sechs Köpfen von der Felsenhöhle hergeflogen; merkt er, dass es nach Russenknochen riecht, frisst er dich auf. Aber jetzt lass mich einstweilen dein Köpfchen waschen; und setz dich und iss, dann leg dich nieder und schlaf; in der Früh weck ich dich beizeiten auf: Der Morgen ist klüger als der Abend.« Die Baba-Jaga weckte sie in der Frühe: »Steh auf, Olga-Zarewna, sonst kommt im Nu der Drache von der Felsenhöhle hergeflogen; es ist Zeit für dich, über Weg und Steg zu wandern. Hier hast du ein Knäuel zum Andenken an mich. Wenn du mich verlassen hast, so geh immer, immer geradeaus; dort wird eben solch ein Hüttchen stehn, meine Schwester wohnt da. Bring ihr meinen Gruß.«

Olga Zarewna nahm Abschied von der Baba-Jaga und wanderte fort. Sie ging und ging und sah ein Hüttchen stehn auf Hühnerbeinchen, auf Hundepfötchen, zum Wald mit dem Gesicht, zu ihr mit dem Rücken. »Hüttchen, Hüttchen, dreh zu mir das Gesicht, zum Walde den Rücken!« Das Hüttchen wendete sich um und sie ging hinein. Dort saß die Baba-Jaga, das Knochenbein, bis zur Decke reichte ihre Nase. Oletschka sprach ihr Gebet, verneigte sich nach allen vier Seiten und sagte dann: »Guten Tag, Großmütterchen!« – »Willkommen, Olga-Zarewna! Besuchst du mich mit Willen oder wider Willen?« – »Nicht so sehr mit Willen, Großmütterchen, als wider Willen.« – »Nun, so erzähl mir, Kindchen, deinen Kummer!« Olga-Zarewna erzählte ihr von ihrem Kummer. »Ich hab Mitleid mit dir, Olga-Zarewna, aber du kannst bei mir nicht bleiben: Der Drache mit den zwölf Köpfen von der Felsenhöhle kommt hierhergeflogen; merkt er, dass es nach Russenknochen riecht, so frisst er dich. Aber jetzt lass mich einstweilen dein Köpfchen waschen; und setz dich und iss, dann leg dich nieder und schlaf; in der Früh weck ich dich beizeiten auf: Der Morgen ist klüger als der Abend.« Kaum ward es hell in der Früh, weckte sie die Baba-Jaga: »Steh auf, Olga-Zarewna! Es ist Zeit für dich zu wandern, sonst, gib acht, kommt der Drache von der Felsenhöhle geflogen. Hier hast du ein Hämmerchen zum Andenken an mich. Verlässt du mich, so geh immer, immer geradeaus; dort wird eben solch ein Hüttchen stehn, da wohnt unsere älteste Schwester; bring ihr meinen Gruß.«

Olga-Zarewna nahm Abschied von der Baba-Jaga und wanderte fort. Sie ging und ging und sah ein Hüttchen stehn auf Hühnerbeinchen, auf Hundepfötchen, zum Wald mit dem Gesicht, zu ihr mit dem Rücken.

»Hüttchen, Hüttchen, dreh zu mir das Gesicht, zum Walde den Rücken!« Da wendete sich das Hüttchen um, und sie ging hinein. Dort saß die Baba-Jaga, das Knochenbein, bis zur Decke reichte ihre Nase. Oletschka sprach ihr Gebet, verneigte sich nach allen vier Seiten und sagte dann: »Guten Tag, Großmütterchen!« – »Willkommen, Olga-Zarewna! Kommst du mit Willen oder wider Willen zu mir?« – »Nicht so sehr mit Willen, Großmütterchen, als wider Willen.« – »Nun, so erzähl mir deinen Kummer.« Olga-Zarewna erzählte ihr von ihrem Kummer. »Ich hab Mitleid mit dir, Olga-Zarewna, aber du kannst bei mir nicht bleiben: Der Drache mit den achtzehn Köpfen von der Felsenhöhle kommt hierhergeflogen; merkt er, dass es nach Russenknochen riecht, so frisst er dich. Aber jetzt lass mich einstweilen dein Köpfchen waschen; und setz dich und iss, dann leg dich nieder und schlaf; in der Früh weck ich dich beizeiten: Der Morgen ist klüger als der Abend.« In der Frühe weckte sie die Baba-Jaga und versorgte sie für den Weg. »Hier hast du ein Hühnchen«, sagte sie, »das Fleisch iss auf, aber die Knöchelchen tu in den Sack. Verlässt du mich, so roll das Knäuel vor dir her, das meine jüngste Schwester dir gab, und geh ihm nach. Du wirst zu einem kristallenen Berg kommen; schlag die Hühnerknöchelchen mit dem Hämmerchen ein, das unsere zweite Schwester dir gab, und steig auf ihnen auf den Berg; dort wird ein kristallener Palast stehn und dort sollst du wohnen.«

Olga-Zarewna nahm Abschied von der Baba-Jaga, rollte das Knäuel vor sich hin und ging ihm nach. Sie ging und ging und kam zum kristallenen Berg; da nahm sie die Hühnerknöchelchen aus dem Sack, schlug sie in den Berg ein und stieg auf ihnen hinauf. Sie erkletterte den Berg und sah einen kristallenen Palast stehn. Sie ging hinein, trat in das erste Zimmer, niemand war darin. Sie zog ihre Pantöffelchen aus und ließ sie dort. Dann ging sie in das nächste Zimmer; auch dort war niemand, nur ein Tisch stand darin, gedeckt für zwölf Personen. Sie legte ihren Pelz ab und ließ ihn dort. Dann ging sie in das dritte Zimmer und dort war wieder keine Seele, nur zwölf Betten standen darin; sie legte ihr Tuch ab und ließ es dort. Dann ging sie in das vierte Zimmer und dort stand ein Bett mit seidenem Himmel; in goldenen Käfigen saßen Vögel, schön wie aus dem Paradies, und sangen herrliche Lieder. Oletschka wusste nun, dass im ganzen Palast keine Menschenseele war; sie wanderte in den Zimmern umher, trat an den gedeckten Tisch heran, brach ein Stückchen Brot ab, bestreute es mit Salz und aß es auf. Dann ging sie wieder in das vierte Zimmer, schloss die Tür hinter sich ab und legte sich aufs Bett. Sie ergötzte sich am Gesang der Vögel und schlief ein.

Doch nachher im Halbschlummer hörte sie, wie sich auf dem Hof ein Sturm erhob; ein Blitz zuckte auf und der Donner grollte. Zwölf Falken flogen heran, setzten sich auf die Freitreppe und verwandelten sich in schmucke Burschen. Sie gingen in das erste Zimmer und sahen die Pantoffeln stehn. Da sprachen sie zueinander: »He, Brüder, bei uns ist irgendein Fremder!« Sie traten in das zweite Zimmer – da lag ein Pelz. Im dritten – ein Tuch. Sie wollten in das vierte Zimmer, aber die Tür war geschlossen. Sie klopften, doch niemand machte ihnen auf. Da sahen sie, dass der Gast weiblichen Geschlechts war und riefen: »Öffne, wer du auch sein magst! Bist du in älteren Jahren – sei unser Schwesterchen, bist du ein junges Blut – sei einem von uns die Braut!« Nun stand Oletschka auf und öffnete die Tür. Als die Brüder sie erblickten, waren sie über die Maßen froh, dass eine Frau in ihr Heim gekommen war. Dann setzten sie sich an den Tisch; plötzlich waren auch Diener da und reichten allerlei Speisen. Sie sahen aber, dass dem jüngsten Bruder von seiner Schnitte Brot ein Stück abgebrochen war; sie errieten, dass Olga-Zarewna es getan habe, und sprachen: »Nun, so sei du, Olga-Zarewna, seine Braut, uns aber eine Schwester.« Und so blieb sie denn bei ihnen wohnen. Die Falkenbrüder flogen jeden Tag fort und kehrten wieder heim. Oletschka aber blieb im Hause als Herrin über alles. Die Brüder gewannen sie so lieb, dass sie sich beim Ansehen nicht satt sehen, beim Plaudern nicht satt plaudern konnten.

Die Stiefmutter Oletschkas aber dachte, als sie die Tochter hatte umbringen lassen, dass niemand mehr auf der Welt schöner sei denn sie. Und als sie sich vor dem Spieglein schmückte, befragte sie es: »Spieglein, mein teures, sag mir die Wahrheit, verbirg mir nichts: Bin ich in aller Welt die Schönste, die Rosigste und die Weißeste?« Das Spieglein aber gab ihr zur Antwort: »Schöner als alle in der Welt und rosiger und weißer ist die wunderschöne Olga-Zarewna.« Da warf die Zarin aus Wut und Bosheit das Spieglein zu Boden, dass es zerbrach. Ihr Herz aber ließ ihr keine Ruhe. Wieder sandte sie nach der Hexe, und die Hexe kam. »Großmütterchen, mein Herz gibt mir keine Ruh: Sicher ist meine Stieftochter noch am Leben.« Die Hexe wahrsagte aus Bohnen und sprach: »So ist es, Mütterchen Zarin, auch ich sehe, dass sie noch am Leben ist, und jetzt weiß ich, wo sie wohnt. Aber sei ruhig, wir werden sie auch dort finden, sie entgeht uns nicht.«

Am nächsten Tage zog sich die Hexe Lumpen an, tat, als sei sie eine Bettlerin, und wanderte zum kristallenen Berg. Sie kam hin, ging zum kristallenen Palast und bettelte um ein Almosen. Oletschka erblickte sie, ward des fremden Menschen froh und rief die Alte zu sich herein. Sie gab ihr Speise und Trank und erhielt dafür ein Äpfelchen. Oletschka aß von dem Apfel, erstickte daran und starb. Zu diesem Zweck hatte ihr die Hexe ihn natürlich auch gegeben. Die Falken kamen geflogen. Sonst hatte Oletschka sie empfangen, heute aber tat sie es nicht. Als die Falken das sahen, sprachen sie: »Sicherlich ist bei uns, Brüder, etwas Ungutes geschehen.« Sie traten ein und sahen Oletschka tot daliegen. Lange weinten sie über ihr und sagten dann: »So leid uns Oletschka auch tut, Brüder, wir müssen sie doch begraben.« Doch der jüngste Bruder rief: »Nein, Brüder, wozu begraben? Besser, wir legen sie in den Sarg und hängen ihn im Zimmer unter der Decke auf.« – »Gut, machen wir's so«, antworteten die Brüder. Sie fertigten einen goldenen Sarg an; doch kaum hoben sie Oletschka auf, um sie hineinzulegen, da fiel ihr ein Stückchen Apfel aus dem Munde und sie ward wieder lebendig. Da war die Freude groß! Sie fragten Oletschka, was mit ihr geschehen sei, und sie erzählte ihnen alles, was sich ereignet hatte. Die Falkenbrüder befahlen ihr nun strengstens, niemand Fremden bei sich einzulassen.

Und so lebte Oletschka wieder bei ihnen. Die Stiefmutter aber schmückte sich vor dem Spieglein und befragte es: »Spieglein, mein teures, sag mir die Wahrheit, verbirg mir. nichts: Wer ist in aller Welt die Schönste, die Rosigste und die Weißeste?« Das Spieglein antwortete ihr und sprach: »Am schönsten auf der ganzen Welt, am rosigsten und weißesten ist die wunderschöne Olga-Zarewna.« Da warf die Zarin das Spieglein zu Boden, dass es zerbrach. Und wieder sandte sie nach der Hexe. »Großmütterchen, mir ist das Herz so schwer: ob nicht unsere Oletschka wieder am Leben ist?« Die Hexe wahrsagte aus Bohnen und sprach: »So ist es, Mütterchen Zarin, auch ich sehe, dass sie noch am Leben ist. Gib mir nun ein goldenes Ringlein, ich werd es verzaubern; dann will ich hingehen und sie gewisslich verderben!« Die Zarin gab ihr das Ringlein und die Hexe zog sich Lumpen an und ging davon. Wiederum kam sie zum kristallenen Palast und bat um ein Almosen. Oletschka erkannte sie nicht, rief sie herein und gab ihr Speise und Trank; die Hexe aber schenkte ihr das Ringlein und sagte dazu: »Steck es nur gleich an.« Doch als Olga-Zarewna es an den Finger steckte, da fiel sie um und war tot. Die Falkenbrüder kamen geflogen, sahen Oletschka tot daliegen, weinten und weinten um sie und wollten sie schon in den Sarg legen, doch der jüngste Bruder sprach: »Lasst mich, Brüder, wenigstens das Ringlein abziehen als ein Andenken für mich.« Kaum aber hatte er ihr das Ringlein vom Finger gezogen, da lebte sie wieder auf! Wie groß war da die Freude! Sie fragten sie, wodurch sie den Tod erlitten habe, und befahlen ihr strengstens, niemand Fremden bei sich einzulassen.

Wiederum lebte Oletschka bei ihnen. Die Stiefmutter aber hielt's nicht aus: Immer wollte sie die Schönste von allen sein. Sie schmückte sich vor dem Spieglein und befragte es: »Spieglein, mein teures, sag mir die Wahrheit, verbirg mir nichts: Wer ist in aller Welt die Schönste, die Rosigste und die Weißeste?« Das Spieglein antwortete ihr und sprach: »Die Schönste auf der ganzen Welt, die Rosigste und Weißeste ist die wunderschöne Olga-Zarewna.« Da warf die Zarin das Spieglein zu Boden, dass es zerbrach. Und wieder schickte sie nach der Hexe. »Großmütterchen, ich kann's nicht glauben, dass unsere Zarewna nicht mehr am Leben sei, mein Herz ist nicht umsonst so vergrämt.« Die Alte wahrsagte aus Bohnen und sprach: »So ist es Mütterchen Zarin, aus den Bohnen sehe ich, dass sie noch am Leben ist. Gib mir aber goldene Ohrringe, die will ich verzaubern und damit gewisslich Oletschka verderben.« Die Zarin gab ihr goldene Ohrringe und die Hexe wanderte fort. Sie kam zum kristallenen Palast und bat um ein Nachtlager. Die Zarewna erkannte sie wiederum nicht, ließ sie ein und gab ihr zu essen und zu trinken. Die Hexe aber schenkte ihr dafür die goldenen Ohrringe und sagte dazu: »Leg sie dir nur an.« Doch kaum hatte Oletschka sie angelegt, da war sie auch gleich tot. Die Falkenbrüder kamen geflogen und sahen Oletschka tot daliegen. Sie weinten lange um sie, schließlich aber legten sie sie in den goldenen Sarg und hängten ihn im Zimmer an der Decke auf.

Der Zar aber härmte sich ab nach seinem lieben Kinde. Er ritt in fremde Länder, seinen Kummer zu vertreiben; ritt lange, lange und kam in das kristallene Reich. Die Falkenbrüder nahmen ihn wohl auf und freuten sich, dass er zu ihnen gekommen war. Da erzählte ihnen der Zar seinen Gram um die Tochter, sie aber erzählten ihm von dem Tode der Braut des jüngsten Bruders. Der Zar bat, den Sarg herabzunehmen und ihm die Tote zu zeigen. Sie taten's – die Zarewna lag da, als wäre sie lebendig. Kaum hatte der Zar sie erblickt, so erkannte er, dass sie seine Tochter war. Lange weinte er um sie, und dann sprach er: »Man muss sie begraben nach christlichem Brauch, muss sie waschen und in die Erde senken.« Sie wuschen sie und bemerkten die teuren Ohrringe an ihr. Da sagte der Zar: »Warum soll das Gold in die Erde verscharrt werden? Wir wollen es lieber behalten als ein Andenken.« Den einen Ohrring nahmen sie ab, da bewegte sich die Zarewna, sie nahmen den zweiten ab, da ward sie ganz lebendig. Die Freude war groß! Und Oletschka erzählte ihrem Vater, wie die Stiefmutter sie hatte verderben wollen. Sie blieben einige Zeit im kristallenen Palast und dann lud der Zar sie alle zu Gast in sein Reich. Sie machten sich auf und reisten hin. Und als sie zu Hause waren, befahl der Zar sogleich, den allerwildesten Hengst aus dem Stalle zu führen, die Zarin und die alte Hexe an den Schweif zu binden und ihre Knochen über das freie Feld zu schleifen; die andern aber fingen an, die Hochzeit zu feiern. Und als sie zu Ende war, gab der Zar seinem Schwiegersohn die Hälfte des Reichs, und sie lebten alle glücklich und zufrieden.

Der Zarensohn und sein Diener

Es war einmal ein Bauer, der hatte drei Söhne: zwei kluge und einen dummen. Eines Tages säte der Bauer Erbsen, aber irgendein Unbekannter kam und vernichtete immer das Gesäte. Als der Vater sah, dass alles niedergeschlagen, umgeworfen und zerstampft war, sagte er zu seinen Söhnen: »Meine lieben Kinder, wir müssen Wache halten und herausbekommen, wer uns die Erbsen zerstampft.« Sogleich ging der älteste Bruder auf die Wacht. Mitternacht kam heran, der Schlaf überfiel ihn – und wieder waren die Erbsen zertreten, er aber hatte nichts gesehen. Dann kam die Reihe zu wachen an den mittleren Bruder; aber auch der hatte nichts erblickt. »Nun will ich hingehen«, sprach der Dümmling, »ich werd es schon nicht übersehen!« – »Du bist der Rechte!«, antworteten die Brüder, »was wirst denn du ausrichten?« Der Dümmling aber ging auf die Wacht und nahm ein Fuder Bast und ein Pfund Tabak mit sich. Als ihn der Schlaf überfallen wollte, schnupfte er umso mehr Tabak. Da kam der Recke Nikanor über die Erbsen geritten, ließ sein Ross weiden, legte sich selbst zum Heldenschlaf nieder und schlief ein. Der Dümmling machte sich sofort über ihn her und fing an, den Schläfer mit dem Bast zu fesseln. Er band ihn und ging dann zum Vater. »Nun hab ich den Dieb gefangen!«, rief er. Der Vater ging hin und sah sich's an. »Wie hast du, Dummkopf, einen solch starken Recken besiegt?«, fragte er.

Man berichtete dem Zaren, dass ein mächtiger Held gefangen sei. Sofort schickte der Zar hin und ließ fragen: »Wer hat ihn gefangen?« Man antwortete ihm, jener Dümmling habe es vollbracht. Da befahl der Zar sofort: »Bringt mir den Dummkopf her!« Sie taten's, und der Zar fragte: »Was meinst du, Dummkopf, wie könnte man den Recken hierherschaffen?« Der Dümmling antwortete: »Das muss man so machen: Zwölf Pferde und sechzig Mann und einen langen, eisernen Wagen brauchen wir; dann kann man den Recken Nikanor auf den Wagen legen und hierherfahren.« Und man brachte den Recken auf solche Art zum Zaren. »Was meinst du, Dummkopf?«, fragte der Zar, »wo soll man ihn einsperren und wie ihn fesseln, damit er nicht auf und davon geht?« Der Dümmling antwortete: »Auf zwanzig Ellen Tiefe lass die Erde ausgraben und mit der Erde eiserne Wände zuschütten, und dann wälze Querbalken darüber, so wird es halten!« Sie richteten die eisernen Wände auf, wälzten die Querbalken darüber, setzten den Recken Nikanor hinein und stellten ein Regiment Soldaten als Wache auf. Der Dümmling packte mit einem Haken die Bastschnüre, zerriss sie und band den Recken los. Der Zar beschenkte darauf den Dümmling und ließ ihn heim ziehen.

Und es geschah einmal, dass die Zarenkinder im Garten spazieren gingen und mit goldenen Pfeilen schossen, und der Pfeil des jüngsten Bruders, Iwan-Zarewitsch, flog durch das Fensterchen zum Recken Nikanor hinein. Da rief Iwan-Zarewitsch: »Ach, Recke Nikanor, gib mir meinen Pfeil!« – »Hilf mir«, antwortete Nikanor, »und befiehl, auch nur einen einzigen Querbalken abzuwälzen, so will ich dir deinen Pfeil zurückgeben und dir vielleicht noch drei von meinen schenken!« Iwan-Zarewitsch nahm alle Kraft zusammen und machte einen Querbalken los. Nikanor gab ihm den goldenen Pfeil wieder und sagte: »Hör zu, Iwan-Zarewitsch! Du wirst ein Lakai werden, ein Hirte und ein Koch, danach aber wieder

Iwan-Zarewitsch sein.« Und alsbald zerbrach der Recke Nikanor sein Gefängnis, stieg heraus und schlug das ganze Regiment zusammen. Der Zar kam hinzu, sah, was geschehen war, entsetzte sich und fragte: »Wer hat den Recken freigelassen?« Dort wälzten sich aber die Geschlagenen und Verwundeten: Dem einen Soldaten war der Arm abgerissen, dem andern das Bein zerbrochen; und sie sagten dem Zaren: »So und so geschah es, Iwan-Zarewitsch hat ihn freigelassen.« Der Zar geriet in gewaltigen Zorn und schickte in alle Länder, die Könige und Prinzen zu rufen. Sie versammelten sich und wurden vom Zaren bewirtet, und er hielt lange mit ihnen Rat. »Was soll ich mit Iwan-Zarewitsch, meinem Sohn, beginnen?«, sagte er. »Weder köpft man Zarenkinder, noch hängt man sie.« Da rieten sie ihm, dem Zarewitsch einen Diener mitzugeben und ihn ziehen zu lassen, wohin er wolle!

Iwan-Zarewitsch verließ seinen Vater und als er ein Stück Wegs gegangen war, bekam er Durst. Er kam zu einem Brunnen, schaute hinein und sah, dass das Wasser tief stand und er nicht hinunterreichen könne. Da sprach er zu seinem Diener: »Ach, Wanjka, was soll nun werden?« – »Nun, Iwan-Zarewitsch!«, antwortete Wanjka, »halt mich an den Beinen, dann kann ich mich satt trinken, und nachher werd ich dich trinken lassen; anders reichst du nicht bis zum Wasser, es steht zu tief.« Wanjka trank sich satt und dann hielt er den Zarensohn. Iwan-Zarewitsch trank und sagte dann: »Jetzt, Wanjka, zieh mich wieder hinauf!« Der antwortete aber: »Nein, sei du nun Wanjka, und ich will Iwan-Zarewitsch sein!« – »Was schwatzt du für sinnloses Zeug, Dummkopf?« – »Selbst schwatzt du Unsinn! Willst du nicht, so ertränk ich dich im Brunnen!« – »Nein, Lieber, ertränke mich nicht! Sei du Iwan-Zarewitsch, und ich will Wanjka sein.« So einigten sie sich; und dann kamen sie in eine große Hauptstadt und gingen geradewegs in die Gemächer des Zaren. Der falsche Zarensohn ging voran, schlug das Kreuz nicht, wie es vorgeschrieben ist, verbeugte sich nicht, wie es Brauch ist, der wahre Zarensohn aber ging hinterher, bekreuzigte sich, wie es vorgeschrieben ist, verbeugte sich, wie es Brauch ist. Der Zar nahm sie mit Freuden auf und sprach: »Wohnet bei mir.« Sogleich fing Wanjka, der Betrüger, an, sich seines Dieners zu rühmen: »Ach, was hab ich für einen Diener! Wie gut versteht er das Vieh zu hüten! Treibt er die Pferde aus, so bekommen sie alle goldene Schwänze und goldene Mähnen, und an den Seiten schimmern viele Sterne; treibt er die Kühe aus, so bekommen sie goldene Hörner und goldene Schwänze, und an den Seiten schimmern viele Sterne!« Da trug ihm der Zar auf, die Pferde zu hüten. Iwan-Zarewitsch trieb die Herde ins freie Feld, aber alle Pferde liefen ihm davon. Er setzte sich nieder und weinte bitterlich: »Ach, Recke Nikanor, was hast du mir angetan! Was soll jetzt aus mir werden?« Auf einmal, hast du nicht gesehen?, stand der Recke Nikanor vor ihm und sprach: »Was willst du von mir, Iwan-Zarewitsch?« Nun erzählte ihm der seinen Kummer. »Das macht nichts! Komm, wir wollen fortreiten, die Pferde sammeln und sie zu meiner jüngsten Schwester treiben. Sie wird alles für dich machen, was der Zar dir aufgetragen hat.« Sie trieben die Herde zur jüngsten Schwester, und die führte wirklich alles aus; dann gab sie ihren Gästen zu essen und zu trinken und geleitete sie heim. Iwan- Zarewitsch brachte die Pferde auf den Zarenhof: An jedem Tier war die Mähne golden, der Schwanz golden, und an den Seiten schimmerten die Sterne. Wanjka, der Betrüger, saß am Fenster und sagte: »Ach, der Schuft! So hat er's doch vollbracht! Schlau ist er und klug!«

Darauf befahl jedoch der Zar, die Kühe zu hüten: »Alles soll ebenso werden, tust du es nicht, so lass ich dich am Tor erschießen!« Iwan-Zarewitsch fing bitterlich an zu weinen und trieb die Kühe aus. Den ganzen Tag hütete er sie. »Ach, mein

Freund Nikanor! Erscheine vor mir!« Der Recke Nikanor erschien, und sie trieben die Herde zur zweiten Schwester; sie machte allen Kühen goldene Hörner und goldene Schwänze und Sterne an den Seiten. Dann gab sie den Gästen zu essen und zu trinken und geleitete sie heim.

Iwan-Zarewitsch trieb die Herde auf den Zarenhof, doch Wanjka, der Betrüger, saß am Fenster und sagte: »Ach, verderben wollt ich ihn, aber nein: Auch das hat er vollbracht!« Der Zar aber sagte: »Das ist mir doch ein Hirte! Schau, was für Pferde und Kühe er heimbringt – schön und prächtig sind sie anzusehen!« Wanjka aber sprach zu ihm: »Er bereitet mir auch Speisen wundervoll zu!« Der Zar schickte ihn darauf sofort in die Küche. Da ging Iwan-Zarewitsch unter die Köche und weinte bitterlich: »Ach, Herr, mein Gott! Ich versteh ja nichts davon; das alles sagen sie ja ganz ohne Grund von mir.«

Und der Zar gedachte, seine Tochter dem Betrüger zur Frau zu geben. Da schrieb ihm aber der dreiköpfige Drache: »Gibst du mir deine Tochter nicht zur Frau, so zerschlag ich dein ganzes Heer und nehme dich selbst gefangen.« Sprach der Zar zu seinem erwählten Schwiegersohn: »Was soll ich tun?« Wanjka antwortete: »Väterchen, lass uns ein Heer aufstellen! Vielleicht siegen wir!« Sie rüsteten ein Heer aus und fingen an, Krieg zu führen. Iwan-Zarewitsch aber bat die Köche: »Lasst mich, Onkelchen, die Schlacht anschauen, dergleichen hab ich mein Lebtag nicht gesehen.« Die Köche sagten: »Geh hin, schau dir's an!« Er ging sofort aufs freie Feld und sprach: »Freund Nikanor! Erscheine vor mir!« Der Recke Nikanor erschien und fragte: »Was du auch willst, Iwan-Zarewitsch, alles werd ich für dich tun.« – »Wie sollen wir die Schlacht gewinnen und die Feinde schlagen? Tu für mich diese Tat!« – »Das ist ein Kinderspiel und keine Tat!« Der Recke Nikanor ritt hin und zerstreute die ganze feindliche Macht, alle erschlug er und hieb sie zusammen.

»Jetzt wollen wir die Hochzeit feiern!«, sagte der Zar. Da schrieb ihm aber der sechsköpfige Drache: »Gibst du mir deine Tochter nicht zur Frau, so erschlag ich dein ganzes Heer und nehme dich selbst gefangen!« – »Ach, was soll aus uns werden?«, fragte der Zar. Wanjka antwortete: »Es ist nichts zu machen, wir müssen ein Heer rüsten; vielleicht hilft uns Gott!« Sie stellten eine Armee auf wider das Heer der Drachen. Iwan-Zarewitsch aber bat die Köche: »Onkelchen, lasst mich zuschauen gehn!« – »Geh nur, aber komm bald wieder zurück.« Er ging aufs freie Feld und rief: »Ach, Freund Nikanor! Erscheine vor mir!« Der Recke Nikanor erschien und sagte: »Was du auch willst, alles werd ich für dich tun.« – »Wie sollen wir dieses Heer besiegen?« Der Recke Nikanor antwortete: »Ich will hinreiten und für dich die Arbeit tun.« Er sprengte auf die Macht des Drachen ein und erschlug sie bis auf den letzten Mann.

»Jetzt wollen wir die Hochzeit feiern«, sagte danach der Zar, »nun wird uns nichts mehr hindern!« Doch kaum sollte die Feier beginnen, als der zwölfköpfige Drache schrieb: »Wenn du mir deine Tochter nicht gibst, so werd ich dein ganzes Heer erschlagen, dich selbst gefangen nehmen und dein ganzes Reich niederbrennen!« Wieder musste man ein Heer rüsten. Der Zar aber dachte bei sich: »Wenn sich der Sieg dem Drachen zuneigt, will ich ihm sofort meine Tochter gutwillig geben, damit er nur mein Land ungeschoren lässt.« Iwan-Zarewitsch bat die Köche: »Onkelchen, erlaubt mir zuzuschauen!« – »Geh nur, aber komm bald wieder heim!« Er ging aufs freie Feld, pfiff und rief mit lauter Stimme: »Freund Nikanor! Erscheine vor mir!« Der Recke Nikanor erschien und sagte: »Nun, Bruder Iwan! Jetzt ist für uns die Zeit zur Tat gekommen! Setz auch du dich aufs Ross und lass uns reiten: ich voraus – auf den zwölfköpfigen Drachen, und du hinterher – auf alle seine Helden!« Dieser Drache hatte nämlich zwölf Helden als Bedeckung. Iwan-Zarewitsch saß auf und ritt hinter dem Recken Nikanor wider den Feind; sie fingen an, sich zu schlagen und das Heer des Drachen zu vernichten. Im Kampf aber wurde Iwan-Zarewitsch an der Hand verwundet. Er wendete sein Ross und hielt gerade auf den Wagen des Zaren zu. Die Zarentochter nahm ein Tuch von ihren Schultern, zerriss es und verband ihm mit der einen Hälfte die Hand. Dann stürzte sich Iwan-Zarewitsch wieder auf den Feind und besiegte das ganze Heer. Doch als die Schlacht zu Ende war, kehrte er wieder auf seinen Platz zurück, legte sich nieder und fiel in tiefen Heldenschlaf.

Im Palast aber bereitete man die Hochzeit vor. Die Köche vermissten den Gehilfen und sprachen: »Wo ist unser junger Koch geblieben?« Sie liefen auf die Suche und fanden ihn schlafend; sie wollten ihn wecken, aber es gelang ihnen nicht; dann stießen sie ihn, aber es war vergebens. Ein Koch nahm einen Schlägel und sagte: »Ich will ihn damit schlagen, mag er doch umkommen!« Er schlug ihn einmal und noch einmal. Da erwachte Iwan-Zarewitsch und sagte: »Ach, Brüder, ich hab verschlafen!« Und er bat sie: »Onkelchen, plaudert nicht aus, dass ich so lang geschlafen hab!« Die Köche aber antworteten: »Komm schnell, Dummkopf, damit wir nicht deinetwegen Schimpfe kriegen!« Sie führten ihn in die Küche und ließen ihn die Kasserollen säubern. Iwan-Zarewitsch streifte die Ärmel auf und machte sich an die Arbeit. Da erblickte die Zarentochter die Hälfte ihres Tuches und sprach: »Zeig mal her, Wanjka! Woher nahmst du dies Tuch?« Da gestand er und sagte: »Nicht dieser Betrüger ist der Zarensohn, sondern ich!« Und er erzählte ihr alles, was sich ereignet hatte.

Sogleich nahm ihn die Zarentochter bei der Hand und führte ihn zu ihrem Vater: »Das ist mein erwählter Bräutigam und nicht jener Diener!« Der Zar fragte ihn: »Was ist denn zwischen euch geschehen?« – »So und so«, antwortete der Zarensohn. Da vermählte ihm der Zar seine Tochter, den Betrüger aber ließ er hinrichten.

Dort war auch ich zu Gast,
Trank Met und Wein in Hast,
Über den Schnurrbart floss es,
Doch kam nichts in den Mund;
Man reichte Hausenfleisch,
Doch blieb ich ungespeist.

Bruder und Schwester

Es waren einmal Bruder und Schwester. Sie war noch klein, als er zu den Soldaten musste. Doch als sie herangewachsen war, schrieb ihr der Bruder: »Komm zu mir, Schwester, und bleib bei mir als Gast!« Sie war aber arm und hatte nur eine einzige Magd; und sie machte sich mit ihr auf und wanderte zu Fuß. Unterwegs gesellte sich ein Hündlein zu ihnen. Als sie an ein Flüsschen kamen, sprach die Magd zu der Schwester: »Wascht Euch, Herrin, schminkt Euch, Herrin! Schande wär's, sich dem Bruder so zu zeigen.« Das Hündchen aber bellte:

»Wau, wau, Herrin!
Wasch dich nicht, Herrin:
Blut floss in diesen Fluss hinein,
In seinem Wasser kochte man Leberlein!«

Da packte die Magd das Hündchen und hackte ihm eine Pfote ab. Aber auch auf drei Pfoten humpelte das Hündchen ihnen nach. Dann kamen sie an das zweite Flüsschen. Sprach die Magd wiederum: »Wascht Euch, Herrin, schminkt Euch, Herrin! Schande wär's, sich dem Bruder so zu zeigen.« Das Hündchen aber bellte:

»Wau, wau, Herrin!
Wasch dich nicht, Herrin:
Blut floss in diesen Fluss hinein,

In seinem Wasser kochte man Leberlein!«

Da hackte ihm die Magd die zweite Pfote ab. Sie kamen zum dritten Flüsschen; das Hündlein aber bellte wie vorher. Da schlug ihm die Magd die dritte Pfote ab. Sie kamen dann zum vierten Flüsschen, und die Magd hackte die letzte Pfote ab. Sie gingen weiter und das Hündchen rollte hinter ihnen her. Als sie beim fünften Flüsschen anlangten, sprach die Magd abermals: »Wascht Euch, Herrin, schminkt Euch, Herrin! Schande wär's, sich dem Bruder so zu zeigen.« Das Hündlein aber bellte:

»Wau, wau, Herrin!
Wasch dich nicht, Herrin:
Blut floss in diesen Fluss hinein,
In seinem Wasser kochte man Leberlein!«

Da packte die Magd das Hündchen und schlug ihm den Kopf ab. Sie gingen weiter und kamen zum sechsten Flüsschen. Die Magd sprach wie vorher: »Wascht Euch, Herrin, schminkt Euch, Herrin! Schande wär's, sich dem Bruder so zu zeigen.« Da beugte sich die Schwester nieder, um sich zu waschen; die Magd aber stieß sie ins Wasser hinein. Das Flüsschen jedoch war tief und reißend, und die Herrin begann schon unterzusinken. Sprach die Magd zu ihr: »Hör mich an: Ich werf dir einen Strick zu und zieh dich heraus, wenn du dem Bruder sagst, ich sei die Herrin und du meine Magd.« Da willigte die Herrin ein, und die Magd zog sie heraus; sie wechselten die Kleider und gingen von dannen.

Sie kamen zum Bruder und die Magd sprach zu ihm: »Guten Tag, Bruder! Hier, meine Magd hat mich unterwegs beschimpft! Kannst du sie nicht bestrafen?« Da schickte er die Herrin Pferde hüten. Er bemerkte aber, dass die Rosse magerer wurden, und nahm sich den Wärter vor. Aber der Wärter wusste selbst nicht, warum die Pferde so traurig waren, nichts fraßen und nichts tranken; doch er merkte wohl, dass die Rosse hungrig und traurig von der Weide kamen. Er gab auf sie acht und ging der Magd nach; er stellte sich von Weitem auf und sah, dass sie sich unter einen Baum setzte und anfing, ihre Haare mit einem goldenen Kamm zu kämmen; dazu weinte sie und sang mit trauriger Stimme:

»Ach, ihr meine Rosse, schwarzbraune Rosse!
Vom seidigen Grase fresst ihr,
Vom Quellenwasser trinkt ihr! ...«

Die Pferde aber standen still, tranken nicht und fraßen nicht und sprachen:

»Wie sollten wir trinken, wie sollten wir fressen:
Wenn unsere Herrin selbst uns hütet!«

Und so geschah es das erste Mal und das zweite und dritte Mal. Der Wärter aber ging hin und erzählte alles dem Herrn. Da ging der Herr selbst hin und sah es auch mit an. Er trat zu der Magd heran und sprach: »Sage mir doch, um Gottes willen, was singst du da?« Da gestand sie ihm alles, und dass sie den Tod gefürchtet und es zugelassen habe, dass die Magd ihn betrüge. Der Herr führte nun seine Schwester in sein Haus, die Magd aber ließ er an den Schweif eines wilden Pferdes binden und auf dem freien Felde zu Tode schleifen.

Das Mädchen ohne Hände

Irgendwo in einem Zarenreich, nicht in unserm Reich, lebte einst ein reicher Kaufmann. Er hatte zwei Kinder, einen Sohn und eine Tochter. Als der Vater und die Mutter gestorben waren, sprach der Bruder zu seiner Schwester: »Lass uns diese Stadt verlassen, Schwesterlein; ich will ein Kaufmann sein und Handel treiben, für dich aber eine Wohnung nehmen; und so werden wir unser Auskommen finden.« Sie wanderten nun in ein anderes Gouvernement. Und als sie dort angelangt waren, richtete sich der Bruder ein und mietete einen Laden mit Schnittwaren. Es kam ihm aber in den Sinn zu heiraten, und da nahm er sich ein Weib, das war jedoch eine Zauberin.

Als der Bruder dann in seinen Laden gehn wollte, um Handel zu treiben, befahl er seiner Schwester: »Gib acht im Hause, Schwester.« Die Frau aber grollte darüber, weil er der Schwester die Aufsicht anvertraut hatte. Sie passte die Zeit ab, da der Mann nach Hause zurückkehren wollte, und zerschlug alle Möbel. Dann ging sie ihm entgegen und sagte: »Sieh nur, was für eine Schwester du hast, sie hat alle Möbel in der Stube zerschlagen!« – »Nun, das lässt sich schon ersetzen«, antwortete ihr Mann.

Am nächsten Tage ging er wieder in den Laden, nahm Abschied von seinem Weibe und von der Schwester und befahl ihr: »Gib acht im Hause, so gut du nur kannst.« Da wartete die Frau die Zeit ab, da der Mann heimkehren wollte, ging in den Stall und schlug dem Lieblingspferd ihres Mannes mit einem

Säbel den Kopf ab. Dann trat sie auf die Treppe hinaus und erwartete den Gatten. »Sieh nur, wie schändlich deine Schwester ist! Deinem Lieblingspferd hat sie den Kopf abgehauen!« – »Ach, mögen die Hunde das Aas fressen«, antwortete der Mann.

Am dritten Tage machte er sich wieder in seinen Laden auf, nahm Abschied und sagte zur Schwester: »Gib, bitte, auf die Frau acht, damit sie sich nicht selbst oder dem Kinde ein Leid antut, denn vielleicht gebiert sie eher, als es zu erwarten ist.« Kaum gebar aber die Frau ein Kind, als sie ihm gleich den Kopf abschlug. Nun saß sie da und weinte über dem toten Kinde. Als jedoch der Mann zurückkehrte, rief sie: »Schau nur, was du für eine Schwester hast! Kaum hatte ich das Kind geboren, da nahm sie es und schlug ihm mit dem Säbel den Kopf ab!« Der Mann erwiderte nichts darauf, fing bitterlich an zu weinen und ging fort.

Die Nacht kam heran. Um Mitternacht stand der Bruder auf und sprach zu seiner Schwester: »Liebes Schwesterlein, mach dich zurecht und komm mit zur Messe!« Sie antwortete: »Lieber Bruder, heut ist doch gar kein Feiertag, scheint mir.« – »Doch, Schwesterlein, es ist schon Feiertag; komm nur mit.« – »Es ist noch zu früh, Bruder, um fortzufahren«, sagte sie. »Nein«, erwiderte er, »ihr Weiber trödelt ja so lange; mach dich rasch fertig!« Die arme Schwester fing an sich anzukleiden, aber konnte nicht zu Ende kommen, denn immer wieder sanken ihr die Arme herab. Der Bruder kam zu ihr und sagte: »Mach flinker, Schwester, zieh dich an!« – »Es ist noch früh, Bruder!« – »Nein, Schwesterlein, es ist nicht mehr früh, sondern schon hohe Zeit.« Endlich war die Schwester fertig. Sie setzten sich in den Wagen und fuhren zur Messe.

Über kurz oder lang kamen sie in einen Wald. Da fragte die Schwester: »Was ist das für ein Wald?« Der Bruder antwortete: »Es ist der Wald, der um die Kirche steht.« Bald darauf verfing sich ein Wagenrad in einem Strauch. Der Bruder sagte: »Steh auf, Schwesterlein, und mach das Rad frei.« – »Ach, liebes Brüderlein, ich kann ja nicht, mein Kleid wird schmutzig werden.« – »Ich werde dir ein neues Kleid kaufen, Schwesterlein, ein besseres als dieses hier.« Da stieg sie vom Wagen und wollte das Rad frei machen, der Bruder aber hackte ihr die Hände bis zum Ellenbogen ab, schlug dann auf die Pferde ein und fuhr davon. Die Schwester blieb zurück, brach in Tränen aus und wanderte durch den Wald. So weit sie auch ging, und so lange sie auch herumirrte, sie zerstach sich, und ihre Kleider wurden zerfetzt, sie fand aber keinen Weg, der sie aus dem Walde hinausführte. Endlich, nach langen Jahren, stieß sie auf einen Fußpfad und gelangte ins Freie. Sie verließ den Wald und kam in eine Kaufmannsstadt und bettelte bei einem sehr reichen Kaufmann unter den Fenstern um ein Almosen. Dieser Kaufmann aber hatte einen Sohn, einen einzigen, seinen Augapfel, und der verliebte sich in die Bettlerin. Er sprach zu seinen Eltern: »Väterchen und Mütterchen, verheiratet mich!« – »Mit wem sollen wir dich denn verheiraten?« – »Mit dieser Bettlerin.« – »Ach, mein Lieber, haben denn die Kaufleute in unserer Stadt keine schönen Töchter?« – »Gebt mir aber diese hier zur Frau; wollt ihr es nicht, so tu ich mir irgendein Leid an.« Der Handel gefiel ihnen aber nicht recht, denn es war ja ihr einziger Sohn, ihr Augapfel. Sie riefen alle Kaufleute und die ganze Geistlichkeit zusammen und fragten sie: »Was meint ihr, sollen wir ihn mit der Bettlerin verheiraten oder nicht?« Da sprachen die Priester: »Es wird wohl so das Schicksal sein, dass Gott ihm bestimmt hat, die Bettlerin zu heiraten.«

Und so lebte er denn mit ihr ein Jahr und ein zweites und machte sich dann auf in das andere Gouvernement, wo ihr Bruder in seinem Laden saß. Er nahm Abschied und bat seine Eltern: »Väterchen und Mütterchen! Verlasst mein Weib nicht; gleichviel, was sie auch gebären wird, schreibt mir sofort!« Und als der Sohn weggefahren war, da gebar seine Frau nach zwei oder drei Monaten einen Sohn: Bis zu den Ellenbogen waren die Arme in Gold, auf den Hüften schimmerten Sterne, auf der Stirne glänzte der helle Mond, auf dem Herzen die goldene Sonne! Wie freuten sich da der Vater und die Mutter! Gleich schrieben sie ihrem lieben Sohn einen Brief und schickten schnell einen Alten mit der Botschaft fort. Die Schwägerin aber, die Zauberin, hatte schon davon erfahren und rief den Alten zu sich: »Komm herein, Väterchen, erhol dich!« – »Nein, ich hab keine Zeit, mit eiliger Bestellung schickte man mich.« – »Aber komm nur, Väterchen, erhol dich und iss bei mir Mittagbrot.« Sie setzte ihn an den Tisch, seinen Ranzen aber trug sie fort, zog den Brief hervor, las ihn, riss ihn in Fetzen und schrieb einen andern: »Dein Weib hat einen Sohn geboren: zur Hälfte ein Hund, zur Hälfte ein Bär; hat ihn im Walde von den Tieren empfangen.« Kam der Alte zum Kaufmannssohn und überbrachte den Brief; der Sohn las ihn durch und weinte bitterlich. Dann schrieb er zurück und befahl, der Frau bis zu seiner Rückkehr kein Leides anzutun: »Ich komme selbst und werde sehen, was für ein Kind sie mir geboren hat.« Und abermals rief die Zauberin den Alten zu sich: »Komm herein, setz dich nieder und ruh dich aus.« Er trat ein, sie schwatzte ihm irgendetwas vor, las den Brief, zerriss ihn und schrieb: Sobald der Brief in ihre Hände käme, sollten sie sie gleich von Haus und Hof jagen. Der Alte brachte diesen Brief heim; die Eltern lasen ihn und betrübten sich sehr. »Was soll das heißen? Was tut er uns an? Wir haben ihn heiraten lassen, und nun ist ihm sein Weib zuwider geworden!« Nicht so sehr die Frau, als das Kind tat ihnen leid. Sie segneten Mutter und Kind, banden ihr den Säugling vor die Brust und schickten sie fort.

Nun wanderte sie davon und weinte bittere Tränen. War es lang darauf oder kurz? – Ringsumher war nichts als freies

Feld, kein Wald und kein Dorf. Sie kam in ein Tal und hatte großen Durst. Da erblickte sie zur rechten Hand einen Brunnen. Nun hätte sie gern getrunken, aber wollte sich nicht vorbeugen, um das Kind nicht fallen zu lassen. Plötzlich schien es ihr jedoch, als reiche das Wasser jetzt höher hinauf. Sie bückte sich; da entglitt ihr das Kind und stürzte in das Wasser. Sie ging um den Brunnen herum und weinte; wie sollte sie nun das Kind herausziehen? Da kam aber ein alter Mann zu ihr und fragte: »Warum weinst du, Magd?« – »Wie sollt ich nicht weinen! Ich beugte mich vor, um Wasser zu trinken, und da fiel mein Kind hinein.« – »Bücke dich nur und zieh es heraus.« – »Ich hab ja keine Hände, Väterchen, nur Arme bis zum Ellenbogen.« – »Beug dich nur hinunter und nimm dein Kind heraus!« Da trat sie zum Brunnen und streckte die Arme hinunter, der Herrgott aber hatte Erbarmen mit ihr und mit einem Mal waren ihre Hände heil wie zuvor! Sie beugte sich nieder und zog das Kind heraus; und dann betete sie zu Gott und verneigte sich nach allen vier Seiten.

Und als sie Gott gedankt hatte, ging sie weiter, kam zu dem Hause, wo ihr Bruder und ihr Mann lebten, und bat um ein Nachtlager. Da sagte ihr Mann zum Bruder: »Lass die Bettlerin ein; die Bettelweiber verstehen Märchen und Geschichten zu erzählen, sie können aber auch Wahres berichten.« Die Schwägerin aber meinte: »Wir haben keinen Platz für ein Nachtlager, es ist zu eng!« – »Nein, lass sie, bitte, nur ein; ich hab es lieber als mein Leben, wenn die Bettelweiber Märchen und Geschichten erzählen!« Da ließ man sie denn ein, und sie setzte sich mit ihrem Kinde auf den Ofen. Sprach ihr Mann zu ihr: »Nun, meine Liebe, erzähl uns ein Märchen oder gib uns eine Geschichte zum Besten.« Sie antwortete ihm: »Märchen und Geschichten versteh ich nicht zu erzählen, aber Wahres kann ich euch wohl berichten. Hört, ihr Herren, eine wahre Begebenheit!« Und sie fing an zu erzählen:

»Irgendwo in einem Zarenreich, nicht in unserm Reich, lebte einst ein reicher Kaufmann. Er hatte zwei Kinder, einen Sohn und eine Tochter. Als der Vater und die Mutter gestorben waren, sprach der Bruder zu seiner Schwester: ›Lass uns fortgehen, Schwesterlein, aus dieser Stadt.‹ Sie gingen in ein anderes Gouvernement. Dort richtete sich der Bruder ein und mietete einen Laden mit Schnittwaren. Es kam ihm aber in den Sinn zu heiraten; und er nahm sich eine Frau, die war eine Zauberin ...« Da brummte die Schwägerin dazwischen: »Was schwatzt sie für einen Unsinn zusammen, diese Hure!« Ihr Mann aber sagte: »Erzähle, erzähle nur, Mütterchen, lieber als mein Leben sind mir Geschichten!« Da fuhr die Bettlerin fort: »Und als sich der Bruder aufmachte, um in seinem Laden Handel zu treiben, befahl er der Schwester: ›Gib acht im Hause, Schwester.‹ Die Frau aber war beleidigt, weil er alles der Schwester anvertraute; da zerschlug sie aus Wut alle Möbel ...« Und als sie erzählte, wie der Bruder sie zur Messe gebracht und ihr die Hände abgeschlagen hatte und wie sie geboren und die Schwägerin den Alten zu sich gelockt hatte, schrie die Schwägerin abermals: »Was für einen Unsinn erzählt sie!« Aber der Mann der Bettlerin sagte zum Bruder: »Befiehl deinem Weibe zu schweigen! Die Geschichte ist doch wunderschön!« Und sie erzählte bis zum Ende, wie der Mann geschrieben hatte, dass man das Kind behalten solle bis zu seiner Rückkehr. Die Schwägerin aber brummte: »Was für einen Blödsinn redet sie!« Und dann erzählte die Bettlerin, wie sie in dieses Haus gekommen sei; die Schwägerin aber schrie: »Seht die Hure an, was sie euch vorzuschwatzen weiß!« Da rief jedoch der Mann dem Bruder zu: »Befiehl ihr, den Mund zu halten! Was unterbricht sie fortwährend?« Und dann erzählte sie zu Ende, wie man sie in die Stube gelassen und wie sie angefangen habe, die Wahrheit zu berichten. Und sie zeigte auf die drei und sagte: »Das ist mein Mann, das ist mein Bruder, diese aber ist meine Schwägerin!« Da sprang der Mann zu ihr auf den Ofen und sagte: »Nun, mein Lieb, zeig mir dein Kind; haben Vater und Mutter die Wahrheit geschrieben?« Und als sie das Kind aufwickelten, erleuchtete es das ganze Zimmer! »Es ist die reine Wahrheit, dass sie uns kein Märchen erzählt hat: Hier ist mein Weib und dort mein Sohn – bis zu den Ellenbogen in Gold, an den Seiten schimmern Sterne, auf der Stirne glänzt der helle Mond und auf dem Herzen die goldene Sonne!«

Da führte der Bruder die allerbeste Stute aus dem Stall, band sein Weib an den Schwanz und ließ das Pferd hinaus auf das freie Feld. So lange jagte es herum, bis nur noch der Zopf von der Frau übrigblieb, der Leib aber war auf dem Felde in Fetzen geschleift. Dann spannten sie ein Dreigespann vor den Wagen und fuhren heim zu Vater und Mutter; sie lebten glücklich und zufrieden und mehrten ihr Hab und Gut.

Dort war auch ich,
Met und Wein trank ich,
Übern Schnurrbart floss es mir,
In den Mund nicht kam es mir.

Foma Berennikow

Es war einmal ein altes Weib, das hatte einen einäugigen Sohn mit Namen Foma Berennikow. Einst fuhr Foma aufs Feld hinaus, um zu pflügen, sein Pferdchen jedoch war jämmerlich; da packte ihn der Kummer und er setzte sich auf den Feldrain; die Fliegen aber schwirrten nur so über dem Dünger herum. Foma nahm eine Gerte in die Hand und schlug mit aller Kraft in den Haufen hinein; er zählte, wie viel er erschlagen hatte, kam bis fünfhundert, und noch lag eine Masse ungezählt da. Foma entschied, dass ihrer eine Unmenge war! Dann ging er zu seinem Pferde, und auf dem Pferde saßen zwölf Bremsen, die schlug er alle tot. Foma Berennikow kehrte zu seiner Mutter heim und bat um ihren großmächtigen Segen: »Ich hab vom gewöhnlichen Volk Unzählige erschlagen und dann noch zwölf machtvolle Helden. Lass mich, Mütterchen, auf kühne Taten ausziehen; die Erde zu pflügen ist keine Arbeit für einen Helden wie mich, das ist nur Bauerntagewerk!« Das Mütterchen segnete ihn zu kühnen Taten, zur Heldenlaufbahn. Auf die Schulter nahm er seine stumpfe Sichel, um die Hüften band er sich einen Korb aus Lindenbast, und in den Korb legte er ein stumpfes Hackmesser.

So reitet Foma über Weg und Steg, in unbekannte Länder, und kommt an einen Pfahl. Und er schreibt an diesen Pfahl – er hatte jedoch weder Gold noch Silber in der Tasche, fand aber zufällig ein Stückchen Kreide –, und so schreibt er also mit Kreide: »Hier ist der Held Foma Berennikow vorbeigeritten, der mit einem Streich zwölf mächtige Krieger fällt und obendrein noch ein unzählbares Heer.« Das schrieb er an und ritt weiter.

Des gleichen Weges kam auch Ilja Muromez geritten. Er reitet an den Pfahl heran, liest die Inschrift und sagt: »Wohl ist die Spur des Helden zu erkennen: Weder Gold noch Silber verschwendet er, schreibt nur mit Kreide!« Und er schrieb mit Silber darunter: »Hinter Foma Berennikow her ist der Held Ilja Muromez geritten.« Er holte Foma ein und sprach zu ihm (er hatte gewiss vor der Aufschrift mit Kreide Angst bekommen): »Mächtiger Held, Foma Berennikow, wo soll ich reiten: vor dir oder hinter dir?« – »Marsch, hinter mir!«, antwortete Foma.

Und auf demselben Wege kam auch Aljoscha Popowitsch, der Junge, geritten. Er langt beim Pfahl an und sieht von Weitem die Inschrift, leuchtend wie Feuer! Er liest die Aufschriften durch, zieht reines Gold aus der Tasche und schreibt: »Hinter Ilja Muromez ist Aljoscha Popowitsch, der Junge, hier vorbeigeritten.« Er holte darauf Ilja Muromez ein und fragte ihn: »Sag an, oh sage mir, Ilja Muromez, soll ich voran reiten oder hinter dir?« – »Nicht mich frage, sondern meinen älteren Bruder, Foma Berennikow.« Da ritt Aljoscha Popowitsch, der Junge, zu Foma Berennikow heran und fragte ihn: »Kühner Krieger, Foma Berennikow, wo befiehlst du Aljoscha Popowitsch zu reiten?« – »Marsch, hinter mir!«

So ritten sie über Weg und Steg in unbekannte Länder und kamen zu den grünen Gärten. Ilja Muromez und Aljoscha Popowitsch schlugen ihre weißen Zelte auf, Foma Berennikow aber seine Unterhosen. Die Gärten gehörten dem Zaren selbst, dem preußischen Zaren, und gegen ihn führte der chinesische König mit seinen sechs mächtigen Helden Krieg. Der preußische Zar schickte Foma Berennikow einen Brief, und in diesem Briefe stand geschrieben: »Gegen mich, den preußischen Zaren, kämpft der chinesische König; wollt Ihr mir nicht Eure Hilfe leihen?« Foma verstand nicht viel von dem Brief, schaute hinein, schüttelte den Kopf und sagte bloß: »Gut! Gut!«

Der chinesische König aber zog nahe vor die Stadt. Da kamen Ilja Muromez und Aljoscha Popowitsch, der Junge, zu Foma Berennikow und sprachen diese Worte zu ihm: »Ein Heer zieht wider den Zaren und hält schon vor der Stadt; man muss zur Hilfe eilen. Gehst du selbst oder schickst du uns?« – »Mach du dich auf, Iljuschka Muromez!« Ilja Muromez erschlug sie alle. Dann führte aber der chinesische König seine sechs Helden heran und ein unermesslich großes frisches Heer. Ilja Muromez und Aljoscha Popowitsch kamen wieder zu Foma und fragten: »Sag an, oh sage uns, Foma Berennikow, gehst du selbst oder schickst du uns?« – »Mach du dich auf, Bruder Aljoscha Popowitsch!« Da ritt Aljoscha Popowitsch, der Junge, hin und erschlug das ganz unermesslich große Heer und die sechs mächtigen Helden. Da sprach der chinesische König: »Ich habe noch einen Recken, den sparte ich mir zur Aufzucht; jetzt will ich auch den loslassen!« So führte er denn ein unermessliches Heer heran und mit ihm den mächtigen, auserwählten Helden. Und der König sprach zu seinem Recken: »Nicht durch Kraft besiegt uns der russische Held, sondern durch List; was er tun wird, das mach ihm nach!« Ilja Muromez und Aljoscha Popowitsch, der Junge, kamen zu Foma Berennikow und fragten: »Gehst du selbst oder schickst du uns?« – »Ich geh selbst; führt mein Ross vor!« Die Rosse der beiden Helden waren auf dem freien Felde und rupften Gras, Fomas Gaul aber stand da und schlang den Hafer gierig hinunter. Ilja Muromez trat an den Gaul heran, aber der hatte sich vollgefressen, war mutig geworden, schlug aus und biss nach allen Seiten! Da ward Ilja Muromez jedoch ärgerlich, packte Fomas Ross am Schwanz und warf es über den

Zaun. Aljoscha Popowitsch aber sprach zu seinem Gefährten: »Wenn uns nur Foma Berennikow nicht sieht, der zahlt es uns noch heim!« Ilja Muromez aber sagte: »Also steckt die ganze Kraft nicht im Gaul, sondern im Helden selber.« Und er führte die Mähre zu Foma Berennikow. Foma saß auf, aber dachte im Stillen: »Mögen sie mich nur totschlagen! So werd ich wenigstens ohne Schande bleiben.« Er ritt davon, beugte sich auf den Hals nieder und drückte die Augen zu. Der chinesische Held hatte den Befehl des Königs wohl behalten, beugte sich ebenfalls vornüber und schloss die Augen. Dann stieg Foma vom Gaul, setzte sich auf einen Stein und fing an die Sichel zu wetzen; der Chinesenheld machte es ihm nach, stieg ab von seinem starken Ross und schärfte sein Schwert. Da bemerkte er, dass Foma Berennikow auf einem Auge blind war, und dachte bei sich: »Er hat ein Auge zugekniffen, ich will ihn aber überlisten und beide Augen zudrücken!« Kaum hatte er sie aber zugedrückt, als Foma ihm den Kopf abschlug. Dann machte sich Foma an das Heldenross und wollte aufsitzen, aber konnte nicht hinauf. Er führte das großmächtige Ross unter eine hundertjährige Eiche, kletterte auf den Baum und sprang rittlings auf das Ross hinunter. Kaum fühlte es aber den Reiter, so stieg es in die Höhe und riss die Eiche mitsamt den Wurzeln aus. Es rannte mit aller Macht und schleppte die riesige Eiche hinter sich her. Foma Berennikow aber schrie: »Helft, helft!« Doch die Chinesen, die Dummköpfe, verstanden die russische Sprache nicht und stoben in ihrem Schreck auseinander. Das Heldenross zerstampfte sie mit den Hufen und schlug sie mit der hundertjährigen Eiche nieder: schlug alle tot bis auf den letzten Mann! Da schrieb der chinesische König an Foma Berennikow einen Brief: Er werde niemals mehr wider ihn Krieg führen. Das wollte Foma aber auch nur haben! Ilja Muromez jedoch und Aljoscha Popowitsch, der Junge, die staunten über Foma.

Und danach ritt Foma zum preußischen Zaren. »Womit soll ich dich belohnen?« fragte der Zar, »nimm so viel Gold, wie du willst, oder die Hälfte von meinem weißen Zarenreich oder meine wunderschöne Tochter.« – »Gib mir die wunderschöne Zarentochter und ruf zur Hochzeit meine jüngeren Brüder Ilja Muromez und Aljoscha Popowitsch, den Jungen.«

Und so heiratete Foma Berennikow die wunderschöne Zarentochter. Man sieht, nicht nur die Helden haben Erfolg! Wer das Maul am vollsten nimmt, dem geht's am besten.

Der Ungewaschene

Ein Soldat hatte drei Kriege mitgemacht, keinen Pfifferling dabei verdient und wurde darauf aus dem Dienst entlassen. Er wanderte fort und ging lange seines Weges; dann machte er halt und setzte sich an einem See nieder. Und wie er so dasaß, sann er vor sich hin: »Wo soll ich wohl bleiben, und womit soll ich mich durchschlagen? ... Beim Teufel vielleicht mich als Arbeiter verdingen!« Kaum hatte er diese Worte gesprochen, als ein Teufelchen plötzlich vor ihm stand und ihn begrüßte: »Guten Tag, Soldat!« – »Was willst du?« – »Ja, wolltest du denn nicht selbst zu uns in den Dienst treten? Wie ist's, Soldat, verdinge dich! Wir geben dir hohen Lohn.« – »Was soll aber die Arbeit sein?« – »Die Arbeit ist leicht: nur fünfzehn Jahre lang sich weder rasieren noch die Haare schneiden lassen, sich weder schnäuzen, die Nase putzen, die Nägel beschneiden noch die Kleider wechseln.« – »Schon gut«, sagte der Soldat, »die Arbeit nehm ich auf mich, aber unter der Bedingung, dass für mich alles bereit sei, was die Seele sich wünscht!« – »Das wirst du alles haben, sei ohne Sorge, an uns soll es nicht liegen!« – »Na, dann schlag ein! Bring mich sofort in die Hauptstadt und schaff einen Haufen Geld herbei; du weißt ja selbst, dass ein Soldat davon so gut wie gar nichts hat.« Das Teufelchen stürzte sich in den See, schleppte einen Haufen Geld herbei, brachte den Soldaten im Nu in eine große Stadt – und war verschwunden! »Da bin ich an einen Dummen geraten!«, sagte der Soldat, »noch hab ich nicht gedient und nichts gearbeitet, aber schon Geld genommen.«

Er mietete sich eine Wohnung, schor sich nicht und rasierte sich nicht, wischte sich nicht die Nase und wechselte auch die Kleidung nicht, lebte so dahin, wurde immer reicher und kam schließlich zu solchem Reichtum, dass er keinen Raum mehr hatte, wo er sein Geld aufbewahren konnte. Was sollte er mit all dem Silber und Gold beginnen? »Ich will anfangen den Armen zu helfen«, dachte er, »mögen sie für meine Seele beten.« Und der Soldat begann das Geld unter die Armen zu verteilen, gab nach rechts und gab nach links, aber das Geld nahm nicht ab bei ihm, sondern ward immer mehr. Der Ruhm des Soldaten drang in das ganze Zarenreich, zu allen Leuten.

So lebte er vierzehn Jahre, im fünfzehnten aber reichte des Zaren Kasse nicht aus. Da ließ er den Soldaten zu sich rufen. Der trat vor ihn unrasiert, ungewaschen, ungekämmt und ungeschnäuzt, und die Kleidung war nicht gewechselt. »Gesundheit wünsch ich, Eure Majestät!« – »Hör mal, Soldat! Man sagt, du tust allen Menschen Gutes; leih mir doch eine Summe Geldes; es reicht mir nicht zum Sold für das Heer. Gibst du's mir, so mach ich dich sofort zum General.« – »Nein, Eure Majestät! General will ich nicht sein; willst du mich aber beschenken, so gib mir eine deiner Töchter zur Frau und nimm dir so viel Geld, wie du brauchst.« Da bedachte sich der Zar: die Töchter taten ihm wohl leid, aber ohne Geld konnte er nicht auskommen. »Nun gut«, sagte er, »lass ein Bild von dir malen, ich werd es den Töchtern zeigen; dann werden wir sehen, welche dich nehmen wird.« Der Soldat machte kehrt und befahl, dass man ein Bild von ihm male, genau so, wie er war; und er schickte es dem Zaren.

Der Zar aber hatte drei Töchter. Er rief sie zu sich, zeigte das Bild des Soldaten der Ältesten und fragte: »Nimmst du diesen wohl als Mann? Er wird mir aus großer Not helfen.« Die Zarentochter sah, dass ein Scheusal hingemalt war: die Haare verfilzt, die Nägel nicht beschnitten und der Rotz nicht abgewischt. »Nein, ich will ihn nicht!«, sagte sie, »lieber nehm ich den Teufel als Mann!« Der Teufel aber war plötzlich da, stand hinter ihr mit Feder und Papier, hörte, was sie gesagt hatte, und schrieb ihre Seele auf. Dann fragte der Vater die mittlere Tochter: »Nimmst du den Soldaten zum Mann?« – »Was? Lieber bleib ich ewig Jungfer, lieber lass ich mich selbst mit dem Teufel ein, als den zu heiraten!« Der Teufel schrieb auch die zweite Seele auf. Dann fragte der Vater die jüngste Tochter; sie antwortete ihm: »Das soll wohl mein Schicksal sein! Ich will ihn zum Mann nehmen, danach aber geschehe, was Gott mir schickt!«

Der Zar aber ward froh und ließ dem Soldaten sagen, er möge sich zur Trauung fertig machen, und schickte zu ihm zwölf große Wagen nach dem Golde. Der Soldat forderte das Teufelchen zu sich und befahl: »Hier sind zwölf große Wagen, sofort sollen sie alle mit Gold beladen sein!« Das Teufelchen lief in den See, und dann fing dort bei ihnen die Arbeit an: Der eine trug einen Sack, der andere zwei; mit flinker Hand wurden die Fuhren beladen und zum Zaren in den Palast geschickt. Von dieser Zeit an ward der Zar heiter und rief den Soldaten wohl jeden Tag zu sich, setzte ihn an den gleichen Tisch, trank und aß mit ihm. Und während sie alles zur Hochzeit vorbereiteten, vergingen gerade die fünfzehn Jahre, und die Frist des Dienstes lief für den Soldaten ab. Er rief das Teufelchen zu sich und sprach: »Jetzt ist meine Dienstzeit um; mach mich wieder zu einem schmucken Burschen.« Das Teufelchen zerhackte ihn in kleine Stücke, warf ihn in einen Kessel und ließ ihn kochen; es kochte ihn ab, nahm ihn heraus und legte alles zusammen, wie sich's gehört; Knochen zu Knochen, Gelenk zu Gelenk, Sehne zu Sehne; dann spritzte er das Wasser des Todes und des Lebens darauf, und der Soldat stand da als ein so schmucker Bursch, dass es weder im Märchen zu erzählen, noch mit der Feder zu beschreiben ist.

Er heiratete die jüngste Zarentochter, und sie lebten glücklich und zufrieden und mehrten Hab und Gut.

> Auf der Hochzeit war ich,
> Met und Bier trank ich,
> Auch Wein gab es dazu,
> Den trank ich aus im Nu!

Als aber das Teufelchen zurück in den See lief, verlangte sein Großvater die Abrechnung: »Wie steht's mit dem Soldaten?« – »Er hat seine Zeit richtig und ehrlich abgedient: hat sich keinmal rasiert, noch geschoren, noch den Rotz abgewischt, noch die Kleider gewechselt.« Da geriet der Großvater in Zorn und sprach: »In fünfzehn Jahren konntest du den Soldaten nicht einmal verführen! Unnütz hast du das Geld vergeudet! Was bist du denn eigentlich für ein Teufel?!« Und er befahl, ihn in einen Kessel mit kochendem Pech zu werfen. »Halt, Großvater!«, rief das Enkelchen, »für die Seele des Soldaten hab ich mir zwei aufgeschrieben.« – »Wieso denn das?« – »Das kam so: Der Soldat wollte eine Zarentochter heiraten, da sagten aber die älteste und die mittlere zum Vater, dass sie lieber den Teufel zum Manne haben wollten, als den Soldaten! Daher sind sie unser!« Der Großvater sprach das Teufelchen frei und befahl, es loszulassen: »Es versteht sein Geschäft!«

Der unsterbliche Koschtschej

Es war einmal ein Zar, der hatte einen einzigen Sohn. Und als dieser noch klein war, wiegten ihn die Ammen und Wärterinnen in Schlaf und sangen: »Eia, popeia, Iwan-Zarewitsch! Groß wirst du werden, eine Braut für dich finden: Hinter dreimal neun Ländern, im dreimal zehnten Reich, da sitzt Wassilissa, Kirbits Tochter, im Turm, sichtbar fließt ihr das Mark von einem Knöchelchen ins andere.«

Als der Zarensohn fünfzehn Jahre alt geworden war, erbat er seines Vaters Erlaubnis, in die Welt hinaus zu reiten und sich die Braut zu suchen. »Wohin willst du denn reiten? Du bist ja noch viel zu klein!« – »Nein, Väterchen! Als ich klein war, wiegten mich die Ammen und Wärterinnen in den Schlaf und taten mir kund, wo meine Braut lebt; jetzt will ich fortreiten und sie aufsuchen.« Der Vater segnete ihn und sandte in alle Reiche die Botschaft, dass sein Sohn Iwan auf die Brautsuche geritten sei.

Der Zarensohn kam in eine Stadt, stellte sein Pferd ein und ging durch die Straßen spazieren. Da sah er, wie man auf dem Marktplatz einen Menschen durchpeitschte. »Wofür«, fragte er, »schlagt ihr diesen mit der Knute?« – »Dafür, dass er einem angesehenen Kaufmann zehntausend Rubel schuldet und sie nicht zur rechten Zeit zurückgezahlt hat; wer ihn aber loskauft, dem wird der unsterbliche Koschtschej die Frau entführen.« Da bedachte sich der Zarensohn, überlegte sich's und ging davon. Er spazierte in der Stadt umher und kam wieder auf den Marktplatz, dort aber schlug man jenen Mann noch immer. Iwan-Zarewitsch fühlte Mitleid mit ihm und beschloss, ihn loszukaufen. »Ich hab ja keine Frau«, dachte er, »mir kann auch keine entführt werden.« Er bezahlte zehntausend Rubel und ging nach Hause. Da lief ihm jener nach, den er freigekauft hatte, und schrie: »Dank dir, Iwan-Zarewitsch! Hättest du mich jedoch nicht losgekauft, würdest du bis in alle Ewigkeit deine Braut nicht gewinnen. Jetzt will ich dir aber helfen; kauf mir schnell ein Pferd und einen Sattel.« Der Zarensohn kaufte ihm Pferd und Sattel und fragte: »Wie ist denn dein Name?« – »Stahlheld werd ich genannt.«

Sie saßen auf und ritten über Weg und Steg. Als sie in das dreimal zehnte Reich kamen, sagte Stahlheld: »Jetzt, Iwan-Zarewitsch, befiehl Hühner, Enten und Gänse zu kaufen und zu braten, damit von allem reichlich da sei! Ich aber gehe, dir die Braut zu verschaffen. Doch gib acht: Jedes Mal, wenn ich zu dir gelaufen komme, schneide von einem der Braten das rechte Flügelchen ab und reich es mir auf einem Teller.« Stahlheld ging geradeswegs zum hohen Turm, in dem Wassilissa, Kirbits Tochter, saß, warf mit leichter Hand Steinchen in die Höh und zerbrach den vergoldeten Dachfirst. Dann lief er zu Iwan-Zarensohn zurück und rief: »Was schläfst du! Gib mir ein Huhn.« Iwan schnitt das rechte Flügelchen ab und reichte es auf einem Teller. Stahlheld nahm ihn, lief zum Turm und rief: »Guten Tag, Wassilissa, Kirbits Tochter! Iwan Zarensohn befahl Euch zu grüßen und bat mich, dieses Hühnchen Euch zu überbringen.« Sie erschrak, saß da und erwiderte nichts; er aber antwortete statt ihrer selbst: »Guten Tag, Stahlheld! Ist Iwan-Zarewitsch wohlauf?« – »Gottlob, er ist gesund.« – »Aber was stehst du da, Stahlheld? Nimm das Schlüsselchen, öffne das Schränkchen, trink ein Gläschen Schnaps und geh mit Gott.«

Stahlheld kam zu Iwan-Zarensohn gelaufen und rief: »Was sitzt du da! Gib mir eine Ente.« Iwan schnitt das rechte Flügelchen ab und reichte es auf einem Teller. Stahlheld nahm es und brachte es zum Turm. »Guten Tag, Wassilissa, Kirbits Tochter! Iwan-Zarewitsch befahl Euch zu grüßen und schickt Euch diese Ente.« Sie saß und erwiderte nichts, er aber antwortete statt ihrer selbst: »Guten Tag, Stahlheld! Ist der Zarensohn wohlauf?« – »Gottlob, er ist gesund!« – »Aber was stehst du da, Stahlheld? Nimm das Schlüsselchen, öffne das Schränkchen, trink ein Gläschen Schnaps und geh mit Gott.« Stahlheld kam zu Iwan-Zarensohn gelaufen und sagte wiederum zu ihm: »Was sitzt du da! Gib mir eine Gans.« Iwan schnitt das rechte Flügelchen ab, legte es auf einen Teller und reichte es ihm. Stahlheld nahm es und trug es zum Turm. »Guten Tag, Wassilissa, Kirbits Tochter! Iwan-Zarewitsch befahl Euch zu grüßen und schickt Euch eine Gans.« Da nahm Wassilissa, Kirbits Tochter, sogleich den Schlüssel, öffnete den Schrank und reichte ein Gläschen Schnaps. Stahlheld aber ergriff nicht das Gläschen, sondern fasste die Jungfrau bei der rechten Hand, zog sie heraus aus dem Turm und setzte sie zu Iwan-Zarewitsch auf das Pferd. Dann sprengten die kühnen Burschen mit der wunderschönen Jungfrau davon, was die Pferde laufen wollten. Am andern Morgen erwachte Zar Kirbit, erhob sich und sah, dass der Dachfirst des Turmes zerbrochen, seine Tochter aber entführt war. Er geriet in großen Zorn und befahl, auf allen Wegen und Stegen die Verfolgung aufzunehmen.

War es lang darauf, war es kurz, dass unsere Helden fortgeritten waren, da nahm Stahlheld seinen Ring vom Finger, versteckte ihn und sagte: »Reit zu, Iwan-Zarewitsch, ich aber will umkehren, meinen Ring zu suchen!«

Doch Wassilissa, Kirbits Tochter, suchte ihn zu überreden: »Lass uns nicht allein, Stahlheld! Willst du, so geb ich dir meinen Ring.« Stahlheld antwortete: »Es geht nicht, Wassilissa! Mein Ring ist von unschätzbarem Wert, meine Mutter hat ihn mir gegeben und gesagt: ›Trag ihn, verlier ihn nicht und vergiss deine Mutter nicht!‹« Stahlheld sprengte zurück und stieß unterwegs auf die Verfolger. Er schlug sie alle tot, ließ nur einen einzigen übrig, damit er dem Zaren Kunde brächte, und dann eilte er Iwan-Zarewitsch nach.

War es lang darauf, war es kurz, dass sie geritten waren, da versteckte Stahlheld sein Tuch und sagte: »Ach, Iwan-Zarewitsch! Ich hab mein Tuch verloren; reitet ihr nur über Weg und Steg, ich werd euch bald wieder einholen.« Er kehrte um, ritt einige Werst zurück und traf auf eine zweimal größere Zahl Verfolger, erschlug sie alle und kehrte zu Iwan-Zarewitsch zurück. Der fragte ihn: »Hast du dein Tuch gefunden?« – »Ja, ich hab es gefunden.« Die dunkle Nacht überfiel sie, da schlugen sie ihr Zelt auf. Stahlheld legte sich schlafen, ließ aber Iwan-Zarewitsch Wache stehn und sagte zu ihm: »Rührt sich etwas, so weck mich auf.« Der Zarensohn stand und stand und wurde müde; der Schlaf überfiel ihn, er setzte sich beim Zelte nieder und schlief ein. Da trug der unsterbliche Koschtschej, ehe man sich's versah, Wassilissa, Kirbits Tochter, weg. Als die Morgenröte emporstieg, erwachte Iwan-Zarewitsch, sah, dass seine Braut verschwunden war, und fing an bitterlich zu weinen. Auch Stahlheld wachte auf und fragte ihn: »Warum weinst du?« – »Wie sollt ich nicht weinen? Jemand hat Wassilissa, Kirbits Tochter, entführt.« – »Ich hab dir doch gesagt: Steh Wache! Der unsterbliche Koschtschej hat es getan; komm, lass uns ihn suchen.«

Lange, lange waren sie geritten, da sahen sie zwei Hirten eine Herde hüten. »Wessen Herde ist das?« Die Hirten antworteten: »Sie gehört dem unsterblichen Koschtschej.« Stahlheld und Iwan-Zarewitsch fragten die Hirten aus, wie weit es sei bis zum Hause Koschtschejs, wie man da hinkäme, wann sie mit den Herden heimkehrten und wo sie sie einsperrten. Dann stiegen sie von den Rossen, drehten den Hirten die Hälse um, legten ihre Kleider an und trieben die Herden nach Hause; sie trieben sie bis zum Tor und blieben dort stehn.

Iwan-Zarewitsch hatte einen goldenen Fingerring, den ihm Wassilissa, Kirbits Tochter, geschenkt hatte. Wassilissa aber hielt sich eine Ziege, und jeden Morgen und jeden Abend badete sie sich in deren Milch. Eine Magd kam mit einer Schüssel gelaufen, molk die Ziege und trug die Milch fort; Stahlheld aber nahm den Ring von Iwan-Zarewitsch und warf ihn in die Schüssel. »He, ihr guten Gesellen!«, sagte das Mädchen, »ihr treibt bösen Unfug!« Sie kam zu Wassilissa, Kirbits Tochter, und beklagte sich: »Heute haben die Hirten uns verhöhnt: Sie warfen einen Ring in die Milch!« Jene antwortete ihr: »Lass die Milch stehn, ich selbst werde sie durchseihen.« Sie tat es, erblickte ihren Ring und befahl, die Hirten herbeizuholen. Die Hirten kamen. »Guten Tag, Wassilissa, Kirbits Tochter!«, sagte Stahlheld. »Guten Tag, Stahlheld! Guten Tag, Zarensohn! Wie hat Gott euch hierhergeführt?« – »Wir sind Euch holen gekommen, Wassilissa, Kirbits Tochter; Ihr könnt uns nirgends verborgen bleiben, und wenn's auf dem Boden des Meeres wäre, selbst dort würden wir Euch finden!« Sie setzte die beiden an den Tisch, gab ihnen allerlei Speisen zu essen und Weine zu trinken. Dann sagte Stahlheld: »Wenn der unsterbliche Koschtschej von der Jagd zurückkehrt, dann frag ihn aus, Wassilissa, Kirbits Tochter, wo sein Tod ist. Jetzt aber wäre es gut, dass wir uns versteckten.«

Kaum hatten sich die Gäste verborgen, als der unsterbliche Koschtschej von der Jagd angeflogen kam. »Pfui, pfui«, sagte er, »früher war hier von Russengeruch nichts zu spüren und nichts zu merken, jetzt aber seh ich Russenfleisch mit eigenen Augen und schmeck es auf den eigenen Lippen.« Wassilissa, Kirbits Tochter, erwiderte: »Du bist ja selbst zu den Russen geflogen, hast den Geruch wohl dort eingesogen, darum witterst du ihn auch hier!« Koschtschej aß zu Mittag und legte sich dann hin, um auszuruhen. Wassilissa, Kirbits Tochter, kam zu ihm, warf sich ihm an den Hals, herzte und küsste ihn und sagte: »Mein liebster Freund, mit Sehnsucht hab ich dich erwartet! Ich fürchtete schon, dich nicht mehr lebend wiederzusehen; dachte, die reißenden Tiere hätten dich gefressen!« Koschtschej lachte auf: »Dummes Weib! Lange Haare, kurzer Verstand! Können mich denn die wilden Tiere fressen?« – »Ja, wo ist denn aber dein Tod?« – »Mein Tod, der ist im Besen, wälzt sich dort unter der Schwelle.«

Kaum war Koschtschej wieder fortgeflogen, als Wassilissa, Kirbits Tochter, zu Iwan-Zarewitsch gelaufen kam. Stahlheld fragte sie: »Sag an, wo ist denn der Tod Koschtschejs?« – »Im Besen dort unter der Schwelle.« – »Nein, das ist gelogen! Du musst ihn schlauer ausfragen.« Wassilissa, Kirbits Tochter, dachte sich gleich etwas aus: Sie hob den Besen auf, vergoldete ihn und schmückte ihn mit farbigen Bändern und legte ihn auf den Tisch. Als der unsterbliche Koschtschej wieder angeflogen kam, sah er den vergoldeten Besen auf dem Tisch und fragte: »Warum hast du das getan?« – »Es geht nicht an«, antwortete Wassilissa, »dass dein Tod sich unter der Schwelle wälzt; er soll besser hier auf dem Tische liegen.« – »Ha, ha, ha, dummes Weib! Lange Haare, kurzer Verstand! Ist denn mein Tod dort drin?« – »Aber wo ist er denn?« – »Mein Tod ist im Ziegenbock verborgen.«

Kaum war Koschtschej fort zur Jagd, als Wassilissa, Kirbits Tochter, den Ziegenbock mit Bändern und Glöckchen schmückte und ihm die Hörner vergoldete. Als Koschtschej das erblickte, lachte er wieder auf: »Ach, dummes Weib! Lange Haare, kurzer Verstand! Mein Tod ist weit von hier: Im Meer, im fernen Ozean, liegt eine Insel, auf der Insel aber steht eine Eiche, und unter der Eiche ist ein Kasten vergraben; im Kasten ist ein Hase, im Hasen eine Ente, in der Ente ein Ei, im Ei aber, da steckt mein Tod!« Er sagte es und flog davon. Wassilissa, Kirbits Tochter, erzählte Stahlheld und Iwan-Zarewitsch alles wieder; sie steckten Vorräte zu sich und gingen, den Tod Koschtschejs zu suchen.

War es lang, war es bald darauf, da hatten sie ihren ganzen Vorrat aufgezehrt und fingen an zu hungern. Eine Hündin mit Jungen kam ihnen entgegen. »Ich will sie töten«, sagte Stahlheld, »denn wir haben nichts mehr zu essen.« – »Töte mich nicht, und mach meine Kinder nicht zu Waisen«, bat die Hündin; »ich selbst werde dir noch nützlich sein.« – »Dann sei Gott mit dir!« Sie gingen weiter; da saß auf einer Eiche ein Adler mit seinen Jungen. Stahlheld sagte: »Ich werde den Adler töten.« Der Adler erwiderte: »Töte mich nicht, mach meine Kinder nicht zu Waisen; ich selbst werde dir noch nützen!« – »Mag es so sein, leb weiter und bleib gesund!« Sie kamen zum Meer, zum breiten Ozean; am Ufer aber kroch ein Krebs. Stahlheld sagte: »Ich werd ihn töten.« Der Krebs antwortete: »Töte mich nicht, guter Held! Du hast an mir wenig Gewinn; isst du mich auch, satt wirst du doch nicht. Kommt aber die Zeit, so werd ich dir nützlich sein!« – »Nun, dann kriech mit Gott!«, sagte Stahlheld, schaute hinaus auf das Meer, erblickte einen Fischer im Boot und rief ihm zu: »Leg am Ufer an!« Der Fischer kam mit dem Boot heran; Iwan-Zarensohn und Stahlheld setzten sich hinein und fuhren zu der Insel; sie langten dort an und gingen zur Eiche. Stahlheld packte die Eiche mit riesenstarken Armen und riss sie samt der Wurzel aus; dann zog er den Kasten hervor, öffnete ihn; ein Hase sprang heraus und lief davon, was das Zeug hielt. »Ach, wenn doch jetzt die Hündin da wäre!«, sagte Iwan-Zarewitsch, »die würde den Hasen schon fangen.« Und sieh! Da schleppte die Hündin schon den Hasen herbei. Stahlheld zerriss ihn, und aus dem Hasen flog eine Ente hervor und schwang sich hoch empor gen Himmel. »Ach, wenn doch jetzt der Adler da wäre!«, rief Iwan-Zarewitsch aus, »der würde die Ente schon fangen.« Der Adler aber trug die Ente schon herbei. Stahlheld zerriss die Ente, ein Ei kollerte hinaus und fiel ins Meer. »Ach, wenn der Krebs doch das Ei herausholte!«, sagte der Zarensohn. Der Krebs aber kroch schon heran und schleppte das Ei. Sie nahmen es mit, gingen zurück zum unsterblichen Koschtschej und warfen ihm das Ei an die Stirn – er streckte alle viere von sich und war tot. Iwan-Zarewitsch aber machte sich mit Wassilissa, Kirbits Tochter, auf den Weg.

Sie ritten und ritten; die dunkle Nacht überfiel sie; da schlugen sie ihr Zelt auf und Wassilissa, Kirbits Tochter, legte sich schlafen. Stahlheld sagte: »Leg auch du dich hin, Zarensohn, ich werde Wache stehn.« Mitten in finsterer Nacht kamen zwölf Tauben geflogen, schlugen Flügel wider Flügel und verwandelten sich in zwölf Jungfrauen. Sie sprachen: »Stahlheld und Iwan-Zarewitsch! Ihr habt unsern Bruder Koschtschej getötet, ihr habt unsere Brudersfrau Wassilissa entführt, dafür wird euch nichts Gutes widerfahren: Wenn Iwan-Zarewitsch heimkommt und befiehlt, sein Lieblingshündchen ihm vorzuführen, so wird es dem Wärter entspringen und den Zarensohn in kleine Stücke zerreißen; wer das aber hört und sagt es ihm, der wird bis an die Knie zu Stein!«

Am Morgen früh weckte Stahlheld den Zarensohn und Wassilissa, Kirbits Tochter; sie machten sich auf und ritten über Weg und Steg. Die zweite Nacht ereilte sie; auf freiem Feld schlugen sie das Zelt auf. Wieder sagte Stahlheld: »Leg dich schlafen, Iwan-Zarewitsch, ich aber werde wachen.« Mitten in finsterer Nacht kamen die zwölf Tauben geflogen, schlugen Flügel wider Flügel und verwandelten sich in zwölf Jungfrauen. Sie sprachen: »Stahlheld und Iwan-Zarewitsch! Ihr habt unsern Bruder Koschtschej getötet, ihr habt unsere Brudersfrau Wassilissa entführt, dafür wird euch nichts

Gutes widerfahren: Wenn Iwan-Zarewitsch heimkommt und befiehlt, sein Lieblingsross ihm vorzuführen, auf dem er seit seiner Kindheit gewohnt ist zu reiten, wird das Ross sich vom Stallknecht losreißen und den Zarensohn erschlagen, wer das aber hört und sagt es ihm, der wird bis an den Gürtel zu Stein!«

Der Morgen kam, und sie ritten weiter. Die dritte Nacht ereilte sie; das Zelt schlugen sie auf und nächtigten auf freiem Felde. Stahlheld sagte: »Leg dich schlafen, Iwan-Zarewitsch, ich aber werde wachen.« Wieder kamen mitten in finsterer Nacht die zwölf Tauben geflogen, schlugen Flügel wider Flügel und verwandelten sich in zwölf Jungfrauen. »Stahlheld und Iwan-Zarewitsch! Ihr habt unsern Bruder Koschtschej getötet, ihr habt unsere Brudersfrau Wassilissa entführt, dafür wird euch nichts Gutes widerfahren: Wenn Iwan-Zarewitsch heimkommt und befiehlt, seine Lieblingskuh ihm vorzuführen, deren Milch er seit seiner Kindheit trinkt, wird die Kuh sich vom Viehknecht losreißen und den Zarensohn auf die Hörner nehmen; wer uns aber sieht und hört und sagt es ihm, der wird vom Kopf bis zu den Füßen zu Stein!« So sprachen sie, verwandelten sich in Tauben und flogen davon.

Am Morgen früh erwachten Iwan-Zarewitsch und Wassilissa, Kirbits Tochter, und machten sich auf den Weg. Sie langten zu Hause an, und der Zarensohn hielt Hochzeit mit Wassilissa, Kirbits Tochter. Einen Tag darauf oder zwei sagte er zu ihr: »Willst du, so werde ich dir mein Lieblingshündchen zeigen? Als ich klein war, hab ich immer mit ihm gespielt.« Stahlheld nahm seinen Säbel, schliff ihn haarscharf und stellte sich an die Freitreppe. Da führte man das Hündchen herbei; es riss sich vom Wärter los und lief geradewegs auf die Freitreppe zu. Stahlheld aber holte mit dem Säbel aus und hieb es mitten durch. Iwan-Zarewitsch ward zornig auf ihn, schwieg aber wegen der vielen Dienste, die er ihm geleistet hatte, und sagte nichts dawider. Am nächsten Tage befahl er, sein Lieblingsross vorzuführen; das Ross zerriss das Halfter, lief dem Stallknecht davon und rannte geradeswegs auf den Zarensohn zu; Stahlheld aber schlug ihm den Kopf ab. Iwan-Zarewitsch geriet in noch größeren Zorn und wollte Befehl geben, ihn aufzuhängen, aber Wassilissa, Kirbits Tochter, bat ihn: »Wenn er nicht gewesen wäre, hättest du mich nie erlangt!« Am dritten Tage befahl Iwan-Zarewitsch, seine Lieblingskuh vorzuführen; sie riss sich vom Dienstknecht los und rannte geradeswegs auf den Zarensohn zu. Stahlheld schlug auch ihr den Kopf ab. Da geriet jedoch Iwan-Zarewitsch in solche Wut, dass er auf keinen mehr hörte. Er befahl, den Henker zu rufen und Stahlheld sofort aufzuhängen. »Ach, Iwan-Zarewitsch! Willst du mich durch den Henker richten lassen, so will ich lieber freiwillig sterben. Erlaube mir nur, drei Dinge zu sagen.« Und Stahlheld erzählte von der ersten Nacht, wie auf dem freien Felde die zwölf Tauben angeflogen kamen und was sie gesagt hatten – und sogleich ward er zu Stein bis an die Knie. Er erzählte von der nächsten Nacht – und ward zu Stein bis an den Gürtel. Da bat ihn Iwan-Zarewitsch, er möge nicht bis zu Ende erzählen, aber Stahlheld antwortete: »Jetzt ist alles gleich: Bin ich schon bis zur Hälfte zu Stein geworden, so lohnt es nicht mehr zu leben!« Und er erzählte von der dritten Nacht und ward ganz zu Stein. Iwan-Zarewitsch ließ ihn in ein besonderes Gemach bringen und ging jeden Tag mit Wassilissa, Kirbits Tochter, dorthin und weinte bitterlich.

Danach vergingen viele Jahre. Und einmal, als Iwan-Zarewitsch wieder über den versteinerten Stahlheld Tränen vergoss, hörte er eine Stimme aus dem Steine sprechen: »Warum weinst du? Mir ist das Herz schwer genug!« – »Wie sollt ich nicht weinen? Ich war ja dein Verderben.« – »Willst du, so kannst du mich wohl retten. Du hast zwei Kinder, einen Sohn und eine Tochter, nimm und schlachte sie, zapf ihr Blut ab und bestreiche mit dem Blut den Stein.« Iwan-Zarewitsch erzählte

Wassilissa, Kirbits Tochter, was er gehört hatte. Sie wurden beide traurig und grämten sich, aber beschlossen zuletzt, ihre Kinder zu töten. Sie schlachteten sie und zapften das Blut ab; und kaum hatten sie den Stein bestrichen, als Stahlheld wieder lebendig wurde. Er fragte den Zarensohn und seine Frau: »Ist es euch leid um eure Kinder?« – »Ja, Stahlheld, sehr leid.«

Da schnitt sich Stahlheld in den Finger und machte mit seinem Blut ein Kreuz auf die Kinder des Zarensohns, und sie wurden in demselben Augenblick wieder lebendig. Vater und Mutter aber waren sehr froh und ließen in ihrer Freude ein reiches Mahl richten für alle Welt.

Bei dem Schmaus, auf mein Wort,
Met und Wein trank ich dort!
Über den Schnurrbart floss es, kam nicht in den
Mund hinein,
Doch fühlte ich mich satt und trunken vom Wein.

Vom bösen Weibe

Antipka hatte ein unsagbar böses Weib zur Frau und einen Haufen Kinder im Hause. Sagte Antipka nur ein Wort, griff das Weib zum Hebebaum und zielte schon auf Antipkas Rippen. Wollte er die Frau zur Vernunft bringen und nahm er die Peitsche in die Hand, fing das Weibsbild an zu brüllen und zu heulen und geriet in solche Wut, dass sie das Kind am Bein aus der Wiege zerrte und mit ihm um sich hieb! Die Augen traten ihr aus dem Kopf, Schaum stand vor dem Munde, ein Teufel war's und kein Weib! Antipka hatte ein Hundeleben, und je älter die Frau wurde, desto schlimmer ward es! Er fing an zu überlegen, wie er das Weib wohl loswerden könne, und dachte sich was aus.

Eines Tages kam er ganz vergnügt aus dem Walde zurück und sagte freundlich zu seiner Frau: »Hör zu, liebes Weib! Ein Herrenleben wollen wir miteinander anfangen, wie einen Pfau putz ich dich heraus, denn ich hab einen riesengroßen Schatz gefunden!« – »Wo denn, du Lump? Zeig ihn mir. Ist er dir nicht bloß im Traum erschienen, du Vogelscheuche?« – »Nein, mein Kätzchen! Nein, mein Liebchen! Hab ich ihn auch mit den Augen nicht gesehen, so hab ich doch mit den Ohren gehört, wie es von Gold und Silber geklimpert hat!« – »Wo war's denn?« – »Dort im Walde, am steilen Absturz, wo die dreigablige Eiche steht.« – »Na, dann lass uns hingehn!«, sagte das Weib schon etwas freundlicher. »Aber hüte dich: Hast du mir was vorgelogen, fahr ich dir in die Haare! Wie hast du's denn gehört? Erzähle mal.« – »Ja, siehst du, ich wollte so zum Spaß einen Stein in jene Grube dort werfen, und wie ich ihn warf, da klirrten die Silberrubel und Goldfüchse auch, wie mir's schien. Ich werfe noch einmal, und noch stärker hör ich's! Ich werfe zum dritten Mal, auf mein Wort, es klimpert!«

Sie kamen zur Grube: Dunkel war sie und tief! »Na, Frau, hier hast du einen Kieselstein, wirf selbst, wenn du mir nicht glaubst!« Das Weib nahm den Stein, beugte sich vor und warf, Antip aber gab ihr eins ordentlich in den Nacken; einen Purzelbaum schlug sie, flog in die Grube hinunter und muckste nicht mehr! Kaum war Antip jedoch heimgekehrt, da liefen ihm die Kinder, lauter kleine Mädchen, entgegen und winselten: »Vater, gib Grütze! Vater, gib Brot! Vater, gib Milch!« Und dabei sollte er noch selber die Kuh melken, selber zum Flüsschen laufen, Windeln waschen, Pferde besorgen, nachts nicht schlafen, sondern den Säugling wiegen! »O weh, o weh!«, rief Antip und kratzte sich am Kopf, »mit dem Weib war's ein Elend, ohne Weib sind's ihrer zehn, und zur Arbeit bleibt keine Zeit!«

Mit Antip ging's bergab in der Wirtschaft, und da dachte er sich etwas Neues aus: »Ich will hingehn und das Weib herausziehn!« Er fing an, Fetzen und Fasern und Schnüre von Bastschuhen zu sammeln, band eines ans andre, stückte und flocht es zusammen und band an das Ende ein Fangeisen an von Ellenlänge. Dann ging er zur Grube, ließ den Strick mit dem Eisen hinab und schüttelte es ein wenig. Denkt euch, was da Seltsames geschah: An den Strick hängte sich etwas an, doch war es nicht von des Weibes Schwere. Antipka zog den Strick in die Höhe, zog und zog, schau! – da saß am Ende ein Teufelchen, sechs Zoll maß es und war ganz behaart! Antip rief aus: »Fort mit dir! Ich kenne dich schon, bist klein von Wuchs, doch schlau wie der Fuchs! Lass los, Verfluchter, und scher dich dorthin, wo du bisher warst; hinauf ans Tageslicht kommst du mir nicht! Hör auf mich, sonst mach ich gleich ein Kreuz über dir!« Fing das Teufelchen an zu flehen: »Lieber Antipka! Ich bin ein guter Teufel, und Reichtum geb ich dir; in fremden Häusern werd ich mich niederlassen, aber du sollst mich mit einem Wort daraus vertreiben können und Geld dafür nehmen. Doch merk dir's, nur zweimal! Ich such dir schon die Allerreichsten aus. Als das böse Weib in die Grube fiel, da war kein Leben mehr für uns! Zieh mich hinauf, lieber Antip! Ich halt dir mein Versprechen, deine Wirtschaft bring ich in die Höhe: Tagelöhner sollst du haben, Männer und Weiber, eine Amme nimmst du dir für die Kinder, wirst mit den Herren zu Tische sitzen.« Antip ließ sich verführen und zog den Teufel hinauf; plötzlich fühlte er's leichter werden am Strick, der Teufel aber war wie weggeblasen.

Noch war keine Woche vergangen, als Antipka hörte, dass im großen steinernen Hause eines reichen Unternehmers ein Lärmen und Geklopf zu hören sei und nächtlicherweile ein Gelauf und Gelächter; die Leute hielten es schon nicht mehr aus! Da ging Antip zum Unternehmer, verneigte sich und sprach: »Bei Euch ist es nicht geheuer, Herr, ein gar böses Teufelchen hat sich eingenistet; du wirst ihn nicht anders austreiben, als wenn du mir befiehlst, es zu tun.« – »Schaff ihn fort, schaff ihn fort, lieber Antip!«, sagte der Unternehmer, »so tief werd ich mich vor dir verneigen!« – »Gut!«, antwortete Antip, »aber aus einem Bückling näht man keinen Pelz; ich bin ein armer Bauer mit einer zahlreichen Familie; sieben Töchter hab ich, und die älteste ist erst acht Jahre geworden, die Frau aber ist fortgelaufen, da muss ich selber hinter allem her sein! Gib mir für jede Tochter tausend Rubel, dann geh ich durch dein Haus, pfeife dabei und sage nur ein Wort – und kein Teufel bleibt länger darin.« Der Unternehmer handelte nicht lange, zog den Beutel heraus, zählte siebentausend ab und führte Antipka durch seine Zimmer. Und sowie Antip in ein Zimmer trat, pfiff er und schrie: »Hinaus!« Hinterm Ofen aber piepste es zur Antwort: »Ich geh fort!« Im ganzen Hause ging Antip herum, und überall ward es still; da wünschte er dem Hausherrn Glück zu dem Erfolg, und der Hausherr setzte ihm natürlich ausländischen Wein vor und allerlei Schnäpse und stellte den Imbiss auf den Tisch: hartgesottene Eier und einen Hecht in Sauce, allerlei Würste und noch vieles andre. Antip langte zu und aß sich für eine ganze Woche voll, sogar den Gurt warf er ab! Dann nahm er vom Hausherrn Abschied und schleppte sich heimwärts. Nun fanden sich bei ihm die Tagelöhner ein, Männer und Weiber; prächtige Pferde kaufte er sich und noch Gut. Weit ins Land drang Antipkas Ruhm, dass er ein Meister sei im Zaubern, obwohl kein altes Weib, so doch ein großer Teufelsbeschwörer!

Ein, zwei Monate später schickte ein Pächter aus der Stadt einen Boten zu Antipka. »Hilf uns, lieber Antip, ein Unglück ist bei uns geschehen!«, sagte der Bote. »Was denn? Brennt vielleicht das Haus?« – »Nein, wenn's auch nicht brennt, so steht es doch noch schlimmer: Der Teufel treibt drin sein Unwesen! Im Hause ist ein Lärmen und Gebrüll, und Spinnweben und Dreck findst du überall! Der Pächter sieht nicht aufs Geld; mach dich nur heran, Bruder, und befrei uns vom Teufel.« – »Gut!«, sagte Antip, spannte seinen Traber vor die Renndroschke und fuhr zum Pächter. Der nahm ihn bei der Hand, führte ihn achtungsvoll ins Haus und ließ ihn vorangehn, kurz – alle Ehr erwies er ihm, auf den Diwan setzte er ihn. »Hilf mir, mein Lieber!«, rief der Pächter. Antipka aber strich sich seinen Bart; mit zehntausend war er schließlich einverstanden. Das Geld steckte er in die Tasche und ging dann pfeifend durch die Zimmer. Den Teufel vertrieb er, und überall ward es still und ruhig! »Dank dir für deinen Dienst!«, sagte der Pächter, »ein Fass Wein lass ich dir ins Haus bringen.« Als aber Antip an den Kaufbuden vorbeifuhr, da schaute er die

Topfkuchen und Kringel schon nicht mehr an, sondern verlangte: »Her mit dem feinsten Zuckerwerk!«

Und wie er nach Hause kommt, da steht auf der Schwelle schon der Aufseher und ruft: »He, Antip, komm schnell auf den Herrenhof!« – »Warum?« – »Der Teufel hat sich dort eingenistet, plagt alle Leute! Die Herrin weint bitterlich, die Kinder heulen und brüllen!« – »Lieber Iwanytsch, erbarm dich! Zum dritten Mal kann ich den Teufel nicht forttreiben!« – »Komm mit und sprich mit dem Herrn! ›Treibt er mir bis zur Nacht den Teufel nicht aus‹, hat der Herr gesagt, ›so lass ich ihn im Stall vom Kopf bis zu den Füßen auspeitschen, verschick ihn auf Ansiedlung, nehm seine Töchter in Frondienst und schinde sie zu Tode!‹« – »Dann bleibt mir nichts übrig«, antwortete Antip, »gleich lauf ich hin; lass mich nur das Pferd ausspannen.« Antip aber war keiner von den Dummen: Die Leute zu betrügen hatte er schon gelernt, nun wollte er auch den bösen Geist übers Ohr hauen. Er schirrte den Gaul ab, warf seine neuen Kleider fort, suchte sich alte zusammen und riss auch die noch in Fetzen; er zerwühlte sein Haar und zog Lumpen an und statt der Stiefel abgetragene Bastschuhe, zerkratzte sein Gesicht blutig und lief ins Dorf zum Herrenhof. »Was willst du? Hast du unsere Abrede vergessen?«, sagte das Teufelchen. »Ich weiß!«, erwiderte Antip, »forttreiben will ich dich auch nicht, such ja doch selbst beim Herrn Rettung. Aber mein Weib ist aus der Grube entkommen, rennt mir auf den Hacken nach und will mich umbringen!« – »Was?«, schrie das Teufelchen, »aus der Grube ist sie entflohen! Rennt dir nach! Nein, lieber geh ich dann zu den Brüdern in die Grube zurück! Jetzt, ohne das Weibsbild, wird's ja hoch hergehn in der Hölle!« So lief denn das Teufelchen fort zu der Grube, und in den Gemächern des Herrn ward es still. Da erwies der Gutsherr Antipka die Gnade und befreite ihn von aller Fron. Antipka kehrte heim, und da stand schon das Weinfass auf dem Hof; der Pächter hatte ihn nicht betrogen! Antipka rief die Nachbarn zusammen und bewirtete sie; am andern Tage musste er sich wieder ernüchtern, trank wieder, aber nicht mit Maß, und besoff sich aufs Neue. Von der Zeit ab saß er Tag und Nacht am Fass, und immer erschien ihm seine Frau! Wenn er einschlief, legte sie ihm das Knie auf die Brust und drückte ihm die Gurgel zu; wachte er auf, stand sie in der Ecke und drohte ihm mit der Faust. Schrecklich war's und qualvoll! Da griff er natürlich zum Glase. Antipka starb am Suff; man trug ihn auf den Kirchhof, die Töchter aber kamen in Frondienst, und sein Hab und Gut wurde in alle Winde zerstreut.

Das Mädchen als Soldat

Es war einmal ein Mann, der hatte drei Töchter. In ihrem Dorf wurde eine Versammlung abgehalten und man warf das Los. Es traf den Vater, und er musste daher unter die Soldaten gehn. Er kam nach Hause und sagte: »Liebe Töchter, das Los hat mich dazu bestimmt, Soldat zu werden!« Da sprach die älteste Tochter: »Väterchen, erlaube mir, für dich unter die Soldaten zu gehn!« – »Was denkst du dir, Töchterchen? Kannst du denn als Soldat dienen?« – »Ach, Väterchen, es wird schon gehn!« Und sie nahm das Gewehr, den Tornister und den Mantel mit und wanderte fort. Und wie sie so ihres Weges ging, kam ihr ein Hase entgegen. Da erschrak sie und kehrte heim.

Nun sprach die zweite Tochter: »Väterchen, lass mich für dich in den Dienst ziehen!« Sie zog die Stiefel und die Kleider an, schnallte den Tornister um und ging fort. Da kam ihr aber ein Wolf entgegen. Sie erschrak und kehrte um.

Dann sagte jedoch die dritte Tochter: »Väterchen, lass mich für dich dienen gehn!« – »Die beiden Ältesten haben es versucht und Furcht gehabt, da wirst du dich ganz und gar in Schrecken jagen lassen!« – »Macht nichts, Väterchen; vielleicht erschreck ich mich auch nicht!« Sie nahm die Flinte, den Ranzen und den Mantel mit und wanderte fort. Da kam ihr ein Bär entgegen. Sie lud das Gewehr, gab Feuer und schoss ihm einen Finger ab, wickelte ihn in ein Tuch und steckte ihn in die Tasche. Dann zog sie für den Vater in den Dienst.

So viele Jahre sie auch diente, immer lebte sie mit den Kameraden in Eintracht, und niemand kam darauf, dass sie ein Weib war. Eines Tages aber marschierten sie in ein Dorf und bezogen ihre Quartiere. Da sprach die Hausfrau zu einem der Kameraden: »Hör mal, Soldat! Das ist doch wohl ein Frauenzimmer, das da mit dir zusammen dient?« – »Nein«, antwortete der Soldat, »es ist ein Mann.« – »Wir wollen sie auf die Probe stellen«, sagte die Wirtin, »nimm mal ein wenig Heu und steck es ihr ins Bett; unter einem Frauenzimmer wird es schwarz, aber unter euch bleibt es grün.« So tat der Soldat, und dann legten sie sich schlafen. Früh am Morgen stand die Tochter auf und kehrte ihr Heu um. Der Soldat aber sagte zur Hausfrau: »Nichts ist dabei herausgekommen, das Heu ist bei ihr genauso wie bei mir!« – »Na, dann wart nur, wir wollen die Badstube heizen. Geht beide zusammen ins Bad!« Und sie schickte die beiden in das Bad. Als sie hineingegangen waren, zog sich der Soldat aus, aber die Tochter sagte zu ihm: »Ach, wir haben ja die Seife vergessen! Lauf und hole sie!« Der Soldat ging ins Quartier und kam mit der Seife zurück, da war sein Kamerad aber schon fertig mit Baden. »He, Bruder! Ich hab lange auf dich gewartet und derweil schon gebadet!« Der Soldat kam zurück und sagte: »Ach, Wirtin, während ich nach der Seife lief, hat er sich schon fertig gebadet!«

Danach bekamen die Soldaten ihren Abschied, und die Tochter wanderte in die Heimat zurück. Sie kam nach Hause; der Vater begrüßte sie und war sehr froh: »He, Mütterchen! Wie ist dir der Dienst bekommen?« – »Gut, Väterchen!« – »Wie bist du denn beim Regiment angelangt?«, fragte er. »Ich ging so meines Weges, und da kam mir ein Bär entgegen, dem hab ich einen Finger abgeschossen. Hier ist er!« Da sprach der Vater: »Das ist mein Finger!« Also hatte er sich in einen Bären verwandelt und sie erschreckt.

Die Tochter saß nun daheim, plauderte mit dem Vater und erzählte ihm vom Dienst; ihr Kamerad aber, der mit ihr zusammen im Dienst gewesen war, hatte sich in eine Katze verwandelt, stand unter dem Fenster und miaute. Da sagte der Vater: »Meine Liebe, mach auf das Fenster und lass die Katze herein!« Die Tochter öffnete das Fenster; die Katze aber packte die Tochter, nahm sie auf den Rücken und trug sie davon. Und als die Katze das Mädchen über die Oka trug, zog es einen Ring vom Finger, warf ihn in den Fluss und sprach: »Wird mein Ring einst mit grünem Gras bewachsen, dann will ich die Schwiegereltern kennen, dich aber meinen Gatten nennen.«

Und er heiratete sie, und sie kamen zu seinem Vater. Die Schwiegereltern waren freundlich zu ihr, doch sie kümmerte sich nicht um sie. Da begann die Schwiegermutter sie an die Arbeit zu treiben und befahl ihr: »Marsch, in den Wald, und scher die grauen Schafe!« Ihre grauen Schafe waren aber Wölfe. Die Tochter machte sich auf in den Wald, doch ihr Mann sprach zu ihr: »Mein liebes Herz! Sie schickt dich nicht Schafe scheren, sondern Wölfe!« Sie ging nun in den Wald, setzte sich auf eine Eiche und rief:

»Ach, ihr Wölfchen,
Ach, ihr Grauen!
Versammelt euch, kommt alle zu mir,
Tut eure Wolle ins Körbchen hier!«

Die Wölfe liefen zusammen und taten ihre Wolle in den Korb aus Birkenrinde, und sie brachte die Wolle heim; doch die Schwieger dachte im Stillen: »Ach, dieser Nichtsnutz, nicht einmal die Wölfe fressen sie auf!« Und dann befahl sie: »Marsch, du Galgenstrick, du Nichtsnutz! Hier hast du einen Melkeimer; melk meine schwarzbraunen Kühe!« Ihr Mann aber sagte wieder: »Mein liebes Herz! Sie schickt dich nicht Kühe melken, sondern Bären.« Sie ging nun in den Wald, setzte sich auf eine Eiche und rief:

»Ach, ihr Bärchen,
Ach, ihr Guten!
Versammelt euch, kommt alle zu mir,
In einen Eimer melkt euch hier!«

Sie kamen herbei und molken den ganzen Eimer voll. Die Tochter ging heim und stellte den Melkeimer auf die Bank. Die Schwieger aber sagte wiederum: »Ach, dieser Galgenstrick, dieser Nichtsnutz! Nicht einmal die Bären fressen sie auf!«

Und dann befahl sie: »Geh zu meiner Schwester und bitte sie um einen Weberkamm!« Der Mann aber sagte zu ihr: »Mein liebes Herz, sie schickt dich nicht zu ihrer Schwester, sondern zur Baba-Jaga! Hier hast du ein Stück Butter, einen Kamm, eine Bürste und Steinchen! Gib die Butter dem Kater, er wird dir dafür den Weberkamm geben.«

So wanderte sie nun dahin. Da stand ein Hüttchen mitten auf dem Felde auf Hühnerfüßchen, auf Spindelbeinchen. Sie kam heran und klopfte ans Fenster. Die Baba-Jaga fragte: »Wer ist da?« – »Tantchen, gib Mütterchen einen Weberkamm!« – »Komm herein, liebe Nichte, setz dich her; ich will gehn und den Weberkamm holen!« Sie lief aber fort, um ihre Zähne zu schleifen. Da warf die Tochter dem Kater die Butter hin, und der Kater sprach: »Spuck auf die Schwelle; dein Speichel wird für dich antworten!« Sie spuckte auf die Schwelle, steckte den Weberkamm der Baba-Jaga zu sich und lief fort. Doch die Baba-Jaga schliff und schliff ihre Zähne. »Nichte, bist du da?« Der Speichel antwortete: »Ich bin hier, Tantchen, ich bin hier!« Endlich hatte die Baba-Jaga ihre Zähne scharf geschliffen, ging in die Hütte, aber die Nichte war nicht mehr dort. »Wo ist denn die Nichte?«, fragte sie den Kater. Und der Kater antwortete: »Ich weiß nicht.« Da setzte sich die Baba-Jaga auf ihren eisernen Mörser, trieb ihn mit einem eisernen Stößel an und machte sich auf die Verfolgung. Schon hatte sie sie fast erreicht. Da warf jene die Bürste hinter sich und auf einmal entstand dichtes Schilfrohr! Die Baba-Jaga fing an, mit den Zähnen das Rohr zu durchbeißen und mähte es ganz ab. Wieder eilte sie nach. Da warf jene den Kamm hin und es entstand mit einem Mal ein Birkenwäldchen! Die Baba-Jaga fällte aber das ganze Wäldchen mit den Zähnen, setzte sich wieder auf den eisernen Mörser und trieb ihn mit dem eisernen Stößel an. Und wieder jagte sie nach. Da warf jene die Steinchen aus. Plötzlich entstand ein Fluss. Die Baba-Jaga warf sich hinein und trank; sie trank und trank, bis sie zerplatzte, die Baba-Jaga.

Nun brachte die Tochter den Weberkamm nach Hause und legte ihn auf die Bank. Da sprach die Schwieger: »Ach, so ein Galgenstrick, ach, so ein Nichtsnutz! Weder fressen sie die Wölfe, noch fressen sie die Bären, noch frisst sie die Baba-Jaga! Marsch, du unnützes Weibsbild, geh mit deinem Mann Fische fangen!« Kaum waren sie in den Fluss gestiegen und machten sich ans Fische-Fangen, als sie ihren Ring herausfischte. »Ach«, sagte sie, »ich hab meinen Ring gefangen: er ist ganz mit grünem Gras bewachsen!« Da gingen sie nach Hause und lebten fortan glücklich und in Frieden.

Die Entenjungfrau

Eine Maus und ein Sperling lebten einmal genau dreißig Jahre in großer Freundschaft – was eines von ihnen auch fand, alles wurde geteilt. Eines Tages fand aber der Sperling ein Mohnkorn. »Was soll man da teilen?«, dachte er, »pickt man ein einziges Mal hin, bleibt schon nichts mehr übrig!« Da schluckte er denn allein das Körnchen hinunter. Doch die Maus erfuhr davon und wollte mit dem Sperling nicht länger zusammenleben. »Lass uns auf Tod und Leben kämpfen«, sprach sie. »Versammle du alle Vögel, ich rufe alle vierfüßigen Tiere zusammen!« Und so geschah es: Die Vögel und die vierfüßigen Tiere versammelten sich und schlugen sich lange, lange herum. In diesem Kampfe wurde ein Adler verwundet; er flog auf eine Eiche und setzte sich auf einen Ast. Zu dieser Zeit jagte jedoch ein Bauer im Walde und hatte gar kein Glück. »Wenigstens einen Adler will ich schießen«, dachte der Bauer. Er hatte aber noch nicht Zeit gehabt, nach der Flinte zu greifen, als der Adler mit menschlicher Stimme sprach: »Töte mich nicht, guter Gesell! Ich hab dir ja nichts Böses getan.« Da ging der Bauer weiter und wanderte lange umher, aber bekam nicht einen einzigen Vogel zu Gesicht. Er ging zum zweiten Mal zu der Eiche und wollte den Adler schießen. Und schon hatte er angelegt, als der Adler ihn wieder bat, ihm sein Leben zu lassen. Der Bauer ging weiter, wanderte lange umher und fand nichts. Wiederum kam er zum Adler, zielte und schoss ab, doch die Flinte versagte. Der Adler aber sprach: »Töte mich nicht, guter Gesell! Einmal werd ich dir von Nutzen sein. Nimm mich lieber zu dir, pflege mich und mache mich gesund!« Der Bauer hörte auf ihn, trug den Adler in seine Hütte und fütterte ihn mit Fleisch: schlachtete ihm mal ein Schaf, mal ein Kalb.

Der Bauer lebte aber nicht allein im Hause, sondern hatte eine große Familie, und die fing an zu murren, weil er alles für den Adler hingab. Der Bauer duldete es lange Zeit, endlich aber sagte er zum Adler: »Flieg fort, wohin du willst; ich kann dich nicht länger bei mir behalten.« – »Lass mich erst meine Kräfte erproben«, antwortete der Adler. Und er schwang sich hoch hinauf, ließ sich wieder auf die Erde nieder und sprach zum Bauern: »Behalt mich noch drei Tage bei dir!« Der Bauer war's zufrieden. Drei Tage vergingen. Sprach darauf der Adler zum Bauern: »Die Zeit ist gekommen, miteinander abzurechnen; setz dich auf mich.« Der Bauer saß auf; der Adler schwang sich in die Höhe und wandte sich zum blauen Meer. Er flog ein Stück über das Ufer hinaus und sprach zum Bauern: »Schau dich um und sag mir, was ist hinter uns und was ist vor uns, was ist über uns und was ist unter uns?« Der Bauer antwortete: »Hinter uns ist Land, vor uns das Meer, über uns der Himmel, unter uns das Wasser.« Da schüttelte sich der Adler, und der Bauer stürzte ab; doch der Adler ließ ihn nicht ins Wasser fallen, sondern fing ihn im Fluge wieder auf. Er flog dann bis zur Mitte des blauen Meeres und fragte abermals: »Was ist hinter uns und was ist vor uns, was ist über uns und was ist unter uns?« – »Hinter uns ist das Meer und vor uns ist das Meer, über uns der Himmel, unter uns das Wasser.« Der Adler schüttelte sich, und der Bauer stürzte ab und fiel ins Meer; der Adler ließ ihn aber nicht versinken, sondern packte ihn und setzte ihn sich wieder auf. Sie näherten sich darauf dem andern Ufer, und abermals fragte der Adler: »Was ist hinter uns und was ist vor uns, was ist über uns und was ist unter uns?« Antwortete der Bauer: »Hinter uns ist das Meer, vor uns das Land, über uns der Himmel, unter uns das Wasser.« Der Adler schüttelte sich, und der Bauer fiel ins Wasser, sank ganz unter und ertrank schon um ein Haar, doch der Adler zog ihn heraus, setzte ihn sich auf und sagte: »War's dir angenehm, zu versinken? So war auch mir zumute, als ich auf dem Baume saß und du mit der Flinte auf mich zieltest. Jetzt haben wir im Bösen miteinander abgerechnet, lass uns nun im Guten abrechnen.«

Sie flogen auf festes Land; war es nah davon, war es weit? – da sahen sie auf einmal eine kupferne Säule mitten auf dem Felde stehn. »Lies die Aufschrift auf der Säule«, befahl der Adler, und der Bauer las: »Fünfundzwanzig Werst hinter dieser Säule liegt die Kupferstadt.« – »Geh in die Kupferstadt, dort wohnt meine Schwester. Bitt sie um das kupferne Kästchen mit dem kupfernen Schlüsselchen; doch was sie dir auch wird geben wollen, nimm nichts von alledem – weder Gold, noch Silber, noch Edelsteine.« Der Bauer kam in die Stadt und ging geradeswegs zu der Zarin. »Guten Tag! Dein Bruder schickt dir einen Gruß.« – »Woher kennst du meinen Bruder?« – »Ich hab ihn ja gefüttert, als er krank war, drei lange Jahre.« – »Dank dir dafür, Bäuerlein! Hier hast du Gold und Silber und Edelsteine; nimm, soviel dein Herz begehrt!« Der Bauer nahm aber nichts davon und bat nur um das kupferne Kästchen mit dem kupfernen Schlüsselchen. Sie verweigerte es ihm jedoch und sprach: »Nein, mein Täubchen, das ist mir gar zu teuer!« – »Ist es dir zu teuer, so brauch ich gar nichts weiter.« Er verneigte sich, ging zur Stadt hinaus und erzählte alles dem Adler. »Das macht nichts«, sagte der Adler, »setz dich nur auf mich.« Der Bauer saß auf, und sie flogen dahin.

Da stand mitten auf dem Felde eine Säule, ganz von Silber war sie. Der Adler ließ den Bauern die Aufschrift lesen, und er las: »Fünfzig Werst hinter dieser Säule liegt die Silberstadt.« – »Geh in die Silberstadt, dort wohnt meine zweite Schwester.

Bitt sie um das silberne Kästchen mit dem silbernen Schlüsselchen.« Der Bauer kam in die Stadt und ging geradewegs zu der Zarin, des Adlers Schwester. Er erzählte ihr, wie der Bruder bei ihm gelebt und wie er ihn gepflegt und gefüttert habe, und bat um das silberne Kästchen mit dem silbernen Schlüsselchen. »Es ist wahr«, sprach die Zarin, »du hast meinen Bruder gerettet; nimm daher, so viel du willst, an Gold, Silber und Edelsteinen, doch das Kästchen geb ich nicht her.« Der Bauer ging zur Stadt hinaus und erzählte alles dem Adler. »Das macht nichts«, sagte er, »setz dich nur auf mich.« Der Bauer saß auf, und sie flogen dahin.

Da stand mitten auf dem Felde eine Säule, ganz von Gold war sie. Der Adler ließ den Bauern die Aufschrift lesen, und der las: »Hundert Werst hinter dieser Säule liegt die Goldstadt.« – »Geh hin; in dieser Stadt wohnt meine Lieblingsschwester«, sagte der Adler, »bitt sie um das goldne Kästchen mit dem goldnen Schlüsselchen.« Der Bauer ging geradewegs zu der Zarin, des Adlers Schwester, und erzählte ihr, wie der Adler bei ihm gelebt habe und wie er den Kranken gepflegt und womit er ihn gefüttert und getränkt habe, und bat um das goldne Kästchen mit dem goldnen Schlüsselchen.

Die Zarin sagte nichts dagegen und gab ihm gleich das Kästchen. »Ist mir das Kästchen auch lieb, ist mir der Bruder noch lieber!« Der Bauer nahm das Geschenk und ging zur Stadt hinaus zum Adler. »Geh jetzt nach Hause«, sagte der Adler, »aber hüte dich und öffne das Kästchen nicht eher, als bis du zu Hause sein wirst.« So sprach er und flog davon.

Der Bauer blieb lange fest, obwohl ihn die Neugier plagte; er brachte es jedoch nicht fertig, die Zeit abzuwarten, und öffnete das goldne Kästchen, noch ehe er zu Hause war. Kaum hatte er es aber aufgemacht, so entstand vor ihm die goldne Stadt. Der Bauer verschlang sie mit den Augen und konnte sich nicht satt sehen; ein Wunder schien es ihm, dass aus dem

Kästchen die ganze große Stadt herausgesprungen war! Unterdessen schickte aber der Zar, in dessen Land die goldne Stadt entstanden war, zum Bauern und ließ ihm sagen, er solle ihm entweder die Stadt überlassen oder das, was er zu Hause habe, wovon er jedoch nichts wisse. Die Stadt wollte der Bauer nicht hergeben und dachte bei sich: »Das wegzugeben, wovon ich nichts weiß, wird mir nicht leid sein!« Und er entschied sich für das Zweite. Kaum hatte er aber seine Antwort gesagt, war die Stadt verschwunden; der Bauer stand allein auf weitem Feld und neben ihm lag das goldne Kästchen mit dem goldnen Schlüsselchen. Der Bauer nahm das Kästchen auf und wanderte heimwärts. Als er aber in sein Haus trat, kam ihm sein Weib mit einem Säugling entgegen, den sie geboren hatte, während der Bauer fort gewesen war. Jetzt erst ward er gewahr und erkannte, was der Zar des heidnischen Landes von ihm gefordert hatte. Doch nun war nichts mehr zu machen. Er ließ die goldne Stadt entstehn und zog seinen Sohn auf bis zu der Zeit, da er ihn fortgeben sollte. Und als der Sohn achtzehn Jahre alt geworden war, ließ der Zar des heidnischen Landes sagen, dass es Zeit sei abzurechnen. Weinend gab der Bauer seinem Sohn den Segen und schickte ihn zum Zaren.

Der kühne Bursch ging über Weg und Steg, kam an den Donaufluss und ließ sich dort am Ufer nieder, um sich auszuruhen. Da sah er zwölf Jungfrauen, eine schöner als die andere! Sie kleideten sich aus, verwandelten sich in graue Enten und flogen fort, um sich zu baden. Der Jüngling schlich sich hinzu und nahm einem der Mädchen das Gewand weg. Als sich die Enten genug im Bade getummelt hatten, flogen sie ans Ufer. Alle zogen sich wieder an, nur der einen fehlte ihr Kleid. Die andern flogen fort, diese aber weinte und bat den kühnen Burschen: »Gib mir mein Gewand wieder; einmal werd ich dir noch von Nutzen sein.« Der Jüngling überlegte sich's lange und gab ihr das Kleid zurück.

Darauf kam er zum heidnischen Zaren. »Hör, guter Gesell!«, sprach der Zar des heidnischen Landes, »such meine jüngste Tochter unter allen Zwölfen heraus; findest du sie richtig heraus, so lass ich dich frei in alle vier Winde laufen, wenn aber nicht, so gib dir selbst die Schuld!« Doch als der kühne Bursch den Palast verließ, kam ihm die jüngste Zarentochter entgegen und sprach: »Du gabst mir mein Gewand zurück, guter Gesell, drum will ich dir von Nutzen sein. Morgen wird dir mein Vater uns Schwestern alle zeigen und dir befehlen, mich herauszufinden. Wir sind aber alle eine der andern gleich; drum gib acht: Auf meinem linken Ohr wird eine Mücke sitzen.« Am Morgen rief der heidnische Zar den Jüngling zu sich, zeigte ihm seine zwölf Töchter und sprach: »Rate, welche meine jüngste Tochter ist!« Der kühne Bursch schaute sie sich an: Auf die wies er hin, der eine Mücke auf dem linken Ohre saß. Da brüllte der Zar und schrie: »Hör, mein Bursch! Betrug ist dabei, aber mit mir ist nicht zu spaßen. Errichte mir bis morgen einen weißsteinernen Palast; meiner, schau, ist alt geworden, da will ich in den neuen ziehen. Vollbringst du's, geb ich dir die jüngste Tochter zur Frau, wenn nicht, fress ich dich lebendig auf!« Da ward der Jüngling traurig und verließ den heidnischen Zaren, die Zarentochter aber kam ihm entgegen und sprach: »Gräm dich nicht, bet zu Gott und leg dich schlafen; bis morgen wird alles fertig sein.« Der kühne Bursch legte sich zur Ruhe und schlief ein.

Am Morgen schaute er zum Fenster hinaus: Der neue Palast stand fertig da, und die Meister gingen herum und schlugen hier und da noch einen Nagel ein. Der Zar des heidnischen Landes gab dem kühnen Jüngling seine jüngste Tochter zur Frau; sein Zarenwort wollte er nicht brechen. Aber auch seine bösen Pläne wollte er nicht aufgeben, sondern gedachte den Jüngling mitsamt der Tochter lebendig aufzufressen. Die junge Frau ging nachzuschauen, was der Vater und die Mutter machten; sie kam zur Tür und hörte, wie sie Rat hielten und beschlossen, die Tochter und den Schwiegersohn aufzufressen.

Die Zarentochter lief zu ihrem Mann, verwandelte ihn in einen Tauber und sich selbst in eine Taube und flog mit ihm seiner Heimat zu. Das erfuhr der heidnische Zar und ließ ihnen nachsetzen. Die Verfolger jagten hinterher, aber holten niemand ein; sie sahen nur einen Tauber und eine Taube und kehrten um. »Wir haben sie nicht eingeholt«, sagten sie zu ihrem Zaren, »nur einen Tauber und eine Taube sahen wir.« Der Zar erriet, dass sie das gewesen waren, ward zornig auf die Verfolger, ließ sie hängen und schickte neue aus. Die jagten nach und eilten dahin und kamen an einen Fluss; an diesem Fluss aber stand ein Baum. Da sahen die Verfolger, dass dort niemand zu finden war, kehrten zum Zaren zurück und erzählten ihm vom Fluss und vom Baum. »Das waren sie ja!«, schrie der Zar des heidnischen Landes, ließ auch diese Verfolger hängen und jagte selbst hinterher. Er ritt und ritt und kam zu einem Gotteshaus. Er trat ein, aber dort ging nur ein alter Mann herum und zündete die Lichter vor den Heiligenbildern an. Da fragte ihn der Zar, ob er die Flüchtlinge nicht gesehen habe? Der Alte antwortete, dass sie schon längst in der goldenen Stadt angelangt seien, die hundert Werst weiter liege. Da schlug der Zar aus Wut gegen die Erde, doch zu machen war nichts mehr, er musste umkehren. Kaum war er aber fort, so verwandelte sich die Kirche in die Zarentochter und der alte Mann in den kühnen Jüngling. Sie küssten sich und gingen zu Vater und Mutter in die goldene Stadt, die hundert Werst von dort lag. Sie kamen hin und wohnten in der Stadt und lebten glücklich und zufrieden und mehrten ihr Hab und Gut.

Die Schnepfe

Es waren einmal ein Mann und eine Frau, die hatten drei Söhne. Zwei davon waren klug, aber der dritte war ein Dummkopf. Die Klugen machten sich auf, das Feld zu bestellen, und säten Erbsen. Und als die Erbsen anfingen reif zu werden, schickten die Brüder den Dummkopf aus, den Acker zu bewachen. Der Dümmling baute sich ein Hüttchen aus Stroh, saß darin und hielt Wache. Da kam eine Schnepfe geflogen und pickte die Erbsen auf. Der Dummkopf aber schlich sich herbei, fing die Schnepfe und wollte ihr den Hals umdrehen. Da sagte die Schnepfe: »Iwanuschka, dreh mir den Hals nicht um, ich werde dir noch von Nutzen sein.« – »Wie willst du denn das anfangen?«, fragte Iwan. »Komm zu mir – ich geb dir ein Tischtuch.« – »Was soll ich mit ihm? Ich hab selbst eins.« – »Wenn auch! Doch nicht solch eins wie ich. Sprich nur zu meinem Tuch:

> Tüchlein, Tüchlein,
> Breit dich aus!
> Roll dich auf!
> Bring mir gutem Gesell
> Trank und Speisen schnell!

Dann wird es dir gleich zu essen geben.« – »Gut«, sagte Iwan und ließ die Schnepfe frei, und sie flog davon.

Hernach wollte er zu ihr gehn, machte sich auf und sah Hirten am Wege, die weideten Pferde. »Hirten, Hirten, Pferdehirten! Wo wohnt denn hier die Schnepfe?« – »Geh weiter; dort, wo man Kühe hütet, wird man's dir sagen.« So ging er denn weiter und erblickte Hirten, die weideten Kühe. Da fragte er abermals: »Hirten, Hirten, Rinderhirten! Wo wohnt denn hier die Schnepfe?« – »Geh weiter; dort, wo man Schweine hütet, wird man's dir sagen.« Er ging weiter und erblickte Hirten mit einer Schweineherde; er trat hinzu und fragte: »Hirten, Hirten, Schweinehirten! Wo wohnt denn hier die Schnepfe?« – »Geh weiter; dort, wo man Lämmer hütet, wird man's dir sagen.« Und er ging weiter, kam zu den Lämmern und fragte: »Hirten, Hirten, Lämmerhirten! Wo wohnt denn hier die Schnepfe?« – »Geh weiter; dort, wo man Gänse hütet, wird man's dir sagen.« Er kam zu der Gänseherde und fragte: »Hirten, Hirten, Gänsehirten! Wo wohnt denn hier die Schnepfe?« – »Geh weiter; dort, wo man Enten hütet, wird man's dir sagen!« Er ging hin und fragte: »Hirten, Hirten, Entenhirten! Wo wohnt denn hier die Schnepfe?« – »Geh dorthin«, antworteten sie ihm, »wo die weißen Häuser stehn mit roten Pfeilern, dort wohnt die Schnepfe!«

Da ging er hin und kam zu der Schnepfe, grüßte sie und sprach: »Schnepfe, du hast mir ein Tischtuch versprochen, gib es her!« Die Schnepfe gab ihm das Tischtuch, und Iwanuschka befahl:

»Tüchlein, Tüchlein,
Breit dich aus!
Roll dich auf!
Bring mir gutem Gesell
Trank und Speisen schnell!«

Kaum hatte er das gesagt, so standen Speise und Trank vor ihm. Dann ging er nach Hause, doch unterwegs begegnete ihm die Baba-Jaga. »Iwanuschka, Väterchen! Komm herein zu mir; ich will dich baden, geb dir zu essen und zu trinken und leg dich schlafen.« Da ging er hinein zu ihr, und sie brachte ihn ins Bad und legte ihn dann zur Ruh. Als er sich aber niederlegte, sagte er: »Gib acht, Baba-Jaga, und sage nicht: ›Tüchlein, Tüchlein, breit dich aus! Roll dich auf! Bring mir gutem Gesell Trank und Speisen schnell!‹« Doch als er eingeschlafen war, ging die Baba-Jaga hin und befahl:

»Tüchlein, Tüchlein,
Breit dich aus!
Roll dich auf!
Bring mir gutem Gesell
Trank und Speisen schnell!«

Und das Tüchlein breitete sich aus. Da erkannte die Baba-Jaga, wie das Tüchlein beschaffen war, und nahm es gleich an sich, dem Iwanuschka aber legte sie ein anderes hin. Und als er am nächsten Morgen aufstand, steckte er das Tuch ein und ging nach Hause. Daheim aber sprach er zu seinem Vater: »Ich will ein Gastmahl geben, Väterchen; ruft die Schwägerinnen und die Brüder und alle Verwandten herbei!« Der Vater tat es. Iwanuschka legte das Tuch auf den Tisch und befahl:

»Tüchlein, Tüchlein,
Breit dich aus!
Roll dich auf!
Bring mir gutem Gesell
Trank und Speisen schnell!«

Doch das Tüchlein breitete sich nicht aus. Die Brüder und die andern aber dachten, dass er sie verhöhnen wolle. Und sie packten ihn und jagten ihn zum Hof hinaus.

Wieder ging er zu der Schnepfe und sprach zu ihr: »Schnepfe, du hast mich betrogen!« – »Nein«, sagte die Schnepfe, »aber hier hast du ein Pferd.« – »Was soll ich mit ihm? Ich hab mein eigenes Pferd!« – »Nimm es nur und sprich zu ihm: ›Pferdchen, Pferdchen! Wiehere hell!‹ Dann wird es wiehern und aus dem Maule Gold hervorschütten!« Iwanuschka tat so, und aus des Rosses Maul fiel eine Menge Gold heraus; die ganze Mütze war voll! Dann machte er sich auf und ritt heim. Wieder begegnete ihm unterwegs die Baba-Jaga, und abermals trat er bei ihr ein. Sie heizte ihm gleich die Badstube, wusch ihn und legte ihn schlafen. Er sprach aber zu ihr: »Gib acht und sage nicht: ›Pferdchen, Pferdchen! Wiehere hell!‹« Doch als er eingeschlafen war, lief sie hinaus zum Ross und sagte: »Pferdchen, Pferdchen! Wiehere hell!« Da wieherte es, und das Gold fiel in Mengen heraus. Sie nahm das Pferd für sich, dem Iwanuschka aber stellte sie ihr eigenes hin; und als er erwachte, gab sie ihm dieses Pferd. Iwanuschka kehrte heim; doch der Vater fragte ihn: »Warum bist du hierhergekommen?« – »Ein Pferd hab ich mitgebracht.« – »Wir haben ja selbst eins!« – »Wenn auch, doch nicht solch eines, wie dieses hier. Befiehl der Schwägerin, Teppiche auszubreiten!« Und sie breiteten einen Teppich aus; Iwanuschka aber führte das Pferd herbei und ließ es sich auf den Teppich stellen; dann sprach er: »Pferdchen, Pferdchen! Wiehere hell!« Da war aber kein Gold zu sehen! Wiederum jagten sie ihn von Haus und Hof.

Und er kam abermals zu der Schnepfe und sprach zu ihr: »Schnepfe, Schnepfe, du hast mich betrogen!« – »Nein«, sagte die Schnepfe, »aber hier hast du eine Zange; sprich zu ihr: ›Zange, Zange, aus dem Kasten!‹« Er sagte es, und die Zange sprang heraus und fing an ihn zu zwicken. Da rief er: »Schnepfe, Schnepfe, nimm sie fort! Schnepfe, Schnepfe, nimm sie fort!« Die Schnepfe befahl: »Zange, auf deinen Platz!« Dann ging Iwanuschka heim. Wieder kam ihm die Baba-Jaga entgegen, heizte die Badstube für ihn und legte ihn schlafen. Er sprach zu ihr: »Gib acht, Baba-Jaga, und sage nicht ›Zange, aus dem Kasten!‹« Dann schlief er ein, die Alte aber rief: »Zange, aus dem Kasten!« Die Zange sprang heraus und fing an sie zu zwicken. Da schrie die Baba-Jaga: »Ach, lieber Iwanuschka, nimm sie fort; dein Tischtuch und dein Ross sollst du wiederhaben!« – »Also du hast sie mir gestohlen!«, sagte Iwanuschka. Er schickte die Zange auf ihren Platz, bekam Tuch und Ross von der Alten und ging nach Hause.

Und als er daheim war, sprach er: »Na, Väterchen, jetzt versammle alle Verwandten; jetzt will ich ein Fest geben!« – »Du wirst uns nur wieder betrügen!«, meinte jedoch der Vater. »Nein, diesmal betrüg ich euch nicht!«, erwiderte Iwanuschka. Die Verwandten wurden zusammengerufen; Iwanuschka setzte sich an den Tisch und befahl:

»Tüchlein, Tüchlein,
Breit dich aus!
Roll dich auf!
Bring mir gutem Gesell
Trank und Speisen schnell!«

Da gab es von allem reichlich. Und dann befahl er: »Breitet Teppiche aus!« Man breitete sie aus; er aber führte das Pferd darauf und sprach: »Pferdchen, Pferdchen! Wiehere hell!« Da wieherte das Pferd, und das Gold fiel in Mengen aus dem Maule heraus – alle Teppiche waren damit bedeckt! Da war der Vater mit Iwanuschka zufrieden, doch die Brüder wurden neidisch auf ihn. »Wir wollen ihm alles stehlen!«, sagten sie zueinander und stahlen ihm darauf das Tischtuch und das Ross.

Iwanuschka aber sprach zu den Brüdern: »He, Brüder, warum habt ihr mir Ross und Tischtuch gestohlen?« Da wurden sie böse auf ihn und wollten ihn prügeln, aber er befahl: »Zange, aus der Tasche!« Die Zange sprang hervor und fing an die Brüder zu zwicken. Sie schrien: »Ach, Väterchen Iwanuschka! Nimm sie fort; Ross und Tischtuch sollst du wiederhaben!«

Jetzt steht dort bei ihnen ein Fass, und auf dem Fass liegt eine Kelle, aus ist mein Märchen, guter Geselle!

Vanjuschka und Annuschka

Es waren einmal ein alter Mann und eine alte Frau. Als die Alte starb, stemmte sie die Füße gegen die Wand, und als man sie begraben wollte, stand sie aus dem Sarge auf und kroch auf den Glockenturm, um zu läuten. Aber man kümmerte sich nicht viel darum und verscharrte sie zu derselbigen Stunde in die Erde.

Dem Alten blieben zwei kleine Kinder: Wanjuschka, der Sohn, und Annuschka, die Tochter. Hernach aber heiratete er nochmals und hatte von der zweiten Frau drei Söhne und drei Töchter. Die Stiefmutter liebte ihre Stiefkinder gar nicht. Die eigenen Mädchen durften im Frühling weben, was sie im Winter gesponnen hatten, aber der Stieftochter erlaubte sie es nicht, sondern schickte sie auf das Feld, die Herde zu hüten. Wanjuschka und Annuschka hüteten die Herde auf dem Felde, weinten und jammerten und gedachten ihrer Mutter. Die Stiefmutter aber pflegte Annuschka eine Hure zu nennen: »Geh, du Hure, kannst auf dem Felde weben!« Annuschka nahm fünf Gespinste mit auf das Feld, hängte sie an einen Ast und fing bitterlich an zu weinen. In ihrer Herde aber war ein Stier, den lockte sie heran:

»Stierchen, Stierchen,
Komm und web das Tuch zu End,
Leg es in den Korb behend!«

Das Stierchen kommt gelaufen, webt und spinnt, legt es in den Korb geschwind. Und als es Abend wurde, trieb Annuschka die Herde nach Hause und brachte auch das gewebte bunte Tuch mit heim. Die Stiefmutter fragte sie: »Wo hast du so viel schönes Tuch zusammengewebt?« – »Im dunklen Walde, unter der Birke.« Die Stiefmutter aber hatte einen Verdacht auf sie und schalt ihre eigenen Töchter: »Ach, ihr Dirnen, ach, ihr Huren, seht ihr, wie eure Stiefschwester ohne Webstuhl webt, ihr aber versteht nicht einmal auf ihm zu weben!« Und sie schlug und prügelte sie.

Die Stiefmutter begleitete am nächsten Tage Annuschka mit der Herde und gab ihr ein großes Knäuel Gespinst und einen Strang Zwirnsfaden mit. »Da hast du; das Gespinst soll gewebt sein, mit den Fäden genäht sein!« Die Stieftochter nahm alles mit sich, weinte aber vor sich hin. Sie trieb die Herde ins Feld, ließ sie in den Wald und auf die weite Steppe; dann hängte sie das Gespinst an einen Ast, wickelte das Garn auf und setzte sich unter einen Strauch; sie heulte mit jämmerlicher Stimme, und aus den Augen strömten ihr die Tränen. Dann rief sie:

»Stierchen, Stierchen,
Komm und web das Tuch zu End,
Leg es in den Korb behend!«

Der Stier rennt aus der Herde, es dröhnt und zittert unter ihm die Erde; er webt das Tuch, näht es und legt es in einen Haufen unter den Busch. Die Stiefmutter aber sah von Weitem zu: »Ach, das ist ihre Weberei! Der hilft ihr also ...!« Sie ging heim, und Annuschka trieb ihre Herde nach Hause und schleppte alles Gewebte und Genähte mit. »Hier, Mütterchen!«, sagte sie, »ich hab alles getan, was Ihr mir befohlen habt.« Die Stiefmutter nahm es natürlich und sperrte es in ihren Kasten, aber zu dem Alten sprach sie: »Schlachte den schwarzen Stier, Alter, damit er mir aus den Augen kommt.« Der Mann erwiderte: »Der Stier gehört doch nicht uns, Alte: Ich hab ihn Annuschka und Wanjuschka geschenkt.« – »Ich kann aber nicht leben, wenn du ihn nicht auf der Stelle schlachtest.« Der Alte nahm ein Messer und schlachtete den schwarzen Stier, zog die Haut ab und legte das Fleisch in ein Fass. Annuschka, das Töchterchen, stand dabei und sagte zu ihrem Vater: »Liebes Väterchen, gib mir vom Stierchen wenigstens die Gedärme!« – »Nimm sie dir!«, sagte der Alte. Annuschka nahm die Eingeweide, ging hinaus auf die Straße und vergrub sie an der Ecke unter ihrem Stäbchen; aber bald darauf wuchs aus diesen Gedärmen ein riesengroßer Apfelbaum empor, der viele Äpfel trug. Da der Alte in gutem Wohlstand lebte und sein Hof an der großen Straße lag, kamen oft allerlei Leute bei ihm zusammen; aber keinem, der einen Apfel haben wollte, gelang es, einen abzureißen. Wer dem Baum nur nahe kam, den schlug er mit den Ästen. Nur Annuschka, die Schöne, konnte zu ihm herantreten, und wenn sie's tat, so neigte sich der Baum zur Erde und ließ Annuschka den Apfel pflücken.

Einige Zeit darauf reiste ein junger Gutsherr vorbei, machte auf jenem Hofe halt, um sich auszuruhen und die Pferde zu füttern. Er wollte gern einen Apfel essen, aber Annuschka war zu der Zeit gerade nicht im Hause. Da schickte er den Alten und sagte: »Geh, Großväterchen, bring mir einen Apfel.«

Der Alte ging hin, um den Apfel zu holen, aber es gelang ihm nicht. Er schickte nun die älteste von den Töchtern der zweiten Frau, aber vergeblich; er schickte die zweite, sie wurde von den Zweigen ganz zerschlagen; er schickte die dritte, aber auch die erreichte nichts. Da kam Annuschka herbei, und der Vater sagte zu ihr: »Annuschka, der Herr will einen Apfel essen, geh und pflück ihn.« Annuschka trat zum Baum, er neigte sich, hielt still und rührte sich nicht. Sie pflückte ein paar Äpfel und ging ins Haus. Der Gutsherr aber sah ihr von Weitem zu und staunte über diese Dinge. Und da er unverheiratet war, sagte er zu den Alten: »Onkelchen und Tantchen! Ist das eure leibliche Tochter oder nicht?« – »Mir ist sie Stieftochter«, antwortete die Alte, »aber dem Vater ist sie die leibliche Tochter.« – »Gebt sie mir zur Frau!« Die Stiefmutter mochte sie ja gar nicht, darum gab sie die Tochter sofort her. Nun, und bei den Herren braucht nicht erst Bier gebraut und Schnaps gebrannt zu werden: Gleich ging es zur Hochzeit, und sie wurden auf der Stelle getraut. Und als die Popen sie getraut hatten, begann der Hochzeitsschmaus. Sie tranken und vergnügten sich eine ganze Woche ohne Aufhören in Annuschkas Vaterhaus, und als es dann Zeit war, machte sich der Gutsherr bereit heimzufahren. Die Alte dachte bei sich: »Jetzt will ich sie geleiten, und dann geh ich selbst in den Garten Äpfel pflücken.« Der Gutsherr ließ zwei Pferde vor den Wagen spannen, man setzte sich hinein und fuhr davon, aber auch Brüderchen Wanjuschka wurde mitgenommen. Kaum waren sie aus dem Hofe hinausgefahren, als der Apfelbaum ihnen auf den Fersen folgte und jene das Nachsehen hatten. Der Gutsherr kehrte heim, legte einen riesengroßen Garten an und pflegte mit Annuschka dort spazieren zu gehn.

In seiner Nachbarschaft aber lebte die Baba-Jaga. Sie hatte zwei sehr schöne Töchter, und eine von ihnen hatte der Gutsherr früher zur Frau nehmen wollen. Diese Mädchen nun liebten die neue Herrin nicht, kamen jeden Tag zu ihr, um herauszubekommen, wie sie Wanjuschka verderben und Annuschka aus der Welt schaffen könnten; die Baba-Jaga aber wollte ihre Tochter dem Herrn zur Frau geben. Einmal heizten sie das Bad, und die Baba-Jaga tat Ziegenfett in einen Topf und stellte ihn in die Badstube. Der Gutsherr und die Herrin kamen und badeten, die Frau vergaß jedoch ihren Ring im Bade. Und als sie heimgekommen war, sagte sie: »Brüderchen

Wanjuschka, lauf einmal in die Badstube hinüber, dort hab ich mein Ringlein vergessen. Aber nasch nicht vom Ziegenfett!« Wanjuschka ging hin und überlegte bei sich: »Warum hat meine Schwester mir verboten, vom Ziegenfett zu naschen? Ach, ich will's doch tun!« Er schleckte davon und ward ein Ziegenbock. Den Ring steckte er sich aufs Horn, lief nach Hause, sprang und meckerte wie eine Ziege: »Meck, meck, Schwesterchen Annuschka, hier hast du das Ringlein!« Annuschka lief hinaus und weinte bitterlich: »Ach, Dummkopf! Ich hab dir doch verboten, vom Ziegenfett zu naschen, warum hast du mir nicht gehorcht?!« Und sie fütterte das Böckchen.

Die beiden schönen Töchter der Baba-Jaga kamen zu Annuschka, der Herrin, und sagten: »Komm, Annuschka, wir wollen im Flüsschen baden!« Sie gingen hin, und kaum hatten sie ihre Hemden abgeworfen, als die Baba-Jaga Annuschka packte, ins Wasser tauchte und ihr einen Stein um den Hals band. Da saß sie nun lebendig am Boden und konnte nicht vom Stein loskommen. Der Gutsherr aber wartete und wartete, doch Annuschka kam nicht, saß noch immer im Wasser. So vergingen Tag um Tag, Woche um Woche. Sie saß lebendig im Wasser, der schwere Stein zog sie zu Boden, und grimmige Schlangen sogen an ihrem Herzen. Da bedachte sich der Herr, bedachte sich lange und beschloss zu heiraten; und er nahm die Tochter der Baba-Jaga zur Frau. Die junge Herrin sagte zu ihm: »Herr, schlachte den Ziegenbock! Ich will Ziegenbraten essen.« – »Wozu soll ich ihn schlachten, dummes Weib? Mag er doch leben.« – »Nein, schlacht ihn!« Da entschloss sich der Herr, ihn zu schlachten. Und als er sich auf ein Stühlchen setzte, um das Messer zu schleifen, kam das Böckchen heran und sprach: »Ach, Herr, mein Herr! Erlaube mir zum Flüsschen zu gehn, frisches Wasser zu trinken, mein Gedärm zu spülen!« Der Herr ließ es gehn. Das Böckchen kam an das Ufer, ließ sich nieder und jammerte:

»Annuschka, mein Schwesterchen,
Komm hervor, schau heraus!
Mich Böckchen wollen sie schlachten!
Sie wetzen scharfe Messer,
Sie hitzen Satanskessel!«

Annuschka antwortete:

»Ach, Wanjuschka, mein Brüderchen!
Wie gerne schaute ich hinaus!
Der schwere Stein zieht mich zum Grund,
Die grimme Schlange saugt mein Herz!«

Dann tauchte sie bis zum Halse empor und schaute hinaus. Das Böckchen lief heim, dem Herrn aber tat es leid, und an diesem Tage schlachtete er es nicht.

Am nächsten Morgen jedoch wiederholte die Frau: »Schlachte das Ziegenböckchen!« Und der Herr begann sein Messer zu schleifen. Das Böckchen kam zu ihm heran und sagte: »Ach, Herr, mein Herr! Erlaube mir, zum Flüsschen zu gehn, frisches Wasser zu trinken, mein Gedärm zu spülen!« Der Herr ließ es gehn. Das Böckchen kam zum Flüsschen gelaufen, der Gutsherr aber nahm einen Strick mit sich, ging nach und dachte bei sich: »Wohin mag das Böckchen wohl gelaufen sein?« Das Böckchen fiel am Ufer nieder und jammerte:

»Annuschka, mein Schwesterchen,
Komm hervor, schau heraus!
Mich Böckchen wollen sie schlachten!
Sie wetzen scharfe Messer,
Sie hitzen Satanskessel!«

Annuschka antwortete:

»Ach, Wanjuschka, mein Brüderchen!
Wie gerne schaute ich hinaus!
Der schwere Stein zieht mich zum Grund,
Die grimme Schlange saugt mein Herz!«

Dann tauchte sie bis zum Gürtel hervor und schaute hinaus. Der Herr aber warf den Strick über sie und zog sie samt dem Stein heraus. Er hob Annuschka auf und führte sie in sein hohes Gemach; aber seine zweite Frau und die Schwiegermutter stellte er auf das Tor, erschoss sie mit einem Zaubergewehr und warf ihr Fleisch den Hunden vor, mit Annuschka aber lebt er noch heute.

Marko, der Reiche

Es war einmal ein Mann, der hieß Marko der Reiche, und er besaß viele Güter. Söhne hatte er nicht, nur eine Tochter, aber Geld hatte er so viel, dass er's nicht zu zählen vermochte. Er konnte es im Umkreise von fünfundzwanzig Werst um seinen Hof einen Zoll hoch aufschütten. Und allerhand Fabriken besaß er auch.

Einst hatte er sich zum Schlafen niedergelegt und hörte im Traum eine Stimme, die zu ihm sprach: »Mach dich bereit, reicher Marko, denn zu dieser und dieser Stunde werden der Herrgott selber und der heilige Nikolaus zu dir zu Gast kommen.« Er stand am Morgen auf, bedachte seinen Traum und erzählte ihn Frau und Tochter. Auf fünfundzwanzig Werst legte er mit allerlei Tuch den Weg aus, auf dem der liebe Gott zu ihm kommen musste. Da näherten sich zwei alte Bettler dem Hofe. Ihre Bastschuhe waren voll Schmutz, die Kleider waren abgerissen, und sie schleppten sich über das rote Tuch zum Tor, wo Marko der Reiche auf einem Stuhle saß und den Herrgott erwartete. Die Bettler traten heran und grüßten Marko den Reichen: »Friede sei mit dir, reicher Marko! Erlaub uns zu übernachten.« Marko aber ward böse auf sie, und er schimpfte sie fürchterlich aus. »Ach«, sagte er, »euch hat der Teufel hergeführt mit euren dreckigen Füßen und diesen Bastschuhen. Ich erwarte den Herrgott, ihr aber ladet hier euren Schmutz ab. Marsch, durch die Hinterpforte, schlaft dort in der Gesindestube!« Sie gingen hin und legten sich nieder.

Die Mitternacht kam heran; die Bettler lagen auf dem Ofen, und mit ihnen schlief dort auch eine Viehmagd. Plötzlich kommt etwas ans Fenster und spricht mit menschlicher Stimme. Ein Gebet wird gesprochen, und jene geben ihr Amen dazu. »Hat sich der Herrgott hier zur Ruhe gelegt?«, fragt es; »ja«, antworteten sie, »was willst du?« – »Herr, in diesem und diesem Dorf hat ein Weib einen Knaben geboren. Mit welchem Glück, Herr, willst du ihn begnaden?« – »Mit Markos des Reichen Vermögen«, antwortete Gott, »der Knabe wird heranwachsen und den ganzen Reichtum besitzen.« Die Bettler gingen mitten in der Nacht fort. Am Morgen stand die Viehmagd auf und berichtete Marko: »Warte nicht länger auf den Herrgott, Marko; er hat diese Nacht in der Gesindestube geschlafen.« – »Wie ist das möglich?« – »Zwei alte Leute sind doch gekommen, einer war der Herrgott, der andere der heilige Nikolaus.« – »Wo sind sie?« – »Sie gingen fort, weiß nicht wohin.« – »Woher weißt du aber, dass es Gott gewesen ist?« – »Um Mitternacht«, erwiderte sie, »kam etwas unter das Fenster, sprach mit menschlicher Stimme ein Gebet, und jene gaben ihr Amen dazu. ›Nächtigt hier der Herr?‹, fragte es. ›Ja, was willst du?‹ – ›Herr, in diesem und diesem Dorf hat ein Weib einen Knaben geboren. Mit welchem Glück, o Herr, willst du ihn begnaden?‹ – ›Mit Markos des Reichen Vermögen‹, sagte er. ›Der Knabe wird heranwachsen und den ganzen Reichtum besitzen.‹«

Marko der Reiche ließ zwei Pferde anspannen und fuhr geradeswegs in jenes Dorf. Er kam an und machte das Weib ausfindig. Sie lebten dort in großer Armut, und Kinder hatten sie viele. Marko sagte zu ihnen: »Verkauft mir diesen Knaben!« Sie wollten aber nicht. Da begann er auf sie einzureden: »Warum wollt ihr ihn nicht verkaufen? Ihr wisst, wie groß mein Reichtum ist, und Söhne hab ich nicht. Ich werd ihn speisen und tränken wie ein eigenes Kind, euch aber bleiben noch genug. Was ihr nur wollt, geb ich für ihn.« Da waren die Eltern einverstanden und verkauften den Knaben und übergaben ihn Marko. Es war aber zur Winterszeit, und Marko legte das Kind in seinen Wagen und fuhr davon. Er kam in den Wald und sagte: »Kutscher, trag den Knaben in den Wald und wirf ihn in den Schnee. So wird ihm Markos des Reichen Hab und Gut wohl zuteil!« Der Kutscher trug den Knaben fort und warf ihn in den Schnee. Aber es begann sogleich ein warmer Wind zu wehen, ringsum taute der Schnee um den Knaben, und er lag da und machte sich nichts daraus, denn ihm war warm. Marko jedoch fuhr heim.

Desselbigen Weges reisten zwei befreundete Kaufleute; sie brachten Marko dem Reichen entliehenes Geld zurück und wollten neue Ware einkaufen. Da hörten sie im Walde einen Säugling weinen. Sie hielten an und horchten. Dann liefen sie hin und meinten: »Sicherlich hat ein Mädchen ihr Kind ausgesetzt!« Sie kommen hin und sehen: Ringsum ist Gras gewachsen und Blumen blühen, und dabei liegt der Schnee knietief. Sie verwunderten sich darob und sprachen: »Das ist ein heiliges Kind«, und nahmen es zu sich in den Wagen. Sie fuhren ihres Weges und plauderten miteinander. Der eine der beiden Freunde war sehr angesehen und reich, der andere aber arm. Der Reiche hatte auch keine Kinder, der Arme aber wohl. Da bat der Reiche den Armen: »Lass mir den Knaben!« Jener aber wollte nicht und weigerte sich. »Nun, dann mag er uns beiden gehören.« Und weiter sagten sie zueinander: »Man muss ihn wärmer anziehen und zu Marko dem Reichen nicht hineintragen; denn bringen wir ihn ins Haus, so wird er ihn uns fortnehmen, weil er auch keine Söhne hat.« Sie langten bei Marko an und blieben über Nacht. Marko empfing sie und ließ den Samowar aufstellen; dann tranken sie Tee. Dazwischen aber ging bald der eine, bald der andere hinaus, denn sie befürchteten, dass der Knabe im Wagen bei der Winterszeit erfrieren könnte. Marko der Reiche fing an sie auszufragen: »Warum geht ihr sooft hinaus auf den Hof, Freunde? Habt ihr vielleicht auf dem Wagen teure Ware? Ihr kennt mich aber doch, seid nicht zum ersten Mal hier: Bei uns sind immer Wächter auf dem Hof. Und wenn ihr auf dem Wagen auch einiges Geld habt, niemand wird es nehmen. Sagt mir doch, was ihr da habt.« Sie wollten zwar nicht mit der Sprache heraus, er setzte ihnen aber zu. Da bedachten sie sich und bedachten sich lange und sagten endlich: »An dem und dem Ort haben wir einen Knaben gefunden; es lag knietiefer Schnee, aber um ihn herum wuchs Gras und blühten Blumen. Wir nahmen ihn mit, er liegt auf dem Wagen.« Marko der Reiche erriet, wer das sei, und fragte: »Wo habt ihr ihn gefunden?« – »Dort und dort«, sagten sie. Marko dachte bei sich: »Er ist es gewiss!«, und dann sprach er: »Ihr Herren Kaufleute, überlasst ihn mir! Ich habe keine Söhne und brauche den Knaben.« Sie wollten ihn aber nicht hergeben. Da sagte er zu ihnen: »Wenn ihr ihn mir nicht überlasst, nehm ich euer Geld fort und lad euch keine Waren auf; gebt ihr ihn aber her, so schenk ich euch die ganze Schuld und belad euren Wagen reich mit Ware.« Da überließen sie ihm den Knaben.

Marko nahm ihn zu sich und zog ihn auf. Er fütterte ihn wohl, aber hatte nur Böses wider ihn im Sinn. Er zog ihn auf, bis er groß war, und dachte stets daran, wie er ihn verderben könnte. Der Knabe war in allen Dingen geschickt und voll Eifer; für alles hatte er ein Auge, als wenn er ein Aufseher wäre. Marko der Reiche rief einmal seinen angenommenen Sohn zu sich und sagte zu ihm: »Mein Pflegesohn, du wirst einmal der Herr sein über meinen Besitz. Geh also hin, ich schicke dich hinter dreimal neun Länder in das (dreimal) zehnte Reich. Dort wohnt der heidnische Drache. Geh hin und frag ihn, wie viel Geld ich habe: Selbst kann ich's nicht mehr zusammenzählen.« (Wer es aber auch sein mag, der dorthin geht, zurück kommt er nicht: Der Drache frisst einen jeden.)

Der Knabe machte sich auf und ging zu Fuß hin. War es lange, war es bald, war es weit, war es nah, da kam er an das Meer; auf dem Meer aber war ein Fährmann, der setzte die Leute über, ohne Lohn zu nehmen. Der Knabe kam zu ihm und bat: »Lieber Fährmann, setz mich über auf die andere Seite!« – »Wohin willst du denn?« – »Dort und dorthin, zum heidnischen Drachen.« – »Ach, lieber Bruder, solch einen Fährgast such ich schon lange! Erinnere den Drachen an mich, wenn du bei ihm bist. Ich fahre schon dreißig Jahre ohne Lohn über das Meer, hab schon kein Fleisch mehr an den Händen, nichts als Knochen sind sie, und über die Knochen fließt mir das Blut in Strömen. Frag einmal, wer mich ablösen wird.« – »Schon gut, ich werd ihn fragen.« Er fuhr über und ging davon seines Weges. An der breiten Straße stand eine Säule; da waren Goldmünzen aufgeschichtet und reichten von der Erde bis zum Himmel. Er kam heran und besah sich's; das Gold aber sprach mit menschlicher Stimme: »Wohin führt dich Gott, guter Gesell?« – »Zu dem und dem Ort, zum heidnischen Drachen. Marko der Reiche will wissen, wie viel Gold er hat.« – »Erinnere den Drachen an mich; frag, wem ich gehören soll.« – »Schon gut.«

Er ging weiter und weiter und kam zu einem Hause, zum heidnischen Drachen. Der Drache war aber gerade nicht daheim, sondern in die weite Welt hinausgeflogen, um Menschen lebendig zu verschlingen; er lebte allein mit seiner Mutter. Als der Knabe in das Zimmer trat, sprach er ein Gebet und grüßte dann die Alte. Als die ihn erblickte, rief sie: »Was ist denn das? Früher war bei uns von Russengeruch nichts zu spüren und nichts zu sehen, jetzt aber schmeckt man das Russenfleisch schon auf den Lippen, und es drängt sich einem vor die Augen! Wie steht's denn, guter Gesell, fliehst du ein Abenteuer oder suchst du ein Abenteuer?« – »Ich fliehe kein Abenteuer, Großmütterchen, sondern suche ein Abenteuer!« – »Wohin gehst du denn?« – »Zum heidnischen Drachen.« – »Was willst du von ihm?« – »Marko der Reiche hat mich zu ihm gesandt, ihn zu fragen, wie viel Geld Marko besitze.« Die Mutter des Drachen antwortete: »Ach, mein Freund, er wird dich fressen! Dazu hat Marko der Reiche dich auch hergesandt. Wenn ich ihn nicht frage aus Mitleid mit dir, so frisst er dich sicher!« Der Knabe fiel auf die Knie und bat zu Füßen der Alten: »Liebes Großmütterchen, lass mich nicht eines bittern Todes sterben! Ich bin wider Willen hierher gesandt!« – »Nun, mein Freund, ich will dich nicht ins Unglück stoßen: Ich selber werd ihn fragen.« – »Dann frag ihn, bitte, auch nach diesem: Ich fuhr über das Meer, und der Fährmann setzt schon dreißig Jahre über; wer wird ihn ablösen?« – »Ich werd ihn danach fragen.« – »Und dann, Großmütterchen, frag noch nach diesem: Ich ging über Weg und Steg, da stand eine Säule von Gold und reichte von der Erde bis zum Himmel. Wem wird sie gehören?« – »Schon recht«, sagte die Alte, »nur weiß ich nicht, guter Gesell, wo ich dich verstecken soll, damit er dich nicht findet.« Schließlich legte sie ihn unter das Federbett.

Der Drache kam und schnüffelte überall herum. Er war hungrig hergeflogen, hatte niemand verschlungen; und er fragte: »Mütterchen, irgendjemand ist bei dir: Es riecht nach Russenfleisch.« – »Du bist über die weite Welt geflogen, hast dich mit Russengeruch dort vollgesogen! Willst du Tee trinken, mein Söhnchen?« – »Gut, Mütterchen«, sagte er. Sie gab ihm aber Tropfen, die trunken machten, und die taten ihre Schuldigkeit. Er wurde ganz berauscht und fragte: »Mütterchen, hast du nicht noch mehr?« Sie gab ihm noch ein Gläschen, und da packte es ihn ordentlich. Dann fing die Mutter an ihn auszuforschen: »Hör, Söhnchen, was ich dich fragen will.« – »Was denn, Mütterchen?« – »Dort über jenes

Meer setzt ein Fährmann schon dreißig Jahre über, wer wird ihn ablösen?« – »Warum musst du das wissen, Mütterchen?« – »Ach, nur so, ich möcht es gern erfahren.« – »Marko der Reiche wird ihn ablösen.« – »Dann sag mir noch, Söhnchen: Wie viel Geld hat Marko der Reiche?« – »Warum musst du das wissen, Mütterchen?« – »Ich möcht es gern erfahren.« – »Selbst ich vermag es nicht zusammenzuzählen. Er kann mit dem Gelde von seinem Hause auf fünfundzwanzig Werst weit in alle vier Himmelsrichtungen die Erde bedecken.« – »Dann sag mir aber noch, Söhnchen: Auf dem und dem Wege steht eine Säule von Goldmünzen und reicht von der Erde bis zum Himmel. Wem wird dieser Schatz zu eigen werden?« Der Drache lächelte und sagte: »Nun, Mütterchen, dieses Geld wird schon jemand erhalten ... Marko der Reiche hat ein Pflegekind, dem wird der Schatz zuteilwerden.« So sprach er und flog wieder davon, Gott weiß wohin. Die Alte deckte das Federbett auf und ließ den Knaben aufstehn. »Hast du gehört, was der Drache gesagt hat?« – »Ja, Großmütterchen, ich hab es gehört.« – »Nun, so geh nach Hause.«

Und er ging heimwärts und kam zu der Säule. Die fragte ihn: »Knabe, hast du meinetwegen gefragt?« – »Ja.« – »Wem werd ich gehören?« – »Dem Pflegesohn Marko, des Reichen.« Da machte die Säule trrr! und fiel in einen Haufen zusammen. »Jetzt bin ich dein Eigentum geworden«, sagte sie. Er nahm den Schatz aber nicht mit, wühlte nur mit den Armen in ihm herum und ließ ihn liegen bis zu gelegener Zeit. Dann ging er weiter und kam zum Meer. Der Fährmann war da und fragte: »Hast du vom Drachen erfahren, guter Gesell, wer mich ablösen würde?« – »Ja.« – »Wer ist es denn?« – »Marko der Reiche.« Und er kam zu Marko dem Reichen. Marko verlor fast die Besinnung, als er gesund daherkam. Er fragte: »Bist du dorthin gegangen?« – »Ja, Väterchen.« – »Hast du den heidnischen Drachen gefunden? Hast du gefragt, wie viel Geld ich besitze?« – »Ja, ich fragte ihn.« – »Ist es viel?« – »Ja, in alle vier Richtungen könnt Ihr fünfundzwanzig Werst das Geld einen Zoll hoch aufschütten.« – »Nun, das ist schon wahr.«

Die nächste Nacht schliefen sie noch daheim, dann machten sie sich aber auf in ein anderes Land, Ware zu erhandeln. Sie kauften, was sie brauchten. Marko verlud die Ware auf die Wolga und schickte den Pflegesohn mit heim. Er schrieb einen Brief, versiegelte ihn und sagte: »Hier hast du einen Brief an Frau und Tochter; grüß sie von mir, hörst du!« Der Knabe wickelte den Brief in ein Tuch, verwahrte ihn auf der Brust und fuhr die Wolga hinab. Sie legten am Ufer an und begannen ihr Mittag zu bereiten. Der Knabe stieg mit seinen Leuten aus und ging am Ufer die Wolga entlang spazieren. Ein Greis hütete dort seine Herde und rief ihm zu: »Komm her zu mir, guter Gesell!« Er kam heran. »Jetzt nimm heraus, was du dort auf der Brust trägst!« – »Väterchen hat in die Heimat einen Brief geschrieben.« – »Gib ihn mir nur zu lesen!« – »Ja, wie wäre das möglich? Wer wird ihn wieder zusiegeln?« – »Ich werd ihn schon versiegeln.« Der Knabe zog den Brief hervor und gab ihn dem Alten. Der nahm ihn, zerriss ihn in kleine Stücke und schrieb einen neuen, wickelte ihn in das Tuch und gab ihn dem Knaben. »Geh mit Gott!«, sagte er dazu.

Der Pflegesohn fuhr in seine Heimat, lud die Waren aus dem Lastschiff aus und stapelte sie an dem Ort auf, wo sie hingehörten. Dann zog er den Brief hervor und sagte: »Hier, Mütterchen, der Vater hat Euch einen Brief geschickt.« Sie öffnete den Brief und fing an zu lesen. Da stand mit Markos des Reichen Hand geschrieben, dass man, ohne ihn abzuwarten, den Pflegesohn mit der Tochter trauen solle. Die Mutter rief die Tochter und sagte: »Der Vater hat einen Brief geschickt.« Die Tochter hatte Lesen und Schreiben gelernt, da las sie denn und sagte: »Wenn Väterchen das befohlen hat, so muss es geschehen.« Gleich ging es zur Hochzeit; da brauchte nicht Bier gebraut, noch Schnaps gebrannt zu werden, alles war schon bereit. Man führte das Paar in die Kirche, traute es und brachte es ins Brautbett.

Und gerade zu der Zeit langte Marko der Reiche an. »Frau, wo ist der Pflegesohn?« – »Wir haben die beiden eben zum Schlafen in die Vorratskammer gebracht!« – »Was soll das heißen?« – »Ich hab ihn mit unserer Tochter verheiratet.« Da konnte Marko seinen Grimm nicht zurückhalten, er spuckte der Frau ins Gesicht und schrie: »Was hast du dummes Weibsbild angerichtet?!« Sie zog den Brief hervor und gab ihn Marko. Er schaute hin: Es war seine Hand. Aber in dem ersten Brief, den der alte Hirte zerrissen hatte, war geschrieben gewesen, man solle den Pflegesohn nächtlicherweile in die Talgfabrik schicken und alle Kessel mit kochendem Fett vollaufen lassen und sie aufdecken, und dass man den Knaben nachts zur Aufsicht über die Arbeiter ausschicken solle. Er war aber noch nie in der Talgfabrik gewesen, und wenn er dort hingehn würde, müsste er ertrinken, dachte Marko, weil jener ja nicht wusste, wo der Durchgang war. Das alles aber hatte der heilige Nikolaus als Hirte so gefügt.

Darauf holte man das junge Paar vom Lager und fing an zu schmausen. Und der Pflegesohn sagte zum Schwiegervater: »Väterchen, du nennst viel Geld dein eigen, mir aber hat Gott noch mehr gegeben!« Marko der Reiche war habgierig. »Wo ist es denn?«, fragte er. Sie spannten drei Paar Pferde an und fuhren davon und kamen an das Meer, wo der Fährmann sie übersetzte. Sie schütteten den Schatz ein und fuhren zurück zur Fähre. Sie setzten über, und der Schwiegersohn lud das Geld aus, Marko aber blieb und musste den Fährmann ablösen, und nun setzte er dort Leute über. Hier starb er, sein ganzer Reichtum aber wurde seinem Schwiegersohn zuteil, der schaltete darüber und lebte lange in Frieden, mehrte Glück und Freude und wehrte dem Leide.

Das Säckchen füll dich

Es diente ein Soldat in St. Petersburg zwölf Jahre. Dann wurde er zum Unteroffizier befördert und auf Urlaub entlassen. Der Zar aber hatte eine Tochter, die immerzu fortlief, und man wusste nicht wohin. So viel der Zar sich auch Mühe gab, es zu erfahren, es nutzte nichts. Zauberer rief er zu sich, aber es kam nichts dabei heraus.

Als der Unteroffizier entlassen war, ging er in seine Heimat und blieb dort solange er durfte, dann wurde es Zeit zurückzukehren. Und wie er so dahinwanderte, kam er an einen Sumpf, um den musste er herum. »Vielleicht geht's auch mittendurch!«, dachte er bei sich. Er ging also über den Sumpf und sah, wie drei Waldmänner sich prügelten. Er sagte zu ihnen: »Gott helf euch bei der Prügelei! Um was geht es denn?« – »Ach, Soldat, entscheide du, wir warten schon lange auf dich! Drei Dinge haben wir gefunden: Siebenmeilenstiefel, eine Tarnkappe und ein Säckchenfülldich. Wir wissen aber nicht, wie wir teilen sollen.« Der Soldat antwortete: »Nun gut, ich will aus meiner Kronsflinte einen Schuss abgeben, wer dann die Kugel im Sumpf am schnellsten findet, der soll zwei Dinge kriegen.« Er legte an und schoss. Die Waldmänner stürzten der Kugel nach, der Soldat aber zog die Stiefel an, setzte die Tarnkappe auf und sagte: »Säckchen, komm mit mir!« Und er ging fort, während die Waldmänner die Kugel suchten, und wanderte nach Petersburg.

Er marschierte einher und dachte bei sich: »Jetzt will ich der Zarentochter nachspüren.« Er ging zum Hauptmann, aber der jagte ihn fort: »Was fällt dir ein!«, sagte er, »willst du in den sicheren Tod?« Er ging zum Bataillonsführer, aber auch der jagte ihn fort. Dann kam er zum Oberst, und der erstattete dem Zaren Bericht. Der Zar ließ den Soldaten rufen: »Kannst du's?« – »Zu Befehl, Eure Majestät!« – »Na, dann geb ich dir drei Tage Frist! Sauf derweil!« Der Soldat ging auf den Marktplatz, lumpte herum und kehrte nüchtern zum Zaren zurück. »Hast du genug gelumpt?« – »Zu Befehl, Eure Majestät!« – »Bist du auch nicht besoffen?« – »Im Dienst, Eure Majestät?« – »Schon gut.« Und er gab ihm ein Zimmer neben seiner Tochter. Durch die kristallene Tür war alles zu sehen, auch ihr Bett. Der Soldat bekam Tee und Schnaps, und Bedienung gab man ihm auch. Als aber die Zarentochter abends an seinem Zimmer vorbeiging, befahl sie: »Gebt dem Soldaten zwölf Flaschen vom besten Schnaps!« Sie brachten ihm den Schnaps, aber er trank nicht so viel, wie viel er ins Säckchen goss. Dann warf er sich hin, stellte sich betrunken und kroch auf allen vieren. Man brachte ihn zu Bett. Mit einem Auge schaute er durch die Tür.

Dann kam die Zarentochter zu ihm, rührte ihn an, aber er schnaufte wie ein Betrunkener. Da ging sie in ihr Zimmer und schellte. Ein Diener erschien. »Bring mir zwölf Paar Schuhe!« Die zwölf Paar Schuhe wurden gebracht: Ein Paar zog sie an, die übrigen band sie in ein Tuch, nahm sie unter den Arm, öffnete darauf eine Falltür unter dem Bett und verschwand. Der Soldat zog die Siebenmeilenstiefel an, setzte die Tarnkappe auf und machte sich hinterher. Die Zarentochter lief ein Paar Schuhe entzwei, warf sie fort, zog neue an, lief weiter. Der Soldat eilte ihr nach und befahl: »Säckchen, sammle auf!« Und sie kamen in den Kupfergarten. Der Soldat dachte: »Ein Äpfelchen muss man doch pflücken.« Er ging zu dem herrlichen

Baum, und graps! hatte er einen Apfel. Plötzlich begannen Saiten zu tönen, Trommeln zu schlagen, alles war in Aufruhr! Die Zarentochter dachte: »Geh ich weiter, so merken sie, wo ich war. Und wie ist dieser Alarm entstanden?« Da kehrte sie um, doch das ganze Dutzend hatte sie abgetragen. Der Soldat warf sich noch vor ihr auf sein Bett und schlief ein.

Am nächsten Tage gedachte die Zarentochter den Soldaten abermals zu bewirten und schickte ihm fünfundzwanzig Flaschen mit fremdländischem Schnaps. Er goss neun Flaschen in den Sack und stellte sich trunken. In der Nacht schaute er wieder durch die kristallene Tür. Die Zarentochter trat zu ihm heran, sah, dass er schlief, und schellte dann dem Diener. Er kam und brachte auf ihren Befehl fünfundzwanzig Paar Schuhe. Sie zog ein Paar an, band die übrigen in ein Tuch und lief davon. Der Soldat hinter ihr her. So kamen sie beide in den Silbergarten. Da wollte der Soldat doch wenigstens einen Apfel pflücken und graps! – zwei in die Tasche. Die Saiten ertönten, und die Zarentochter erschrak. »Man wird mich am Ende noch fangen und sehen, wohin ich gehe. Lieber kehr ich um!« Sie war aber vierundzwanzigtausend Werst gelaufen. Nun kehrte sie um, zog das letzte Paar an und ging heim, der Soldat legte sich aber noch vor ihr in sein Bett. In der dritten Nacht ließ sie sich fünfundvierzig Paar Schuhe bringen, und sie und der Soldat liefen in den Goldgarten. Wieder steckte sich der Soldat einen Apfel in die Tasche. Die Saiten ertönten, die Zarentochter erschrak und lief nach Hause, aber der Soldat kehrte noch vor ihr heim und legte sich schlafen.

Am nächsten Tag schickte ihm die Zarentochter nochmals Wein, aber er tat, als schliefe er fest. Als die Nacht herankam, ließ sich die Zarentochter fünfundsiebzig Paar Schuhe bringen, lief fort, und der Soldat hinter ihr her. Sie liefen durch den Kupfergarten, liefen durch den Silbergarten, liefen durch den Goldgarten und kamen an das Feuermeer, und auf dem

Meere stand ein Feuerwagen. Die Zarentochter setzte sich hinein, und der Soldat sprang hinter sie und rief: »Lauf zu, Weißfuß, noch ist's auf dem Hof nicht hell!« Die Zarentochter wunderte sich: Wer kann das sein? Sie langten am anderen Ufer an; ein Mann kam hinzu und führte die Zarentochter an der Hand. »Lass uns zu mir in mein Haus gehn, Liebste!« Das Haus mit goldnem Dach stand aber nicht weit davon. Der Soldat folgte ihnen auch dorthin. Das erste Gemach war ein reich geschmückter Saal, den zeigte der Mann der Zarentochter und sie staunte. Dann führte er sie in das zweite Gemach, das Zimmer für die Kleider. Als sie aber von dort hinausgingen, befahl der Soldat: »Säckchen füll dich!« Und das Säckchen füllte sich mit allen Kleidern. Dann kamen sie in die Kammer für Geschirr. »Hier steht mein goldnes Geschirr, Liebste!«, sagte der Mann. Als sie aber in die Vorratskammer gingen, befahl der Soldat wieder: »Säckchen füll dich!« Das Säckchen aber ließ nur die kahlen Wände übrig und nahm ein Ding nach dem andern fort, selbst aus dem Schlafzimmer, das zuletzt drankam.

»Wer war das«, fragte die Zarentochter, »der da sagte, als ich mich in den Wagen setzte: ›Lauf zu, Weißfuß, noch ist's auf dem Hof nicht hell‹?« – »Das schien dir nur so, Liebste! Für uns ist es aber Zeit zu heiraten! Komm morgen, dann wollen wir uns trauen lassen.« Die Zarentochter antwortete: »Dass ich mich morgen nur nicht verspäte, denn ein Trunkenbold von Soldat hält bei mir Wache.« Sie ging zum Wagen und der Soldat hinter ihr her. Und als sie abfuhren, sagte er: »Lauf zu, Weißfuß, auf dem Hofe wird's schon hell!« Jener Mann aber ging in das Haus und sah, dass nichts als nur die kahlen Wände übrig geblieben war. Er verwandelte sich in einen sechsköpfigen Drachen und machte sich auf zur Verfolgung, aber das Feuer versengte ihn. Da ging er auf den Balkon seines Hauses, warf sich zu Boden und zersprang.

Die Zarentochter aber hatte alle Schuhe abgetragen, zog das letzte Paar an und eilte nach Hause. Der Soldat jedoch warf sich noch vor ihr auf sein Bett und schlief ein. Am Morgen wurde er nicht geweckt, aber um zwölf Uhr schickte man zu ihm einen General und holte ihn zum Zaren. Und als der Soldat zum Zaren kam, fragte ihn der: »Hast du meiner Tochter nachgespürt?« – »Ja; erlaubt mir aber, im Palast fünf Zimmer ausräumen zu lassen!« Und als das getan war, sagte er: »Befehlt, die Senatoren zu versammeln.« Das geschah, und dann erzählte er: »Das erste Mal kam ich bis zum Kupfergarten.« – »Hast du aber auch ein Äpfelchen mitgebracht?«, fragte der Zar. »Hier, Eure Majestät!« Er zog einen kupfernen Apfel heraus und überreichte ihn. »In der zweiten Nacht war ich im Silbergarten.« – »Hast du aber auch ein Äpfelchen mitgebracht?« – »Hier, Eure Majestät!« Und er überreichte einen silbernen Apfel. »In der dritten Nacht war ich im Goldgarten.« – »Hast du aber von dort kein Äpfelchen mitgebracht?« – »Hier, Eure Majestät!« Und er überreichte einen goldenen Apfel. »In der vierten Nacht fuhr ich auf einem Feuerwagen über das Feuermeer. He, Säckchen, leer dich!« Da fielen aus dem Säckchen Teppiche, Geschirr und Kleider heraus und alles, was dort über dem Meer dem Drachen gehört hatte. »Na, Soldat«, sagte der Zar, »du hast wahr gesprochen: hast ihr nachgespürt. Was willst du denn jetzt mit meiner Tochter machen?« – »Ja, was denn? Befehlt Ihr, Majestät, sie aufzuhängen, so häng ich sie, befehlt Ihr, sie zu erschießen, erschieß ich sie, befehlt Ihr, sie zu heiraten, heirat ich sie.« – »Na, dann heirate sie, Soldat!«, sagte der Zar. Und das tat jener auch.

Ivanko, der Bärensohn

In einem Dorfe lebte einst ein reicher Bauer mit seiner Frau. Eines Tages ging sie in den Wald Pfifferlinge suchen, verirrte sich und geriet in ein Bärenlager. Der Bär behielt sie bei sich, und über lang oder kurz genas sie von ihm eines Sohnes: bis zum Gürtel ein Mensch, vom Gürtel ab ein Bär; und die Mutter nannte ihren Sohn Iwanko Bärensohn.

Die Jahre vergingen. Iwanko Bärensohn wuchs heran und bekam Lust, mit seiner Mutter ins Dorf zu den Menschen zurückzukehren. Sie warteten, bis der Bär auf die Honigsuche gegangen war, machten sich zur Flucht bereit und rannten davon. Sie liefen und liefen und fanden endlich heim. Der Bauer erkannte sein Weib und ward froh, denn er hatte nicht gedacht, dass sie jemals wieder nach Hause zurückkehren würde. Dann schaute er aber auf ihren Sohn und fragte: »Was ist denn das für ein Ungetüm?« Die Frau erzählte ihm alles, wie es gewesen war; wie sie mit dem Bären im Lager gelebt und mit ihm einen Sohn gezeugt hatte, bis zum Gürtel ein Mensch, vom Gürtel ab ein Bär. »Na, so geh auf den hinteren Hof, Iwanko Bärensohn!«, sagte der Bauer, »und schlachte ein Schaf; man muss euch ein Mittagessen herrichten.« – »Welches soll ich denn schlachten?« – »Nun, meinet wegen dasjenige, das dich zuerst ansehen wird.« Iwanko Bärchen nahm ein Messer und ging auf den hinteren Hof, und sowie er auf die Schafe einschrie, glotzten sie ihn alle an. Bärchen schlachtete sie allesamt, zog ihnen das Fell ab und ging fragen, wo er das Fleisch und die

Felle verwahren solle. Da brüllte der Bauer auf ihn ein: »Was? ich hab dir doch befohlen, ein einziges Schaf zu schlachten, und du hast sie alle umgebracht?!« – »Nein, Väterchen! Du hast mir befohlen, dasjenige zu schlachten, das mich zuerst ansehen würde; ich ging auf den hinteren Hof, und da glotzten sie mich alle an; es stand ihnen doch frei, mich anzusehen oder nicht.« – »Ach, was bist du für ein Schlaukopf! Jetzt geh und trag das Fleisch und die Felle auf den Speicher; in der Nacht aber musst du die Tür zum Speicher bewachen, damit die Diebe nichts stehlen und die Hunde nichts fressen.« – »Gut, ich werd sie bewachen.«

Wie mit Absicht kam in dieser Nacht ein Gewitter auf, und es regnete gewaltig. Iwanko Bärensohn brach die Tür des Speichers auf, trug sie in die Badstube und blieb dort über Nacht. Dunkel war's und den Dieben grad recht; der Speicher stand offen, kein Wächter dabei; nimm, so viel du willst! Am Morgen erwachte der Bauer und ging nachschauen, ob alles in Ordnung sei: Da war aber alles wie fortgeblasen; teils hatten die Hunde es gefressen, teils hatten die Diebe es gestohlen. Er suchte seinen Wächter, fand ihn in der Badstube und schimpfte ihn ärger aus als das erste Mal. »Ach, Väterchen, worin bin ich denn schuldig?«, fragte Iwan Bärensohn, »du hast mir doch selbst befohlen, die Tür zu hüten, das hab ich auch getan. Hier ist sie, weder haben die Diebe sie gestohlen noch die Hunde gefressen!« – »Was soll ich mit dem Esel anfangen?«, dachte der Bauer, »lebt er noch ein, zwei Monate bei mir, wird er mich ganz zugrunde richten! Wie könnt ich ihn wohl loswerden?«

Er fing an nachzusinnen; und am andern Morgen schickte er Iwanko Bärchen zum See, aus Sand Stricke zu winden; in dem See aber lebten eine Menge Teufel: »Die mögen ihn in die Tiefe ziehen!« Iwanko Bärchen begab sich an den See, setzte sich am Ufer nieder und begann aus Sand Stricke zu winden. Plötzlich sprang aus dem Wasser ein Teufelchen hervor und rief: »Was machst du da, Bärensohn?« – »Nun, was denn! Ich mache Stricke; will den See aufwühlen, dass sich die Teufel krümmen, weil ihr in unseren Gewässern lebt, aber keine Abgaben zahlt.« – »Wart ein wenig, Bärensohn! Ich will zum Großväterchen laufen und es ihm sagen!« Und mit diesen Worten plumpste es ins Wasser.

Fünf Minuten danach sprang es wieder hervor: »Großväterchen hat gesagt: Besiegst du mich im Wettlauf, wollen wir Abgaben zahlen, unterliegst du aber, befahl er, dich selbst in die Tiefe zu ziehen.« – »Schau mal den Flinken an! Wie willst du mich denn überholen?«, meinte Iwanko Bärensohn. »Ich hab ja ein Enkelchen, gestern ist es erst geboren, und selbst das wird dich überholen! Willst du dich nicht mit ihm messen?« – »Wer ist denn das, dein Enkelchen?« – »Dort unter dem Baumstamm liegt es«, antwortete Bärensohn und schrie und trieb den Hasen auf: »Ei, Häschen, verdirb mir nicht das Spiel!« Der Hase rannte blindlings davon ins freie Feld und war im Nu aus den Augen. Das Teufelchen wollte hinter ihm her, aber was half's? Eine halbe Werst blieb es zurück. »Wenn du willst, kannst du jetzt mit mir um die Wette laufen«, sagte Bärensohn, »aber, Bruder, nur unter der Bedingung: Bleibst du zurück, prügle ich dich zu Tode!« – »Was fällt dir ein!«, rief das Teufelchen und plumpste ins Wasser.

Bald darauf sprang es wieder hervor und brachte Großväterchens eiserne Krücke mit. »Großväterchen hat gesagt: Wirfst du diese Krücke höher als ich, so werden wir Abgaben zahlen.« – »Nun, so wirf du zuerst!« Das Teufelchen warf die Krücke so hoch, dass sie kaum noch zu sehen war; mit furchtbarem Getöse sauste die Krücke herunter und bohrte sich bis zur Hälfte in die Erde. »Jetzt wirf du!« Bärensohn legte die Hand auf die Krücke, aber bewegen konnte er sie nicht. »Wart ein wenig«, sagte er, »gleich kommt eine Wolke vorbei, auf die werf ich sie hinauf!« – »Halt, nein! Was soll Großväterchen ohne Krücke machen?«, rief das Teufelchen, packte des Satans Krücke und sprang rasch ins Wasser.

Ein wenig später kam es wieder hervor und rief: »Großväterchen hat gesagt: Kannst du jenes Pferd auch nur ein einziges Mal mehr als ich rund um den See tragen, wird er Abgaben zahlen, kannst du's nicht, so musst du selbst ins Wasser.« – »Das ist mir ein Kunststück! Fang an!« Das Teufelchen lud sich das Pferd auf den Rücken und schleppte es rund um den See; zehnmal trug er es herum und wurde müde, der Verdammte, der Schweiß lief ihm nur so von der Schnauze! »Nun bin ich an der Reihe!«, sagte Iwanko Bärensohn, saß rittlings auf und trabte um den See herum; so lange ritt er, bis das Pferd zusammenbrach! »Was, Bruder, gefällt dir's?«, fragte er das Teufelchen. »Nun ja«, antwortete der unsaubere Geist, »du hast länger als ich getragen, und noch wie? Zwischen den Beinen! So könnt ich's nicht ein einziges Mal herumtragen! Wieviel Abgaben sollen wir dir denn zahlen?« – »Ach, nur so viel: Schütt meine Mütze voll Gold und dien mir ein Jahr als Arbeiter, dann will ich zufrieden sein.« Das Teufelchen rannte nach Gold, Iwanko Bärensohn aber schnitt den Boden aus dem Hut heraus und stellte ihn über eine tiefe Grube. Das Teufelchen trug und trug das Gold herbei, schüttete und schüttete es in den Hut, arbeitete den ganzen Tag, aber erst am Abend war der Hut gefüllt. Iwanko Bärensohn nahm sich einen Wagen, belud ihn mit den Goldstücken und ließ ihn vom Teufelchen heimfahren. »Nun freu dich, Väterchen! Hier hast du einen Arbeiter, und hier hast du auch Gold!«

Das Märchen von Ssila Zarewitsch und Iwaschka, Weißes Hemd

Es war einmal ein Zar mit Namen Chatej. Dieser Zar Chatej hatte drei Söhne: Der erste war Asir Zarewitsch, der zweite Adam Zarewitsch und der dritte Ssila Zarewitsch, und dieser war der jüngste Bruder. Die beiden älteren Brüder baten ihren Vater, den Zaren Chatej, gar sehr, sie in andere Reiche ziehen zu lassen, die Leute zu betrachten und sich selbst zu zeigen. Der Zar Chatej entließ sie mit seinem väterlichen Segen und gab jedem ein Schiff, auf dem sie in die fremden Reiche fahren konnten. Der jüngste Bruder, Ssila Zarewitsch, hörte das und wünschte sehr, mit ihnen zu fahren und fremde Länder kennenzulernen. Er kam zu seinem Vater, dem Zaren Chatej, und bat ihn unter Tränen, er möge ihn zusammen mit den Brüdern ziehen lassen. Der Zar antwortete ihm jedoch: »Mein lieber Sohn, Ssila Zarewitsch! Du bist noch jung und an die Mühen einer Reise nicht gewöhnt, darum rate ich dir, lieber zu Hause zu bleiben und nicht willens zu sein, das zu unternehmen, woran du denkst.«

Allein Ssila Zarewitsch begehrte so heftig danach, fremde Reiche zu sehen, dass er seinen Vater dringlich bat und der Zar ihn endlich ziehen ließ und ihm ein Schiff gab. Als sich die Zarensöhne, jeder auf seinem Fahrzeug, eingeschifft hatten, befahlen sie alsbald, vom Ufer abzustoßen. Und als sie auf das hohe Meer kamen, fuhr der älteste Bruder, Assir Zarewitsch, auf seinem Schiff voran, hinter ihm kam der zweite Bruder, Adam Zarewitsch, und zuletzt, hinter allen, Ssila Zarewitsch.

Am dritten Tage ihrer Meerfahrt schwamm an dem Schiff Assir Zarewitschs ein Sarg vorbei, der war mit eisernen Reifen verschlossen. Und Assir Zarewitsch erblickte den Sarg, befahl aber nicht, ihn auf sein Schiff zu ziehen. Adam Zarewitsch sah den Sarg ebenfalls und befahl nicht, ihn aus dem Wasser herauszuholen. Als aber Ssila Zarewitsch den Sarg erblickte, da gab er sogleich den Befehl, die Jolle hinabzulassen, den Sarg aufzunehmen und auf sein Schiff zu bringen. Die Matrosen zogen den Sarg rasch heraus und brachten ihn auf das Schiff, und Ssila Zarewitsch ließ ihn auf einen sicheren Platz stellen. Danach erhob sich am nächsten Tage ein ungeheurer Sturm, der das Fahrzeug Ssila Zarewitschs aus der Richtung warf und es an ein unbekanntes, steiles Ufer trieb. Da befahl Ssila Zarewitsch, die Jolle auszusetzen und den Sarg hineinzulegen, und er selber setzte sich auch in die Jolle und fuhr an das Ufer. Und er ließ den Sarg unter den üblichen Bestattungsbräuchen der Erde übergeben. Und als sie den Sarg vergraben hatten, befahl Ssila Zarewitsch seinem Schiffsführer, er möge an diesem Orte, wo er das Fahrzeug verlassen hatte, ein Jahr lang auf ihn warten; käme er aber nach einem Jahr nicht zurück, so solle er auch ein zweites Jahr warten, käme er aber auch in zwei Jahren nicht wieder, so solle er ein drittes Jahr warten; doch käme er auch bis dahin noch nicht zurück, solle er in sein Reich zurückkehren.

Als Ssila Zarewitsch seinem Schiffsführer diesen Befehl gegeben hatte, ging er selbst ganz allein fort, wohin die Augen schauen. Er wanderte drei Tage über Weg und Steg, und am vierten hörte er hinter sich einen Menschen laufen, so als wenn jemand eilends hinter ihm herrannte. Er sah sich um und erblickte einen Mann in weißer Kleidung, der ihm nachlief. Ssila Zarewitsch zog sein scharfes Schwert und blieb stehn. Er dachte, dass es irgendein Bösewicht sei, der ihn einholen wolle. Doch als jener Mann Ssila Zarewitsch erreicht hatte, warf er sich zu seinen Füßen nieder und küsste sie und dankte dem Zarensohne für seine Rettung. Ssila Zarewitsch fragte, warum er ihm zu Füßen falle und für welche Guttat er ihm danke, und sagte zu ihm, dass er ihn gar nicht kenne! Da sprang der Mann in der weißen Kleidung sogleich auf die Füße und sprach: »Wohlan, junger Held Ssila Zarewitsch! Wie sollt ich dir nicht danken, ich habe ja in jenem Sarge gelegen, den du aus dem Meere herausgezogen hast und danach am Ufer begraben ließest. Und wärest du nicht gewesen, so hätte ich vielleicht ewiglich im Sarge auf dem Meere herumschwimmen müssen!« – »Wie bist du denn aber in den Sarg hineingeraten?«, fragte Ssila Zarewitsch. »Ich will dir nun alles erzählen«, sagte der fremde Mann. »Ich heiße Iwaschka Weißes Hemd und war ein großer Ketzer. Meine Mutter erkannte, dass ich den Menschen durch meine Ketzerei viel Schaden tat. Sie ließ diesen Sarg anfertigen und, nachdem man mich hineingelegt hatte, den Deckel auflegen und die Ritzen verstopfen und den Sarg mit eisernen Reifen beschlagen. Danach aber verfluchte sie mich und warf mich ins Meer. Und auf dem Meere schwamm ich länger denn zwei Jahre herum, und niemand nahm mich auf. Jetzt jedoch dank ich dir auf den Knien für meine Rettung und will dir ewiglich ein treuer Diener sein und in allen Fährlichkeiten helfen. Auch will ich dich fragen, ob du nicht heiraten möchtest? Denn ich weiß eine wunderschöne

И.БИЛИБИНЪ

кто поѣдетъ въ
правую сторону
будетъ здравъ и
а конь мертвъ
а кто поѣдетъ
лѣвую сторону
самъ убитъ буде
конь живъ
И. БИЛИБИНЪ

Königstochter mit Namen Truda, die ist es wohl wert, deine Gattin zu sein.« Ssila Zarewitsch sagte darauf zu ihm, dass er die Königstochter wohl heiraten wollte, wenn sie schön wäre. Iwaschka Weißes Hemd antwortete ihm, dass Truda die erste Schöne in der ganzen Welt sei. Als Ssila Zarewitsch von solcher Schönheit hörte, entflammte sein ganzes Herz in Liebe zu der Königstochter, und er bat Iwaschka, er möge mit ihm in jenes Reich ziehen.

Und so machten sie sich auf und wanderten über Weg und Steg; und ob sie nun weit gingen oder nah, lang oder kurz, ist unbekannt, doch kamen sie in jenes Reich, und rundherum standen Pfähle, sodass es war, als sei das ganze Reich von einem Palisadenzaun umgeben. Auf jedem Pfahl aber stak der Kopf eines Helden, nur auf einem einzigen Pfahl war noch keiner aufgepflanzt. Als Ssila Zarewitsch die Köpfe erblickte, erschrak er und fragte Iwaschka Weißes Hemd, was das alles zu bedeuten habe. Iwaschka Weißes Hemd erwiderte ihm: »Edler Kavalier, Ssila Zarewitsch, das sind die Köpfe von Helden, die um die wunderschöne Königstochter Truda freiten.« Ssila Zarewitsch bekam einen gewaltigen Schrecken, als er von diesen seltsamen Dingen hörte, und wollte in sein heimatliches Land zurückkehren und sich nicht in dem Reiche des Vaters der Königstochter Truda sehen lassen; der Vater aber hieß Ssalom. Allein Iwaschka Weißes Hemd sagte ihm, er solle nichts befürchten und getrost mit ihm gehn. Da folgte ihm Ssila Zarewitsch und ging mit ihm.

Als sie in das Reich hineingewandert waren, sprach Iwaschka Weißes Hemd: »Höre, Ssila Zarewitsch, ich werde von nun ab dein Diener sein. Und wenn du in den Zarenpalast eintrittst, so verneige dich tief vor dem Könige Ssalom, dann wird er dich sehr freundlich bei den weißen Händen fassen und dich fragen, woher und warum du kommst und aus welchem Reiche, wessen Vaters Sohn du bist und wie du mit Na-

men heißest. Dann erzähle ihm alles und verbirg ihm nichts: dass du gekommen bist, seine Tochter zu freien, die du zu deiner Gattin zu nehmen wünschest. Und er wird sie dir mit großer Freude geben.« Ssila Zarewitsch trat nun, wie erzählt wird und wie es geschrieben steht, in den Palast, und sobald ihn der König Ssalom erblickte, ging er ihm entgegen, um ihn zu begrüßen, fasste ihn bei den weißen Händen, führte ihn in die weißsteinernen Gemächer und begann zu fragen: »Wohlan, wackerer Held, junger Gesell! Woher und warum kommst du und aus welchem Reich? Und wessen Vaters Sohn bist du? Und wie heißest du mit Namen?« – »Ich komme aus dem Reiche des Zaren Chatej und bin sein Sohn; und man nennt mich Ssila Zarewitsch, und ich bin gekommen, um deine Tochter zu freien, die wunderschöne Königstochter Truda.« Der König Ssalom war über die Maßen froh, dass eines so berühmten Zaren Sohn sein Schwiegersohn werden wollte, und befahl daher seiner Tochter, sich zu der Hochzeit zu rüsten.

И. БИЛИБИНЪ

И. БИЛИБИНЪ. 1899.

Als der Tag gekommen war, an dem Ssila Zarewitsch heiraten sollte, befahl der König Ssalom allen, auch den Fürsten und den Bojaren, sich im Palast zu versammeln. Und als alle beisammen waren, fuhren sie in die Kirche, und Ssila Zarewitsch wurde mit der wunderschönen Königstochter Truda getraut. Und nachdem sie von der Trauung heimgekommen waren, setzten sie sich an die eichenen Tische, vor die gemusterten Tücher, aßen und tranken und stärkten sich und vergnügten sich mit allerlei Kurzweil. Doch als Ssila Zarewitsch in die Brautkammer gehn musste, rief ihn Iwaschka Weißes Hemd beiseite und sagte leise zu ihm: »Höre mich an, Ssila Zarewitsch: Wenn du dich zu Bett legst mit deiner Gattin, sollst du sie nicht berühren; tust du es dennoch, so bleibst du nicht am Leben, und dein Kopf wird auf den letzten Pfahl gespießt werden. Und obwohl sie dich küssen und liebkosen und fest an ihr Herz drücken wird, so verrichte jedoch nichts mit ihr.« Ssila Zarewitsch fragte: »Warum verlangst du das von mir?« – »Darum«, antwortete Iwaschka, »weil sie mit einem unreinen Geist eine Liebschaft hat; und der kommt jede Nacht zu ihr in der Gestalt eines Menschen, durch die Luft aber fliegt er als ein sechsköpfiger Drache. Darum hör auf mich und verrichte nichts mit ihr. Wenn sie aber auf deine weiße Brust ihre Hand legen und dich drücken wird, so spring aus deinem Bett und schlag sie heftig mit einem Stock, so lange, bis sie all ihre Kräfte verloren hat. Ich aber werde unterdessen an der Türe deines Schlafgemaches Wache stehn.«

Als Ssila Zarewitsch diese Worte vernommen hatte, ging er mit der wunderschönen Königstochter Truda in das Brautgemach und legte sich mit ihr auf das Bett. Die Königstochter Truda begann ihn zu küssen und nötigte ihn dazu, die gewohnten Dinge der Liebe mit ihr zu verrichten, allein Ssila Zarewitsch wollte das nicht tun. Da legte die Königstochter Truda ihre Hand auf seine Brust und drückte sie stark, sodass er kaum bei Besinnung blieb. Ssila Zarewitsch sprang aus seinem Bett, ergriff einen Stock, den Iwaschka ihm zu diesem Zwecke gegeben hatte, und fing an, die Königstochter Truda zu schlagen, und hörte erst dann auf, als sie halb tot am Boden liegenblieb. Gleich darauf erhob sich plötzlich ein Sturmwind, und der sechsköpfige Drache flog in das Schlafgemach und wollte Ssila Zarewitsch verschlingen. Iwaschka jedoch ließ es nicht dazu kommen: Er nahm sein scharfes Schwert in die Hand und kämpfte mit dem Drachen. Sie schlugen sich genau drei Stunden, und Iwaschka hieb dem Drachen zwei Köpfe ab. Danach flog der Drache wieder fort. Iwaschka hieß Ssila Zarewitsch sich hinlegen und nichts weiter befürchten. Ssila Zarewitsch gehorchte ihm und legte sich nieder und schlief bis zum nächsten Morgen. Der König Ssalom aber schickte am Morgen hin, um zu erfahren, ob sein lieber Schwiegersohn Ssila Zarewitsch noch am Leben sei. Und als man ihm sagte, dass er lebendig und wohlbehalten sei, war der König sehr froh darüber, dass Ssila Zarewitsch der Erste gewesen war, der seiner Tochter hatte widerstehen können, und ließ ihn zu sich rufen. Und als er zu ihm kam, tranken und vergnügten sie sich den ganzen Tag. Doch für die nächste Nacht befahl Iwaschka Ssila Zarewitsch, dass er mit seiner Gattin gleichermaßen verfahren solle, selbst aber stellte er sich hinter die Tür und hielt Wache wie vorher.

Als Ssila Zarewitsch sich mit Truda zu Bett gelegt hatte, legte sie ihm wiederum die Hand auf die Brust und fing an, ihn zu drücken. Da sprang Ssila Zarewitsch aus dem Bett und schlug sie abermals. Danach jedoch kam der Drache geflogen und wollte Ssila Zarewitsch verschlingen. Iwaschka aber eilte mit dem Schwerte hinter der Tür hervor, fing an, sich mit dem Drachen herumzuschlagen, und hieb ihm noch zwei Köpfe ab. Da flog der Drache fort, Ssila Zarewitsch aber legte sich schlafen. Am Morgen ließ ihn der König Ssalom wieder

rufen und vergnügte sich mit ihm den ganzen Tag. Für die dritte Nacht befahl Iwaschka Weißes Hemd dem Zarensohn das Gleiche wie früher, und der vollbrachte alles so, wie ihm geheißen war. Iwaschka jedoch hieb dem Drachen die letzten zwei Köpfe ab, verbrannte sie mitsamt dem Leib und verstreute die Asche über das weite Feld.

In der vierten Nacht fragte Ssila Zarewitsch Iwaschka, ob er nun mit seiner Gattin der Liebe pflegen dürfe, doch Iwaschka sagte ihm, er solle das nicht tun, sondern damit warten, bis er es ihm erlauben würde.

Und so lebte Ssila Zarewitsch ein ganzes Jahr bei seinem Schwiegervater, dem Zaren Ssalom, und verrichtete nicht die Dinge der Liebe mit seiner Gattin. Dann aber sagte Iwaschka Weißes Hemd zu ihm, er möge seinen Schwiegervater um die Erlaubnis bitten, in sein Vaterland zu fahren und seine Eltern aufzusuchen. Ssila Zarewitsch gehorchte ihm, ging hin und bat den König Ssalom. Und dieser entließ ihn und gab ihm zur Begleitung zwei Regimenter seines Heeres. Da nahm Ssila Zarewitsch Abschied von seinem Schwiegervater und ritt mit seiner Gattin in sein väterliches Reich. Auf halbem Wege aber sagte Iwaschka zu Ssila Zarewitsch, er solle mit seinen Regimentern ein Lager aufschlagen. Ssila Zarewitsch folgte ihm und befahl die Zelte zu errichten. Am nächsten Tage schichtete Iwaschka vor dem Zelte Ssila Zarewitschs Brennholz zu einem Scheiterhaufen und zündete ihn an. Darauf führte er die Königstochter Truda aus dem Zelt, entkleidete sie und zog unter dem Rockschoß sein Schwert hervor und hieb Truda in zwei Hälften. Ssila Zarewitsch erschrak gewaltig und weinte bittere Tränen. Iwaschka aber sagte ihm, dass seine Gattin wieder lebendig werden würde. Als der Leib der Königstochter Truda in zwei Stücke auseinanderfiel, krochen sogleich allerlei Schlangen aus dem Bauche hervor. Iwaschka warf sie alle ins Feuer und sagte dann zu Ssila Zarewitsch: »Siehst du wohl, Ssila Zarewitsch, wie es mit der Reinheit im Bauche deiner Gattin beschaffen war. Das sind ja alles böse Geister, die dort in ihr entstanden sind.« Als hernach alle Schlangen aus dem Bauche herausgekrochen waren und Iwaschka sie alle verbrannt hatte, legte Iwaschka Weißes Hemd den Körper der Truda zusammen, besprengte ihn mit Lebenswasser. Da ward die Königstochter Truda zu derselbigen Minute lebendig und war jetzt so sanft, wie sie vordem böse gewesen war. Dann sprach Iwaschka Weißes Hemd zu Ssila Zarewitsch: »Na, Ssila Zarawitsch, jetzt geb ich dir die Freiheit, mit deiner Gattin zu tun, was du willst, denn nun brauchst du nichts mehr zu befürchten.« Und darauf sagte er noch zu ihm: »Jetzt leb wohl, Ssila Zarewitsch! Du wirst mich niemals mehr wiedersehen.« Diese Worte sprach er und ward unsichtbar.

Ssila Zarewitsch aber befahl die Zelte abzubrechen und sowie sie abgebrochen waren, ritt er in sein Reich. Und als er an den Ort kam, wo das Schiff auf ihn wartete, ging er an Bord mit der wunderschönen Königstochter Truda und fuhr seines Weges, die Regimenter aber ließ er heimziehen.

Und sobald er in sein väterliches Reich kam, begrüßte man ihn mit Kanonenschüssen, und der Zar Chatej kam aus seinen weißsteinernen Gemächern hervor und ergriff ihn und die wunderschöne Königstochter Truda bei den weißen Händen. Er führte sie in die weißsteinernen Gemächer, setzte sie an die eichenen Tische, vor die gemusterten Tücher, und sie tranken und aßen und erfrischten sich und vergnügten sich mit allerlei Kurzweil. Und Ssila Zarewitsch blieb zwei Jahre bei seinem Vater, hernach aber fuhr er in das Reich seines Schwiegervaters, des Königs Ssalom, empfing von ihm die goldene Krone und begann über das Königreich zu herrschen. Mit der wunderschönen Königstochter Truda aber lebte er in großer Liebe und Eintracht.

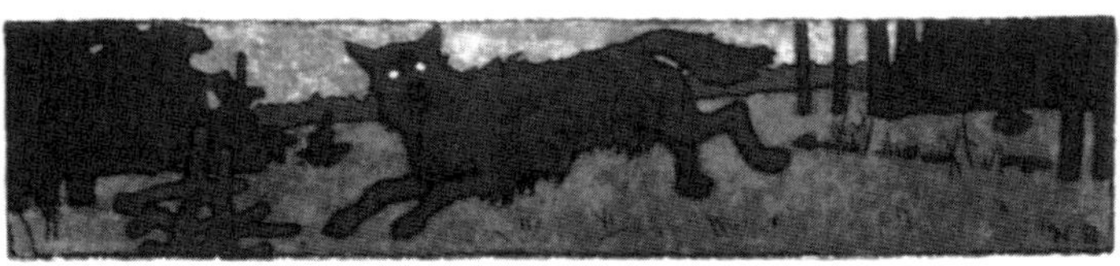

Der verzauberte Lindenbaum

Eines Abends saß Wanjuschka bei seinem Großvater und fragte ihn: »Warum gleichen die Bärentatzen unseren Händen und Füßen?« Antwortete ihm der Großvater: Hör zu, Wanjuschka! Was ich selbst von alten Leuten gehört hab, das will ich dir erzählen. Die alten Leute sagten: Die Bären waren einmal ebensolche Menschen wie wir rechtgläubigen Christen. In einem Dorf aber lebte einst ein Tagelöhner. Sein Häuschen war elend schlecht, ein Pferd hatte er nicht, eine Kuh erst recht nicht, und kein Brennholz fand sich mehr bei ihm. Der Winter kam heran, in der ungeheizten Stube ward es kalt. Der Tagelöhner nahm ein Beil und ging in den Wald. Dort fiel sein Blick gerade auf den verzauberten Lindenbaum. Er klopfte mit dem Beil an den Stamm und wollte schon anfangen einzuhauen. Da sprach aber die Linde mit menschlicher Stimme: »Alles, was du nur willst, geb ich dir. Fehlt dir Reichtum, fehlt dir ein Weib, alles sollst du haben!« Der Bauer antwortete: »Gut wär's, Mütterchen, wenn du mich reicher als alle Hofbauern machen würdest, denn ich hab keine Kuh und kein Pferd, und das Häuschen ist schlecht!« Die Linde antwortete: »Geh nur nach Hause! Alles wird dir zuteil!« Der Bauer geht heim und sieht: Sein Haus ist neu geworden, die Zäune sind aus Balken, die Rosse so mutig, als ob sie fliegen wollten, und die Scheuern sind voller Korn. Nur eines noch fehlte dem Tagelöhner: Sein Weib war nicht hübsch. Was tun? »Ich geh zum Mütterchen Linde!« Er nahm sein Beil mit und ging in den Wald.

Er kam zur Linde und schlug mit dem Beil an den Stamm. »Was willst du?« – »Mütterchen Linde! Die andern haben Weiber, wie sie sein sollen, aber meine taugt gar nichts. Sei doch so gut und gib mir ein hübsches Weib.« Die Linde antwortete: »Geh nur nach Hause!« Der Tagelöhner geht heim; sein Weib erwartet ihn und schaut so schön aus, wie Milch und Blut; und die Kammern sind gefüllt mit Vorräten aller Art! Nun fing der Tagelöhner an mit seinem jungen Weibe zu hausen, dachte aber doch im Stillen: »Gut lebt sich's als reicher Mann, aber der Obrigkeit sind wir doch untertan! Ob ich nicht selbst zur Obrigkeit gehören kann?« Er beriet sich mit seiner Frau und ging wieder zur verzauberten Linde.

Er kam in den Wald und schlug mit dem Beil gegen den Stamm. Die Linde fragte: »Was willst du, Bauer?« – »Nur dies, Mütterchen Linde: Uns geht's zwar gut als reiche Leute, aber wir stehen doch unter der Obrigkeit; kann ich denn nicht selbst Dorfschulze sein?« – »Gut, geh nur nach Hause, alles soll dir zuteilwerden!« Kaum war der Tagelöhner heimgekehrt, kam schon die Verfügung: »Der Tagelöhner soll Dorfschulze sein.« Er lebte sich ein als Schulze und dachte bei sich: »Bequem hat man's schon als Dorfschulze, aber dem Gutsherrn ist man doch untertan. Ob ich denn nicht selbst Gutsherr werden kann?« Er bedachte sich's, hielt Rat mit seiner Frau und ging wieder zum Lindenbaum.

Er kam hin und schlug mit dem Beil an den Stamm. Die Linde fragte: »Was willst du?« – »Dank dir für alles, Mütterchen Linde! Aber muss ich denn vor dem Gutsherrn immer die Mütze ziehen? Kann ich denn nicht selbst ein Herr sein?« – »Was soll ich nur mit dir anfangen? Geh nur nach Hause, sollst alles haben!« Kaum war er heimgekehrt, da kam der Gouverneur angefahren und brachte vom König die Ernennung: »Er soll Edelmann sein.« Fein war's als Edelmann; er gab Gelage und Bankette. So lebte sich's gut, aber noch war er ohne Rang! Könnte man nicht Beamter werden? Sie bedachten sich und berieten sich.

Der Bauer kam zur Linde und schlug mit dem Beil gegen den Stamm. »Was willst du, Bäuerlein?« – »Für alles dank ich dir, Mütterchen. Aber kann ich denn nicht Beamter sein?« – »Na, so geh nur nach Haus!« Kaum war er heimgekehrt, so war der Befehl vom König da: Ein hohes Amt erhielt er. Gut lebte sich's nun als Beamter, aber dem Gouverneur war er doch noch untergeben. Könnte man nicht Gouverneur werden? Er beriet sich mit seiner Frau und ging in den Wald zum verzauberten Lindenbaum.

Er kam hin und schlug mit dem Beil an den Stamm. Da sprach die Linde: »Was brauchst du, Bäuerlein?« – »Dank dir, Mütterchen Linde, für alles. Aber kann ich denn nicht selbst Gouverneur sein und ein reiches Erbgut haben?« – »Schwer geht's zu machen. Aber was soll ich mit dir anfangen? Geh nur nach Hause.« Kaum war der Tagelöhner heimgekehrt, so kam ein Befehl: »Der Tagelöhner soll Gouverneur sein und ein reiches Erbgut haben.« Er lebte sich ein als Gouverneur, als ob er nie ein Bauer gewesen wäre. Gut ging es ihm, aber dem König war er doch untertan. Er überlegte sich's und ging in den Wald zum verzauberten Lindenbaum.

Er kam hin und schlug mit dem Beil gegen den Stamm. Die Linde fragte: »Was willst du?« – »Alles ist gut; dank dir dafür! Aber kann ich denn nicht selbst der König sein?« Die Linde begann ihm zuzureden: »Um was bittest du, Unsinniger? Bedenk, was du warst und was du bist. Aus dem Tagelöhner bist du ein vornehmer Mann geworden; den König aber wählt Gott selber!« Die Linde redete ihm auf alle Weise zu, dass er nicht um Größeres bitten solle, sonst würde er alles verlieren. Der Tagelöhner ließ aber nicht nach, blieb hartnäckig dabei, sie solle ihn zum König machen. Die Linde aber sprach zu ihm: »Das kann ich nicht tun, und es wird nicht sein;

du wirst aber auch das Letzte verlieren!« Doch der Tagelöhner gab nicht nach. Da sprach die Linde: »Werde du ein Bär und dein Weib eine Bärin!« Und er ward ein Bär und sein Weib eine Bärin. Und so sind die Bären entstanden.

Da fragte der Enkel: »Großvater, ist denn das wirklich wahr?« – »Natürlich ist das ein Märchen; aber was unmöglich ist, das sollst du nicht wünschen; sei mit wenigem zufrieden. Wünschest du dir allzu viel, verlierst du auch das Letzte.«

Baldak Borisjevitsch

In der ruhmreichen Stadt Kijew, beim Zaren Wladimir, versammelten sich die Fürsten und die Bojaren und die riesenstarken Recken zum Ehrenmahl. Wladimir, der Zar, hub an zu reden und sprach: »Wohlan, meine Kinder, schart euch, versammelt euch um einen Tisch!« Sie setzten sich an einen Tisch, aßen, bis sie halb gesättigt waren, tranken, bis sie halb betrunken waren, und dann sprach Wladimir, der Zar: »Wer erweist mir wohl einen großen Dienst: reitet durch dreimal neun Länder in das dreimal zehnte Reich, zum Türkensultan, sein goldmähniges Ross, den edlen Renner, zu entführen, den märchenerzählenden Kater zu töten, dem Türkensultan selbst in die Augen zu spucken?« Da meldete sich der kühne Held Ilja-Muromez, Sohn des Iwan.

Der Zar Wladimir hatte aber eine Lieblingstochter; sie sprach zu ihm diese Worte: »Wohlan, mein Väterchen, Wolodimir-Zar! Mag sich Ilja-Muromez, Sohn des Iwan, seiner Taten auch rühmen, wird er den Dienst, den du forderst, doch nicht vollbringen! Entlass, mein Väterchen, die zechenden Helden; geh hin und such in deiner Stadt in den zarischen Schenken den jungen Baldak, den Sohn des Boris, den Siebenjährigen.« Und der Zar gehorchte seiner Tochter, ging hin und suchte den jungen Baldak, den Sohn des Boris, und fand ihn in der Schenke, er schlief unter der Bank. Mit der Stiefelspitze stieß ihn an Wolodimir, der Zar; davon erwachte Baldak aus dem Schlaf und sprang in die Höhe, als wenn nichts geschehen wäre. »Sag an, Wolodimir-Zar, wozu bedarfst du meiner?«

Da gab ihm zur Antwort Wolodimir, der Zar: »Zum Ehrenmahle lad ich dich ein.« – »Nicht würdig bin ich, zum Mahle zu gehen: In den Schenken besauf ich mich, unter den Füßen da wälz ich mich.« Doch Wladimir, der Zar, sprach diese Worte zu ihm: »Ruf ich dich zum Mahle, so musst du gehn; zu großen Dingen wirst du gebraucht.« Da schickte ihn der junge Baldak, der Sohn des Boris, aus der Schenke fort, in die Zarengemächer zurück und sagte, er komme gleich hinterher.

Baldak blieb allein in der Schenke, ernüchterte sich mit Branntwein, so viel er dessen bedurfte, und ging unangemeldet zum Zaren Wladimir. Er schlug das Kreuz, wie die Schrift es verlangt, und verneigte sich, wie es Brauch ist; nach allen Seiten verneigte er sich, vor dem Zaren jedoch insbesondere. »Ich grüße dich, Wolodimir-Zar: Weshalb hast du mich gerufen?« Da antwortete ihm Wolodimir-Zar: »Wohlan, du junger Baldak, Sohn des Boris! Leiste mir einen großen Dienst: Geh hin durch dreimal neun Länder in das dreimal zehnte Reich zum türkischen Sultan; sein goldmähniges Ross, das führ ihm fort, töte den märchenerzählenden Kater und spucke dem Türkensultan selbst in die Augen. Nimm mit dir so viele Krieger, wie du brauchst, nimm mit dir so viel Gold, wie du willst!« Da antwortete Baldak, der Jüngling, und sprach: »Wohlan, Zar Wolodimir, gib mir nur neunundzwanzig kühne Burschen zum Geleit, ich selber werde der dreißigste sein.«

Rasch wird das Märchen erzählt, langsam die Tat getan. Baldak, der Jüngling, der Sohn des Boris, machte sich auf über Weg und Steg zum türkischen Sultan; er wusste es abzupassen und langte um Mitternacht an. Er ging in den Hof des Sultans, führte das goldmähnige Ross aus dem Stall, den edlen Renner, fing den märchenerzählenden Kater, zerriss ihn in zwei Hälften und spuckte dem Sultan selbst in die Augen.

Der Türkensultan besaß einen Garten, den liebte er sehr; drei Werst war er lang, allerlei Bäume waren dort gepflanzt, allerlei Blumen waren dort gezogen. Der junge Baldak, Sohn des Boris, befahl den Gefährten, den neunundzwanzig kühnen Burschen, den ganzen Garten zu zerstören; er selber holte Feuer und brannte alles bis aufs Letzte nieder und schlug dreißig weiße Zelte auf aus feinem Leinen. Am Morgen früh erwachte der türkische Sultan vom Schlaf; sein erster Blick galt dem Garten, den er liebte. Und als er hinschaute, da sah er, dass alle Bäume gefällt waren und verbrannt und dass im Garten dreißig weißleinene Zelte standen. »Wer mag da wohl hergeritten sein?«, dachte der Sultan, »ein Zar oder ein Zarensohn, ein König oder ein Königssohn oder ein riesenstarker Recke?« Und der Sultan rief mit lauter Stimme nach seinem Lieblingspascha, ließ ihn zu sich kommen und sprach zu ihm diese Worte: »Es steht nicht wohl in meinem Reich! Erwartet hab ich den russischen Bösewicht, den jungen Baldak, den Sohn des Boris; jetzt aber ist zu mir geritten ein Zar vielleicht oder ein Zarensohn, ein König oder ein Königssohn oder ein riesenstarker Recke, ich weiß es nicht, und wie ich's erfahren soll, vermag ich nicht zu erraten.« Da kam des türkischen Sultans älteste Tochter hinzu und sprach zu ihrem Vater: »Worüber beratet ihr und wisst euch nicht zu helfen? Ach, du mein Väterchen, türkischer Sultan, gib mir deinen Segen und befiehl im ganzen Reich neunundzwanzig Jungfrauen zusammenzusuchen, die schönsten von allen! Ich werde die dreißigste sein und in den leinenen Zelten eine Nacht verbringen und euch den Schuldigen herausfinden.« Der Vater war damit einverstanden, und die Tochter ging zu den Zelten mit ihren neunundzwanzig Jungfrauen: Schönere als sie gab es im ganzen Reich nicht mehr!

Der junge Baldak, Sohn des Boris, trat zu ihnen hinaus, fasste die Sultanstochter bei den weißen Händen und rief mit seiner starken Stimme: »Heda, ihr kühnen Burschen und Kameraden! Nehmt die schönen Mädchen bei den Händen, führt sie in eure Zelte und tut mit ihnen, was ihr wohl versteht!« Und sie schliefen beieinander eine Nacht; am Morgen kehrte die älteste Tochter zum türkischen Sultan zurück und sprach zu ihm: »Wohlan, mein liebes Väterchen, befiehl nun allen dreißig kühnen Burschen, aus den weißleinenen Zelten zu dir ins Haus zu kommen; ich selber werde dir den Schuldigen zeigen.« Sogleich schickte der Sultan seinen Lieblingspascha zu den Zelten, er solle herrufen und vor ihn fordern den jungen Baldak, den Sohn des Boris, mit allen seinen Gefährten. Da traten die dreißig kühnen Burschen aus den Zelten: alle von gleichem Aussehen wie leibliche Brüder, von gleichem Haar, von gleicher Stimme! Und sie sprachen zum Gesandten: »Kehre zurück, wir kommen bald nach dir!«

Aber Baldak, der Jüngling, der Sohn des Boris, fragte seine Gefährten: »Ist nicht irgendein Zeichen an mir? Schaut überall nach!« Und sie fanden an ihm: Die Beine bis zu den Knien in Gold, die Arme bis zu den Ellenbogen in Silber. »Schlau ist sie, aber wie sollt ich das nicht erraten!«, sagte Baldak und machte allen seinen Gefährten dasselbe Zeichen: die Beine bis zu den Knien in Gold, die Arme bis zu den Ellenbogen in Silber; und dann befahl er ihnen, Handschuhe anzuziehen, und sprach: »Keiner soll sie ohne meinen Befehl abziehen, wenn wir in das Haus zum türkischen Sultan kommen.« Sie gingen zum Sultan und traten in das Haus. Die älteste Tochter kam ihnen entgegen und erkannte den Schuldigen, den jungen Baldak, den Sohn des Boris. Baldak aber sprach zu ihr: »Woran erkennst du mich, was sind deine Beweise?« Antwortete ihm des Sultans älteste Tochter: »Zieh vom Fuß den Stiefel und von der Hand den Handschuh, dort hab ich meine Zeichen angebracht: die Beine bis zu den Knien in Gold, die Arme bis zu den Ellenbogen in Silber.« – »Gibt es denn bei uns solcher Burschen nicht noch mehr?« Und der junge Baldak befahl seinen Gefährten: »Zieht alle einen

Stiefel von den Füßen und einen Handschuh von der Hand!« Da sah man: Das Zeichen, das er hatte, fand sich auch bei allen andern, und in den Gemächern leuchtete es hell auf! Der türkische Sultan jedoch war voller Güte, und seiner Tochter glaubte er nicht: »Du lügst! Ich brauche nur einen Schuldigen, nach dir sind es aber alle dreißig!« Und der Türkensultan befahl: »Schert euch alle fort!«

Er betrübte sich aber noch mehr und grämte sich noch mehr, fing an nachzudenken und mit dem Lieblingspascha zu beraten, wie man den Schuldigen herausfinden könnte. Da kam des Sultans zweite Tochter zur Beratung und sprach: »Gib mir, Väterchen, neunundzwanzig Jungfrauen, ich selbst werde die dreißigste sein; mit ihnen geh ich zu den weißleinenen Zelten, verbring in den Zelten eine Nacht und find euch den Schuldigen heraus.« Gesagt – getan. Am nächsten Morgen rief der türkische Sultan den jungen Baldak, den Sohn des Boris, zu sich in den Palast, rief ihn samt den Gefährten durch seinen Lieblingspascha. Und Baldak antwortete wie vordem: »Kehre zurück, wir kommen bald!« Kaum war der Pascha fortgegangen, da rief Baldak mit starker Stimme: »Kommt heraus aus den Zelten, alle meine Gefährten, ihr neunundzwanzig kühnen Burschen! Schaut nach, ist nicht ein Zeichen an mir?« Sofort eilten sie aus den Zelten und fanden auf seinem Haupte goldene Haare. Da sprach der junge Baldak, Sohn des Boris: »Schlau ist sie, aber wie sollt ich das nicht erraten!« Er machte allen Gefährten die gleichen goldnen Haare, befahl ihnen, die Mützen über die verwegenen Köpfe zu ziehen, und sprach: »Keiner soll sie ohne meinen Befehl abziehen, wenn wir in des türkischen Sultans Gemächern weilen werden.«

Als darauf Baldak, der Jüngling, mit seinen Gefährten in die Gemächer eintrat, sprach der Sultan zu seiner zweiten Tochter: »Errate, liebe Tochter, wer der Schuldige ist.« Sie wusste es aber ganz gewiss, denn sie hatte eine Nacht mit ihm geschlafen; sie ging ohne Zögern auf Baldak, den Jüngling, zu und sagte: »Hier ist der Schuldige!« Antwortete darauf Baldak, der Sohn des Boris: »Woran erkennst du mich, was sind deine Beweise?« – »Nimm die Mütze vom Kopf, ich hab dir ein Zeichen gemacht: Es sind goldene Haare.« – »Aber gibt es denn bei uns solcher Burschen nicht noch mehr?« Und der junge Baldak befahl seinen Gefährten, die Mützen abzuziehen: Bei allen fand sich das Zeichen, und in den Gemächern leuchtete es hell auf! Der türkische Sultan ward zornig auf seine zweite Tochter und rief: »Unrecht hast du! Ich brauche nur einen Schuldigen, nach dir sind es aber alle!« Und er befahl: »Schert euch aus den Gemächern hinaus!«

Noch mehr jedoch denn zuvor betrübte und grämte sich der türkische Sultan. Da kam seine dritte, jüngste Tochter zu ihm, schalt auf die älteren Schwestern und bat den Vater gar sehr: »Mein liebes Väterchen, befiehl neunundzwanzig Jungfrauen für mich auszusuchen, wie's keine schöneren im ganzen Reiche gibt; ich selbst werde die dreißigste sein und dir den Schuldigen herausfinden.« Der Sultan erfüllte die Bitte der jüngsten Tochter. Sie machten sich auf zu den Zelten, die Nacht dort zu verbringen. Der junge Baldak, Sohn des Boris, sprang hervor aus seinem Zelt, fasste die Sultanstochter bei den weißen Händen und führte sie zu sich hinein; seinen kühnen Burschen aber rief er mit starker Stimme zu: »Nehmt die schönen Mädchen bei den Händen und führt sie in eure Zelte!« Die Mädchen schliefen dort die Nacht, und am Morgen gingen sie nach Hause. Dann schickte der Sultan seinen Lieblingspascha nach den kühnen Burschen. Der Gesandte ging hin zu den weißleinenen Zelten und rief den jungen Baldak und seine Gefährten in die Gemächer zum Sultan. »Kehre zurück, wir kommen bald nach dir!« Und Baldak, der Jüngling, sprach zu seinen Gefährten: »Nun, Kinder, schaut nach, ist nicht vielleicht ein Zeichen an mir?« Überall sahen sie nach, überall schauten sie hin, aber konnten nichts finden. »Ach, Brüder, jetzt bin ich gewisslich verloren!« Und Baldak, der Junge, bat sie, den letzten Dienst ihm zu leisten; er gab einem jeden einen scharfen Säbel und befahl, ihn unter den Kleidern zu tragen: »Aber sowie ich ein Zeichen gebe, haut nach allen Seiten!«

Als sie zum Türkensultan kamen, trat die jüngste Tochter hervor und zeigte auf den jungen Baldak: »Hier ist der Schuldige! Er hat einen goldnen Stern unter der Ferse.« Und auf dieses Wort hin fand man an ihm unter der Ferse den goldenen Stern. Der türkische Sultan schickte die neunundzwanzig kühnen Burschen aus seinen Gemächern hinaus, hieß allein den Schuldigen bleiben, den jungen Baldak, den Sohn des Boris, und schrie ihn an mit lauter, gewaltiger Stimme: »Wenn ich dich nun packe und auf eine Hand setze und mit der anderen dich zusammendrücke, bleibt nicht mehr von dir übrig als ein nasser Fleck!« Antwortete ihm darauf Baldak, der Jüngling: »Wohlan, türkischer Sultan! Dich fürchteten die Zaren und Zarensöhne, die Könige und die Königssöhne und die riesenstarken Recken, ich aber, ein siebenjähriger Knabe, fürchtete dich nicht: Hab dein goldmähniges Ross entführt, den edlen Renner, hab den märchenerzählenden Kater getötet, hab dir, Sultan, in die Augen gespuckt, und endlich noch den Garten, den du liebtest, verwüstet und verbrannt!« Da ergrimmte der Sultan noch mehr als zuvor, befahl seinen Dienern, auf dem Marktplatz zwei eichene Säulen zu errichten, mit einem Querbalken aus Ahorn, und an den Balken drei Schlingen zu binden: die erste von Seide, die zweite von Hanf, die dritte von Bast, und ließ in der ganzen Stadt verkünden, dass sich alt und jung auf dem Platze versammeln solle, um zuzuschauen, wie man den russischen Bösewicht hängen werde. Doch der Türkensultan selber setzte sich in einen leichten Wagen und nahm den Lieblingspascha und die jüngste Tochter mit, die den Schuldigen entdeckt hatte; Baldak, den Jüngling, aber banden sie und schlugen ihn in Ketten und legten ihn dem Sultan zu Füßen; dann fuhren sie zu den eichenen Säulen.

Auf dem Wege begann der junge Baldak zu reden und sprach: »Rätsel will ich aufgeben, du aber, türkischer Sultan, errate sie: ›Sicher läuft das Pferd, was schleppt es den Schwanz hintennach?‹« – »Du bist wohl von Sinnen?«, sagte der Sultan, »das Pferd kommt schon zur Welt mit dem Schwanz.« Sie fuhren ein wenig weiter, und wieder sprach Baldak: »Das Ross die vorderen Räder zieht, warum wohl der Teufel die hinteren zieht?« – »Welch ein Dummkopf! Im Angesicht des Todes ist er toll geworden, schwatzt dummes Zeug zusammen! Vier Räder machte der Meister, nun rollen auch viere dahin.« Sie kamen auf den Marktplatz und stiegen aus dem Wagen; sie lösten Baldak die Fesseln, nahmen ihm die Ketten ab und führten ihn zum Galgen. Der junge Baldak, der Sohn des Boris, bekreuzigte sich, nach allen vier Seiten verbeugte er sich und rief mit starker Stimme: »Hör mich an, türkischer Sultan! Lass mich noch nicht hängen, lass ein Wort mich reden!« – »Sprich, was willst du?« – »Ich hab ein Geschenk meines Vaters, eine Gabe meiner Mutter – ein Horn zum Blasen. Erlaube mir darauf zu blasen in dieser meiner letzten Stunde: mich zu getrösten, euch zu erfreuen!« – »Blase nur in deiner letzten Stunde!« Der junge Baldak ließ es fröhlich erklingen und allen verkehrte sich der Verstand; sie schauten auf ihn und hörten ihm zu und vergaßen, weshalb sie gekommen, und dem Sultan gehorchte die Zunge nicht mehr.

Da hörten die neunundzwanzig kühnen Burschen das Horn erschallen, drängten sich aus den hintersten Reihen nach vorn und hieben ein auf das Volk mit scharfen Säbeln. Baldak, der Jüngling, blies so lange, bis die kühnen Burschen, seine Gefährten, alles Volk zu Boden geschlagen hatten und bis zum Galgen durchgedrungen waren. Da hörte Baldak, der Sohn des Boris, mit Blasen auf und sprach zum türkischen Sultan das letzte Wort: »Du bist wohl von Sinnen! Wende dich um und schau zurück: Meine Gänse, sie rupfen nun deinen Weizen!« Der Türkensultan kehrte sich um: sein Volk getötet, die Erde gerötet! Nur drei beim Galgen waren sie noch: der Sultan, die Tochter und der Lieblingspascha. Der junge Baldak befahl seinen kühnen Burschen, den Sultan mit der seidenen Schlinge zu hängen, den Pascha mit der aus Hanf und die Tochter mit der aus Bast. Und damit hatten sie ihr Werk vollbracht und machten sich auf nach Kijew, in die ruhmreiche Stadt, zum Zaren Wladimir.

Der Soldat und sein Ranzen

Ein Soldat hatte seinen Dienst beendet, ging nun seines Weges und dachte bei sich: »Nun hab ich dem Zaren fünfundzwanzig Jahre gedient, aber nicht einmal fünfundzwanzig Rüben als Lohn dafür erhalten, und auf dem Ärmel hab ich nicht eine einzige Tresse!« Da erblickte er einen alten Mann, der ihm entgegenkam. Als der Alte herangekommen war, fragte er: »Worüber grübelst du, Soldat?« – »Ich muss daran denken, dass ich dem Zaren fünfundzwanzig Jahre gedient und nicht einmal fünfundzwanzig Rüben als Lohn erhalten und nicht eine einzige Tresse auf dem Ärmel hab!« – »Was brauchst du denn also?« – »Wenn ich doch wenigstens lernen könnte, alle im Kartenspiel zu übertreffen, und außerdem sollte mich niemand beleidigen dürfen.« – »Gut, ich geb dir Karten und einen Ranzen: Niemand wird dir im Spiel etwas abgewinnen, und niemand wird dich beleidigen.«

Der Soldat erhielt vom Alten die Karten und den Ranzen und ging weiter. Er kam in ein Dorf und bat um ein Nachtlager. Da sagten die Leute zu ihm: »Bei uns ist es freilich eng, aber dort in jenem neuen Hause kannst du nicht übernachten.« – »Warum denn nicht?« – »Ja, es geht eben nicht.« – »Wollt ihr mich in das Haus lassen?« – »Geh nur hinein.« Der Soldat kaufte sich eine Kerze und eine Flasche Schnaps, ging in das Haus hinein und machte sich's bequem. Er saß da und mischte seine Karten, trank ein Gläschen und legte die Karten aus. Um Mitternacht öffnete sich plötzlich die Tür, und ein Teufelchen nach dem andern kroch in das Zimmer. Eine Unmenge von ihnen fand sich da zusammen, und darauf begannen sie zu tanzen. Der Soldat schaute zu und verwunderte sich sehr. Ein Teufelchen jedoch sprang zum Soldaten heran und schlug ihm mit dem Schwanz auf die Backe. Der Soldat stand auf und fragte: »Was fällt dir ein? Soll das Scherz oder Ernst sein?« – »Schöne Scherze!«, meinte das Teufelchen. Da schrie jedoch der Soldat: »Marsch, in den Ranzen!« Und alle Teufelchen krochen in den Ranzen, nicht einer blieb übrig.

Am Morgen sah der Soldat die Wirtsleute vom Hause einen Sarg herantragen. Sie kamen ins Zimmer, und der Hauswirt sagte dabei: »Im Namen des Vaters und des Sohnes und des Heiligen Geistes.« – »Amen!«, gab ihm der Soldat zurück. »Ja, lebst du denn noch?«, fragten sie ihn. »Wie ihr seht!« Der Soldat gefiel den Wirtsleuten so gut, dass sie ihn bei sich wohnen ließen und ihn mit ihrer Tochter verheirateten. Und der Soldat lebte fortan als ein reicher Mann und mit seiner Frau in Eintracht. Nach einem Jahre ward ihm eine Tochter geboren. Das Kind musste getauft werden, aber sie hatten keine Taufmutter gefunden, denn niemand wollte zum Soldaten kommen. Da ging er hinaus auf die Landstraße und dachte bei sich: »Das Weib, das mir zuerst begegnet, soll die Taufmutter sein.« Kaum hatte er das gedacht, als er ein altes Weib auf sich zukommen sah, das war so dürr, so dürr, nichts als Haut und Knochen! Der Soldat sprach zu ihm: »Großmütterchen, mir ist eine Tochter geboren, aber niemand will zur Taufe kommen.« – »Nun, dann will ich Taufmutter sein, geht nur in die Kirche, ich komme gleich nach.« Der Soldat brachte das Kind in die Kirche; die Gevatterin kam, nahm von der Schulter die Sense und legte sie bei der Schwelle nieder. Als aber das Kind getauft war, nahm sie die Sense wieder auf und ging fort. Der Soldat rief ihr nach: »Gevatterin! Geh hinein und wünsch deiner Tauftochter Glück!« – »Gut, geht nur voran und macht alles bereit, ich komme gleich nach.«

Der Soldat ging nach Hause und rüstete alles zu, und bald kam auch die Gevatterin. Wiederum nahm sie ihre Sense von der Schulter und legte sie bei der Schwelle nieder, dann setzte sie sich an den Tisch. Als man mit dem Essen fertig war, stand die Gevatterin auf und sagte: »Gevatter, führ mich hinaus!« Der Soldat zog sich an und ging mit ihr. Sie traten auf den Flur hinaus und dann sprach sie: »Gevatter, willst du zaubern lernen?« – »Wie sollt ich das nicht wollen?« – »Weißt du aber auch, wer ich bin? Der Tod bin ich. Wenn man dich zu einem Kranken ruft und du siehst, dass ich ihm zu Häupten stehe, so unterfange dich nicht, ihn zu heilen, steh ich aber ihm zu Füßen, so nimm's auf dich; besprenge nur den Kranken ein einziges Mal mit kaltem Wasser, und er wird gesund werden. Leb wohl!«

In diesem Jahr gab es in dem Dorf so viele, die an allerlei Krankheiten litten, dass unser Soldat, der als ein Zauberer galt, kaum Zeit fand, aus einem Haus in das andere zu gehn und alle Kranken zu heilen. Da geschah es, dass der Zar krank wurde; der Ruf aber davon, dass der Soldat gut heilen könne, war schon durch das ganze Reich gedrungen. Daher rief man ihn nun zum Zaren. Der Soldat trat beim Zaren ein, schaute hin und sah die Gevatterin zu Häupten stehn. »Die Sache steht schlimm!« sagte der Soldat. Allein er ließ eine Bank bringen und den Zaren darauflegen. Als das geschehen war, ließ der Soldat die Bank mitsamt dem Zaren drehen, die Gevatterin aber lief im Kreise herum und mühte sich, zu Häupten des Zaren zu bleiben, und rannte so lange, bis sie müde wurde und stehen blieb. Da kehrte der Soldat den Zaren mit den Füßen zu ihr, besprengte ihn mit Wasser, und der Zar ward gesund.

Der Tod ging fort, der Soldat aber hinter ihm her, packte ihn und sagte: »Du entkommst mir nicht!« – »Ach, Gevatter, Gevatter, ich hab dir doch gesagt: wenn ich zu Häupten stehe, so unterfang dich nicht, zu heilen, du hast aber nach deinem eigenen Kopf gehandelt. Na, ich will dir das noch heimzahlen!« – »Sagst du das im Scherz oder im Ernst, Gevatterin?« – »Wie sollten das Scherze sein!« – »Dann marsch in den Ranzen!«, rief er, und der Tod kroch in den Ranzen hinein. Der Soldat ging heim und warf den Ranzen auf den Dachboden.

Nach einem Jahr kam Mikola, der Barmherzige, zum Soldaten und sprach zu ihm: »Soldat, lass den Tod frei! So viele alte Leute gibt es auf der Erde, die bitten um ihren Tod, und er ist nicht da.« – »Mag er noch zwei Jahre liegen bleiben, dann lass ich ihn frei«, antwortete der Soldat. Darauf vergingen zwei Jahre. Der Soldat ließ den Tod frei und fragte: »Wie hat's dir, Gevatterin, im Ranzen gefallen?« – »Na, Gevatter, du selbst wirst noch einst um den Tod bitten, aber ich werde nicht zu dir kommen.« – »Mach dir meinetwegen keine Sorgen, Gevatterin, ich gelange auch allein in die andere Welt!«

Nun lebte der Soldat glücklich und zufrieden; er bog die Karte und trank seinen Schnaps; Frau und Tochter waren ihm schon gestorben, er selbst aber lebte immer noch. Einmal, als er gerade in einem Hause Karten spielte, hörte er, dass bald der Antichrist kommen werde und die Menschen peinigen wolle. Der Soldat erschrak und wanderte in die andere Welt. Er ging und ging und ging und gelangte endlich zu einer Treppe, die reichte hinauf bis zum Himmel; dort setzte er sich nieder und ruhte sich aus. Und als er frische Kräfte gesammelt hatte, kletterte er die Treppe empor. Er stieg und stieg und stieg und kam richtig im Paradiese an. Doch vor den Türen des Paradieses standen die Apostel Petrus und Paulus. Der Soldat sprach zu ihnen: »Ihr heiligen Apostel Petrus und Paulus, lasst mich ein ins Paradies!« – »Wer bist du denn?«, fragten sie ihn. »Ich bin der Soldat.« – »Nein, dich lassen wir nicht ins Paradies, du hast selbst darauf verzichtet. Geh dorthin, das ist für dich das Paradies!« Und sie wiesen ihm die Hölle. Der Soldat ging zur Hölle; vor der Hölle aber standen zwei Teufelchen. Da sprach der Soldat zu ihnen: »Die heiligen Apostel Petrus und Paulus haben mich nicht in das Paradies hineingelassen; wollt ihr mich wohl in die Hölle aufnehmen?« – »Geh nur«, sagten die Teufelchen und ließen ihn durch in die Hölle.

Als der Soldat in die Hölle kam, gab man ihm dort ein besonderes Zimmer. Er schnitt sich spitzige Stöckchen zurecht, schlug sie in die Wand, hängte seine Ausrüstung auf und legte sich zur Ruh. Und als er sich erholt hatte, suchte er sich dicke Stöcke und machte aus ihnen Flinten; dann fing er sich etliche von den Teufeln, stellte aus ihnen eine Kompanie zusammen und begann sie die Kriegskunst zu lehren. Sobald sich aber einer von den Teufeln faul anstellte, prügelte er ihn mit dem Stock und gab ihm eins ins Genick, sodass bald alle Teufel in der Hölle krumm und lahm geschlagen waren.

Es kam dem Satan zu Ohren, dass der Soldat, der eigentlich ins Paradies gehörte, bei ihm in der Hölle lebte, und da wollte er dessen Seele in seine Gewalt bringen. Er ging zum Soldaten und sagte zu ihm: »Lass uns Karten spielen!« – »Gut!«, erwiderte der Soldat. »Aber nur unter dieser Bedingung«, verlangte Satan: »Wenn ich gewinne, so bist du mein, gewinnst du, so geb ich dir eine sündige Seele.« Der Soldat war einverstanden, und sie setzten sich zum Spiel hin. Sie spielten und spielten, und stets gewann der Soldat. »Nein«, sagte endlich der Satan, »länger spiel ich nicht mit dir, du gewinnst mir sonst noch alle Seelen ab.«

Nun hatten auch die Teufel erfahren, dass das derselbe Soldat sei, bei dem sie im Ranzen gesessen hatten, und sie beschlossen, ihn aus der Hölle zu verjagen. Sie hinterbrachten dem Satan, dass jener die Teufel quäle und keinen mit seinem

Soldatendrill in Ruhe lasse, und da gab Satan den Befehl, ihn sogleich aus der Hölle fortzujagen. Die Teufel umringten das Zimmer des Soldaten und verkündeten ihm den Befehl Satans. Da war nichts zu machen. Der Soldat nahm seine Ausrüstung und zwei gewonnene Seelen mit, das waren aber die Seelen seiner Frau und seiner Tochter, und ging hinaus. Als er jedoch sein Zimmer verließ, sah er alle Teufel in Reihen ausgerichtet stehn, die Musik fing an zu spielen, und die Teufel schossen ihre Flinten ab. »Ach, ihr Satansgezücht! Froh sind sie, dass ich gehe.« Und er schimpfte sie alle mächtig aus.

Nun kam er wieder zum Paradiese und sprach: »Ihr heiligen Apostel Petrus und Paulus, lasst mich ins Paradies!« – »Du hast ja selbst darauf verzichtet«, sagten sie zu ihm, »geh in die Hölle.« – »Ich war ja schon dort!« – »Dann geh noch einmal hin.« – »Lasst aber wenigstens diese zwei sündigen Seelen durch.« – »Na, mögen die hinein«, sagten die Apostel und öffneten die Tür. Da ließ der Soldat die Seele seiner Frau voran, selbst aber stellte er sich hinter sie, und zuletzt kam die Seele seiner Tochter. So gelangten sie alle drei in das Paradies. Und sie leben dort bis heute glücklich und zufrieden und kennen weder Not noch Kummer.

Die Jungfrau Zar

Es war einmal ein Zar, der hatte drei Söhne, der erste hieß Fjodor-Zarewitsch, der zweite Dmitrij-Zarewitsch und der dritte Iwan-Zarewitsch. Einmal gab der Zar ein Ehrenmahl und sprach zu seinen versammelten Generalen und Grafen: »Was meint ihr, ihr Herren? Drei Söhne hab ich: Welcher von ihnen vermag wohl meine Blumen zu brechen und meine Spuren zu suchen?« Da trat der älteste Sohn Fjodor-Zarewitsch vor ihn und bat: »Väterchen, gib mir deinen Segen und die Erlaubnis, deine Blumen zu brechen und deine Spuren zu suchen!« Der Zar ward froh und ließ ihn ziehen; er befahl, ihm das beste Ross aus dem Stall zu geben. Und sie sattelten und zäumten es, und der kühne Bursch ritt auf das freie Feld hinaus. Er kam zu einer Säule, und auf der Säule stand geschrieben: »Wer den rechten Weg reitet, wird satt, aber sein Ross bleibt hungrig; wer den linken Weg reitet, dessen Ross wird satt, aber selbst bleibt er hungrig; wer den mittleren Weg reitet, wird den Tod erleiden.« Da bedachte sich Fjodor-Zarewitsch und ritt den rechten Weg. Und er kam zu einem Kupferberg, stieg ab von seinem Ross und kletterte auf den Berg. Oben ging er herum, konnte aber nichts anderes finden als eine kupferne Schlange, die sehr schön war. Er steckte sie in die Tasche und kehrte um in sein Reich. Und er kam zu seinem Vater, trat ein in die geheimen Gemächer und zeigte ihm die kupferne Schlange. Da ward der Zar böse und schrie: »Was für ein Scheusal bringst du mir da? Es wird noch unser Reich zerstören!«

Und nach dieser Begebenheit wurde er für lange Zeit sehr grob. Späterhin jedoch ward er eines Tages wieder heiter, als er im Garten spazieren ging, und befahl, abermals ein Fest zu rüsten. Und alle betranken sich bei dem Gelage. Mitten in der Fröhlichkeit erhob sich der Zar und sprach: »Ihr Herren Generale und Grafen! Obwohl meine Kinder ganz erwachsen sind, hat noch keines vermocht, meine Blumen zu brechen und meine Spuren zu suchen!« Da trat Dmitrij-Zarewitsch vor, neigte sich vor seinem Vater und bat ihn um seinen Segen: »Gib mir, Väterchen, deinen Segen, deine Blumen zu brechen und deine Spuren zu suchen!« Der Zar ward froh und befahl, ihm das beste Ross zu geben. Er saß auf und ritt auf das freie Feld hinaus. Und wie er so dahinritt, kam er zu einer Säule, und auf der Säule stand geschrieben:

»Wer den rechten Weg reitet, wird satt, aber sein Ross bleibt hungrig; wer den linken Weg reitet, dessen Ross wird satt, aber selbst bleibt er hungrig; wer den mittleren Weg reitet, wird den Tod erleiden.« Da bedachte sich der kühne Bursch und fing an zu weinen. »Wohin soll ich wohl reiten? Ich will den linken Weg nehmen: Das Ross wird satt werden und mir aus der Bedrängnis helfen!« Und er ritt dahin, war es nah, war es weit? – Da stand ein mächtiges Gebäude vor ihm. Er ritt um das Haus herum und durchs Tor auf den Hof: Dort waren gedrechselte Säulen und vergoldete Ringe. Er stellte sein Ross ein und schüttete ihm Hirse vor; dann ging er die Treppe hinauf in die oberen Gemächer. Ein Weibchen kam ihm entgegen, lief hinzu und nahm ihn höflich auf. Die Tische waren reich bedeckt mit allerlei guten Speisen. Die Wirtin nötigte ihn, speiste und tränkte den kühnen Burschen, und als sie fertig waren, brachte sie ihn zur Ruh ins Bett. Doch kaum hatte er sich niedergelegt, als sie das Bett umkehrte, und er flog hinunter in den Keller!

Der Zar wartete lange Zeit auf seinen Sohn und war lange Zeit traurig. Dann ließ er ein Fest veranstalten, ward wieder fröhlich und sprach zu seinen Grafen und Generalen: »Was meint ihr, ihr Herren Grafen und Generale? Drei Söhne hab ich erzogen, und wenn sie auch noch so eifrig und emsig sind im Dienst für das Zarenreich, so gelang es doch keinem bisher, meine Blumen zu brechen, meine Spuren zu suchen!« Da tritt Iwan-Zarewitsch hervor und bittet den Vater um seinen Segen. »Ach, Iwan-Zarewitsch, zarischer Sohn! Tüchtiger als du waren deine Brüder, aber was haben sie ausgerichtet? Lieg du besser hinterm Ofen und kümmere dich nicht um fremde Dinge!« Da fuhr Iwan-Zarewitsch auf: »Väterchen, großmächtiger Herr! Gibst du mir Segen und Erlaubnis, so reit ich, gibst du mir Segen und Erlaubnis nicht, so reit ich auch!« Und der Zar befahl, ihm das beste Ross zu geben: Er möge reiten, wohin er wolle.

Die Knechte gingen hin, suchten das beste Ross aus und gaben es ihm. Er aber suchte sich das Pferdchen aus, das nur zum Wasserschleppen da war, das schlechteste von allen. Und der kühne Bursch saß auf mit dem Gesicht zum Schwanz gekehrt. Die Herren aber lachten alle darüber, dass der Zarensohn so unziemlich davonritt. Iwan-Zarewitsch kam auf das freie Feld: Er zerrte den Gaul am Zagel, hängte die Haut an einen Nagel. »Hier habt ihr, Krähen und Elstern! Gott hat euch ein Mittagessen beschert!« Er brüllte wie ein Tier im Wald und pfiff wie ein Drache – ein Ross kommt gerannt, die feuchte Mutter Erde zittert; aus dem Maule loht die Flamme, aus den Nüstern sprühen Funken, aus den Ohren wallen Qualm und Dampf in Säulen, aus dem Hintern fallen Feueräpfel! Iwan-Zarewitsch nahm sein treues Ross beim Zügel, streichelte es, und nun hätte ein Knabe von drei Jahren auf ihm sitzen können, selbst der hätt es zu reiten vermocht! Dann ging Iwan-Zarewitsch in den großen, tiefen Keller, den sein Großväterchen ihm geschenkt hatte, und aß und trank sich satt. Er wählte den schönsten betressten Zaum und einen tscherkessischen Sattel; er legte ihn auf sein wackeres Ross und zog die Gurte an, nahm sein scharfes Schwert, saß auf und ritt ins freie Feld.

Und als er so dahinritt, kam er zu einer Säule, und auf der Säule stand geschrieben:

»Wer den rechten Weg reitet, wird satt, aber sein Ross bleibt hungrig; wer den linken Weg reitet, dessen Ross wird satt, aber selbst bleibt er hungrig; wer den mittleren Weg reitet, wird den Tod erleiden!« Da fing der junge Held Iwan-Zarewitsch an zu weinen und dachte bei sich: »Nicht Ehre noch Ruhm trägt es dem wackeren Burschen ein, reitet er dorthin, wo er den Tod erleiden muss!« Und er sprengte in mächtigen Sätzen über das freie Feld und trieb sein gutes Ross an: Die Flüsse und Seen blieben unter den Hufen, die Mähne flatterte in weitem Bogen, der Schwanz fegte über die Erde hin! Und er kam auf grüne Wiesen und erblickte ein Häuschen auf Spindelfüßen: mit dem Rücken abgekehrt, mit der Stirne zugekehrt. Der kühne Bursch sprang vom treuen Ross hinunter und rief: »Will ja nicht ewig bleiben, eine Nacht nur verweilen; ich geh hinein und komm schon noch heraus!« Und der junge Held ging hinein in das Haus, schlug das Kreuz, wie's geschrieben steht, verbeugte sich, wie es Brauch ist. Dort saß aber ein altes Mütterchen, mit der Nase rührt es im Ofen, mit den Augen hütet es die Gänse auf dem Felde, mit den Händen spinnt es Seidenfäden. »Pfui, pfui, pfui! Bisher hat der schwarze Rabe noch keinen Russenknochen hierhergetragen, jetzt aber kommt mir ein Russe selbst vor die Augen! Wie ist's, Kindchen? Reitest du mit Willen oder wider Willen?« Da sprang der kühne Jüngling auf die Alte los und rief: »Ich hau dich um die Ohren noch, dann wird dein Arsch zum Ofenloch! Den Grind zerschlag ich mit der Hand, dann fliegt aus deinem Arsch der Sand! Du solltest, Alte, einen Helden nicht erst lange ausfragen, sondern ihm Essen und Trank geben!«

Die Alte deckte den Tisch, speiste und tränkte den Zarensohn und bereitete ihm das Lager; dann fragte sie ihn: »Reitest du mit Willen oder wider Willen?« Und er antwortete: »Mit Willen, aber dreimal mehr wider Willen. Wir waren drei Brüder: Der erste ritt aus und brachte nur eine kupferne Schlange vom Kupferberg heim, und der Zar warf diesen Bruder ins Gefängnis; der zweite ist fortgeritten, und man weiß nichts von ihm; dann musste ich den Dienst auf mich nehmen, die Blumen zu brechen und die Spuren zu suchen. Sag an, Großmütterchen, ist unser Väterchen weit geritten zu seiner Zeit?« – »Leg dich nieder zum Schlaf, Kindchen: Der Morgen ist weise, der Tag bringt Gewinn!« Am Morgen weckte die Alte den kühnen Jüngling, gab ihm Speise und Trank und ihr eigenes gutes Ross, führte ihn hinaus auf den Weg und sprach zu ihm: »Meine ältere Schwester wohnt dort weiterhin, und sie weiß von deiner Sache.«

Wieder ritt der kühne Bursch über das freie Feld; von Berg zu Berg, von Hügel zu Hügel sprang er in Sätzen und trieb sein Ross. Die Flüsse und Seen blieben unter den Hufen, die Mähne flatterte in weitem Bogen, der Schwanz fegte über die Erde hin! Und er kam auf grüne Wiesen, und der Tag neigte sich zum Abend. Da sah er ein Häuschen im Felde stehn, auf eines Auerochsen Bein und auf Spindelfüßen. »Hüttchen! Steh still! Will ja nicht ewig bleiben, eine Nacht nur verweilen; ich geh zu dir hinein und komm schon noch heraus!« Das Häuschen stand still: mit dem Rücken abgekehrt, mit der Stirne zugekehrt. Der junge Held sprang ab von seinem treuen Ross und ging hinein in das Haus: Dort saß das Weib und war noch älter als ihre Schwester! Es spann Seidenfäden, rührte mit der Nase im Ofen und hütete mit den Augen die Gänse auf dem Felde. Es sagte: »Bisher hat der schwarze Rabe noch keinen Russenknochen hierhergetragen, nur der russische Zar ist einmal durchgeritten, jetzt aber kommt mir ein Russe selbst vor die Augen! Wie ist's, Kindchen, reitest du mit Willen oder wider Willen?« Iwan-Zarewitsch aber, der Zarensohn, war sehr müde und hungrig; er ward zornig, sprang auf die Alte los und rief: »Ich hau dich um die Ohren noch, dann wird dein Arsch zum Ofenloch! Den Grind zerschlag ich mit der Hand, dann fliegt aus deinem Arsch der Sand! Du solltest einen Helden nicht erst lange ausfragen, sondern ihm Essen und Trank geben, ihn zum Schlaf in die Federn legen!«

Die Alte speiste und tränkte ihn, legte ihn zur Ruh und fing an zu fragen: »Kindchen, reitest du mit Willen oder wider Willen?« – »Ach, Großmütterchen«, antwortete er, »zweimal mehr wider Willen! Unser Väterchen befahl mir, alle seine Blumen zu brechen, seine Spuren zu suchen. Sag an, Großmütterchen, ist unser Väterchen noch weit von hier geritten oder nicht?« – »Der Morgen ist weise, der Tag bringt Gewinn; der Morgen ist klüger als der Abend, Kindchen; am Morgen will ich's dir sagen!« Die Alte weckte ihn am Morgen früh, gab ihm Speise und Trank und ihr eigenes wackeres Ross; das andere aber behielt sie bei sich, und sie geleitete ihn auf das freie Feld.

Der kühne Bursch sprengte davon und trieb sein Ross: von Berg zu Berg, von Hügel zu Hügel; die Flüsse und Seen blieben unter den Hufen, die Mähne flatterte in weitem Bogen, der Schwanz fegte über die Erde hin. Und er kam auf grüne Wiesen, und der Tag nahm ab, die Sonne neigte sich gen Abend. Da sah er auf den grünen Wiesen ein Häuschen stehn. »Hüttchen, steh still auf des Auerochsen Bein, auf Spindelfüßen! Will ja nicht ewig bleiben, eine Nacht nur verweilen; ich geh zu dir hinein und komm schon noch heraus!« Und er ritt auf seinem treuen Ross an die Treppe heran, sprang ab und ging hinein in das Haus: Dort saß ein altes, riesengroßes Weib, spann Seidensträhne, rührte mit der Nase im Ofen und hütete mit den Augen die Gänse auf dem Feld. Es fragte: »Wie ist's, Kindchen, reitest du mit Willen oder wider Willen?« Da sprang Iwan-Zarewitsch auf die Alte los und rief: »Ich hau dich um die Ohren noch, dann wird dein Arsch zum Ofenloch! Den Grind zerschlag ich mit der Hand, dann fliegt aus deinem Arsch der Sand!«

Da hatte es die Alte eilig: Sie speiste und tränkte ihn und legte ihn zur Ruh, und dann fing sie an zu fragen. »Ach, Großmütterchen, alle meine Heldentaten will ich dir sagen. Wir waren drei Brüder: Der erste war Fjodor-Zarewitsch, und der Zar ließ ihn fort, seine Blumen zu brechen, seine Spuren zu suchen; aber er kam nur bis zum Kupferberg und brachte nur eine kupferne Schlange heim. Darob ward unser Väterchen zornig und warf ihn ins Gefängnis. Der zweite Bruder war Mitrij-Zarewitsch; der Zar sandte ihn aus, aber er ist verschwunden, ist nicht zurückgekehrt. Und abermals ließ Väterchen den Ruf ergehn, da musste ich vortreten, mich vor Väterchen verneigen und fortreiten, seine Blumen zu brechen, seine Spuren zu suchen. Da sagte er zu mir: ›Wie willst du, Iwan, hinausreiten? Deine Brüder waren tüchtiger als du! Auf dem Ofen magst du sitzen, aber nicht den Helden spielen! Die andern waren älter als du und sind doch nicht heimgekehrt!‹ Da musst ich, Großmütterchen, vortreten und mein Väterchen um seinen Segen bitten: ›Gibst du mir Segen und Erlaubnis, so reit ich! Gibst du mir Segen und Erlaubnis nicht, so reit ich auch!‹ Da ward jedoch der Zar froh darüber und ließ mich ziehen. Und ich ritt hinaus aufs freie Feld, die Blumen zu brechen, die Spuren zu suchen. Sag an, Großmütterchen, ist unser Väterchen noch weit von hier geritten oder nicht?« – »Der Morgen, Kindchen, ist weise, der Tag bringt Gewinn; der Morgen ist klüger als der Abend; am Morgen will ich's dir sagen!«

Die Alte weckte ihn am Morgen früh, gab ihm ihr eigenes treues Ross, führte ihn auf den Weg und belehrte ihn: »Du wirst, mein Kindchen, gerade um die Mittagszeit in das Reich unter der Sonne kommen. Dort herrscht eine Jungfrau als Zar und heißt Marja die Schöne mit dem langen Zopf. Auf neun Säulen steht ihr Bett. Sie schläft auf dem Lager zur Mittagszeit. Aber beeil dich und spring geradeswegs über die Mauer der Stadt. Im Garten steht ein junger Apfelbaum, und dort ist auch das Wasser des Lebens und des Todes. Um seinetwillen ist dein Vater hingeritten. Fülle zwei Gläser mit dem Wasser des Lebens und des Todes, doch versuche zuvor seine Kraft: Zerreiß einen jungen Raben. Zur rechten Hand ist das Wasser des Lebens, zur linken das des Todes.«

Iwan-Zarewitsch kam in das Reich unter der Sonne, trat in den Garten ein, fing einen jungen Raben und zerriss ihn. Er besprengte ihn mit Todeswasser, da wuchs der Körper zusammen; und mit Lebenswasser besprengte er ihn, da flog der Rabe davon! Nun wollte der junge Held in die Gemächer eintreten und sehen, wie zur Mittagszeit die Jungfrau-Zar schläft, Marja die Schöne mit dem langen Zopf. Er wanderte durch die Gemächer und die Zimmer, und alle Jungfrauen schliefen auf ihrem Lager. Und er gelangte in das Gemach der Jungfrau Marja der Schönen mit dem langen Zopf. Die Jungfrau aber war über die Maßen schön. Zog sie den Atem ein, schlossen sich die Türen, stieß sie den Atem aus, öffneten sie sich. »Was soll mir meine Ehre!«, dachte der junge Held in seinem Herzen, »ich will bei der Jungfrau mein Ross tränken!« Bei der Schönen aber sah man durch das Hemd den Körper, durch den Körper aber das Mark. Und er entflammte sich und wollte tun nach seiner Lust. Die Jungfrau aber merkte nichts von dem, was er im Sinn hatte. Und er legte sich zu ihr und tat nach seinem Willen. Danach ging er still und leise aus den Gemächern hinaus. Er kam auf den weiten Hof, da stand sein Ross, und es war sehr ermattet. Er führte es zum Quell und begoss es von oben bis unten mit frischem Wasser; dann sammelte er verjüngende Äpfel auf, legte sie in sein Felleisen, schöpfte vom Wasser des Lebens und des Todes in die Gläser und ritt dann fort aus dem Reich, so schnell er nur konnte.

Und als er auf dem wackeren Rosse saß und davoneilte, schlug er es auf die starken Schenkel und setzte geradewegs über die Mauer der Stadt, aber das Ross stieß mit dem linken Fuß an eine kupferne Saite. Rings um die Stadt herum ertönten alle Saiten und Glocken, und die Jungfrau-Zar erwachte und weckte ihr ganzes Gesinde. Sie gab ihnen allen Flügel und flog dem Helden nach. »Ein Dieb ist in unserm Reich gewesen und hat in meinem Brunnen sein Pferd getränkt. Unsere verjüngenden Äpfel und Wasser des Lebens und des Todes hat er geraubt!« Iwan-Zarewitsch aber ritt zu der Alten, und die führte ihm sein treues Ross vor. Der Zarensohn sprang von seinem Ross hinunter, aufs andere hinauf und eilte davon.

Die Alte aber bat ihre Nichte, die Jungfrau-Zar, zu Tee und Kaffee zu Gast. »Ach, Mütterchen, ich hab nicht Zeit noch Ruhe! Hast du nicht einen Dummkopf hier vorbeireiten sehen?« – »Ach, mein Kindchen, er wird dir nicht entgehn: Er reitet nur auf einem Stecken. Komm für ein Weilchen als lieber Gast zu mir herein.« Und während sie dort bewirtet wurde, trieb er sein Ross an und kam zu der zweiten Alten. Die Jungfrau-Zar machte sich aber zur Verfolgung auf mit ihrer ganzen Schar und kam auch zu ihr angeflogen. »Hör, Mütterchen, hast du nicht einen Dummkopf gesehn, der hier vorbeiging oder vorbeiritt?« – »Kindchen«, antwortete die Alte, »irgendein Dümmling ist vorbeigeritten, schlug seine Mähre, dass sie stolperte; weit kommt er nicht!« Und sie bat die Jungfrau-Zar sehr dringlich zu Tee und Kaffee zu Gast. Und die Jungfrau trat ein. Während sie aber dort bewirtet wurde, langte Iwan-Zarewitsch bei dem dritten Mütterchen an. Sie gab ihm sein treues Ross und hieß ihn augenblicklich weiterreiten. Die Jungfrau-Zar verließ die zweite Alte und wollte den kühnen Jüngling fangen. Sie kam zum dritten Mütterchen geflogen und fragte: »Hör, Großmütterchen! Hast du nicht einen Dummkopf hier vorbeigehn oder vorbeireiten sehn?« – »Tritt ein als Gast! Irgendein Dümmling schleppte sich davon, sein Ross ist nur Haut und Knochen!« Und sie bat sehr dringlich: »Die Hitze ist groß! Ruh dich aus!« Sie ruhte sich aus und ließ sich bewirten und machte sich dann auf, Iwan-Zarewitsch zu verfolgen. Ihm war es aber schon gelungen, das heilige russische Land zu erreichen; sie vermochte es doch nicht mehr, ihn zu fangen!

Iwan-Zarewitsch kam zu der Säule auf freiem Felde, auf der die Aufschrift war. Er dachte bei sich: »Ist es nicht ruhmvoll für einen wackeren Burschen? Auf unbekannten Weg hatte ich mich aufgemacht, Väterchens Verlangen hab ich erfüllt, nun will ich meinen Bruder suchen, Dmitrij-Zarewitsch!« Und er schickte sich an, seinen Bruder zu suchen, und beschloss, den Weg zu reiten, »wo das Ross satt wird, der Reiter aber hungrig bleibt«. Er kam auf grüne Wiesen, erblickte ein riesengroßes Haus und hielt darauf zu. Er ritt durch das Tor, stellte sein Ross ein und schüttete ihm weißkörnige frische Hirse vor. Das Zarenross des Bruders erkannte jedoch den neuen Gast und wieherte hell auf mit aller Kraft. Der Held schritt zu den gedrechselten Säulen und ging die vergoldete Treppe hinauf. Da kam ihm eine wunderschöne Frau entgegen, begrüßte ihn, lud ihn in ihr Gemach und führte ihn zur Tafel. Sie gab ihm Speise und Trank und bewirtete ihn mit allerlei Leckerbissen. Und als sie ihn gespeist hatte, legte sie den kühnen Burschen zur Ruh. Sie wollte Iwan-Zarewitsch auf die Seite zur Wand betten, aber er verlangte, sie solle dort liegen. Lange Zeit stritten sie sich darüber. Dann packte Iwan-Zarewitsch sie um den Leib und warf sie an die Wand! Er kehrte das Drehbett um, und das Weib flog in den tiefen Keller! Da schrien sie, die dort von früher her saßen: »Einen Neuen hat Gott uns gegeben!« Iwan-Zarewitsch aber rief: »Reißt sie in Stücke, die euer Verderben war!« Die kühnen Burschen packten sie: der eine die Hand, der andere den Fuß, der dritte den Kopf! ... Iwan-Zarewitsch aber ließ ein Seil zu ihnen hinab und gab den kühnen Jünglingen die Freiheit wieder. Als er seinen Bruder Mitrij erblickte, fasste er ihn bei den weißen Händen, drückte ihn an die goldene Brust, küsste ihn auf die süßen Lippen und nannte ihn seinen lieben Bruder Dmitrij-Zarewitsch. Er gab ihm Speise und Trank und ritt mit ihm heim in die Stadt.

Doch als sie auf das freie Feld kamen, befiel Iwan-Zarewitsch ein tiefer, unwiderstehlicher Schlaf. Neun Tage und neun Nächte war er geritten, ohne zu schlafen, ohne zu essen und ohne zu trinken. Sie schlugen ihre weißen Zelte auf und pflegten der Ruhe. Iwan-Zarewitsch schlief ohne Aufhören. Am dritten Tage nahm Mitrij-Zarewitsch die verjüngenden Äpfel und das Wasser des Lebens mitsamt dem Felleisen fort und ritt davon in sein Reich. Iwan-Zarewitsch erwachte: Nichts war mehr zu sehen! Er saß auf und ritt nah an sein Reich heran. Und er nahm seinen tscherkessischen Sattel ab und die betressten Zügel und sprach zu seinem Ross: »Graubrauner! Lauf ins Feld zur Erholung, einstweilen brauch ich dich nicht!« Iwan-Zarewitsch ging zu Fuß in die Stadt und trieb sich in den Kneipen umher gleich den Tagedieben. Mit großen Ehren aber nahm der Zar Dmitrij-Zarewitsch auf und veranstaltete Feste und Tänze.

Rasch erzählt man, langsam erlebt man: Drei Jahre waren seitdem vergangen. Da kam die Jungfrau-Zar mitten in der Nacht zu der ersten Stunde angefahren, fing aus Kanonen und Flinten an zu schießen und forderte den Schuldigen zu sich. Der Zar wusste nicht, was tun: Welchen Schuldigen sollte er herausgeben? Und er versammelte seine Ratgeber und sprach: »Ihr Herren Bojaren und Ratgeber! Lasst uns bedenken, ob wir nicht einen Schuldigen zu schicken haben.«

»Barmherziger Zar! Gefällt es dir, so können wir dir raten und sagen: Hat nicht Fjodor-Zarewitsch auf fernen Wegen Unfug angerichtet? Hat er nicht vielleicht in einem fremden Reiche etwas Böses getan?« Und sie schickten Fjodor-Zarewitsch auf das Schiff. Marja die Schöne mit dem langen Zopf erblickte ihn, ließ den Landungssteg hinüberwerfen und mit rotem Tuch bedecken. Da liefen zwei wunderschöne kleine Knaben herbei und riefen: »Mütterchen, Mütterchen, unser Väterchen kommt!« – »Nein, Kinderchen«, sagte sie, »nicht euer Väterchen, sondern euer ältester Onkel kommt gegangen. Packt ihn und streckt ihn auf das Verdeck aus; schneidet ihm in den Schenkel drei Striemen, aus dem Rücken drei Riemen. Er soll sich nicht in fremde Dinge mischen!«

Und wieder begann sie Tag und Nacht aus Kanonen und Flinten zu schießen und forderte den Schuldigen zu sich. Der Zar versammelte seine Ratgeber und fragte sie: »Ist in unserem Reich der Schuldige zu finden?« Da dachten die ratgebenden Bojaren nach und sprachen: »Ist es Euch genehm, Euer Gnaden, so schickt Mitrij-Zarewitsch: ob nicht er das Vergehen begangen hat?« Und der Zar schickte seinen Sohn auf das Schiff. Der Landungssteg wurde hinübergeworfen und mit Tuch bedeckt. Die zwei kleinen Knaben liefen herbei und sagten zu ihrer Mutter: »Mütterchen, Mütterchen, unser Väterchen kommt!« – »Nein, nicht euer Väterchen, sondern euer zweiter Onkel kommt gegangen. Packt ihn bei den weißen Händen und legt ihn auf das Verdeck; schneidet ihm in den Schenkel drei Striemen, aus dem Rücken drei Riemen! Er soll sich nicht in fremde Dinge mischen! Dann schickt ihn fort vom Schiff!« Und sie sandten ihn zurück und fingen aus Kanonen und Flinten an zu schießen und den Schuldigen zu fordern.

Und wiederum versammelte der Zar seine Ratgeber.

»Was meint ihr, ihr Herren? Wer hat sich bei uns vergangen? Gebt mir einen Rat!« Einer von ihnen wagte es, mutig gab er dem Zaren zur Antwort: »Eure Kaiserliche Hoheit! Euer Gnaden sind schuld!« Und weiter sprach er: »Wanjka, der Ofenhocker, ist ein Zarensohn; und ist es auch nicht schicklich, es Euch zu erzählen, er lügt allerhand Zeug zusammen und treibt sich in Schenken und Kneipen herum.« – »Sucht ihn sofort und bringt ihn her! Ob nicht er das Vergehen begangen hat?!« Sie suchten den Wanjka in allen Schenken, in der ganzen Stadt; sie fanden Wanjka, den zarischen Sohn, und riefen ihn vor das Antlitz des Zaren. Er kam zu seinem Vater in schlechter Uniform. Der Zar ward gar zornig auf ihn und rief ihm zu: »Du willst dich wohl um die Sache drücken, Iwan-Zarewitsch? Hast nicht du das Vergehen begangen? Für deine Schuld steh nun selbst ein; uns aber soll man ungeschoren lassen!« Wanjka gab dem Zaren kühn zur Antwort: »Wegen solch einer Kleinigkeit! Und keiner außer mir mag beim Zaren dafür einstehn!« Und abermals sagte er: »Nicht einer wollte dafür einstehn!«

Wanjka machte sich sogleich auf und ging zum Schiff, aber nicht auf dem saubersten Wege, sondern durch Unrat und Pfützen. Dort aber fragte man nicht danach; ließ den Landungssteg hinab und bedeckte ihn mit Tuch. Und zwei Knaben kamen gelaufen und riefen: »Mütterchen, Mütterchen, kommt da nicht unser Väterchen?« Da sprach die Jungfrau-Zar: »Kinderchen! Nehmt ihn bei den weißen Händen und drückt ihn an die goldene Brust, denn euer wahrer, leiblicher Vater kommt gegangen!« Und Marja, die Schöne mit dem langen Zopf, ergriff seine Hände, die weißen, und nannte ihn ihren erwählten Mann.

»Bei dem Samen, den du gesät hast, will ich die heilige Ehe mit dir schließen!« Und sie fingen an zu feiern. Mit großen Ehren lud der Zar ihn auf das Fest. Iwan-Zarewitsch aber erzählte alle seine Taten und was ihm begegnet war. Und er bat den Vater um seinen Segen, der in Ewigkeit unerschütterlich ist, zur Ehe nach dem Gesetz mit der Jungfrau-Zar. »Weil mein Verstand und meine Kräfte reichten, hab ich das Wasser des Lebens und des Todes und die verjüngenden Äpfel erlangt, damit du, unser Väterchen, noch jünger werden sollst; und Gott gebe dir viele Jahre Gesundheit! Und so bitte ich dich um die Gnade, mich in das Reich unter der Sonne mit der Jungfrau-Zar ziehen zu lassen, denn auf den Thron in unserem Reich will ich nicht!« Und er fuhr in das Zarenreich unter der Sonne und lebt dort glücklich und in Freuden und wünscht sich und seinen Kindern lang dauernden Frieden.

Wie viel ich gehört hab, so viel ich erzählt hab.

Der hölzerne Adler

In einem kleinen Lande lag einmal ein Zarenreich von der Größe eines Siebes; und in diesem Reiche herrschte ein Zar, der hatte einen Sohn; das Volk aber war nur Säuferpack. Eines Tages fanden sich drei Männer in der Schenke zusammen, saßen da und tranken und redeten miteinander. Der eine sagte: »Wenn ich nur das Instrument hätte, so würd ich, mag ich auch bloß ein Säufer sein, einen hölzernen Adler machen.« Der Zweite sprach: »Ich würd aber dazu eine Schraube anfertigen, damit er fliegen könnte; drehte man sie nach links, flög er nach unten, nach rechts, flög er nach oben.« Der Dritte aber sagte: »Ich bin ein sehr geschickter Vergolder, ich könnt ihn dann mit Gold überziehen.« Während sie aber so sprachen, war der Zarensohn in die Schenke gekommen, sah sich die drei an, fragte sie nach den Namen und kaufte ihnen eine Flasche Schnaps. Sie tranken sie aus, bedankten sich und gingen ihrer Wege.

Ein paar Tage vergingen, und dann wurden die drei Leute zum Zaren gerufen. Sie kamen hin; man fragte sie nach ihren Vornamen wie auch nach ihren Familiennamen. »Ihr wolltet einen hölzernen Adler bauen?«, fragte der Zar. »Jawohl.« – »Was verlangt ihr dafür?« – »Tausend Rubel brauchen wir dazu.« Sie bekamen fünfhundert Rubel Anzahlung, vertranken das Geld, aber dachten nicht daran, den Adler zu bauen. Wieder vergingen ein paar Tage; sie kamen wieder zum Zaren und baten um Geld. »Gib uns, bitte, Geld, es hat nicht zum Vergolden gereicht.« Da gab ihnen der Zar die andern fünfhundert. Sie vertranken vierhundert, kauften für hundert Rubel das Instrument und machten sich daran, den Adler herzustellen. Sie bauten ihn, wie sich's gehört, und meldeten dem Zaren, dass der Adler fertig sei. Der Zarensohn belud den Adler mit Vorräten, schwang sich in die Höh und flog davon, Gott weiß wohin. Fort war er, und länger als einen Monat schon sah man nichts von ihm. Da trauerte der Zar und dachte: »Sie haben eine Falle gestellt, um meinen Sohn zu fangen.« Er ließ die drei Kerle ergreifen und sperrte sie ein.

Der Zarensohn aber flog und flog und kam in ein anderes Reich. Er ging zu einer alten Frau und blieb bei ihr wohnen. Dort lebte er und erfuhr, dass in der Stadt ein Turm stünde. Die Alte aber erzählte ihm: »In dem Turm ist die Königstochter unschuldig eingesperrt und von ihrem Vater dorthin verbannt worden. Denn einstmals ist dem russischen Zaren ein Sohn und unserem König eine Tochter geboren worden, und da gaben sie einander das Wort, dass die Kinder Braut und Bräutigam werden sollten. Darum hat der König seine Tochter in den Turm gesetzt, damit sie dort bliebe, bis ihr Verlobter kommen würde.«

Der Zarensohn band den Adler in ein Bündel, man konnte ihn auseinandernehmen und wieder zusammenlegen, und ging zum Turm. Dann setzte er sich auf den Adler, schwang sich in die Höh und ließ sich auf dem Dache nieder. Vom Dach aber führte ein Gang hinunter, denn von oben drohte ja keine Gefahr. Es war schon dunkel geworden, und die Ammen und Dienerinnen schliefen. Der Zarensohn ging nun in den Turm, doch überall waren kristallene Türen, und keine von ihnen vermochte er zu öffnen. Irgendwie gelang es ihm aber, bis zum Schlafgemach durchzudringen; er öffnete die Türe: Da schlief die Königstochter und hatte sich entblößt. Er schaute sie lange, lange an und berührte sie mit der Hand. Sie erwachte, sah, dass ein Mann vor ihr stand, und sprach:

»Geht fort von hier und lasst mich meine Kleider anlegen.« Er ging hinaus, und sie zog sich an und fragte ihn dann aus, wer er sei und was er wolle. Er erzählte ihr, wie er eingedrungen sei. Und sie saßen beieinander, schwatzten und unterhielten sich, und schließlich ging der Zarensohn wieder fort.

Am nächsten Tage kamen sie abermals zusammen, und er genoss ihrer. Sie ward davon schwanger und schrieb ihren Eltern in einem Brief, dass im Traum ihr Verlobter zu ihr gekommen sei und dass ihr Hemd die Spuren davon trage; das war aber alles in Wirklichkeit geschehen. Der Vater schmunzelte dazu und sagte: »Wie ist denn das möglich? Sie hat in ihrem Leben keinen Mann gesehen und will das im Traum erblickt haben! Ob nicht jemand in Wirklichkeit zu ihr kommt?« Und nächtlicherweile bestrich er das Dach mit Mennig. »Geht jemand zu ihr, so wird ein Stoffhärchen kleben bleiben oder auf dem Dach eine Spur zu sehen sein.« Doch der Zarensohn ahnte davon nichts, flog in der Nacht hin, ließ sich auf dem Dache nieder und ging hinein; er strich aber von der Farbe ab und beschmierte sich Mantel, Kleider und Galoschen. Er schlief die Nacht über bei der Königstochter, kehrte zur Alten zurück, als sei nichts geschehen, zog sich aus und legte sich schlafen. Am Morgen schaute der König auf dem Dache nach, er fand ein Stoffhärchen und Spuren an der Farbe; gleich ließ er in der ganzen Stadt Nachforschung halten. Polizei und Soldaten suchten überall, doch konnten sie keinen finden. Da ging ein Polizist bei jener Alten vorbei, wo der Zarensohn lebte, und rief: »Gevatterin, gebt mir, bitte, ein Zündholz zum Anrauchen!« Sie antwortete jedoch: »Ich kann nicht hinausgehn, kommt selbst hinein und raucht an.« Der Polizist ging hinein und erblickte den Mantel, der ganz mit Mennig beschmiert war. Da weckte er den Zarensohn und führte ihn vor den König zum Verhör. Der König fragte ihn: »Wie konntest du dort hineingelangen? Wer hat dich eingelassen?« – »Ich war nicht bei euch«, antwortete der Zarensohn. Sprach der König darauf zu ihm: »Bekennst du nicht deine Tat und sagst mir nicht, dass du es warst, so mache ich dir den Prozess.« Der Zarensohn antwortete: »Richte mich, aber ich bin nicht zu ihr gegangen.« Und auch die Königstochter gestand nichts ein. Da verurteilte ihn der Zar zum Tode; und gegen Abend wurde das Urteil verlesen, und man brachte den Zarensohn auf den Richtplatz. Als man ihn auf das Schafott führte, sagte er: »Erlaubt mir, Königliche Hoheit, noch ein Wort zu sagen!« Der König erlaubte es. Und er sprach: »Lasst mich noch eine halbe Stunde leben, Königliche Hoheit!« Auch das wurde ihm gestattet. Da zog der Zarensohn seinen Adler hervor und breitete ihn aus, drehte nach rechts und schwang sich in die Höhe, dorthin, wo sich seine Braut befand. Er flog auf den Turm, nahm die Königstochter mit und machte sich auf und davon in sein eigenes Reich.

Jene drei Kerle aber saßen im Gefängnis; und es kamen die letzten Tage, die sie noch zu leben hatten. Als aber ihr letztes Stündlein herannahte, baten sie den Zaren um ein Fernglas und schauten aus, ob sie den Adler nicht erblicken könnten. Da sah einer von ihnen einen Vogel fliegen, und der schlug nicht mit den Flügeln. Sie warteten ein wenig – und richtig, der Adler kam geflogen! Der Zarensohn war zurückgekehrt, und der Zar gab den dreien die Erlaubnis, in alle Schenken zu gehn und zu saufen, wie viel sie nur wollten. Der Zarensohn aber heiratete die Königstochter, die er mitgebracht hatte.

Der Schwarzkünstler-Zar

Es war einmal ein Zar, ein freier Herr, der lebte in einer Gegend, die war so flach wie ein Tischtuch. Er hatte Frau und Tochter und viel Hausgesind, und er war ein Schwarzkünstler. Einst rüstete er ein Gastmahl für die ganze Welt, für alle Bojaren, für alle Bauern und für alle Bürger aus der Stadt. Sie kamen zusammen und begannen den Schmaus, da sprach der Zar und rief aus: »Wer vor mir, dem Zaren, zu entfliehen und sich zu verstecken vermag, dem geb ich die Hälfte des Reichs und meine Tochter zur Frau; nach meinem Tode aber soll er auf dem Zarenthron sitzen.« Alle, die da beim Mahle saßen, verstummten und erblassten. Doch ein wackerer, kühner Bursch, der wagte es und sprach zum Zaren: »Zar, freier Herr! Ich kann vor dir entfliehen und mich verstecken.« – »Nun, so geh, kühner Bursch, und verbirg dich, morgen werd ich dich suchen; gelingt es dir aber nicht, dich zu verstecken, muss dein Kopf herunter von den Schultern!«

Der kühne Jüngling verließ die Gemächer des Zaren, ging durch die Stadt hin, er ging und ging und kam zu der Badstube eines Popen. Da dachte er in seinem Sinn: »Wohin soll ich vor dem Zaren entfliehen und mich verstecken? Ich will in die Badstube des Popen gehn und mich unter der Schwitzbank in der Ecke verbergen, wie soll der Zar mich dort finden!«

Am Morgen früh stand der Schwarzkünstler-Zar auf, heizte den Ofen, setzte sich auf den geflochtenen Stuhl, nahm sein Zauberbuch vor, begann zu lesen und zu forschen, wohin der Jüngling gegangen sei: »Der kühne Bursch hat meine weißsteinernen Gemächer verlassen, ist die Straße entlanggegangen, kam bis zur Badstube des Popen und hat sich in seinem Sinn gedacht: ›Wohin soll ich vor dem Zaren entfliehen und mich verstecken? Ich will in die Badstube des Popen gehn und mich unter der Schwitzbank in der Ecke verbergen, wie soll der Zar mich dort finden.‹ Eilt hin, ihr Diener, sucht in der Badstube des Popen und führt den Burschen her.« Die Diener liefen eilig hin, kamen in die Badstube, hoben die Bank auf: Da lag der kühne Jüngling in der Ecke. »Guten Tag, wackerer Bursch!« – »Guten Tag, ihr Zarendiener!« – »Komm, Väterchen Zar hat dich zu sich gerufen.« Die Diener führten den kühnen Jüngling fort und brachten ihn vor das Angesicht des Zaren. Der aber sprach: »Hast du nicht vermocht, vor mir zu entfliehen und dich zu verstecken?« – »Nein, Eure Majestät.« – »Hast du's nicht gekonnt, muss dein Kopf von den Schultern herunter.« Er nahm seinen scharfen Säbel und hieb ihm den verwegenen Kopf ab.

Der Zar hatte Gefallen am bösen Spiel. Am nächsten Tage gab er wieder ein Gastmahl und einen Ball, versammelte die Bojaren und die Bauern und alle Bürger aus der Stadt, ließ die Tische aufstellen, und man fing an zu zechen. Und wiederum rief er bei der Tafel aus: »Wer vor mir, dem Zaren, zu entfliehen und sich zu verbergen vermag, dem geb ich die Hälfte des Reichs und meine Tochter zur Frau; nach meinem Tode aber soll er auf dem Zarenthron sitzen.« Alle, die da beim Mahle saßen, verstummten und erblassten. Doch ein wackerer, kühner Bursch, der wagte es und sprach zum Zaren: »Zar, freier Herr! Ich kann vor dir entfliehen und mich verstecken.« – »Nun, so geh, kühner Bursch, und verbirg dich, morgen werd ich dich suchen; gelingt es dir aber nicht, dich zu verstecken, muss dein Kopf herunter von den Schultern!«

Der kühne Jüngling verließ die weißsteinernen Gemächer, ging durch die Stadt hin, ging weiter und weiter, war es nah oder weit, niedrig oder hoch, da stand eine riesengroße Scheuer. Der Bursch dachte bei sich: »Ich will mich ins Stroh verkriechen und in die Spreu, wie soll der Zar mich dort finden!« Er verkroch sich und lag still.

Der Schwarzkünstler-Zar hatte die Nacht über geschlafen, stand am Morgen früh auf, wusch sich mit Quellwasser, trocknete sich mit dem Handtuch, heizte seinen Ofen, nahm sein Zauberbuch vor, setzte sich auf den geflochtenen Stuhl und begann zu lesen und zu forschen, wohin der Jüngling gegangen sei: »Der kühne Bursch hat meine weißsteinernen Gemächer verlassen, ist die Straße entlanggegangen bis zur riesengroßen Scheuer und hat sich in seinem Sinn gedacht: ›Ich will mich ins Stroh verkriechen und in die Spreu, wie soll der Zar mich dort finden!‹ Eilt hin, ihr Diener, sucht in der riesengroßen Scheuer und führt den Burschen her.« Die Diener liefen eilig hin, kamen zu der riesengroßen Scheuer: Da lag der kühne Jüngling im Stroh und in der Spreu. »Guten Tag, wackerer Bursch!« – »Guten Tag, ihr Zarendiener!« – »Komm, Väterchen Zar hat dich zu sich gerufen.« Die Diener führten den kühnen Jüngling fort und brachten ihn vor das Angesicht des Zaren. Der aber sprach: »Hast du nicht vermocht, vor mir zu entfliehen und dich zu verstecken?« – »Nein, Eure Majestät.« – »Hast du's nicht gekonnt, muss dein Kopf von den Schultern herunter.« Er nahm seinen scharfen Säbel und hieb ihm den verwegenen Kopf ab.

Der Zar fand Gefallen am bösen Spiel: Am dritten Tage ließ er abermals ein Gastmahl rüsten, und wiederum fand sich ein kühner Bursch. »Ich kann vor dir entfliehen und mich verstecken, aber erst beim dritten Mal.« Der Zar war einverstanden, und der Jüngling verließ die weißsteinernen Gemächer, ging die Straße entlang, ging weiter und weiter, verwandelte sich in ein Hermelin mit schwarzem Schwanz und lief auf der Erde. Und es kroch unter jede Wurzel und jeden Haufen

Holz, lief auf der Erde umher, lief weiter und weiter und kam zu den Fenstern des Zarenpalastes, verwandelte sich in einen goldenen kleinen Bohrer und tanzte unter den Fenstern umher, tanzte und tanzte und verwandelte sich in einen Falken und flog vor das Fenster vom Gemach der Zarentochter. Diese erblickte den Falken, öffnete ihr Fenster und lockte ihn zu sich: »Welch schöner, kleiner Falke, welch herrlicher, kleiner Falke ist das doch!« Er ließ sich auf das Fensterbrett nieder, hüpfte auf den Boden und verwandelte sich in den kühnen Jüngling. Die Zarentochter nahm ihn wohl auf und setzte ihn an die Eichentische; sie tranken, bankettierten und tafelten und taten, was nötig war. Dann verwandelte sich der wackere Bursch in einen goldenen Ring, den nahm die Zarentochter und steckte ihn an den Finger.

Der Schwarzkünstler-Zar hatte die Nacht über geschlafen, stand am Morgen früh auf, wusch sich mit Quellwasser, trocknete sich mit dem Handtuch, heizte seinen Ofen, nahm sein Zauberbuch vor, setzte sich auf den geflochtenen Stuhl, begann zu lesen und zu forschen, wohin der Jüngling gegangen sei. Und er befahl seinen Dienern: »Geht hin, führt meine Tochter herbei oder bringt mir ihren Ring.« Die Diener kamen und sagten: »Der Zar hat dich vor sein Angesicht gerufen.« – »Warum denn, weshalb?« – »Kommst du nicht selber, so gib uns den Ring.« Die Zarentochter nahm den Ring ab und gab ihn den Dienern. Sie brachten ihn hin und gaben ihn dem Zaren. Der Zar nahm ihn entgegen und warf ihn über die linke Schulter, da ward er zum schönen kühnen Jüngling. »Guten Tag, wackerer Bursch.« – »Guten Tag, Zar, freier Herr.« – »Nun, da ich dich gefunden hab, muss dein Kopf herunter von den Schultern.« – »Nein, Zar, freier Herr, noch zweimal kann ich mich verstecken, so war es zwischen uns abgemacht.« – »Nun, dann geh.«

Der kühne Jüngling verließ die Gemächer des Zaren, ging hinaus auf das freie Feld und verwandelte sich in einen grauen Wolf. Er lief und lief und rannte und rannte über die ganze Erde und verwandelte sich in einen Bären. Er stapfte und stapfte durch die dunklen Wälder und verwandelte sich dann in ein Hermelin mit schwarzem Schwanz. Und wieder lief er und kroch unter die Wurzeln und Haufen von Holz, kam zu den Gemächern des Zaren, verwandelte sich in einen kleinen Bohrer und tanzte und tanzte vor den Fenstern des Zaren, verwandelte sich in einen Falken und flog vor das Fenster vom Gemach, in dem die Zarentochter wohnte. Sie erblickte den Falken und öffnete ihr Fenster. »Welch ein herrlicher, kleiner Falke!« Er ließ sich auf das Fensterbrett nieder, hüpfte auf den Boden und ward zum schönen kühnen Jüngling. Die Zarentochter nahm ihn wohl auf und setzte ihn an die Eichentische; sie tranken, tafelten und bankettierten, taten, was nötig war, und dachten mit Fleiß nach, wohin man vor dem Zaren entfliehen und sich verstecken könnte. Und sie beschlossen: Der Jüngling solle sich in einen lichten Falken verwandeln und weit, weit aufs freie Feld hinausfliegen. Der kühne Bursch ward zum edlen Falken, die Zarentochter öffnete das Fenster, setzte ihn hinauf und rief ihm zu: »Flieg hin, lieber Falke, weit, weit auf das freie Feld, verwandle dich dort, lieber Falke, in siebenundsiebzig Gräser, und diese alle in ein Gras!«

Der Schwarzkünstler-Zar hatte die Nacht über geschlafen, stand am Morgen früh auf, wusch sich mit Quellwasser, trocknete sich mit dem Handtuch, heizte seinen Ofen, nahm sein Zauberbuch vor, setzte sich auf den geflochtenen Stuhl, begann zu lesen und zu forschen, wohin der Jüngling gegangen sei. Und er befahl seinen Dienern: »Geht hin auf das freie Feld und reißt von jedem Gras einen Armvoll aus und bringt alles zu mir her.« Die Diener gingen und fanden die Gräser, rissen sie aus und brachten sie dem Zaren. Der

Zar saß auf dem Stuhl und suchte das eine Gras; er fand es und warf es über die linke Schulter, da ward es zum schönen Jüngling. »Guten Tag, wackerer Bursch!« – »Guten Tag, Zar, freier Herr!« – »Nun, ich hab dich abermals gefunden, jetzt muss dein Kopf von den Schultern herunter.« – »Nein, noch einmal kann ich mich verstecken, zum letzten Mal.« – »Schon gut, dann geh, morgen werd ich dich suchen.«

Der kühne Jüngling verließ die Gemächer des Zaren, ging die Straße hinab, kam auf das freie Feld, verwandelte sich in einen grauen Wolf und lief davon; er lief und lief und lief und kam zum blauen Meer, verwandelte sich in einen Hecht und sprang ins Wasser; er schwamm hinüber über das blaue Meer, stieg ans Ufer, verwandelte sich in einen lichten Falken, schwang sich hoch in die Luft und flog über Berg und Kluft; er flog und flog über das flache Feld, erblickte auf grüner Eiche das Nest des Vogels Magowej und fiel dort ein. Der Vogel Magowej war zu der Zeit nicht da, hernach aber kam er geflogen und sah den kühnen Jüngling in seinem Neste liegen. Da rief der Vogel Magowej: »Ach, welch ein Flegel! Fliegt in ein fremdes Nest, lässt sich nieder und liegt darin.« Er packte ihn mit den Krallen und trug ihn fort aus seinem Nest, trug ihn über das blaue Meer und legte ihn dem Schwarzkünstler-Zaren unter das Fenster. Der Jüngling verwandelte sich in eine Fliege, flog in die Gemächer des Zaren, verwandelte sich dann in einen Feuerstein und legte sich auf den Stahl.

Der Schwarzkünstler-Zar hatte die Nacht über geschlafen, stand am Morgen früh auf, wusch sich mit Quellwasser, trocknete sich mit dem Handtuch, heizte seinen Ofen, nahm sein Zauberbuch vor, setzte sich auf den geflochtenen Stuhl, begann zu lesen und zu forschen, wohin der Jüngling gegangen sei. Der Zar las in seinem Zauberbuch getreu bis zu der Stelle, da der Vogel Magowej den kühnen Jüngling aus dem Nest getragen hatte. Und er befahl seinen Dienern: »Geht hin über das freie Feld, fahrt auf Schiffen über das blaue Meer und sucht die grüne Eiche; fällt die Eiche, sucht das Nest, führt den Burschen hierher.« Die Diener gingen und fällten die Eiche und fanden das Nest und wühlten und wühlten, aber kein Jüngling war darin. Sie kamen zum Zaren: »Wir fanden die grüne Eiche, das Nest war da, der Bursch aber nicht.« Der Zar schaut in sein Buch und findet: Dort, ganz gewiss, ist der Jüngling. Der Zar machte sich bereit, ging selbst auf die Suche. Er spähte und spähte, wühlte und wühlte, aber konnte nichts finden. Er ließ die grüne Eiche klein hacken, auf ein Feuer legen und verbrennen. Nicht ein einziger Span blieb übrig, und der Zar dachte nun bei sich: »Wenn ich den Burschen auch nicht gefunden hab, lebendig soll er nicht länger auf der Erde weilen.«

Sie kehrten in das Zarenreich zurück, und der Zar lebte so dahin einen Tag und den zweiten und den dritten. Und eines Morgens stand die Magd auf und machte Feuer. Sie nahm aus dem Feuerzeug den Stahl und den Stein, legte den Schwamm bereit, schlug den Stahl gegen den Stein, der Stein flog ihr aus der Hand über die linke Schulter weg, da ward er zum schönen Jüngling. »Guten Tag, Zar, freier Herr!« – »Guten Tag, kühner Bursch, nun muss dein Kopf von den Schultern herunter!« – »Nein, Zar, freier Herr, du hast mich drei Tage lang gesucht und es dann aufgegeben; ich bin jetzt von selber gekommen. Mir gebührt nun die Hälfte des Reichs und die Zarentochter als Frau.« Da konnte der Zar nichts dagegen machen. Mit fröhlichem Schmaus und rascher Hochzeit gab man die Tochter dem kühnen Burschen zur Frau; er heiratete die Zarentochter, wurde des Zaren Schwiegersohn und bekam die Hälfte des Reichs, und nach dem Tode des Zaren sollte er den Thron haben.

Die Pantoffel von Lausleder

Es waren einmal ein Zar und eine Zarin, die hatten eine einzige Tochter. Und als man eines Tages der Zarewna den Kopf absuchte, fand man dabei eine Laus. Die wurde nun auf ein Schaf gesetzt, aber die Laus wurde so groß wie das Schaf; dann legte man sie auf einen Hammel, aber die Laus wurde so groß wie der Hammel. Der Zar befahl, sie zu töten und das Fell zu gerben. Aus dem Fell aber wurden für Nastassja, die Zarentochter, Lausledерpantöffelchen gemacht; und in alle Reiche erging die Botschaft: »Wer errät, aus welchem Leder die Pantöffelchen gemacht sind, dem geb ich meine Tochter zur Frau.« Von allen Seiten kamen die jungen Burschen angefahren. Einer riet auf Bocksleder, der andere auf Seehundsleder, aber keiner konnt es erraten.

Da hörte der Teufel von diesem Handel, ging hin und erklärte, dass Nastassja, die Zarentochter, Pantöffelchen aus Lausleder habe. Der Zar musste sein Wort halten und die Tochter dem Teufel geben; man bestimmte darauf den Tag der Hochzeit. Der Zar dachte tief bekümmert nach, wie er seine Tochter wohl vor dem Teufel verbergen könnte. Er beschloss, sie auf einen Ziegenbock zu setzen und fortzuführen. Man stellte die Tische auf und setzte einen Feuerhaken in den Kleidern der Braut an einen Tisch.

Der Teufel fuhr zur Hochzeit, der Bock aber kam ihm entgegen; da fragte des Teufels Hochzeitsgefolge:

»Ziegenböckchen, Ziegenböckchen,
Heu und Futter trägst du,
Mit dem Bärtchen wackelst du,
Ist Nastassja Zarentochter wohl zu Haus?«

Der Bock antwortete:

»Zu Haus, zu Haus, zu Haus,
In drei Öfen backt sie,
An drei Tüchern näht sie,
Euch Gäste längst erwartet sie.«

Der zweite Wagen kam heran, und wieder fragte man, und ebenso beim dritten, und auch der Teufel selbst fragte schließlich:

»Ziegenböckchen, Ziegenböckchen,
Heu und Futter trägst du,
Mit dem Bärtchen wackelst du,
Ist Nastassja Zarentochter wohl zu Haus?«

Der Ziegenbock antwortete immer dasselbe:

»Zu Haus, zu Haus, zu Haus,
In drei Öfen backt sie,
An drei Tüchern näht sie,
Euch Gäste längst erwartet sie.«

Als alle vorbeigefahren waren, rannte das Böckchen davon, so rasch es nur vermochte.

Der Teufel fuhr auf den Hof des Zaren. »Warum, Nastassja, Zarentochter, kommst du mir nicht entgegen und grüßt mich nicht?« Und er geht in die Stube. Dort sieht er Nastassja hinter dem Tisch; er kommt näher, aber Antwort erhält er noch immer nicht. Da schlägt der Teufel sie aufs Ohr, und der Feuerhaken fällt mit Geklapper zu Boden. Der Teufel aber sagte: »Ach, man hat mich mit allem nur betrogen!« Und er fing an die Braut zu suchen, aber konnte sie nirgends finden. Da erriet der Teufel, dass sie auf dem Ziegenbock verborgen gewesen sei, und machte sich auf, den Bock zu verfolgen.

Die Zarentochter aber rief: »Ziegenböckchen, Ziegenböckchen, fall nieder zur feuchten Mutter-Erde, ist nicht der Teufel schon hinter uns her?« – »Er kommt, er kommt, er kommt und ist schon nah!« Da warf die Zarentochter einen Kamm hinter sich und sprach dazu: »Es werde ein undurchdringlicher Wald, für keinen Vogel zu durchfliegen, für kein Tier zu durchlaufen, für den Teufel nicht zu durchfahren; vor mir aber sei ein ebener, breiter Weg!« Der Teufel kam heran und stieß auf das Hindernis. Äxte brachte man ihm und Sägen; sie hieben und schlugen und bahnten einen Weg, und wieder verfolgte er Nastassja, die Zarentochter. Er kam ihr näher; da sagte sie: »Ziegenböckchen, Ziegenböckchen, fall nieder zur feuchten Mutter-Erde, ist nicht der Teufel schon hinter uns her?« – »Er kommt, er kommt, er kommt und ist schon nah!« Da warf die Zarentochter einen Feuerstein hinter sich und sprach dazu: »Es werde ein unübersteigbarer Berg bis zum Himmel, für keinen Vogel zu überfliegen, für kein Tier zu erklettern, für den Teufel nicht zu übersteigen!« Und es ward ein Berg. Der Teufel kam heran, fing an zu hauen und zu schlagen, hieb sich einen schmalen Weg hindurch und eilte der Zarentochter nach. Und wieder sagte Nastassja, die Zarentochter: »Ziegenböckchen, Ziegenböckchen, fall nieder zur feuchten Mutter-Erde, ist nicht der Teufel schon hinter uns her?« Der Ziegenbock antwortete: »Er kommt, er kommt, er kommt und ist schon nah!« Da warf die Zarentochter ein Feuerzeug hinter sich und sprach dazu: »Es werde ein brennender Fluss, damit der Teufel nicht mehr hindurch kann!« Und selbst blieb sie beim Flusse stehn. Der Teufel kam heran, für ihn gab's kein Hinüberkommen; da sagte er: »Reich mir ein Handtuch, Nastassja, Zarentochter, und zieh mich über den Fluss, zur Frau werd ich dich nicht nehmen.«

Sie reichte ihm ein Stück Leinwand, zog ihn bis zur Mitte des Flusses und ließ dann los; der Teufel fiel in den Fluss und ertrank. Nastassja, die Zarentochter, aber kam in ein anderes Reich und heiratete dort.

Ivan Pechvogel

Es lebte einst ein armer Bauer, der hieß Iwan Pechvogel. Für sein Geld fehlte ihm der Beutel, um den zu kaufen, fehlte ihm das Geld; was er verdiente, das verlor er, und was er nicht verdiente, das stahl man ihm – verdiente er nicht, war ja nichts zu erhalten. Da wanderte er fort, um wider sein Pech einen Rat zu erbitten. Der Zar aber antwortete ihm: »Wenn du selbst nichts verdienen kannst, wie soll ich dir da einen Rat geben?« Der Zar hatte jedoch eine Tochter, und die sprach: »Väterchen! Warum könnt Ihr diesem Bauern keinen Rat geben? Was bin ich? Nur ein Frauenzimmer, und doch könnte ich's.« Da fragte sie der Zar: »Was würdest du ihm denn raten?« Die Tochter erwiderte: »Mag er heiraten, vielleicht bekommt er eine Frau, die Glück hat; kriegt er aber eine Frau, die kein Glück hat, werden die Kinder Glück haben, und er wird doch im Wohlstand leben können.« Da ward der Vater zornig und gab die Tochter dem Bauern zur Frau und ließ überall den Befehl verkünden, dass niemand die beiden über Nacht in sein Haus einlassen dürfe.

Iwan Pechvogel ging mit der Zarentochter durch die Stadt und sagte: »Gräm dich nicht, Zarentochter, ist das Häuschen auch klein, ist der Winkel doch mein.« Sie kamen hin; da stand ein Hüttchen ohne Fenster, an einer Stelle fehlte gar ein Stück der Wand, und einen Ofen gab es erst recht nicht. Die Zarentochter verhängte und verstopfte mit ihren Kopftüchern und Brusttüchern die ärgsten Ritzen, und indem sie immerfort nachlegten, wärmten sie sich am Feuer. In dieser Nacht stickte die Zarentochter ein breites Tuch und sandte Iwan aus, es zu verkaufen: »Handle mit dem ersten Händler, lass es nicht dem zweiten Händler, verkauf es nur dem dritten Händler.«

Iwan lief fort mit dem Tuch. Der eine Händler bot hundert Rubel, der zweite zweihundert, der dritte dreihundert. Für dreihundert Rubel verkaufte Iwan das Tuch. Dann handelte er ein, was er für seine Hütte brauchte, und eilte zurück. Als er an einen Kreuzweg kam, sprang Jaryschko hervor, runzelte die Stirn und sah ihn starr an. »Bauer, gib das Geld her! Gibst du's im Guten, sag ich dir einen Spruch; gibst du's nicht im Guten, nehm ich's im Bösen und sag dir gar nichts.« Der Bauer wand sich, sträubte sich, aber gab das Geld endlich her. Jaryschko sagte ihm darauf den Spruch: »Ohne Gottes Willen geht kein Haar von deinem Haupte verloren.«

Iwan lief zu seiner Frau und erzählte ihr sein Erlebnis. Sie meinte dazu: »Es ist schon wahr, dass du kein Glück hast, und ich hab auch keins: Zwei Pechvögel haben sich gefunden.«

Die zweite Nacht kam heran, und die Zarentochter stickte abermals ein Tuch. Sie schickte Iwan aus und sagte: »Handle mit dem ersten Händler, lass es nicht dem zweiten Händler, verkauf es nur dem dritten Händler.« Iwan lief fort mit dem Tuch; der eine bot ihm hundert Rubel, der zweite zweihundert, der dritte dreihundert; er ließ es für dreihundert Rubel. Auf dem Kreuzwege lauerte ihm wieder Jaryschko auf, runzelte die Stirn und sah ihn starr an. »Bauer, gib das Geld her! Gibst du's im Guten, sag ich dir einen Spruch; gibst du's nicht im Guten, nehm ich's im Bösen und sag dir gar nichts.« Der Bauer wand sich, sträubte sich, aber gab das Geld endlich her. Jaryschko sagte ihm darauf den Spruch: »Wirst du erhöht, so erniedrige dich nicht.« Er lief heim und erzählte seiner Frau, was ihm widerfahren war. Sie antwortete darauf: »Du bist wahrlich ein Pechvogel, und ich bin unglücklich.«

In der dritten Nacht stickte sie das dritte Tuch, legte noch fünfzig Rubel dazu und sagte: »Musst du auch wieder über den Kreuzweg, so kauf doch wenigstens fürs Haus reichlicher ein.« Iwan lief mit dem Tuche fort. Der eine Händler bot ihm hundert Rubel, der zweite zweihundert, der dritte dreihundert; für dreihundert ließ ihm Iwan das Tuch. Auf dem Kreuzwege lauerte ihm Jaryschko auf, runzelte die Stirn und sah ihn starr an. »Bauer, gib das Geld her! Gibst du's im Guten, sag ich dir einen Spruch; gibst du's nicht im Guten, nehm ich's im Bösen und sag dir gar nichts.« Der Bauer wand sich, sträubte sich, aber gab das Geld schließlich her. »Na, zieh auch noch die fünfzig Rubel heraus!«, sagte Jaryschko. Der Bauer wand sich, sträubte sich und gab auch die noch her. Jaryschko sagte ihm darauf den Spruch: »Hol aus, aber schlag nicht zu.« Iwan lief heim; der Weg führte aber an einem steilen Berg entlang; da stolperte Iwan, fiel hin und ließ den Brotlaib fallen, den er in den Händen trug. Das Brot kollerte den Berg hinunter; ein Hund lief unten vorbei, packte das Brot und schleppte es davon. Iwan dachte bei sich: »Wie soll ich mit leeren Händen der Zarentochter unter die Augen kommen?« Er eilte zum Hafen, und gerade waren Schiffe zum Auslaufen bereit; da ließ er sich als Matrose anheuern und fuhr übers Meer.

Und als sie einige Zeit gefahren waren, hielten sie an. Die Schiffsherrn riefen einen Freiwilligen aus der Zahl der Matrosen auf und sprachen: »Wer ins Meer hinuntersteigt, der soll die Hälfte des Schiffs mit allem Gut erhalten; ist aber keiner von euch dazu bereit, so werft das Los, wer gehn soll.« Iwan jedoch überlegte bei sich: »Mir hat Jaryschko doch gesagt: ›Ohne Gottes Willen geht kein Haar von deinem Haupt verloren.‹ Werd ich dann im Meer ertrinken, wenn Gott es nicht so bestimmt hat?« Da machte Iwan mit dem Schiffsherrn einen Vertrag, steckte eine Kopie davon zu sich, sprang ins Wasser und sank unter.

Ein Mann packte ihn und schleppte ihn durchs Wasser. Er schleppte ihn lange Zeit und brachte ihn in eine Stadt. Dort war aber kein Wasser mehr. Die Tore wurden geöffnet, und sie gingen in die Stadt hinein. Da sprach der Mann: »Unser Zar und die Zarin streiten miteinander; der eine sagt: ›Schweißstahl und Damaszenerstahl sind teurer als Gold und Silber‹, aber der andre sagt: ›Gold und Silber sind teurer als Schweißstahl und Damaszenerstahl‹. Und man muss so verfahren: dem einen recht geben und den andern nicht kränken.«

Er führte Iwan in die Gemächer und führte ihn in die Zimmer; hell leuchtete es auf, wo der Zar und die Zarin saßen. Man setzte Iwan an einen Tisch zu dem Zaren und zu der Zarin. Er gedachte aber des Wortes, das ihm Jaryschko gesagt hatte: ›Wirst du erhöht, so erniedrige dich nicht.‹ Wozu sollte er sein Licht unter den Scheffel stellen? Er setzte sich an den Tisch. Der Zar und die Zarin fragten ihn: »Du bist uns, russischer Gesell, gerade recht gekommen, um einen Streit zu schlichten. Wie steht es bei euch: Sind Schweißstahl und Damaszenerstahl teurer als Gold und Silber, oder sind Gold und Silber teurer als Schweißstahl und Damaszenerstahl?« – »Bei uns in Russland ist es so: Wenn's keinen Krieg gibt, gilt der Stahl nichts, und Gold und Silber sind teurer. Kaum fängt aber ein Krieg an, so ist der Stahl teurer als Gold und Silber; dann kauft man Speere und Waffen und gibt dafür Gold und Silber hin.« Dem Zaren und der Zarin, beiden war es recht. Sie schenkten ihm jeder ein kleines Fläschchen. Iwan aber dachte bei sich: »Solche Fläschchen kosten bei uns nur fünf Kopeken.« Dann übergab man ihn wieder dem, der ihn hergeführt hatte, und der führte ihn zur Stadt hinaus durch das Tor, schleppte ihn durchs Wasser bis zum Schiff und ließ ihn hinauf.

Als Iwan das Schiff betrat, ward er zum Herrn über die eine Hälfte des Schiffes. Und wieder fuhren sie über das Meer und kamen zu einem fremden Zaren. Die Schiffsleute gingen an Land, um sich beim Zaren zu melden und die Pässe visieren zu lassen, und brachten Geschenke mit, so viel wie jeder konnte: der eine für hundert Rubel, der andere vielleicht gar für tausend. Iwan aber brachte dem Zaren das Fläschchen und schenkte es ihm. Der Zar nahm die Kaufleute wohl auf, bewirtete sie und setzte sie alle in ein Gemach, Iwan aber in ein anderes, das vornehmer war. Die Gäste speisten und wurden fröhlich, aber das eine wurmte sie: »Wir haben Geschenke gebracht, der eine für hundert, der andere für tausend Rubel, Iwan aber nur für zehn Kopeken; doch ihn hat der Zar höher gesetzt als alle andern.« Die Speisenträger hinterbrachten das dem Zaren. Da nahm der Zar das Fläschchen und trug es dorthin, wo die Kaufleute saßen. »Ihr schätzt Iwans Geschenk für nichts; seht aber, was das für ein Geschenk ist!« Er schüttelte das Fläschchen, der Korken sprang heraus, und zwei Kugeln rollten hervor und schütteten so viel Silber aus, dass man's nicht zusammenscharren konnte. Der Zar schenkte Iwan für das Fläschchen drei vollbeladene Schiffe mit Besatzung. Iwan fuhr von dort heim mit drei Schiffen und einem halben.

Er kam an und ging im Hafen vor Anker; als es aber gegen Abend dunkel wurde, wanderte er fort, sein Hüttchen zu suchen. Doch an der alten Stelle stand ein steinernes Haus. Iwan pochte an die Tür; eine Frau trat heraus und fragte: »Was wollt Ihr?« – »Ich bin ein Fremder und möchte übernachten.« – »Tretet nur ein, das Haus ist ein Gasthof; davon haben wir unsern Verdienst und unser Brot.« Iwan ging hinein ins Haus. Die Frau stellte ihm Essen hin und brachte ihm alles, worum er auch bat; er aß sich satt, und dann bereitete sie ihm in dem Zimmer das Nachtlager und ging selber in ein anderes. Iwan sagte darauf: »Ich möchte eine Kerze haben, ohne Licht kann ich nicht schlafen.« Die Wirtin antwortete: »Brauchst du's, so zünde dir auch zwei Kerzen an; je größer der Verbrauch, um so größer der Gewinn.« Sie steckte Licht an und verschwand im andern Zimmer. Iwan lag eine Stunde auf seinem Lager und ging dann in das Zimmer der Wirtin. Dort sah er sie schlafen, zu beiden Seiten aber lagen zwei junge Männer, und sie ruhte in der Mitte. »Ach, sie schläft mit zwei Buhlen«, dachte Iwan. Er zog seinen Säbel und wollte ihnen allen die Köpfe abhauen. Da fiel ihm aber ein: »Mir hat Jaryschko doch den Spruch gesagt: ›Hol aus, aber schlag nicht zu.‹« Er weckte die Wirtin und fragte sie: »Wer sind diese beiden?« – »Das sind meine Söhne; ich war einmal verheiratet, aber mein Mann ist übers Meer entflohen; die beiden ließ er noch im Mutterleib zurück. Seid aber Ihr nicht am Ende mein Mann?« Da antwortete Iwan: »Ich bin Euer Mann.« Und sie weckten die Söhne, um den Vater zu begrüßen. Sie umarmten den Vater und fielen vor ihm auf die Knie nieder. Und dann wohnten sie fortan beisammen.

Es war aber zum Zaren die Nachricht gedrungen, dass sein Schwiegersohn mit drei Schiffen und einem halben angelangt sei. Der Zar sandte Boten aus und ließ ihn zu sich zu Gast bitten. Iwan ging mit seiner Frau und den Kindern hin und nahm als Geschenk das zweite Gläschen mit. Der Zar nahm Iwan auf, wie es sich gehört. Iwan blieb einige Zeit zu Gast, dann trat er vor den Zaren und gab ihm das Gläschen als Geschenk. Doch dem Zaren gefiel das nicht: »So reich ist er zurückgekehrt und bringt mir ein Geschenk für fünf Kopeken!«

Iwan ging nach Hause, der Zar aber warf ihm das Gläschen an den Rücken. Der Korken sprang heraus, zwei Kugeln rollten hervor und schütteten so viel Gold und Silber aus, dass man's nicht zusammenscharren konnte. Da schrie der Zar: »Kehr um, Iwan! Du sollst über das Reich herrschen, du bist reicher geworden als ich!« Iwan kehrte um, und der Zar vertraute ihm das ganze Reich an.

Siebenjahr

Es waren einmal zwei Brüder, ein reicher und ein armer. Der Arme wurde Witwer, und seine Frau ließ ihm ein Töchterchen zurück, das stand im siebenten Jahre, darum nannte man es Siebenjahr. Der Reiche schenkte Siebenjahr ein armseliges Kälbchen, und sie tränkte, fütterte und pflegte es, und aus dem Kälbchen ward eine prächtige Kuh, die brachte ein Kalb mit goldenen Hufen zur Welt. Da kamen die Töchter des reichen Onkels zu Besuch und sahen das Kalb; dann gingen sie fort und sagten es dem Vater. Der Reiche wollte sich das Kalb aneignen, aber der Arme gab es nicht her. Sie stritten und stritten miteinander, gingen zum Wojewoden und baten, ihren Handel zu schlichten. Der Reiche sagte: »Ich hab meiner Nichte nur das Kälbchen geschenkt, nicht seine Nachzucht!« Der Arme jedoch sagte: »Das Kälbchen ist mein, also ist auch die Nachzucht mein!« Wie sollte man da entscheiden? Der Wojewode sprach zu ihnen: »Löst mir drei Rätsel! Wer sie errät, dem soll das Kälbchen gehören. Zuerst ratet: Was ist das Allerschnellste?«

Die Bauern gingen heim. Da dachte der Arme bei sich: »Was soll ich wohl sagen?«, und er sprach zu seiner Tochter Siebenjahr: »Töchterchen, Töchterchen! Der Wojewode befiehlt zu erraten, was das Schnellste ist auf der Welt. Was soll ich ihm nun antworten?« – »Sei nicht traurig, Väterchen! Bete zum Heiland und leg dich schlafen!« Und er legte sich zur Ruh. Am Morgen weckte ihn Siebenjahr: »Steh auf, steh auf, Väterchen! Es ist Zeit, zum Wojewoden zu gehn. Mach dich auf und sag ihm: Das Schnellste auf der Welt ist der Gedanke!« Der Bauer erhob sich und ging zum Wojewoden; auch der Bruder kam hin. Der Wojewode trat zu ihnen hinaus und fragte: »Nun, so sagt mir: Was ist das Allerschnellste?« Der Reiche sprang vor und rief: »Ich hab ein so schnelles Ross, dass niemand es einholt: Es ist das Allerschnellste, was es gibt!« Der Wojewode lachte nur und sprach zum Armen: »Und was meinst du?« Der Arme sagte: »Der Gedanke ist das Schnellste auf der Welt!« Der Wojewode staunte darüber und fragte: »Wer hat dich das gelehrt?« – »Meine Tochter Siebenjahr.« – »Na, dann gut! Ratet jetzt: Was ist das Fetteste auf der Welt?«

Die Bauern gingen heim. Der Arme kam und sagte zu Siebenjahr: »Der Wojewode hat uns aufgegeben, zu erraten: Was ist das Fetteste auf der Welt? Was soll man da antworten?« – »Nun, Väterchen, gräm dich nicht: Der Morgen ist klüger als der Abend. Bete zum Heiland und leg dich schlafen.« Der Alte legte sich zur Ruh. Am Morgen weckte ihn Siebenjahr: »Steh auf, Väterchen! Es ist Zeit, zum Wojewoden zu gehn! Fragt er dich, was das Fetteste sei, so antworte: Die Erde ist am fettesten, denn sie bringt Früchte aller Art hervor!« Der Bauer erhob sich und ging zum Wojewoden; auch der Reiche kam hin. Der Wojewode trat zu ihnen hinaus und fragte: »Nun, habt ihr's erraten? Was ist das Fetteste von allem?« Der Reiche sprang vor und rief: »Ich hab einen verschnittenen Eber, der ist so fett, dass es nichts Fetteres mehr gibt! Er ist von allem das Fetteste!« Der Wojewode lachte und fragte den Armen: »Na, was meinst denn du?« – »Die Erde ist das Fetteste, denn sie bringt Früchte aller Art hervor!« Der Wojewode erstaunte und fragte: »Wer hat dich das gelehrt?« – »Meine Tochter Siebenjahr!« – »Nun gut! Jetzt ratet aber: Was ist das Holdeste auf der Welt?«

Die Bauern gingen heim. Der Arme kam und erzählte Siebenjahr: »Das und das hat der Wojewode uns zu raten aufgegeben. Was soll ich da antworten?« – »Nun, Väterchen, sei nicht traurig: Der Morgen ist klüger als der Abend. Bete zum Heiland und leg dich schlafen.« Am Morgen weckte sie ihn und sprach: »Steh auf, Väterchen! Es ist Zeit, zum Wojewoden zu gehn. Fragt er dich, so antworte: Dem Menschen ist das Holdeste der Schlaf, denn im Schlaf vergisst man jedes Leid!« Der Vater erhob sich und ging zum Wojewoden; auch der Reiche kam hin. Der Wojewode kam zu ihnen hinaus und fragte: »Nun, so sagt mir: was ist das Holdeste auf der Welt?« Da rief der Reiche schnell: »Das Weib ist das Holdeste auf aller Welt!« Der Wojewode lachte und fragte den Armen: »Und was meinst du?« – »Der Schlaf ist dem Menschen das Holdeste auf der Welt, denn im Schlaf vergisst man jedes Leid!« Der Wojewode erstaunte und fragte: »Wer hat dich das gelehrt?« – »Meine Tochter Siebenjahr.«

Da ging der Wojewode in seine Gemächer, kam mit einem Sieb voll Eier wieder heraus und sprach: »Geh hin und bring deiner Tochter dieses Sieb mit den Eiern, sie soll bis morgen aus ihnen Küken ausbrüten!« Der Arme ging heim, weinte und erzählte Siebenjahr, was der Wojewode ihm aufgetragen hatte. »Na, Väterchen, gräm dich nicht! Bete zum Heiland und leg dich schlafen: Der Morgen ist klüger als der Abend!« Am nächsten Tage weckte sie den Vater: »Väterchen, Väterchen, steh auf! Es ist Zeit, zum Wojewoden zu gehn. Hier, nimm ihm ein wenig Hirsekorn mit und sag ihm, die Küken würden gleich fertig sein, aber mit frischem Sommerkorn müssten sie gefüttert werden; darum soll er es säen, und nach einer halben Stunde muss das Korn reif sein, und dann soll er es mir gleich senden.« Der Alte erhob sich und ging zum Wojewoden. Der kam heraus und fragte: »Nun, hast du die Küken mitgebracht?« – »Ja, meine Tochter sagt, dass sie nach einer halben Stunde da sein werden. Aber man muss sie mit Sommerhirsekorn füttern, sagt sie; darum hat sie etwas Korn mitgeschickt, damit Ihr es sät; und alles soll nach einer halben Stunde fertig sein.« – »Aber ist es denn möglich, dass das Korn in einer halben Stunde heranwächst und reif wird?« – »Und ist es etwa möglich, Küken in einer Nacht auszubrüten?« Der Wojewode konnte nichts machen: Siebenjahr hatte ihn überlistet.

Da gab er dem Armen ein Garn und sprach: »Deine Tochter soll bis morgen Leinwand spinnen und mir ein Hemd nähen!« Der Vater ward traurig, ging fort und erzählte alles Siebenjahr. »Na, Väterchen, gräm dich nicht. Bete zum Heiland und leg dich schlafen! Der Morgen ist klüger als der Abend!« Der Vater legte sich hin und schlief ein. Am Morgen weckte ihn Siebenjahr: »Steh auf, Väterchen! Es ist Zeit, zum Wojewoden zu gehn. Mach dich auf, bring ihm Leinsamen und sag, dass das Hemd fertig sei, aber womit soll ich den Kragen durchsteppen? Mag er den Samen aussäen, damit er heranwächst und reif wird, und nach einer halben Stunde soll er mir den Faden schicken!« Der Vater ging hin und sagte es dem Wojewoden. Der aber sprach: »Wie ist es denn möglich, dass der Flachs in einer halben Stunde heranwächst und dass man aus ihm Fäden spinnt?« – »Kann man denn aber in einer Nacht Leinwand spinnen und ein Hemd nähen?« Wieder hatte Siebenjahr den Wojewoden überlistet!

Da sprach er zum Alten: »Geh hin und sag deiner Tochter, sie solle zu mir kommen, nicht zu Fuß und nicht zu Pferde, nicht im Schlitten und nicht im Wagen, nicht nackt und nicht bekleidet, und nicht mit Geschenk und nicht ohne Geschenk!« Der Vater kam heim und erzählte alles der Tochter. Am nächsten Tage legte Siebenjahr ihre Kleider ab, wickelte sie in ein Fischernetz, nahm eine Taube mit sich und lief zum Wojewoden auf Schneeschuhen. Sie kam zu ihm und gab ihm die Taube, aber die riss sich gleich los und flog davon. Und so hatte Siebenjahr den Wojewoden wieder überlistet; doch sie gefiel ihm sehr, und er sprach zu ihr: »Morgen komm ich selbst zu euch.« Da fuhr der Alte in die Stadt, um Vorräte einzukaufen und den Gast bewirten zu können.

Gleich am andern Morgen kam der Wojewode an Siebenjahrs Hause vorgefahren. Da waren aber weder ein Hof noch selbst ein Pflock, nur der Schlitten und der Wagen standen vor dem Hause. Der Wojewode sah sich um, wo er sein Pferd anbinden könne. Er trat zum Fenster heran und fragte Siebenjahr: »Wo kann ich wohl mein Pferd anbinden?« – »Bind es zwischen Sommer und Winter an!« Der Wojewode dachte und dachte darüber nach und kam nur mit Mühe darauf, dass zwischen Winter und Sommer heißen solle zwischen Schlitten und Wagen. Dann ging er ins Zimmer und fragte: »Wo ist dein Vater, und wann kehrt er zurück?« – »Mein Vater ist in der Stadt; fährt er einen Umweg, wird er zum Abend hier sein, fährt er aber geradezu, wird er auch nach drei Tagen nicht zurück sein.« – »Wie geht das wunderlich zu? Was soll das bedeuten?« – »Das bedeutet: Geradezu geht es durch den Sumpf, doch auf dem Umweg auf der Straße.«

Danach freite der Wojewode um Siebenjahr, doch unter der Bedingung, dass sie sich nicht in die Angelegenheiten seines Amtes mischen dürfe; hielte sie aber ihr Versprechen nicht, dann würde er sie mit dem, was ihr das Liebste sei, zurück zu ihrem Vater schicken. Sie wurden getraut und lebten glücklich und zufrieden. War es lange nach dem oder nicht, da bat ein Bauer einen andern um ein Pferd, damit er vom Felde Rüben einfahren könne. Jener gab ihm das Pferd; der Bauer fuhr fort und kam erst spät am Abend zurück. Darum brachte er das Pferd nicht gleich dem Besitzer, sondern band es an seinem Wagen an. Am Morgen stand er auf und sah unter dem Wagen ein Füllen liegen. »Das Füllen ist mein: Es liegt unter dem Wagen; gewiss hat es die Rübe oder der Wagen geworfen.« Der andere aber, dem das Pferd gehörte, sagte: »Das Füllen ist mein!« Sie stritten und stritten sich und gingen zum Wojewoden, ihr Recht zu verlangen. Der Wojewode entschied: »Das Füllen ist unter dem Wagen gefunden worden, so gehört es auch dem, dem der Wagen gehört!« Das hörte Siebenjahr mit an, konnte nicht an sich halten und sagte ihrem Manne, dass er ungerecht richte. Der Wojewode geriet in Zorn und verlangte die Scheidung. Nach dem Mittagessen sollte Siebenjahr wieder zu ihrem Vater zurückfahren. Doch während des Essens machte sie ihren Mann ganz betrunken. Er trank sich voll und schlief ein. Da befahl sie, den Schlafenden in den Wagen zu legen, und fuhr mit ihm zu ihrem Vater. Dort wachte der Wojewode auf und fragte: »Wer hat mich hierhergebracht?« – »Ich habe dich hergefahren«, sagte Siebenjahr, »wir machten ja aus, dass ich mitnehmen dürfe, was mir das Liebste sei. Da nahm ich nun dich mit!« Er staunte über ihre Klugheit, versöhnte sich mit ihr und kehrte nach Hause zurück und sie lebten fortan glücklich und in Frieden.

Die Teufelsflöte

Es waren einmal ein Mann und eine Frau, die hatten drei Söhne, zwei kluge und Wanjka, den Dummkopf. Auf dem Mistbeet bei der Hütte hatten sie Rüben gesät, aber irgendjemand kam des Nachts und stahl die Rüben. Die Brüder machten unter sich aus, Wache zu halten, und in der ersten Nacht ging der älteste Bruder hin. Er setzte sich nieder, aber konnte nicht wach bleiben, sondern nickte ein und schlief. Als er aufwachte, waren viele Rüben gestohlen. In der nächsten Nacht ging der zweite Bruder wachen und verschlief ebenso. Wanjka aber saß auf dem Ofen und schnäuzte sich in die Faust. »Lasst ihr mich eine Nacht wachen?«, fragte er. »Das ist nichts für dich Dummkopf!« – »Nein, ich will hin.« – »Na, dann gut.« Und sie ließen ihn hinaus. Wanjka ging hin, fing an zu tanzen und tanzte bis Mitternacht; dann legte er sich nieder, und kaum lief der Teufel herbei und begann die Rüben auszureißen, da packte ihn Wanjka und hielt ihn fest. Sie balgten sich miteinander herum und schließlich fragte Wanjka: »Wer bist du?« – »Ich bin der Teufel, und du?« – »Ich bin auch ein Teufel.« – »Dann komm zu mir«, sagte der andere. Sie sammelten die Rüben auf und wanderten über Buchten und offenes Wasser. »Was gibst du mir für die Rüben?«, fragte Wanjka. Da gab ihm der Teufel eine Flöte, die spielte allerlei Stücke. Wanjka steckte sie ein, kehrte nach Hause zurück, kroch auf den Ofen und saß dort wie vordem. »Wo hast du die Rüben hingetan, Dummkopf?«, schrie ihn der Vater an, »alle hast du sie stehlen lassen!« – »Ich hab sie dem Teufel gegen eine Flöte eingetauscht«, antwortete er. »Na, dann gut.«

Sie hatten aber auf dem Hof eine Sau mit drei Ferkeln; da bat Wanjka, er wolle sie hüten gehn. »Wie wirst du sie denn hüten, Dummkopf? Die Schweine gehn dir alle noch verloren!« – »Nein, ich verliere sie gewiss nicht.« Er trieb sie ins Feld und hütete sie, zog seine Flöte heraus und begann zu spielen. Da fingen die Sau und die drei Ferkel an zu tanzen und zu springen. Das sah aber der Zar von seinem Fenster aus und wunderte sich: »Was ist das? Eine Sau und ihre Ferkel tanzen!« Die Zarentochter sah es auch und rief: »Man muss sie hierherschaffen!« Sie schickten Diener aus, sie herzuführen oder wenigstens ein Ferkel zu kaufen. Die Diener gingen hin; Wanjka spielte auf, und die Diener und die Schweine mussten tanzen. »Was wollt ihr?«, sagte Wanjka. »Wir sind geschickt, ein Ferkel zu kaufen.« – »Na, wer's braucht, der kann selber herkommen und kaufen.« Die Diener kehrten zurück und meldeten es dem Zaren. Da befahl die Zarentochter, eine Kutsche anzuspannen, und fuhr selber hin. Sie kam an, und Wanjka fing wieder an zu spielen. Da tanzten die Pferde, der Kutscher, der Wagen und sogar die Zarentochter, und sie tanzten so lange, bis sie kaum noch Atem schöpfen konnten. Dann hörte Wanjka auf, und die Zarentochter bat ihn, ihr ein Ferkel zu verkaufen. »Nein, es ist nicht zu verkaufen, ich geb es nur unter einer Bedingung her.« – »Und was ist denn diese Bedingung?« – »Bis zum Knie sich entblößen und dreimal um die Schweine herumtanzen.« Die Zarentochter hob ihr Kleid und tanzte. »Na, so nehmt das Ferkel mit!« Sie brachten es nach Hause und setzten es nieder, aber tanzen tat es nicht; den ganzen Fußboden besudelte es, tanzte aber keinen Schritt. »Man muss gewiss noch ein anderes Ferkel kaufen, zu zweien werden sie's lustiger haben.« Wanjka trieb jedoch unterdessen die Sau mit zwei Ferkeln nach Hause. Der Vater fragte ihn:

»Wo hast du das eine Ferkel gelassen?« – »Hab's verloren.« – »Du bist und bleibst ein Dummkopf«, schrie der Vater.

Am nächsten Tage machte sich Wanjka wieder bereit, die Schweine zu hüten, der Vater jedoch erlaubte es ihm nicht. Er trieb sie aber doch ins Feld, spielte auf der Flöte, und sie fingen an zu tanzen. Der Zar und seine Tochter aber schauten ihm zu. Sie schickten Diener aus, ein zweites Ferkel zu kaufen, er gab es jedoch nicht her. Da fuhr die Zarentochter selber hin. Wanjka fing an zu spielen, so dass alle um ihn herum zu tanzen begannen. »Was wollt ihr?«, fragte er dann. »Verkauf uns ein zweites Ferkel!« – »Nur wenn du dich bis zum Gürtel entblößt und dreimal um mich herumgehst, dann kannst du es haben!« Der Zarentochter blieb nichts übrig, sie entblößte sich und ging um ihn herum. »Na, so nehmt das Ferkel mit!« Sie brachten es heim und ließen beide Ferkel zueinander; da stießen sie sich mit den Rüsseln. »Gleich, gleich werden sie tanzen!«, meinten alle. Aber sie stießen sich bloß und liefen umher und besudelten den Fußboden noch einmal so schlimm, sodass es wirklich eine Schande war. »Man muss gewiss auch noch die Sau mit dem letzten Ferkel kaufen, denn nur darum tanzen die beiden nicht, weil sie allein sind.« Wanjka ging unterdessen nach Hause und trieb das Schwein mit dem einen Ferkel vor sich hin. »Wo hast du, Dummkopf, das andere Ferkel gelassen?« – »Hab's verloren«, sagte er. Sie schimpften ihn aus, aber was hilft das bei einem Dummkopf.

Am dritten Tage wollte Wanjka wieder die Schweine hüten. Da fuhr der Vater auf ihn los: »Zwei Ferkel schon hast du verloren, soll's mit dem dritten auch so gehn?« Er konnte aber nichts ausrichten, und der Dumme trieb die Schweine wieder ins Feld, setzte sich hin und fing an zu spielen. Die Sau tanzte und das Ferkel hinter ihr her. Die Zarentochter sah es und schickte Diener aus, das letzte Ferkel mitsamt der Sau zu kaufen. Doch die Diener kehrten mit leeren Händen zurück.

»Mag sie selber herfahren, wenn sie kaufen will«, hatte der Dumme gesagt. Da kam die Zarentochter angefahren. Wanjka spielte, und die Rosse und der Kutscher und die Zarentochter tanzten. »Verkauf mir die Sau mit dem Ferkel«, sagte sie. »Gut, zieh dich aus und heb dreimal die Hände so über den Kopf!« Da war nichts zu machen, die Zarentochter zog sich aus und hob die Arme; sie hatte aber unter der linken Achsel ein silbernes Haar und unter der rechten – ein goldnes. »Na, jetzt nehm die Schweine mit!« Sie brachten sie nach Haus, und da stießen sie sich wieder mit den Rüsseln, aber das war alles. Wanjka kam ohne alle Tiere heim, und der Vater fragte ihn: »Wo hast du die Schweine gelassen, du Lump?« – »Verloren sind sie.« Da schimpften sie ihn gewaltig aus, aber was machte das ihm aus? Er kroch auf den Ofen, schnäuzte sich in die Faust und schwieg still.

Und es kam die Zeit heran, da die Zarentochter heiraten sollte. Da ließ der Zar bekannt machen: »Ich geb sie demjenigen, der die Male meiner Tochter errät.« Aus dem ganzen Reich rief man mächtig viel Leute zusammen, und sie fingen nun an zu raten. Aber weißt du nichts, so errätst du auch nichts! Da fragte der Zar den Wanjka. Der sagte: »So und so, Eure hohe Majestät: unter dem rechten Arm ein goldnes Haar, unter dem linken ein silbernes.« – »Na, dann dank ich dir, wackerer Bursch, du hast es erraten«, sagte der Zar. Doch die Senatoren und Minister hatten davon Wind bekommen, dass einer es erraten hatte; sie kamen zu ihm in der silbernen Kutsche vorgefahren, in der der Zar nur einmal im Jahr auszufahren pflegte. »Verlang, was du willst«, so sprachen sie zu Wanjka, »nur tritt zurück!« – »Gut, dann gebt mir aber diesen Wagen, die Pferde und die Kutscher, die Kleider und alles Übrige.« Da gaben sie's ihm.

Und wieder ließ der Zar bekannt machen, wer die Male seiner Tochter errate, dem wolle er sie zur Frau geben. Niemand konnte sie erraten, nur Wanjka allein, und der Zar dankte ihm. Da kamen wieder dieselben Senatoren angefahren und baten den Dummkopf, von der Heirat abzustehn. »Gebt mir die Kutsche, die Pferde und alles, was ihr an euch tragt!«, sagte er. Und sie gaben es ihm. Wanjka aber nahm sich eine große Wohnung in der Stadt und lebte dort.

Und zum dritten Mal ließ der Zar die Botschaft verkünden; Wanjka allein erriet die Male. Da fing man an, die Hochzeit zu rüsten und feierte sie dann mit großem Prunk. Und Wanjka lebte nun mit der Zarentochter. Eines Tages aber befahl der Zar: »Man soll die goldne Kutsche anspannen, wo ist sie?« – »Ja, die ist dort und dort bei dem Schwiegersohn.« Der Zar schickte seine Minister und Senatoren zu ihm nach der Kutsche. Sie kamen zu Wanjka und sprachen: »Wir brauchen die Kutsche.« – »Gut, ich geb sie euch, aber geht vorher mit mir spazieren!« Er führte sie in den Wald, in ein Hagedorndickicht, zog die Flöte heraus und fing an zu spielen. Da mussten die Senatoren im Dickicht tanzen, zerrissen und zerkratzten sich, dass das Blut herunterlief und nur noch die Lumpen herabhingen. Sie kamen zum Zaren und beklagten sich, dass der zarische Schwiegersohn sie bis aufs Blut gepeinigt habe. »Aha, so einer ist der! Man muss ihn hinrichten!«, sagte der Zar. Da führte man Wanjka aufs Schafott. Und als er hinging, strömte eine Menge Volks zusammen, und der Zar selbst war auch dort. Soldaten wurden aufgestellt; die Senatoren und viele Beamte versammelten sich. »Erlaubt ihr mir noch, vor dem Tode von meiner Frau Abschied zu nehmen?«, fragte Wanjka. »Das darfst du«, sagte der Zar. Sie schickten nach seiner Frau, die wusste aber schon Bescheid. Sie nahm Abschied von ihm und gab ihm dabei die Flöte. »Erlaubt ihr mir noch zum letzten Mal, auf der Flöte zu spielen?« Da erschraken die Senatoren. »Wir können ihr nicht widerstehn«, sagten sie. Er fing aber an zu spielen, und das ganze Volk tanzte, die Soldaten tanzten, die Senatoren und auch der Zar selber. Sie vergnügten sich dabei so sehr, dass der Zar Wanjka vergab, und er lebte fortan glücklich und zufrieden.

Nikolaus, der Wundertäter

Es waren einmal zwei Brüder, der eine war reich und der andere arm. Der Arme hatte eine große Familie, und zu essen gab es nichts mehr. Da ging er zum Bruder und bat ihn um Mehl; doch der schlug es ihm ab. Der Arme nahm ein Bild von Nikolaus dem Wundertäter und brachte es dem Reichen als Pfand. Der Bruder traute ihm nicht und fragte: »Wer wird für dich bürgen?« Da antwortete das Heiligenbild: »Ich bürge für ihn.« Der Reiche verwunderte sich darob, aber nahm das Bild an und gab dafür einen Sack Mehl.

Ein Jahr verging, ein zweites und ein drittes, aber der Arme zahlte dem Bruder die Schuld nicht zurück. »Welch ein Betrüger ist doch der Heilige!«, dachte der Bruder, »und dabei hat er noch gesagt, er verbürge sich.« Er nahm das Heiligenbild, brach sich Ruten ab und trug das Bild hinaus auf das Feld, um es dort zu prügeln. Unterwegs begegnete ihm ein Kaufmannssohn und fragte, wohin er das Bild trage. Der Reiche erklärte es ihm. Da bat jener, er möge ihm den wundertätigen Nikolaus verkaufen, gab zwei Sack Mehl für ihn und trug ihn heim. Seine Mutter lobte ihn für die gute Tat, und sie hängten das Bild auf.

Zu dieser Zeit musste der Kaufmann mit seinen Schiffen in ein anderes Zarenreich fahren; drei seiner Onkel hatten sich schon mit ihren Waren auf die Reise gemacht und nicht auf ihn gewartet. Da wollte er einen Aufseher in seinen Dienst nehmen und fand auch einen. Die Mutter schenkte dem Aufseher ein Ei und sagte, er solle es zusammen mit ihrem Sohn verspeisen. Jener schnitt das Ei in die Hälfte, aber die größere nahm er für sich, die kleinere gab er dem Hausherrn. Da befahl die Mutter, diesen Mann laufen zu lassen, und sagte: »Er sorgt mehr für sich als für seinen Herrn.« Der Kaufmann suchte nun so lange einen Aufseher, bis er einen solchen fand, der die größere Hälfte vom Ei seinem Herrn gab und die kleinere für sich selber nahm.

Sie machten sich dann auf und fuhren ab. Auf dem Meere kamen sie an einer Insel vorbei, und auf der Insel erblickten sie einen alten Mann, der bat sie, ihn auf ihr Schiff hinüberzuholen, und das taten sie auch. Dann fuhren sie in das fremde Zarenreich und handelten so glücklich, dass sie das Geld nicht mehr zu zählen vermochten. Der Zar in dem Lande hatte eine Tochter, die war einmal in ihrer Kindheit von ihm verflucht worden; sie starb darauf und lag schon lange in der Kirche im Sarge. Jede Nacht gingen die Leute einer nach dem andern zu ihr, den Psalter zu lesen, und alle fraß sie auf. So kam auch die Reihe an einen der Onkel des Kaufmannssohnes. Was sollte er tun? Sterben wollte er nicht, aber fortbleiben durfte er nicht. Da bat er den Neffen, für ihn zu wachen. Der ging aber vorher zum Alten und holte sich von ihm Rat, und der Alte sagte ihm, er solle dafür von dem Onkel zwei Schiffe mit Waren verlangen, gab ihm auch ein Buch und ein Stück Kohle und befahl ihm, sich in der Kirche nicht umzuschauen. Der Neffe tat, wie er ihm geraten hatte, las in der Nacht den Psalter am Lesepult in der Kirche und zeichnete um sich herum mit der Kohle einen Kreis. Um Mitternacht aber, da stieg die Zarentochter aus dem Grabe und fing an, mit den Zähnen zu knirschen. »Ha! Jetzt bist du mir verfallen!« Doch sie konnte auf keine Art in den aufgezeichneten Kreis hineingelangen. Sie wand sich und mühte sich, bis ihre Zeit herum war und sie dort am Kreise niederfiel. Der Neffe aber las immerzu; am Morgen hob er die Zarentochter auf, legte sie zurück in den Sarg und ging selber nach Hause. Sie alle, das Volk und der Zar, staunten, dass er am Leben geblieben war. Der Onkel jedoch musste ihm zwei Schiffe geben; die Waren gingen rasch ab, und Geld hatte er nun scheffelweis.

In der nächsten Nacht kam die Reihe an den zweiten Onkel, in der übernächsten an den dritten; der Neffe nahm von ihnen je zwei Schiffe und wachte unbeschadet. Endlich, in der vierten Nacht, musste er für sich selber Wache halten. Da gab ihm der Alte drei eiserne, drei kupferne und drei stählerne Ruten und sprach zu ihm: »Zwing sie, ein Vaterunser zu beten, und sobald sie ins Stocken gerät, prügle sie mit den Ruten.« Der Kaufmannssohn ging zur Nacht in die Kirche, zeichnete den Kreis um sich herum und las. Die Zarentochter sprang um Mitternacht aus dem Grabe und fing an zu wüten, noch ärger als in den ersten drei Nächten. Sie hatte mit einem Mal Ofenkrücken in den Händen und zerrte ihn damit fast aus dem Kreise heraus; rund herum aber tobten zahllose Teufel und machten fürchterlichen Lärm. Endlich blieb die Zarentochter ganz ermattet stehn, aber fiel nicht um. Da zwang sie der Kaufmannssohn, das Vaterunser zu beten. Und wie sie nun anfing und dann stecken blieb, schlug er mit den eisernen Ruten auf sie ein. Danach musste sie aber weiterlesen, kam bis zur Hälfte und stockte abermals; da prügelte er sie aufs Neue mit den kupfernen Ruten. Und wieder zwang er sie weiterzulesen, und sie war noch nicht zu Ende gelangt, als sie nochmals ins Stocken geriet: Da schlug er sie mit den stählernen Ruten. Dann las sie jedoch richtig bis zum Schluss. Der Morgen war schon angebrochen, und hinter den Türen fragten die Leute einander: »Lebt er wohl noch?« Und als sie zwei Stimmen hörten, wunderten sie sich: »Was soll das bedeuten?« Sie öffneten die Tür und sahen den

Kaufmannssohn und die Zarentochter beieinander. Gleich meldeten sie's dem Zaren. Der freute sich darüber sehr und gab dem Kaufmannssohn seine Tochter zur Frau.

Die Waren hatten sie inzwischen verkauft, und es war Zeit heimzukehren. Der Alte aber sagte dem Kaufmannssohn, dass er seiner Frau des Nachts nicht eher beiwohnen solle, bis er es ihm erlauben würde. Sie fuhren nun auf ihren Schiffen und kamen zu jener Insel. Da sprach der Alte: »Jetzt wollen wir unsern Verdienst teilen.« Sie legten ihre Millionen auf zwei Hälften, und dann sollte auch die Frau geteilt werden. Der Jüngling betrübte sich gar sehr, aber es war nichts zu machen, so hatten sie es vorher verabredet, und er willigte schließlich ein. Der Alte nahm einen Säbel und hieb die Zarentochter in zwei Hälften: Da krochen aus ihrem Leibe allerhand Ungeziefer und Schlangen; das waren aber alles Teufel. Der Alte reinigte den Leib und besprengte ihn mit Wasser, da wuchs er zusammen, und die Zarentochter ward wieder lebendig. »Hier hast du deine wahre Frau«, sprach der Alte, »leb du mit ihr und nimm alles Geld, ich bedarf dessen nicht.« Nur drei Kopeken nahm er mit sich, und dann verschwand er plötzlich, keine Spur war mehr von ihm zu sehn. Dem Kaufmannssohn war es leid um den Alten, er hatte ihn lieb gewonnen wie einen Vater, aber da ließ sich nichts tun, und er reiste heim. Zu Hause erzählte er der Mutter von ihm, berichtete, was ihm begegnet war, und bedauerte den Alten. Die Mutter aber sprach zu ihm: »Warum dachtest du nicht an den wundertätigen Nikolaus? Hättest du ihm doch vorher eine Kerze geweiht.« Da besann er sich darauf und ging zu dem Heiligenbild, dort brannte aber schon eine Kerze für drei Kopeken. Sie fragten herum, wer sie wohl gestiftet habe, denn der Heilige hätte eine für einen Rubel haben sollen, doch niemand bekannte sich dazu. Da erriet er, dass der Alte der heilige Nikolaus, der Wundertäter, gewesen war und für jene drei Kopeken sich selbst eine Kerze aufgestellt hatte. Sie ließen die Kerze brennen, und mit all dem Gut, das sie erworben hatten, lebten sie glücklich und zufrieden.

Peter der Erste als Dieb

Alles hatte Peter der Erste erlernt, nur stehlen konnte er nicht und fuhr daher, um es zu lernen, in ein anderes Reich und verdingte sich als Gehilfe bei einem tüchtigen Diebe. Er ging mit ihm hinaus auf die große Straße. Da sahen sie einen Wagen vor sich herfahren, auf dem saß ein Kaufmann, und hinten war ein Ochse angebunden. »Gut wär es, den zu berauben«, meinte Peter. »Man muss ihn totschlagen, wie willst du ihn sonst berauben?«, antwortete der Dieb. Peter war jedoch mit dem Totschlagen nicht einverstanden. Er zog einen Stiefel ab, besudelte ihn und warf ihn auf die Straße – seine Stiefel aber waren ganz neu. Der Kaufmann kam herangefahren, bemerkte den Stiefel wohl, aber fuhr weiter. Peter lief voraus, zog den zweiten ab und warf ihn ebenfalls auf die Straße. Der Kaufmann erblickte den Stiefel und sah, dass er ganz neu war. »Ich will ihn doch aufheben«, dachte er, »er ist ja neu.« Er stieg vom Wagen ab und lief zurück, den andern Stiefel zu holen; unterdessen tötete Peter den Ochsen, zog ihm das Fell ab und befahl dem Diebe, das Fleisch in den Wald zu schleppen und eine Suppe zu kochen. »Bloß wirst du nichts davon zu essen bekommen«, sagte er, »sondern höchstens von der Suppe kosten.« Jener glaubte ihm nicht und schleppte das Fleisch in den Wald. Peter setzte sich den Ochsenkopf auf, stieg in den Sumpf am Wege und saß dort. Der Kaufmann kam und sah, dass der Ochse versunken war. Was war zu machen, herausziehen musste man ihn, obwohl er nur noch mit dem Kopfe wackelte. Der Kaufmann zog sich aus, kroch dem Ochsen nach und fing an zu ziehen. Da warf ihm Peter das Fell über den Kopf und stieß ihn in den Sumpf, dann lief er zum Wagen, sprang auf und schrie: »Ich war nicht allein!« Der Räuber hörte das, erschrak und lief fort, obwohl er noch nicht einmal ordentlich von der Suppe gekostet hatte. Peter kam herangefahren, aß das Fleisch auf, setzte sich auf den Wagen und fuhr rasch nach Hause; er versteckte alles, kletterte auf die Schlafbank und schlief ein. Bald darauf kam der Räuber und klagte der Frau, dass es schiefgegangen sei, und was für ein geschickter Gehilfe sei das gewesen! »Ja, aber dort liegt er doch auf der Schlafbank!«, rief die Frau. Der Räuber wunderte sich und hörte nun, wie die Sache verlaufen war.

Einige Zeit darauf wollten sie einem Kaufmann die Warenkammer ausräumen. Peter kletterte hinein und stahl zwölf Schuppenpelze und einen von Zobel. Sie fingen an zu teilen; aber wie sollte es mit dem dreizehnten Pelz werden? Peter verlangte, dass er ihm gehören müsse, denn er sei hineingekrochen; der Räuber war jedoch nicht einverstanden. »Gut«, sagte Peter, »bleib du hier beim Kaufmann unter dem Fenster stehn, ich aber will gehn und fragen, wer den Pelz erhalten soll.« Er stellte sich trunken, ging zum Kaufmann hinein und erzählte, wie zwei Diebe bei einem Kaufmann zwölf Schuppenpelze und einen aus Zobel gestohlen hätten und sie nicht zu teilen verstünden; und wer solle den Zobelpelz erhalten? Man antwortete ihm: der, der hineingekrochen sei. Der Räuber hörte das und musste den Pelz abtreten.

Darauf beschlossen sie, die Reichsschatzkammer zu berauben. Wie sollten sie aber die Wächter anführen? Peter stellte sich wieder betrunken, nahm mehrere Halblitergefäße voll Schnaps mit, ging an dem Wächter vorbei, ließ wie im Versehen die Gefäße fallen und ging weiter. Der Wächter aber hatte das bemerkt, hob die Gefäße auf, trank sie leer und schlief ein. Von der andern Seite aber brachen Peter und sein Lehrer durch die Wand der Schatzkammer, rafften aus den Kästen einen großen Haufen Gold und Silber zusammen und verschlossen wieder die Wand. Am nächsten Tage war eine Revision der Schatzkammer, und man bemerkte, dass das Geld gestohlen und die Wand schlecht wieder zusammengefügt war. Man befragte den Wächter, und er gestand, dass er Schnaps getrunken habe.

Da ließ der Zar alle bekannten Diebe zusammenrufen, um zu beraten, wie der Schatzdieb zu fangen wäre. Der allerberühmteste Dieb Barma meinte, dass ein geschickter Dieb es getan habe, er selbst hätte es nicht so gewandt vollbringen können. »Man muss«, sagte er, »an der Wand ein Fass mit Teer aufstellen.« Na, das wurde denn auch getan. Der Räuber wollte noch einmal in die Schatzkammer einsteigen. Peter riet ihm ab, doch jener fuhr trotzdem hin. Er stieg diesmal selber ein – und fiel in das Fass. Peter bemerkte die Falle. Was sollte er tun? Durch den andern würde man wohl auch ihn ausfindig machen. Peter steckte die Hand ins Fass, tastete umher und schnitt dem Räuber den Kopf ab. Dann kroch er vorsichtig über das Fass hinüber, stahl wiederum Geld aus der Schatzkammer und fuhr mit dem Kopf nach Hause. Der Frau des Räubers erzählte er, wie ihr Mann sich gefangen habe, und warnte sie, dass sie nicht weinen solle, wenn der Leichnam durch die Stadt gefahren werde; für diesen Fall aber riet er ihr, beim Hinausgehn in eine Hand einen Teller mit roter Grütze, in die andere einen Topf mit Milch zu nehmen, dies alles zu zerschlagen, zu weinen und zu jammern: »Mir ist's nicht leid um den Teller Grütze, mir ist's leid um den Topf mit Milch! Mir ist's nicht leid um den Topf mit Milch, mir ist's leid um den Teller Grütze!«

Am nächsten Tage führte man den Leichnam durch die Stadt. Die Frau ging hinaus mit der Grütze; irgendwer stieß sie, und Grütze und Milch flogen ihr aus der Hand. Da weinte das Weib und fing ihre Klage an.

Den Leichnam hängte man an einen Baum und ließ hundert Mann Soldaten Wache stehn. Peter wollte die Leiche stehlen. Er verkleidete sich als alter Mann, kaufte lange tatarische Röcke, Schnaps und Rasiermesser, packte alles auf einen Wagen, an dem er die Achsen halb durchsägte. Er kam zu den Wächtern gefahren, und da brachen die Achsen. Er jammerte darüber, bat die Soldaten, beim Wagen zu bleiben, während er nach neuen Achsen laufen wolle. Kaum war Peter fort, so machten sich die Soldaten über den Wagen her, fanden den Schnaps, tranken sich um Sinn und Verstand und schliefen ein. Peter kam zurück, rasierte ihnen die Köpfe, kleidete sie in die tatarischen Röcke und fuhr mit dem Leichnam davon. Am Morgen meldete man dem Zaren, dass die Tataren die Stadt belagerten. Der Zar sandte ein Heer aus, und erst dann erfuhr man, dass nichts als Betrug dahinter war.

Der Dieb Barma riet dem Zaren, für alle Säufer ein Gelage zu rüsten. Man rollte vierzig Fässer Schnaps an und warf hier und da in die Winkel Goldstücke, in der Hoffnung, der Dieb werde das Gold aufheben, während die Säufer trinken würden. Peter erschien auf dem Gelage, hatte seine Sohlen mit Pech beschmiert und ging umher; die Goldstücke klebten an den Füßen, und auf diese Weise sammelte er sie auf. Die Diener sahen, dass niemand sich bückte, und doch war das Gold fort. Sie durchsuchten die Taschen der schlafenden Säufer und fanden bei Peter das Gold. Zum Zeichen dafür schnitten sie ihm die Sohlen seiner Stiefel ab. Er hatte sich aber nur trunken gestellt, hörte und sah alles und schnitt darauf allen die Sohlen ab. Als man sie später hinausließ und untersuchte, hatte keiner mehr eine Sohle am Stiefel.

Das nächste Mal wurde wieder ein Gelage veranstaltet, und Barma riet dem Zaren, seine Tochter zu opfern und sie in ein besonderes Gemach zu setzen, damit die Säufer sich an ihrer Schönheit erfreuen könnten. Der Dieb, meinte er, werde zu ihr schleichen, und dann solle sie ihm ihren Stempel aufdrücken. Und wirklich, die Säufer betranken sich, Peter aber schlich sich in das Zimmer zu der Zarentochter, und sie drückte ihm ihren Stempel auf. Allein er nahm ihr die Jungfernschaft und drohte sie zu töten, wenn sie ihm nicht den Stempel gäbe. Sie gab ihn her, und er ging hin und stempelte alle Säufer ab. Auch diesmal entkam er.

Beim dritten Mal rüstete man wieder ein Gelage, und in dem Zimmer der Zarentochter stellte man eine Falle. Und wirklich schlich Peter sich wieder hin und fiel durch den Boden. Er schrie aber: »Hierher, Kinder, viel Schnaps ist da!« Die Säufer stürzten zu ihm hin und brachen ebenfalls durch.

Endlich beschloss man, die Zarentochter in ein Kloster zu stecken. Da ging Peter einmal nachts zu ihr. Unterwegs griff er einen Menschen auf, warf ihn sich auf die Schulter und ging zum Kloster. Ein Mönch fragte: »Wer da?« – »Der Teufel, er trägt einen Popen.« Der Mönch erschrak und lief fort. Peter aber schlief bei der Zarentochter. In der nächsten Nacht war's das Gleiche. In der dritten ging Barma selber wachen. Peter kam wieder nachts mit einem Mann auf der Schulter. »Wer da?«, fragte Barma. »Der Teufel, er trägt einen Popen.« – »Nun, so geh weiter.« Peter ging hinein, aber Barma schloss alle Türen ab, und am Morgen fing man Peter bei der Zarentochter, warf ihn ins Gefängnis und bestimmte den Tag der Hinrichtung. Peter überredete im Gefängnis einen Knaben, in seine Wohnung zu laufen und ihm sein Bündel zu bringen, gab ihm ein Goldstück dafür. Der Knabe brachte das Bündel, darin aber war Peters Zarengewand. Als er sich angekleidet hatte, erkannte man in ihm den russischen Zaren, der andere Zar jedoch erschrak, weil er abhängig von ihm war. Er wollte ihm seine Tochter zur Frau geben. »Ihr habt ihr die Jungfernschaft genommen«, sagte er. Peter berief sich darauf, dass der Gestempelten viele gewesen waren, er sei nicht der Erste bei ihr gewesen. Und da fuhr er denn fort in sein Reich.

Der Bauer und die goldne Sonne

Es war einmal ein Bauer, der besaß kein Haus. Er diente um Tagelohn und bedang sich einen halben Hektar Weizen und ein Pferd aus. Doch als der Herbst kam, erfror ihm der Weizen, und die Wölfe fraßen ihm das Pferd auf. Der Bauer verließ seinen Wirt und ging fort, um sich einem andern zu verdingen. Da begegnete ihm auf dem Wege ein Herr, und der fragte ihn: »Wohin gehst du, Bauer?« Der Bauer antwortete ihm: »Ich gehe mich verdingen.« – »Komm zu mir, Feuer unter einen Kessel legen.« – »Was hast du im Kessel?« – »Fettgrieben.« Das waren aber keine Fettgrieben, sondern die Sünder in der Hölle. Und er mietete ihn und sagte: »Nun musst du recht hurtig das Holz unter den Kessel legen, damit es ein starkes Feuer gibt.« Der Bauer verdingte sich und warf immer flink die Scheite nach, und sie brannten hell. Da rief ihm vom Himmel ein Engel zu: »Bauer, leg das Holz langsamer nach!« Der Bauer fing an, das Feuer bedachtsamer zu schüren. Der Herr aber bemerkte es und wollte mit ihm abrechnen. Der Engel im Himmel rief dem Bauern zu: »Nimm nichts außer Fettgrieben!« Der Herr wollte in Gold und Silber mit ihm abrechnen, aber der Bauer nahm nichts an und sagte: »Gib mir von den Fettgrieben.« Da gab er ihm davon.

Der Bauer ging an einem Flüsschen entlang, war bald müde geworden, legte sich zur Ruh und schlief fest ein, aber unterdessen zerflossen ihm die Fettgrieben. Der Bauer wachte auf, da waren die Fettgrieben fort. Er ging am Flüsschen weiter. Dort schwamm eine Ente und rief dem Bauern zu: »Großväterchen, nimm mich heraus!« Er tat es, und sie verwandelte sich in eine Jungfrau. »Jetzt werd ich dein Weib sein«, sagte sie. Er nahm sie mit sich und ging in seine Heimat. Zu Hause aber waren alle Leute auf seine Frau versessen und dachten nach, wie sie sie ihm wohl fortnehmen könnten. »Geh hin und suche zu erfahren, wo die Sonne aufgeht und wo sie untergeht, dann werden wir dir die Frau nicht nehmen«, sprachen sie zu ihm. Sein Weib aber wickelte ein Garn Bindfaden zu einem Knäuel und sagte: »Wohin das Knäuel rollt, dorthin geh auch du; tritt jedoch zuvor dreimal über mich hinüber, dann verwandle ich mich in ein Steinchen.« Er trat dreimal über sie hinüber, und sie ward zu einem Steinchen; er legte es vorn in den Winkel der Stube. Die Frau aber war die Schwester der Sonne.

Das Knäuel rollte davon, und der Bauer ging hinterher. Die Nachbarn aber versammelten sich, und weil er fort war, wollten sie ihm die Frau doch wegnehmen, konnten sie aber nicht finden. Da jagten sie ihm nach und fragten: »Wo hast du sie versteckt?« – »Zu Hause hab ich sie gelassen.« Er kam zu einem Hüttchen und ging hinein. Drinnen saß ein altes Weib. »Woher kommst du, mein Schwiegersöhnchen?«

»Großmütterchen, sie wollten mir die Frau nehmen und sagten: Geh hin und suche zu erfahren, wo die Sonne aufgeht und wo sie untergeht, dann nehmen wir dir die Frau nicht fort.« – »Kindchen, kriech unter den Badequast, sonst kommt die Sonne angerollt und verbrennt dich.« Er kroch unter den Badequast, und die Alte bedeckte ihn. Die Sonne kam herein. »Was riecht es bei dir, Mütterchen, so nach Menschenfleisch?« – »Kindchen, bei mir riecht nichts nach Menschen, nichts ist von ihnen hier.« Die Sonne ging baden, kam nachher aus der Badstube heraus und setzte sich hin, Tee zu trinken. »Und doch riecht's bei dir, Mütterchen, nach Menschenfleisch!«, sagte sie. »Nun ja, Kindchen! Das Schwiegersöhnchen ist bei mir zu Gast.« – »Wo ist er? Er soll hervorkommen!« Der Bauer trat hervor. »Weswegen bist du hierhergekommen?« – »Sie wollten mir die Frau fortnehmen und sandten mich aus zu erfahren, wo die Sonne aufgeht und wo sie untergeht.« – »Ich werde dich morgen in meinen Wagen setzen, der wird dich fahren, und dann wirst du sehen, wo die Sonne aufgeht und wo sie untergeht.«

Am Morgen stand die Sonne auf und setzte den Bauern in ihren Wagen, und er fuhr davon. Da kam ihm der heilige Georg entgegen und fiel auf die Knie. »Guten Tag, gerechte rote Sonne!« Der Bauer stieg aus dem Wagen und schlug den heiligen Georg, bis er grün und blau wurde. Dann fuhr er weiter bis zum mittäglichen Palast der Sonne. Dort war alles von Gold und Silber; und er zerbrach und zerschlug alles bis aufs Letzte. Dann kehrte er heim. Und als er angelangt war, fragte die Sonne: »Weißt du jetzt, wo die Sonne aufgeht und wo sie untergeht?« – »Ja, ich weiß es.« – »Nun, dann will ich jetzt fahren, bleib du aber noch einen Tag als Gast.« Die Sonne ging auf die Reise, und der Bauer blieb noch einen Tag in ihrem Hause.

Der heilige Georg kam der Sonne entgegen, fiel auf die Knie und sagte: »Guten Tag, gerechte rote Sonne! Was für einen gemeinen Kerl hast du gestern in deinen Wagen gesetzt? Er hat mich von oben bis unten verprügelt und zum Krüppel geschlagen.« – »Wart ein wenig, ich fahre heim und verbrenn ihn!« Sie kam in ihren mittäglichen Palast: Dort war alles zerbrochen und zerschlagen. »Na, wart mal!«, rief sie, »ich will dich zu Asche verbrennen!« Dann kam sie heim und fragte: »Wo ist der Bauer, Mütterchen? Er soll herauskriechen!« Er tat es, und sie fragte ihn: »Wofür hast du den heiligen Georg verprügelt?« – »Weißt du noch, ich hatte mir vom Wirt ein

Pferd ausbedungen? Warum hat er es aber den Wölfen zum Fraß gegeben?« – »Warum hast du aber in meinem mittäglichen Palast alles zerschlagen?« – »Weißt du noch, ich hatte mir vom Wirt ein Weizenfeld ausbedungen? Warum hast du es nicht erwärmt, sondern erfrieren lassen?« Da sagte die Sonne: »Es ist wahr.« – »Erzähl mir aber, warum du neun Tage und neun Nächte nicht auf- und nicht untergegangen bist?« – »Deswegen bin ich neun Tage und Nächte nicht auf- und nicht untergegangen, weil Afimja Mariamna umherschwamm. Ihr Schifflein und ihr kleines Ruder sind von Gold: Da hab ich mich in sie vergafft. Ich setzte mich auf ihr Ohr und wollte sie küssen; doch als sie mich mit dem Ruder schlug, flog ich ins Wasser; drei Tage und drei Nächte sank ich bis auf den Grund, drei Tage und drei Nächte lag ich am Ufer.«

Der Bauer und sein Weib lebten danach glücklich und in Freuden und erwarben sich ein Häuschen.

Marjuschka

Es war einmal ein Bauer, der hatte fürchterlich viel Kinder; und da gebar ihm sein Weib noch ein Mädchen dazu. Er hatte bereits nichts mehr, worin er das Kind einwickeln und wohin er es legen konnte, darum bedeckte er es mit Birkenrinde, trug es in den Wald und legte es an einem Baumstumpf nieder. Die allerheiligste Mutter und Gottesgebärerin hob das Mädchen auf, brachte es zu sich in die Kirche und pflegte und nährte es dort. Es wuchs nicht nach Jahren, sondern nach Stunden, und wuchs stattlich heran. Die Mutter Gottes gab ihm den Namen Marjuschka. Und sie sprach zu dem Mädchen: »Höre, Marjuschka, geh in die Kirche, aber schau nicht zum Altar hinein.« Sie selbst aber ging in den Altarraum. Das Kind lief in der Kirche umher – und guckte zum Altar hinein: Da trug die allerheiligste Mutter und Gottesgebärerin Christus auf ihren Armen. Dann lief das Mädchen in der Kirche umher und schaute wieder zum Altar hinein: Da wickelte die allerheiligste Mutter und Gottesgebärerin Christus ein. Und wiederum lief das Kind in der Kirche umher und guckte abermals zum Altar hinein: Da setzte die allerheiligste Mutter und Gottesgebärerin Christus auf den Thron. Danach kam sie jedoch hervor und fragte: »Bist du in der Kirche umher gegangen, Marjuschka?« – »Ja«, antwortete das Mädchen. »Hast du nicht zum Altar hineingeschaut?« – »Nein, Mütterchen, ich hab nicht hineingeschaut.« – »O Marjuschka, gesteh es nur, sonst wird dir's schlecht ergehn.«

– »Und wenn's mir auch schlecht ergehn soll, Mütterchen, ich hab nicht hineingeschaut.«

Die allerheiligste Mutter und Gottesgebärerin führte Marjuschka zurück in den wilden Wald und ließ sie dort allein.

Das Mädchen ging lange, lange im Walde umher und kam endlich in einen Garten und von dort in eine Stadt. In dieser Stadt aber fand sich niemand, der für den Zaren ein Kleid nähen konnte. Was man auch zusammennähte, bald war es zu kurz, bald zu lang, bald zu eng, bald zu weit. Marjuschka rühmte sich: »Ich würd eurem Zaren ein Kleid schon nähen können.« Gleich hinterbrachte man's dem Zaren und er rief das Mädchen zu sich und gab ihr den Stoff zum Kleide. Sie schnitt ihn zu und nähte das Kleid für den Zaren. Er legte es an, und es war nicht zu eng und nicht zu weit, nicht zu lang und nicht zu kurz, wie angegossen saß es!

Der Zar freite um Marjuschka und nahm sie zur Frau. Sie wurde schwanger und gebar ein Söhnchen. Und der Zar schickte sie mit ihren Ammen, ihren Wärterinnen und Dienerinnen ins Bad. Sie kam hin, aber die Ammen und Wärterinnen schliefen dort alle ein. Da öffnete sie die Decke, und die allerheiligste Mutter und Gottesgebärerin erschien. »Bist du in der Kirche umhergegangen?« – »Ja, ich bin umhergegangen.« – »Hast du nicht zum Altar hineingeschaut?« – »Nein, Mütterchen, ich hab nicht hineingeschaut.« – »Gesteh, sonst reiß ich dem Kindlein Hand oder Fuß ab!« – »Und reißt du auch Hand oder Fuß ab, ich hab nicht hineingeschaut.« Die Mutter Gottes riss dem Kinde die Hand ab und stopfte sie Marjuschka in den Mund, dann nahm sie das Söhnchen mit sich fort. Die Ammen und Wärterinnen erwachten und berichteten dem Zaren, dass sein Weib das Kind aufgegessen habe. »Die erste Schuld sei ihr verziehen«, sagte der Zar.

Hernach lebten sie miteinander, war es kurz oder lang, da ward die Zarin abermals schwanger und gebar ein Söhnchen.

Der Zar schickte sie mit ihren Ammen, ihren Wärterinnen und Dienerinnen ins Bad. Sie kam hin, aber die Ammen und Wärterinnen schliefen dort alle ein. Da öffnete sich die Decke, und die allerheiligste Mutter und Gottesgebärerin erschien. »Bist du in der Kirche umhergegangen, Marjuschka?« – »Ja, ich bin umhergegangen.« – »Hast du nicht zum Altar hineingeschaut?« – »Nein, Mütterchen, ich hab nicht hineingeschaut.« – »Gesteh, sonst reiß ich dem Kindlein den Fuß ab!« – »Und reißt du ihn auch ab, ich hab nicht hineingeschaut.« Die Mutter Gottes riss dem Kinde den Fuß ab und stopfte ihn Marjuschka in den Mund, dann nahm sie das Söhnchen mit sich fort. Die Ammen und Wärterinnen erwachten und berichteten dem Zaren: »Dein Weib hat das Kind aufgegessen. Ein Beinchen stak ihr im Munde.« – »Die zweite Schuld sei ihr vergeben«, sagte der Zar.

Wieder verging ein Jahr. Die Zarin gebar ein Söhnchen. Der Zar schickte sie mit ihren Ammen, ihren Wärterinnen und Dienerinnen abermals ins Bad. Dort schliefen die Ammen und Wärterinnen alle ein. Die Decke öffnete sich, und die allerheiligste Mutter und Gottesgebärerin erschien. »Bist du in der Kirche umhergegangen, Marjuschka?« – »Ja, ich bin umhergegangen.« – »Hast du nicht zum Altar hineingeschaut?« – »Nein, Mütterchen, ich hab nicht hineingeschaut.« »Gesteh, sonst reiß ich dem Kindlein den Kopf ab!« – »Und reißt du auch den Kopf ab, ich hab nicht hineingeschaut.« Die Mutter Gottes riss dem Kinde den Kopf ab und stopfte ihn Marjuschka in den Mund. Die Ammen und Wärterinnen erwachten und berichteten dem Zaren: »Dein Weib hat das Kind aufgegessen. Der Kopf stak noch im Munde.« – »Nehmt sie, bindet ihr einen Stein um und werft sie mitten in den Fluss«, sagte der Zar. Sie banden ihr einen Stein um, brachten sie fort und warfen sie mitten in den Fluss. Sie dachten, dass sie ertrunken sei, aber die allerheiligste Mutter und Gottesgebärerin hatte sie herausgezogen.

Darauf sah man sie, wie sie am Ufer entlangging, und hinterbrachte es dem Zaren. Er sagte: »Packt sie, entzündet ein Feuer und werft sie hinein.« Sie taten, wie ihnen befohlen war, und warfen die Zarin in die Flammen, aber die allerheiligste Mutter und Gottesgebärerin ließ es nicht zu und zog sie heraus. Und wiederum ging sie umher. Man sagte es dem Zaren, und er befahl: »Packt sie, stoßt ihr die Augen aus und führt sie in die Wildnis.« Sie gehorchten, stießen ihr die Augen aus und führten sie in die Wildnis. Zu ihr kam aber die allerheiligste Mutter und Gottesgebärerin und sprach: »Bist du in der Kirche umhergegangen, Marjuschka?« – »Ja, ich bin umhergegangen.« – »Hast du nicht zum Altar hineingeschaut?« – »Ja, ich hab hineingeschaut, Mütterchen, und bin schuldig.« – »Na also, Marjuschka, längst hättest du es sagen sollen, dann hättest du keine Qualen erlitten.« Sie gab ihr das Gesicht wieder, und Marjuschka konnte wieder sehen. Die heilige Mutter und Gottesgebärerin brachte die drei Söhne herbei; inzwischen waren sie gesund und groß geworden. Die Mutter Gottes hatte nur so getan, als ob sie die Hand oder den Fuß abgerissen hätte.

So lebte nun Marjuschka teils im Walde, teils auf der Steppe; aber auch ein Haus war für sie da, und dort wohnte sie. Einmal betete sie mit ihren Kindern, da sagte das älteste: »Wie wär es, Mutter, wenn hier bei uns ein Fluss vorbeiginge und Schiffe auf ihm schwämmen?« Der zweite Knabe sagte: »Wie wär es, wenn es hier Felder gäbe und die Scheuern voller Korn lägen?« Der jüngste Sohn aber sagte: »Wie wär es, Mütterchen, wenn hier an der Freitreppe eine Eiche stände und auf ihr ein Kater säße, der beim Vorwärtsgehn Märchen erzählte, beim Rückwärtsgehen schnurrige Geschichtchen?« Sie schliefen bis zum Morgen, und was die Kinder am Abend sich gewünscht hatten, alles war erfüllt: Der Fluss ist da, die Scheuern sind voller Korn, und auch das Übrige fehlt nicht.

Es kamen Schiffe angefahren, und die Mutter fragte: »Wer und woher seid ihr, Leute?« – »Wir sind aus dem und dem Reich.« Und sie nannten das Zarenreich, wo Marjuschka Zarin gewesen war. Die Schiffer blieben zu Gast. Nachher machten sie sich wieder auf den Rückweg und sagten: »Mütterchen, lass doch den ältesten Burschen mit uns fahren; mag er reisen und das Zarenreich kennenlernen.« Sie ließ ihn mitfahren und gab ihm ein Tüchlein auf den Weg, darein wickelte sie ein Geschenk für den Zaren. Und die Schiffsleute langten bei dem Zaren an und brachten ihm Gaben dar. Aber der Zar freute sich nicht so sehr über die Geschenke als über den Knaben und fragte, von wo sie den hätten. Sie erzählten, dass an jenem Ort ein Haus stehe und darin lebe eine Alte mit ihren drei Söhnen. Der Zar aber konnte sich am Knaben nicht satt sehen. Doch die Schiffsleute fuhren wieder weiter, und der Zar ließ den Knaben zu seiner Mutter heimkehren.

Darauf bat der zweite Sohn: »Mütterchen, der Bruder war beim Zaren, lass nun auch mich hin und den Zaren schauen.« Die Schiffsleute fuhren fort, und die Mutter ließ auch den zweiten Knaben reisen und gab ihm ein Geschenk für den Zaren mit. Der freute sich nicht so sehr über das Geschenk als über den Knaben und behielt ihn eine Zeit lang als Gast. Dann kehrte der zweite Sohn heim zur Mutter.

Nun wollte der dritte mit und sprach: »Die Brüder waren fort, nur ich bin noch nicht hingefahren.« Die Mutter ließ auch den dritten Sohn mit, wickelte ein Geschenk in ein Tuch und hieß den Zaren zu sich zu Gast laden. Der freute sich nicht so sehr über das Geschenk als über den Knaben, und sein Herz wollte fast stille stehn, als er ihn sah. Der dritte Sohn blieb beim Zaren als Gast, dann machte er sich auf, um heimzukehren, und sagte: »Zar, mächtiger Herr, die Mutter befahl, dich zu ihr einzuladen.« – »Heute hab ich keine Zeit«, sagte der Zar, »aber vielleicht morgen!«

Der jüngste Sohn kehrte heim, und die Mutter fragte: »Wie ist's, hast du den Zaren gebeten zu kommen?« – »Ja, Mutter, zu morgen hat er's versprochen.«

Am nächsten Tage befahl die Mutter, den ganzen Hof und den ganzen Weg von der Anlegstelle der Schiffe bis zum Tor mit rotem Tuch zu bedecken. Und so geschah es. Sie schauten hinaus: Da kam der Zar auf dem Schiff gefahren. »Wie sollen wir ihn begrüßen, Mütterchen?«, fragten die Kinder. »Wie ihr ihn grüßen sollt? Fallt auf die Knie, wenn er kommt, denn euch ist er nicht Zar, sondern Vater!« Der Zar kam eilends gelaufen. Sie beugten alle die Knie vor ihm, und auch die Mutter tat es. Er aber erkannte sie sofort. »Knie nicht nieder«, sprach der Zar, »ich bin schuldig vor dir!«

»Nein, ich habe die Schuld, denn ich tat nicht Buße vor der allerheiligsten Mutter und Gottesgebärerin.« Und sie erzählte ihm, was mit ihr geschehen war. Der Zar freute sich über alle Maßen und brachte sie alle und ihr ganzes Hab und Gut auf das Schiff. Kaum waren sie aber aus ihrem Hause hinausgegangen, da war es verschwunden: Die allerheiligste Mutter und Gottesgebärerin hatte es fortgenommen.

Der Vampir

Irgendwo in einem Zarenreich, in einem fernen Reich, lebte ein alter Mann mit seiner Frau, und sie hatten eine Tochter, die hieß Marussja. In ihrem Dorf war es Brauch, den Tag des heiligen Andreas, des Erstberufenen, zu feiern. Die Mädchen pflegten sich in einem Bauernhause zu versammeln, buken Krapfen und feierten eine ganze Woche, manchmal sogar noch länger. Und als nun dieser Tag wieder einmal herangekommen war, versammelten sich die Mädchen und buken und kochten die üblichen Gerichte. Abends kamen die Burschen mit ihren Hirtenflöten, brachten Wein mit, und dann begann der Tanz, und ein Gelage war's, als ob der Teufel los sei! Die Mädchen konnten alle gut tanzen, aber am besten von ihnen tanzte Marussja.

Bald nach Beginn trat ein so schmucker Bursch in die Stube, dass alles staunte! Wie Milch und Blut sah er aus! Reich und sauber war er angezogen. »Guten Tag, ihr schönen Mädchen!«, sagte er. »Willkommen, guter Gesell!« – »Glück auf zum Fest!«

»Wir bitten dich schön, mit uns zu feiern!« Sofort zog er einen Beutel mit Gold hervor, schickte nach Wein, ließ Nüsse holen und Pfefferkuchen, und im Nu war alles da. Er bewirtete die Mädchen und die Burschen, gab jedem seinen Teil. Dann ging er zum Tanz, fein war er anzusehen! Ihm gefiel von allen am besten Marussja, darum machte er sich an sie heran. Als nachher für alle die Zeit kam heimzugehen, sagte der schmucke Bursch: »Marussja, komm und begleit mich!« Sie folgte ihm, und er sprach zu ihr: »Marussja, mein Herz! Willst du, so nehm ich dich zur Frau.« – »Magst du mich haben, würd ich mit Freuden deine Frau. Von wo bist du denn?« – »Aus dem und dem Ort bin ich und lebe bei einem Kaufmann als sein Gehilfe.« Sie nahmen Abschied voneinander, und jedes ging seiner Wege. Marussja kehrte heim, und ihre Mutter fragte sie: »Hast du dich gut unterhalten, Töchterchen?« – »Gut, Mütterchen! Aber eine frohe Botschaft muss ich dir noch sagen: Da war ein fremder, braver Bursch, hübsch von Angesicht, und viel Geld hat er auch. Er versprach, mich zur Frau zu nehmen.« – »Hör, Marussja: Wenn du morgen wieder zu den Mädchen gehst, nimm ein Knäuel Garn mit; und wenn du den Burschen begleitest, so knüpf ihm die Schlinge um einen Knopf und lass behutsam das Knäuel sich abrollen, dann kannst du später dem Faden nachgehn und erfahren, wo dein Liebster wohnt.«

Am nächsten Tage ging Marussja zur Spinnstube und nahm ein Knäuel Garn mit sich. Und wieder kam der schmucke Bursch und begrüßte sie: »Guten Tag, Marussja!« – »Willkommen!«, erwiderte sie. Die Spiele und die Tänze begannen. Noch mehr als am vorigen Tage schmeichelte sich der fremde Geselle bei Marussja ein und wich keinen Schritt von ihr. Schon ward es Zeit, nach Hause zu gehn. »Marussja, begleit mich«, sagte der Gast.

Sie ging hinaus auf die Straße, und als sie Abschied von ihm nahm, warf sie behutsam die Schlinge um einen Knopf. Der Bursch ging seines Weges, sie aber stand da und wickelte das Knäuel ab. Sie ließ es ganz ablaufen und eilte nach, um zu erfahren, wo ihr Verlobter wohne. Zuerst ging der Faden auf dem Wege, nachher aber über Zäune und über Gräber und führte Marussja gerade auf die Kirche und das Hauptportal zu. Marussja versuchte die Türen zu öffnen, aber sie waren verschlossen. Sie ging um die Kirche herum, fand eine Leiter, stellte sie unter ein Fenster und stieg hinauf, um zu sehen, was innen vor sich ginge. Sie klettert hinauf und schaut hinein: Da steht ihr Verlobter an einem Sarge und frisst eine Leiche; man hatte in der Kirche einen Toten aufgebahrt. Marussja wollte leise von der Leiter hinunterspringen, aber in ihrem Schreck sah sie sich nicht vor und machte ein Geräusch. Sie lief nach Hause, sinnlos vor Schrecken, glaubte immer den Verfolger hinter sich; halb tot nur kam sie an! Am Morgen fragte die Mutter: »Hast du deinen Burschen gesehen, Marussja?« – »Ja, Mütterchen, ich hab ihn gesehen!« Aber was sie erblickt hatte, erzählte sie nicht.

Am Abend saß Marussja in Gedanken da: Soll sie in die Spinnstube gehn oder nicht? »Geh nur hin«, sagte die Mutter, »vergnüge dich, solange du jung bist!« Sie kam in die Spinnstube, der Teufel aber war schon dort. Wieder begannen die Spiele, das Gelächter und die Tänze; die Mädchen ahnten nichts! Als man nach Hause aufbrach, sagte der Teufel: »Marussja, komm, begleit mich!« Sie wollte aber nicht und hatte Angst. Da machten sich alle Mädchen über sie her und riefen: »Was ist mit dir? Bist du schämig geworden? Geh und begleit den guten Gesellen!« Es war nichts zu machen, sie ging mit, ergeben in ihr Schicksal. Kaum waren sie auf der Straße, als der Bursch sie fragte: »Bist du gestern bis zur Kirche gegangen?« – »Nein!« – »Aber hast du gesehen, was ich dort tat?« – »Nein!« – »Gut, dann wird morgen dein Vater sterben!« So sprach er und verschwand.

Marussja kehrte heim, von Gram und Kummer erfüllt; am Morgen wachte sie auf, der Vater lag tot da. Sie beweinten ihn und legten ihn in den Sarg; abends fuhr die Mutter zum Popen, Marussja aber blieb zu Hause. Furchtbar war's ihr, allein zu bleiben. »Du gehst lieber zu den Freundinnen«, dachte sie. Sie kam hin, der Teufel aber war schon dort. »Willkommen, Marussja! Bist du betrübt?«, fragten die Mädchen. »Wie sollt ich mich freuen? Der Vater ist gestorben.« – »Ach, du

Arme!« Alle beklagten sie, und auch er, der Verfluchte, beklagte ihr Leid, als ob es nicht sein Werk gewesen sei. Man nahm Abschied und ging nach Hause. »Marussja«, sagte der Teufel, »begleit mich.« Sie wollte nicht. »Bist du denn zu jung? Was fürchtest du? Begleit ihn nur!«, redeten ihr die Mädchen zu. Sie ging mit und trat auf die Straße hinaus. Er fragte: »Sag mir, Marussja, warst du an der Kirche?« – »Nein!« – »Aber hast du gesehen, was ich dort tat?« – »Nein!« – »Gut, dann wird morgen deine Mutter sterben!« So sprach er und verschwand.

Marussja kehrte noch betrübter heim; sie schlief die Nacht über, wachte am Morgen auf, die Mutter lag tot da. Den ganzen Tag weinte sie, und als die Sonne sank und es dunkel wurde ringsum, fürchtete sich Marussja, allein zu bleiben; sie ging zu den Freundinnen. »Willkommen! Was ist mit dir? Du bist bleich wie ein Tuch!«, riefen die Mädchen. »Wie sollt ich auch fröhlich sein! Gestern ist der Vater gestorben und heute die Mutter.« – »Du Arme, Unglückliche!«, klagten alle. Und als die Zeit kam, Abschied zu nehmen, sagte der Teufel: »Marussja, begleit mich!« Sie ging mit ihm hinaus. »Warst du an der Kirche?« – »Nein!« – »Aber hast du gesehen, was ich dort tat?« – »Nein!« – »Gut, so wirst du selber morgen gegen Abend sterben.«

Marussja schlief die Nacht bei ihren Freundinnen, stand am Morgen auf und dachte nach, was sie wohl tun solle. Sie entsann sich, dass sie eine ur-uralte Ahne hatte, die war schon blind geworden von all den vielen Jahren. »Ich will zu ihr gehn, mich mit ihr beraten.« Sie ging zur Ahne. »Guten Tag, Großmütterchen!« – »Willkommen, Kindchen, wie geht's dir, was machen Vater und Mutter?« – »Sie sind gestorben, Großmütterchen!« Und sie erzählte alles, was ihr widerfahren war. Die Alte hörte sie an und sagte: »Ach, du mein Unglückswürmchen! Geh schnell zum Popen und bitt ihn: Wenn du stirbst, solle man unter der Schwelle eine Grube graben und dich aus der Stube nicht zur Tür hinaustragen, sondern durch diese Öffnung hindurchziehen – und ferner bitt ihn, dass man dich an einem Kreuzweg begraben solle, dort, wo zwei Wege sich schneiden.« Marussja kam zum Popen, weinte bitterlich und bat ihn, alles so auszurichten, wie die Großmutter es sie gelehrt hatte; dann kehrte sie heim, kaufte einen Sarg, legte sich hinein und war sogleich tot. Man gab es dem Geistlichen zu wissen, und er beerdigte zuerst den Vater und die Mutter der Marussja und dann sie selbst. Sie wurde unter der Schwelle hindurchgetragen und auf einem Kreuzwege begraben.

Kurze Zeit darauf geschah es, dass ein Bojarensohn an Marussjas Grab vorbeifuhr. Er schaute hin und sah: Auf dem Grabe wuchs eine wunderbare Blume, wie er sie noch nie erblickt hatte. Der junge Herr sagte zu seinem Diener: »Geh hin und grab mir diese Blume samt der Wurzel aus; wir wollen sie heimbringen und in einen Topf pflanzen, mag sie bei uns blühen!«

Sie gruben die Blume aus, brachten sie heim, setzten sie in einen glasierten Topf und stellten ihn vor ein Fenster. Die Blume fing an zu wachsen, und ihre Pracht wurde immer größer. Einmal wollte den Diener nächtlicherweile kein Schlaf ankommen; da schaute er zum Fenster hin und sah ein Wunder geschehen: Die Blüte schwankte, fiel vom Zweig auf die Erde und verwandelte sich in eine wunderschöne Jungfrau; die Blume war schön gewesen, das Mädchen aber war es noch viel mehr! Sie ging in den Zimmern umher, brachte allerlei Getränke und Speisen herbei, trank und aß sich satt, warf sich zu Boden und ward wie früher zur Blüte; sie erhob sich zum Fenster und setzte sich auf das Zweiglein.

Am nächsten Tage erzählte der Diener seinem Herrn, welches Wunder ihm in der Nacht erschienen war. »Ach, Lieber, warum hast du mich nicht geweckt? In dieser Nacht wollen wir beide wachen.« Die Nacht kam heran; sie schliefen nicht, sondern warteten. Genau um zwölf Uhr fing die Blume an sich zu regen, schwebte hinab und fiel auf die Erde, da erschien die wunderschöne Jungfrau. Sie brachte Getränke und Speisen herbei und setzte sich zur Abendmahlzeit nieder. Der junge Herr aber lief hinzu, ergriff sie bei den weißen Händen und führte sie in sein Gemach; er konnte sich an ihr nicht satt sehen, ihre Schönheit nicht genug bewundern.

Am Morgen sprach er zu Vater und Mutter: »Erlaubt mir zu heiraten, ich hab die Braut schon gefunden.« Die Eltern erlaubten es. Marussja aber sprach: »Ich will nur unter der Bedingung deine Frau werden, dass ich vier Jahre lang nicht in die Kirche gehe.« – »Gut!«, sagte der Bräutigam. Sie wurden getraut, lebten ein Jahr oder zwei miteinander und hatten einen Sohn. Da kamen einstmals Gäste zu ihnen; sie vergnügten sich und zechten und rühmten sich ihrer Frauen: Der eine hatte ein schönes Weib, der andere ein noch viel schöneres. »Ihr mögt sagen, was ihr wollt«, sprach der Hausherr, »aber eine schönere als meine Frau gibt es auf der ganzen Welt nicht!« – »Schön ist sie, aber ungetauft!«, antworteten die Gäste. »Wieso denn das?« – »Ja, sie geht doch nicht in die Kirche.«

Diese Reden schienen dem Gatten eine Schmach. Er wartete bis zum Sonntag und befahl seiner Frau, sich zum Hochamt festlich anzukleiden: »Ich will von nichts wissen! Mach dich sofort bereit!« Sie machten sich fertig und fuhren zur Kirche; der Gatte ging hinein und erblickte nichts, sie aber schaute sich um und sah im Fenster den Teufel sitzen. »Ach, also so eine bist du! Entsinn dich des Vergangenen: Warst du nachts bei der Kirche?« – »Nein!« – »Hast du aber gesehen, was ich dort tat?« – »Nein!« – »Gut, so werden dir morgen Mann und Sohn sterben!«

Marussja eilte gleich von der Kirche zu ihrer alten Großmutter. Die gab ihr in einem Gläschen Weihwasser, im andern Lebenswasser und sagte ihr, wie und was sie tun solle. Am nächsten Tage starben der Marussja Mann und Sohn; der Teufel aber kam zu ihr geflogen und fragte: »Gesteh, warst du bei der Kirche?« – »Ja, ich war dort.« – »Hast du auch gesehen, was ich dort tat?« – »Einen Leichnam hast du gefressen!«, antwortete sie, und sowie sie Weihwasser auf ihn spritzte, zerfiel er in Staub. Danach besprengte sie Mann und Sohn mit Lebenswasser, und sie wurden sofort lebendig. Und von der Zeit ab kannten sie weder Kummer noch Trennung und lebten lange und glücklich beisammen.

Die Erzählung von Ivan, dem Mesnerssohne, wie er im Kampfe lag wider den türkischen Sultan

Es war in alten Zeiten, nahe beim türkischen Land, da lebte bei einer Kirche ein Mesner mit Namen Hermann. Er hatte einen Sohn mit Namen Iwan, der war sehr schön und klug und stark und gelehrt und in allen geheimen Künsten wohl bewandert. Zu einer Zeit geschah es, dass ein türkischer Gesandter mit Namen Kuart durch jenes Land reisen musste; der war vom türkischen Sultan zum persischen Schah geschickt, und in dem Hause jenes Mesners Hermann hielt er Rast. Iwan, der Sohn des Hauswirts, fing an die Saiten zu schlagen in süßem Spiel; da erstaunte der türkische Gesandte über dieses Spiel und die Schönheit und den Verstand und die Kunst des Knaben, und Kuart sann nach, wie er ihn dem Mesner fortnehmen und als Geschenk seinem Herrscher, dem türkischen Sultan, mitbringen könnte.

Und er schickte die Gesandtschaft zum persischen Schah, kehrte aber selbst in sein Land zurück und ließ zweihundert Mann wider jenen Mesner ausziehen, damit sie seinen Sohn fingen; er selber jedoch hielt sieben Meilen von jener Kirche entfernt. Als der Mesner Hermann das Kommen der türkischen Männer gewahr wurde, gab er es allsogleich seinem Sohne zu wissen; sprach da zu ihm sein Sohn Iwan: »Fürchte dich nicht, mein Herr Vater, vor dem Nahen dieser heidnischen Türken. Gib mir deinen Segen.« Und er empfing seines Vaters Segen. Es gelang ihm nicht mehr, sein Ross zu satteln und die eiserne Keule zu ergreifen, denn schon umringten die Türken den Hof. Iwan aber packte einen Zaunpfahl, sprang eilends hervor und schlug auf dem Hof alle zweihundert Mann zu Tode, nur zwei ließ er am Leben. Und er sprach zu ihnen: »Geht hin und berichtet über mich eurem Gesandten, dem Kuart, und dass er ungefährdet von hinnen fahren möge zurück in sein Land.« Sie gingen und sagten ihrem Gesandten, dass Iwan der Mesnerssohn die zweihundert Mann erschlagen habe: »… und er will dir nachreiten und dich erschlagen.« Kuart aber, als er dieses hörte, eilte schnell in sein Land; und als er angelangt war, berichtete er alles getreu dem Sultan, seinem Herrn. Als aber der Sultan von Kuart solche Botschaft vernahm, sandte er ihn samt zehntausend Mann aus, Iwan zu fangen.

Und als Iwan der Mesnerssohn von dem großen Zuge der türkischen Männer hörte, ging er in den Stall, sattelte sein gutes Ross, ergriff die eiserne Keule und sprach zu seinem Vater: »Herr Vater, ich ziehe aus in den Kampf wider die heidnischen Türken auf diesem meinem treuen Ross, aber das andere Heldenross bleibt im Stall. Und wenn ich getötet bin, so wird das Ross im Stalle bis zu den Knien in Blut stehn; dann sattle es und reit zu mir; das Ross selber wird dich zu meinem toten Körper hinbringen.« Darauf nahm er Abschied von seinem Vater und von der Mutter, setzte sich auf sein wackeres Ross, ritt wider die türkischen Männer und schlug nach beiden Seiten hart auf sie ein, so weit die Keule reichte; die doppelte Anzahl aber zertrat er mit seinem Ross. Und er erschlug sie alle und ließ dem türkischen Sultan nicht einen einzigen Mann am Leben.

Zu der Zeit war Krieg mit dem Könige des Landes Arinarien, dessen Name war Aliostrog. Als Iwan hörte, dass der König des Landes Arinarien im Kampf liege wider den türkischen Sultan, machte Er sich zu ihm auf. Unterwegs aber stieß er auf ein großes Heer: es lag erschlagen da. Iwan der Mesnerssohn rief mit Heldenstimme: »Ist in dieser Schar nicht ein Mann lebendig, der mir sagen könnte, wessen Heer hier erschlagen liegt?« Und einer aus der Schar war noch am Leben und sprach: »Diese Kriegsmacht, o Herr, ist des Königs Aliostrog von Arinarien; der türkische Sultan hat sie erschlagen, um die wunderschöne Königstochter Kleopatra in seine Gewalt zu bringen.« Und weiter sprach er zu ihm: »Unter diesem Weidenstrauche liegt ein Schwert aus gutem Stahl, das nimm an dich.« Iwan nahm das Schwert und sprach: »Dieses Schwert ist leicht; ich meine, es kommt von einem wenig starken Helden.« Und er legte es unter denselben Strauch zurück und ritt seines Weges weiter.

Danach stieß er auf ein anderes Heer: Es lag erschlagen da. Zum zweiten Male rief er mit lauter Stimme: »Ist in dieser Schar nicht ein Mann lebendig?« Antwortete ihm einer, der noch am Leben war: »Dieses Heer ist des Königs Aliostrog; der türkische Sultan aber hat es geschlagen, um die Königstochter Kleopatra in seine Gewalt zu bringen.« Und weiter sprach er zu ihm: »Unter diesem Strauche liegt ein Schwert aus gutem Stahl.« Iwan nahm das Schwert und sagte: »Es kommt von einem wenig starken Helden.« Und er legte es unter denselben Strauch zurück.

Er ritt fort von jener Stätte und stieß nahe vom Königreich Arinarien auf eine gewaltig große Macht erschlagener Kriegsmänner. Und er rief mit Heldenstimme: »Ist in dieser Schar nicht ein Mann lebendig?« Antwortete ihm einer aus der Schar, der noch am Leben war: »Dieses Heer des Königs von Arinarien ist erschlagen vom türkischen Sultan.« Und weiter sprach er zu ihm: »Unter diesem Weidenstrauche liegt ein Schwert aus gutem Stahl.« Iwan der Mesnerssohn zog das Schwert hervor, ward froh und sprach: »Dieses Schwert taugt meiner Heldenschulter!« Und er ritt in das Königreich Arinarien.

Und als er angelangt war, nahm er Dienst bei einem Großfürsten jenes Landes. Dieser Fürst gewann ihn sehr lieb, als wäre er sein eigener Sohn. Und nicht lange darauf kam in das Königreich Arinarien der türkische Sultan und mit ihm ein Heer von 80.000 Mann. Der König Aliostrog befahl, sein Heer zu sammeln: Es kamen 30.000 Mann zusammen und er führte seine ganze Macht wider den türkischen Sultan. Als aber Iwan, der Mesnerssohn, sah, dass der König wider den türkischen Sultan zog, begann er seinen Fürsten anzuflehen, er möge ihm erlauben, auf das Schlachtfeld zu reiten und dem Zusammenstoß der beiden Heere zuzuschauen. Der Fürst aber hatte eine große Liebe zu ihm und erlaubte ihm nicht, zu jenem Kampfe hinzureiten. Als Iwan sah, dass der Fürst ihn nicht entlassen wollte, nahm er eine günstige Stunde wahr, ging in den Stall, sattelte sein gutes Ross, steckte sein Schwert heimlich zu sich und ritt hinaus zum Kampf. Und als er bei den Heerhaufen angelangt war, tat er einen Ruf mit seiner Heldenstimme, dass alle Kriegsscharen sich über diese Stimme entsetzten, und warf sich auf die türkischen Kriegsscharen. Er schlug hart auf sie ein, sodass alle Türken sich zur Flucht wandten. Und als er die Türkenmacht besiegt hatte, ritt er zu derselbigen Stunde zu jenem Fürsten, sattelte sein gutes Ross ab und ging in seine Gemächer. Auch der König kam mit seiner ganzen Macht in sein Reich zurück und dankte dem allmächtigen Gott, dass er ihn vom türkischen Sultan befreit hatte.

Und drei Jahre später, nachdem sich dieses ereignet hatte, im vierten Sommer, da sammelte der türkische Sultan 100.000 Mann und machte sich auf, das Königreich Arinarien zu verheeren. Als jedoch der König Aliostrog das mächtige versammelte türkische Heer sah, fiel er in große Betrübnis und zog mit seiner ganzen Macht wider den türkischen Sultan. Als aber Iwan der Mesnerssohn sah, dass man gegen den türkischen Sultan zu Felde zog, flehte er seinen Fürsten an, dem Kampf zuschauen zu dürfen. Der Fürst merkte sein heftiges Verlangen und erlaubte ihm hinzureiten. Iwan ging in den Stall, sattelte sein treues Ross und ritt davon mit Windeseile. Und als er die Kriegsscharen erreicht hatte und den Zusammenstoß der beiden Heere sah, sprengte er mit aller Geschwindigkeit auf die türkischen Kriegsscharen ein und schlug sie hart, und kaum vermochten die türkischen Scharen mit wenigen Mann zu entfliehen. Iwan aber, nachdem er die Türkenmacht zurückgeschlagen hatte, ritt in das Haus seines Fürsten. Dieser sah die Ankunft Iwans und dass sein ermüdetes Ross mit Menschenblut bespritzt war, und erkannte wohl, dass er ein starker und erfahrener Held sein müsse. Der König Aliostrog kehrte mit seiner ganzen Macht unbeschädigt heim, dankte und lobte den allmächtigen Gott und befahl, mit aller Sorgfalt im ganzen Königreiche jenen Helden zu suchen. Der Fürst aber sprach zu ihm: »Herr König Aliostrog! Bei mir lebt ein Mann, dessen Herkunft mir unbekannt ist. Er ritt zweimal heimlich vor mir zum Kampf und kehrte in mein Haus zurück, und sein Ross war abgehetzt, und viel menschliches Blut war an ihm.« Der König befahl, jenen vor ihn zu führen. Der Fürst aber brachte sogleich Iwan vor den König. Und als dieser sah, dass er schön von Angesicht und von stattlichem Wuchse war, gab er ihm seine Tochter Kleopatra zur Frau. Und danach lebte Aliostrog nicht mehr lange, starb und wurde von Iwan begraben.

Iwan aber begann das Königreich zu regieren; und lange Zeit darauf kam der türkische Sultan in das Land, hielt acht Meilen vor der Stadt und ging mit seinem starken Pascha Begrar als Bettler in die Stadt. Zu der Zeit befand sich Iwan auf der Jagd, und der Sultan ging in die Stadt und kam auf den Königshof, um Almosen zu erbitten. Kleopatra gab ihm ein Almosen. Als der Sultan die schöne Kleopatra sah, sprach er zu ihr: »Zeige mir, Herrin, das Schwert von gutem Stahl, das Iwan der Mesnerssohn im Kriege führt.« Sie befahl, man solle es heraustragen. Und zwölf Mann brachten es heran, und der Sultan befahl dem starken Pascha, es zu ergreifen, und sie trugen es fort vom Königshof; und alsbald belagerten sie die Stadt. Iwan der Mesnerssohn kehrte bald zurück, befahl, sein Ross zu satteln, und ging, um sich zu rüsten, in die Kammer; doch als er sein Schwert nicht fand, fragte er sein Weib danach. Sie aber antwortete: »Ein fremder Bettler kam und hat dein Schwert weggetragen.« Er aber ergriff eine eiserne Keule, ritt hinaus auf das freie Feld und schlug die Feinde hart mit der Keule und bahnte sich einen Weg bis in die Mitte des Heeres. Das sah der starke Pascha, und er erschlug Iwan. Der türkische Sultan aber ritt in das Königreich ein, und Kleopatra nahm den Sultan freundlich auf.

Und nach seiner Gewohnheit ging Hermann, der Vater Iwans des Mesnersohnes, in den Stall, und siehe, das Ross steht bis an die Knie in Blut. Er fing an zu weinen, sattelte das treue Ross und ritt davon, und das Ross brachte ihn zu dem toten Körper seines Sohnes. Als Hermann seinen Sohn erschlagen sah, wusste er nicht, was mit ihm zu beginnen sei. Aber das Ross verkündete ihm mit menschlicher Stimme: »Hermann, mein Gebieter! Wenn du deinen Sohn gesund sehen willst, so schneide meinen Bauch auf, nimm die Eingeweide heraus und bestreiche ihn mit Blut; mich werden junge Raben zerhacken, du aber fang einen Raben und bitt ihn um das Wasser des Lebens und des Todes.« Hermann verrichtete alles genau so, wie ihm geheißen war. Und die jungen Raben kamen herbeigeflogen und begannen auf das Rossfleisch einzuhacken.

Hermann aber fing einen Raben und tat, als wollte er ihn in Stücke reißen. Der Rabe jedoch verkündete mit menschlicher Stimme: »O Herr, quäle mich nicht; ich werde dir das Wasser des Lebens und des Todes zur Heilung deines Sohnes und des Rosses bringen.« Und der Rabe flog über die Woklonflüsse zum König Redosub. Und zu der Zeit wuschen Mädchen die königliche Wäsche. Der Rabe entführte das feinste Hemd und sagte mit menschlicher Stimme: »Gebt mir zwei Gefäße mit dem Wasser des Lebens und des Todes.« Sie gaben ihm Wasser des Lebens und des Todes. Und der Rabe flog zu Hermann. Der nahm das Wasser entgegen und ließ den Raben frei; dann besprengte er seinen Sohn mit dem Lebenswasser, und der Sohn ward gesund, und er besprengte mit dem gleichen Wasser auch das Ross, und auch dieses wurde gesund. Iwan aber sprach zu seinem Vater: »Herr Vater! Reite du nur heim zu deinem Hause, ich aber werde mit meinem Feinde abrechnen.«

Iwan sah auf dem Wege einen Bauern gehn und sprach zu ihm: »Wenn du dir einen Lohn verdienen willst, so werd ich mich in ein wunderbares Ross mit goldenem Fell verwandeln, du aber führ es am Hofe des Sultans vorbei.« Und er ward zu einem wunderbaren Ross, der Bauer jedoch führte es am Hofe des Sultans vorbei. Als der Sultan dieses Ross sah, begann er zu handeln und gab dafür zweihundert Rubel und befahl, es in den Stall zu führen. Seit diesem Tage fing er an, in den Stall zu gehn. Und Kleopatra sagte: »Warum, o Herr, gehst du ständig in den Stall?« Er aber antwortete ihr: »Ein wunderbares Ross hab ich gekauft, das hat ein goldenes Fell.« Sie sagte darauf: »Das ist kein Ross, das ist Iwan der Mesnerssohn; befiehl, ihn in Stücke zu hauen.« Und er befahl, ihn zu töten. Eine Magd jedoch lief zu dem Ross und erzählte Iwan alles genau, was sie gehört hatte. Iwan sagte zu ihr: »Wenn man mich in Stücke hauen wird, so nimm Blut aus meinem

Kopf und wirf es zu den Stieren des Sultans.« Und es kamen welche vom Sultan, die hieben dem Ross den Kopf ab. Die Magd aber fing das Blut auf und warf es zu den Stieren, und sogleich ward daraus ein Stier mit goldenem Fell. Und es wurde dem Sultan berichtet. Als dieser den Stier gesehen hatte, begann er ständig zu ihm zu gehen. Kleopatra aber sagte zu ihm: »Warum, o Herr, gehst du ständig auf den Viehhof?« Er antwortete ihr: »Ich hab einen Stier mit goldenem Fell.« Sie sagte darauf: »Das ist kein Stier, das ist Iwan der Mesnerssohn; befiehl, ihn in Stücke zu hauen.« Der Sultan befahl, den Stier zu töten. Und die Magd kam gelaufen und erzählte Iwan, was sie gehört hatte. Iwan aber sagte zu ihr: »Wenn man mich in Stücke hauen wird, so nimm du meinen Kopf und vergrab ihn im Garten des Sultans.« Und es kamen welche vom Sultan und hieben dem Stier den Kopf ab. Die Magd aber vergrub ihn im Garten. Am Morgen war ein wundervoller Apfelbaum herangewachsen, der trug goldene Äpfel; und es wurde dem Sultan berichtet. Als dieser den Apfelbaum gesehen hatte, begann er ständig im Garten spazieren zu gehen. Kleopatra aber sagte zu ihm: »Warum, o Herr, gehst du ständig im Garten spazieren?« Antwortete ihr der Sultan: »Ein wundervoller Apfelbaum ist herangewachsen, der trägt goldene Äpfel.« Kleopatra jedoch erwiderte: »Das ist, o Herr, Iwan der Mesnerssohn; befiehl, den Apfelbaum zu fällen.« Der Sultan befahl, ihn abzuhauen, und die Magd kam gelaufen und erzählte Iwan dem Mesnerssohn, was sie gehört hatte. Iwan aber sagte zu ihr: »Wenn man mich abhauen wird, so nimm den ersten Span und wirf ihn in des Sultans Teich.« Es kamen welche vom Sultan und begannen zu hauen. Die Magd aber nahm den ersten Span und warf ihn in des Sultans Teich. Da schwamm ein wundervoller Enterich herum; und es wurde dem Sultan berichtet. Dieser aber befahl seinen Dienern, den Vogel zu fangen, und er zog sich selbst aus und schwamm ihm nach. Und der Enterich lockte den Sultan auf die andere Seite, und dann flatterte er hinaus an das Ufer. Und Iwan der Mesnerssohn ward wieder lebendig und kleidete sich in des Sultans Gewänder. Die Wächter jenes Teiches sahen es und berichteten dem Sultan, dass Iwan der Mesnerssohn wieder am Leben sei und sich für den Sultan ausgebe. Und der Sultan wurde gefangen und auf den Königshof geführt, und auf den Rat der Fürsten und Bojaren wurde Kleopatra mit dem türkischen Sultan auf dem Scheiterhaufen verbrannt. Iwan aber nahm seinen Vater und seine Mutter zu sich und lebte glücklich. Nicht lange Zeit danach starb sein Vater Hermann, Iwan jedoch, der Mesnerssohn, nahm die Tochter des Großfürsten zur Frau, lebte mit ihr und zeugte Kinder. Und so endet diese Erzählung.

Die Erzählung vom Urteil des Schemjaka

In irgendeinem Orte lebten einmal zwei Brüder , die waren Bauern: Der eine war reich, der andere war arm. Der Reiche hatte dem Armen viele Jahre lang geborgt, aber er vermochte seiner Armut nicht abzuhelfen. Nach einiger Zeit kam der Arme zum Reichen und bat ihn um ein Pferd, damit er Brennholz heimfahren könnte. Der Bruder wollte ihm jedoch das Pferd nicht geben und sprach: »Bruder, ich habe dir viel geborgt und konnte dein Los doch nicht verbessern.« Und als er ihm schließlich das Pferd gab, nahm jener es und bat ihn noch um ein Kummet. Der Bruder wurde böse auf ihn, begann auf seine Armut zu schelten und sprach: »Was, nicht einmal ein Kummet hast du!« Und er gab ihm das Kummet nicht.

Der Arme verließ den Reichen, nahm seinen Schlitten, band ihn an den Schwanz des Pferdes, fuhr in den Wald und kam auf seinen Hof. Er vergaß aber das Schwellbrett fortzunehmen, und als er das Pferd mit der Knute schlug, warf es sich mit aller Kraft samt dem Gefährt über das Schwellbrett und riss sich den Schwanz ab. Der Arme führte das schwanzlose Pferd zu seinem Bruder. Dieser sah, dass das Pferd ohne Schwanz war, und begann seinen Bruder zu schelten, weil er das geliehene Pferd zu Schanden gemacht hatte. Er nahm das Pferd nicht zurück, sondern ging in die Stadt zum Richter Schemjaka, um seinen Bruder zu verklagen. Der Arme sah, dass sein Bruder fortgegangen war, um ihn zu verklagen, und er folgte ihm, da er wusste, dass man aus der Stadt nach ihm schicken würde und er, wenn er nicht selbst hinginge, noch die Gebühr für den Büttel bezahlen müsste.

Und sie kamen beide in ein Dorf vor der Stadt. Der Reiche ging zum Popen des Dorfes, um dort zu übernachten, denn er war mit dem Popen bekannt. Der Arme ging gleichfalls zum Popen, trat ein und legte sich oben auf die Pritsche hin. Der Reiche erzählte von dem Unglück mit seinem Pferde, weswegen er zur Stadt ginge. Darauf begann der Pope mit dem Reichen Abendbrot zu essen, den Armen aber luden sie nicht ein mitzuessen. Der Arme sah von seiner Pritsche aus, wie der Pope mit seinem Bruder aß. Plötzlich stürzte er von der Pritsche auf die Wiege herab und drückte den Sohn des Popen zu Tode. Der Pope schloss sich dem Bruder an und ging gleichfalls in die Stadt, den Armen wegen seines toten Sohnes zu verklagen. Und sie kamen zur Stadt, wo der Richter wohnte. Der Arme ging hinter den beiden her. Sie gingen in die Stadt hinein über eine Brücke, unter der ein Einwohner dieser Stadt seinen Vater zur Badestube führte. Der Arme aber wusste, dass ihm vom Bruder und vom Popen Verderben drohte, und wollte sich selbst den Tod geben. Er warf sich von der Brücke in den Graben, um sich zu Tode zu stürzen, fiel auf den alten Mann und drückte ihn tot. Man ergriff den Armen und führte ihn vor den Richter.

Der Arme überlegte, wie er wohl dem Urteil zu entgehen vermöchte und dem Richter etwas zustecken könnte. Und da seine Taschen leer waren, kam er auf einen Einfall: Er nahm einen Stein, wickelte ihn in ein Tuch, legte ihn in seine Mütze und trat vor den Richter. Der Bruder aber legte seine Klageschrift vor wegen des Pferdes und beschwerte sich über den Armen beim Richter Schemjaka. Dieser hörte sich die Klage an und sprach zum Armen: »Verantworte dich!« Der Arme wusste jedoch nicht, was er sagen sollte, nahm den eingewickelten Stein aus der Mütze, zeigte ihn dem Richter und verneigte sich. Der Richter vermutete, dass der Arme ihm wegen des Rechtshandels etwas anbieten wollte, und sagte zum reichen Bruder: »Da dein Bruder dem Pferd den Schwanz abgerissen hat, so nimm das Pferd von ihm nicht eher, als bis der Schwanz wieder nachgewachsen ist. Sowie der Schwanz aber nachgewachsen ist, nimm dein Pferd von ihm zurück.«

Darauf begann die zweite Gerichtsverhandlung. Der Pope trug seine Klage wegen des toten Sohnes vor, den der Arme ihm erdrückt hatte. Dieser aber nahm wieder den in das Tuch eingewickelten Stein und zeigte ihn dem Richter. Der sah ihn und glaubte, dass der Arme ihm für das zweite Urteil ein zweites Stück Gold anbieten wollte, und sagte zum Popen: »Da er deinen Sohn getötet hat, so überlass ihm die Popin, deine Frau, auf so lange Zeit, bis er mit ihr für dich ein Kind haben wird, dann nimm die Popin und das Kind von ihm zurück.«

Darauf begann die dritte Verhandlung darüber, dass er sich von der Brücke gestürzt und dem Sohn den alten Vater erschlagen hatte. Der Arme nahm wieder den in das Tuch eingewickelten Stein aus seiner Mütze heraus und zeigte ihn zum dritten Mal dem Richter. Der Richter vermeinte, dass er ihm für das dritte Urteil einen dritten Beutel verspräche, und sagte zu dem, dessen Vater getötet war: »Geh du auf die Brücke, und der deinen Vater erschlagen hat, wird sich unter die Brücke stellen, du aber stürze dich von der Brücke auf ihn und erschlage ihn ebenso, wie er deinen Vater erschlagen hat.«

Nach der Verhandlung verließen die Kläger und der Angeklagte den Gerichtshof. Der Reiche verlangte vom Armen sein Pferd zurück, der aber antwortete ihm: »Nach richterlichem Spruch geb ich dir dein Pferd erst dann zurück, wenn ihm wieder ein Schwanz gewachsen ist.« Der reiche Bruder bot ihm fünf Rubel, damit er ihm das Pferd auch ohne Schwanz ließe. Der Arme nahm die fünf Rubel und gab dem Bruder das Pferd zurück. Dann begann der Arme beim Popen nach des Richters Entscheid die Popin einzufordern, um mit ihr ein Kind zu zeugen und sie ihm darauf mit dem Kind wieder zurückzugeben. Der Pope aber bat ihn fußfällig, ihm die Popin nicht fortzunehmen, und der Arme erhielt von ihm zehn Rubel. Darauf sprach der Arme zum dritten Kläger: »Laut richterlichem Spruch werde ich mich unter die Brücke stellen, du aber geh auf die Brücke und wirf dich ebenso auf mich, wie ich mich auf deinen Vater geworfen habe.« Jener aber dachte bei sich: »Springe ich von der Brücke hinunter, so werde ich ihn wohl nicht erschlagen, dafür aber selbst zu Tode kommen.« Und auch dieser verglich sich mit dem Armen und gab ihm ein Entgelt dafür, dass er nicht darauf bestand, er solle sich von der Brücke auf ihn hinunterstürzen. Und so erhielt der Arme von jedem der drei Kläger etwas.

Der Richter aber sandte einen Boten zum Angeklagten und verlangte von ihm die drei vorgezeigten Beutel. Der Gerichtsbote forderte vom Armen die drei Beutel und sprach: »Gib, was du aus deiner Mütze in den Beuteln dem Richter gezeigt hast. Er hat mir aufgetragen, es von dir in Empfang zu nehmen.« Dieser aber nahm aus seiner Mütze den eingewickelten Stein und zeigte ihn dem Boten. Der aber sprach zu ihm: »Warum zeigst du mir den Stein?« Der Angeklagte antwortete ihm: »Der Stein war für den Richter bestimmt, denn hätte er nicht für mich entschieden, so würde ich ihn mit diesem Stein erschlagen haben.« Der Diener kehrte zurück und erzählte alles dem Richter. Als dieser ihn angehört hatte, sagte er: »Ich danke und lobe Gott, dass ich jenem Recht gegeben habe; hätte ich es nicht getan, würde er mich erschlagen haben.« Der Arme ging darauf nach Haus, war froh und lobte Gott.